普通高等教育会展经济与管理专业系列教材

会 展 策 划

第 2 版

李勇军 编著

机械工业出版社

本书从举办方与参展方的角度系统介绍了会展宏观、中观和微观策划的基本原理、方法及步骤等内容。全书共九章，可分为四个方面：一是介绍了会展立项策划的原则与方法、创意与构想、前期策划基础等；二是围绕会展组织机构的设置与赞助、会展宣传推广、会展招展招商、会展相关活动与会展后勤服务等具体实施方案策划，探讨了具体实施环节的重点与细节；三是介绍了参展策划，展示设计、陈列和展台管理策划等；四是介绍了会展定位与品牌策划、会展评估策划、会展合同管理策划、会展危机管理策划等。

本书以我国会展实践为主，同时介绍了国外最新会展策划理论，全书穿插了大量会展实例和实践经验，并在每章章末设置了思考题及案例分析。

本书可作为高等院校各个层次相关专业的教材，也可作为从业人员的参考书。

图书在版编目（CIP）数据

会展策划/李勇军编著 . —2 版 . —北京：机械工业出版社，2022.1（2024.2重印）

普通高等教育会展经济与管理专业系列教材

ISBN 978-7-111-69527-1

Ⅰ.①会… Ⅱ.①李… Ⅲ.①展览会—策划—高等学校—教材 Ⅳ.①G245

中国版本图书馆 CIP 数据核字（2021）第 221385 号

机械工业出版社（北京市百万庄大街 22 号 邮政编码 100037）
策划编辑：曹俊玲 责任编辑：曹俊玲 何 洋
责任校对：王立静 李 婷 责任印制：常天培
北京机工印刷厂有限公司印刷
2024 年 2 月第 2 版第 2 次印刷
184mm×260mm · 18.25 印张 · 452 千字
标准书号：ISBN 978-7-111-69527-1
定价：54.80 元

电话服务 网络服务
客服电话：010-88361066 机 工 官 网：www.cmpbook.com
010-88379833 机 工 官 博：weibo.com/cmp1952
010-68326294 金 书 网：www.golden-book.com
封底无防伪标均为盗版 机工教育服务网：www.cmpedu.com

第2版前言

通过修订，第2版试图实现如下目标：

（1）对会展组织化发展历史和产业化演进过程有更深刻的认识。从本质上说，会议、仪式和节事活动是人们组织化活动的特殊形态，而展览则与人们的市场化组织活动密切相关。因此，作为特殊的组织化活动，会展的历史相当悠久，但是作为相对独立的产业发展，其历史要短得多。在了解会展产业化演进历史的基础上，对会展所具有的功能就会有更为深刻的认识。任何项目都离不开功能性价值，因此，策划者需要不断思考项目的宗旨、社会功能与价值性目标。当然，作为一种独立的产业，它自身必须是人类社会及其内部产业价值链体系的一部分，并且有其价值产生来源，有其特殊性。从对会展产业化演进历史的分析中可以看出，展示商品化、体验商品化以及审美经济化等因素在会展产业价值产生的过程中具有重要作用。从策划的角度来说，策划者无论是从项目依托产业的角度考虑，还是从项目自身的利润来源考虑，都需要深入了解会展产业的产业链。对于一个高级策划者来说，必须不断思考产业边界与产业融合问题。基于这些考虑，此次修订重点修改了第一章，增加了会议、展览业、仪式与节事活动的演进历史与产业化进展，会展功能，以及会展产业价值链、会展产业融合等方面的内容。

（2）进一步强调创意对策划的重要性。针对创意文化产业不断发展给会展业带来的影响，第二章增加了创意文化产业、审美经济、体验效应等方面的内容，并对创意四维度进行了更为精确的界定，还增加了会展产品方面的内容。

（3）进一步完善会展实施方面的内容。创意和立项策划需要通过会展实施方案具体化，并以此保证落实起来更具可操作性。落实离不开行动和组织化，需要策划者选择合理的组织运作模式，并事先对组织部门和职责进行合理安排。因此，此次修订在第三章重点增加了会展组织运作模式和部门职责安排方面的内容；此外，还增加了参展商与观众方面的内容，并对宣传推广与招展招商等内容进行了修改。

（4）进一步强化会展产权保护方面的内容。针对不断出现的会展侵权现象，增加了侵权保护方面的内容，尤其是第四章增加了一节关于会展品牌保护的内容，对第三章涉及举办方知识产权管理方面的内容也进行了修改。

（5）增加智慧会展方面的内容，强化会展基本概念和术语介绍。第1版的此类相关内容很少，本次修订增加了这方面的内容。根据内容需要，修改主要体现在第一章、第三章、第六章和第九章。每一章章末列出了本章主要的名词和术语。此外，根据内容更新，对思考题做了一定的调整，对部分案例进行了更新。

本书参考了许多学者的成果以及经典案例，在此一并感谢！由于笔者水平有限，书中难免有不妥之处，真诚欢迎广大读者批评指正。

李勇军

第1版前言

会展策划是会展活动的发端与灵魂，决定着整个会展工作的成败。对于不同的参与者来说，需要清楚地了解其在会展活动中的位置与责任，并了解相应活动中的策划内容、要求与方法。对于会展高层管理者来说，既需要从宏观角度对会展项目的创新与构想进行策划，也需要确立整个项目的基本框架并保证项目进一步落实，还需要不断思考项目与企业（或组织）品牌和市场的关系，通过评估与品牌完善实现会展项目的可持续发展。对于中层与具体操作人员来说，需要具有落实高层方案的中观和微观策划能力（执行力），熟悉相关环节的策划要点与重点，关注细节。对于他们来说，细节不仅决定了成功，还决定了其专业性。

会展活动离不开举办方自上而下的编导与组织，也离不开参展方自下而上的响应与参与。参展方不仅为举办方提供参展费用，而且作为会展产品、信息和服务的重要提供方，决定了会展活动本身的质量。因此，会展活动离不开专业的参展方。参展方同样需要进行参展策划。

无论是举办方还是参展方，都需要处理与供应商、周围环境与利益相关者的关系，这就涉及合同管理、危机管理等方面的内容。

基于上述考虑，本书可分为四个方面的内容：一是介绍了会展立项策划的原则与方法、创意与构想、前期策划基础等，主要涉及第一、二章的内容；二是围绕会展组织机构的设置与赞助、会展宣传推广、会展招展招商、会展相关活动与会展后勤服务等具体实施方案策划，探讨了具体实施环节的重点与细节问题，主要涉及第三章的内容；三是介绍了参展策划，以及展示设计、陈列和展台管理策划等，主要涉及第五、六章的内容；四是介绍了会展定位与品牌策划、会展评估策划、会展合同管理策划、会展危机管理策划等，主要涉及第四、七、八、九章的内容。

本书具有以下特点：

（1）系统性强。本书既介绍了会展宏观策划方面，又介绍了中观和微观策划方面。其中，第一、二、四、八、九章有助于形成宏观策划思维，第三、五、六、七章有助于形成中观和微观策划思维。

（2）可操作性强。本书不仅站在举办方的角度介绍策划理论与知识，而且站在参展方的角度介绍策划理论与知识，并在举办与参展实务方面具有可操作性。在写作过程中选择了许多国内案例，并有专门的案例分析讨论，具有很强的可操作性。

（3）既强调对国外会展策划理论的总结，又强调对我国会展运作实践的提炼与总结。

本书在写作过程中参考了大量学者的成果和网络资源，在此表示感谢，笔者在参考文献中尽最大可能——列示。本书是在笔者讲义的基础上完成的，非常感谢天津商业大学会展经济与管理专业的历届学生，他们的建议、肯定和批评都让笔者感受到教学相长的力量。非常感谢徐杰、王丛琳纠正了许多语法与用词方面的错误。由于水平有限和时间紧迫，书中难免存在不足之处，希望广大读者批评指正。

　　本书配有电子课件，凡使用本书作为教材的教师可登录机械工业出版社教育服务网（www. cmpedu. com）注册后下载。

李勇军

目 录

第一章

绪　论

第一节　会展的含义与演进历史

一、会展及会展产业

（一）会展的含义

会展是会议、展览等大型集体性活动的简称，是指在一定地域空间，许多人聚集在一起形成的、定期或不定期的、制度或非制度的物质文化与信息交流活动。狭义的会展（convention and exhibition 或 meeting and exhibition，M&E）是从更为纯粹和专业的视角来界定会展，仅指会议和展览会。广义的会展（meeting，incentive，conference/convention，exhibitions/exposition/event，MICE）是会议、展览、节事活动和奖励旅游的统称。MICE 是继M&E 后产生的一种对会展更全面的解释。有学者主张将会议、展览、节庆、体育赛事、演出等看作各类型的事件（event）。也有学者将会展看作是"人造事件"。如盖兹（Getz）将事件分为文化庆典（包括节日、狂欢节、历史纪念活动等）、文艺娱乐（音乐会、艺术展与授奖、表演等）、商贸及会展（展销会、交易会、博览会等）、体育赛事、教育科学事件（学术研讨、学术大会等）、休闲事件、政治政府事件、私人事件（个人庆典、周年纪念等）。⊖

尽管学界许多学者主张从广义上界定会展，但是从政府产业管理的角度来说，更倾向于狭义的会展。2011 年，我国国民经济行业分类中将会议及展览服务（7292）归在租赁和商务服务业（L）中的其他商务服务类别下，而将体育活动、文艺表演及游乐活动并列起来归于文化、体育和娱乐业（R）类别下，并且对节事活动并没有明确的类别归属。2019 年版国民经济行业分类中，会展归为租赁和商务服务业（L）下商务服务中的会议、展览及相关服务（728）。这一划分提升了会展行业的地位，不再归到其他商务类型下，而是与组织管理服务、综合管理服务、法律服务、安全保护服务、咨询调查、人力资源服务、其他商务服务并列作为一种行业类型。在这一类别下进一步划分为：①科技会展服务（7281）；②旅游会展服务（7282）；③体育会展服务（7283）；④文化会展服务（7284）；⑤会议和贸易展览会举办（8230）；⑥其他会议、展览及相关服务。

按内容分，会展可分为综合性会展、专业性会展、消费性会展；按规模分，会展可分为国际性会展、全国性会展、地方性会展和企业自办展览会；按本身的性质分，会展又可分为

⊖　GETZ D. Event management and event tourism ［M］. New York：Cognizant Communication Corporation，1997.

营利性会展和非营利性会展；按作用分，会展可分为商务会展和公益性会展；按产业归属分，会展可分为医疗保健类、工程类、计算机和计算机软件类、家用设施和室内设计类、运动用品和娱乐类、教育类、建筑类、园林景观类、电信类等会展。

（二）展示活动及其商品化历史

在人类历史上很早就有了展示活动。其中集市作为人类定期聚集进行商品展示与交易的一种形式，起源于史前时期人们的聚集交易，以后常出现在宗教节庆、纪念集会等场所。事实上，在古希腊、古罗马时期，一些沿海城市已经出现了叫卖、陈列、文图、商店招牌等展示方式，在官方规定的广告栏中还出现了候选人的竞选广告。从 13 世纪开始，法兰克福、莱比锡被授权举办展贸会，由此在集市的基础上产生了展示的另一种形式——展览会。印刷术的发明推动了现代展示与广告媒介——报纸的产生。西方的第一份印刷报纸，是 1609 年在法国斯特拉斯堡发刊的。1622 年，第一份英文报纸在英国伦敦出版，这就是《每周新闻》。1850 年—1911 年，世界上有影响的报纸相继创刊，主要收入来源都是广告。随着 1870 年以后现代资本主义制度的发展，世界开始进入“商品体系时代”。工业化在技术上推动了以市场为中心的现代生产体系的发展，这种情况大大刺激了对商品生产和交换的需求。在这一背景下，1894 年莱比锡第一届国际工业品博览会按照样品订货，从而开启了展览会发展的一个新阶段。第二次世界大战以后，广播电视开始在许多国家普及，与此后的信息技术革命一起推动了展示媒介的大众化，为展示商品化提供了技术支持。

与此同时，经济全球化进一步推动了世界商品化进程，文化产品不断被商品化与大众化。在一个消费主义所控制的商品经济体系中，商品自身越来越需要展示载体。自 20 世纪初欧洲最早将橱窗设计运用于商品陈列以后，世界百货业也得以发展，由此推动了展示道具与技术的发展。在这种情况下，展示产品不断丰富，一些被认为不可能商业化的东西最终也被商业化。1975 年，国际足联主席阿维兰热（Havelange）通过给企业在国际足联举办的活动中展示商标和提供运动器材的专利权获得了赞助资金，从而改变了足球运动的发展方向。类似地，大卫·斯特恩（David Stern）不仅将美国全国篮球协会（NBA）从一项自娱自乐的业余联赛打造成为一个篮球商业帝国，而且为世界各种体育和休闲俱乐部商业化运作提供了典范。1984 年以前，奥运会坚持的是一种“非商业化”的原则；1984 年以后，国际奥委会、各国奥委会以及奥运会组委会开始尝试将市场机制引入奥运会，并取得了巨大的成功。

会展业的发展对于提升城市形象具有重要作用。世界展览业名城包括汉诺威、科隆、柏林、法兰克福、巴黎、伦敦、米兰、迪拜、芝加哥、香港等。表 1-1 为根据国际大会及会议协会（ICCA）对国际会议的评定标准⊖，评出的 2019 年世界国际会议排名前 15 位的国家和城市。在 2018 年的排名中，我国相比 2012 年提升了 2 位，超越了巴西和新西兰。

⊖ ICCA 对国际会议的评定标准是：有 5 国以上代表参加的固定性会议，至少在 3 个国家轮流举行，与会人数 50 人以上，外国与会人士人数占全体与会人数的 25% 以上，会期 1 天以上。国际协会联盟（UIA）对国际会议的定义包括：①由国际组织所主办或赞助的会议，这些组织主要是出现在 UIA 国际组织年鉴和 UIA 国际大会日历名单上的非政府组织和国际组织；②其他明显具有国际特征的会议，特别是那些由国家组织或国际组织在当地分支机构所组织的会议，符合以下标准：有 5 国以上代表参加，与会人数 300 人以上，外国与会人士人数占全体与会人数的 40% 以上，会期 3 天以上。我国的规定为：参加会议的国家（含主办国）在 2 国以上，与会人数 50 人以上，外国与会人士人数占全体与会人数的 20% 以上。

表1-1 2019年世界国际会议排名前15位的国家和城市

排 名	国 家	会议数（个）	排 名	城 市	会议数（个）
1	美国	934	1	巴黎	237
2	德国	714	2	里斯本	190
3	法国	595	3	柏林	176
4	西班牙	578	4	巴塞罗那	156
5	英国	567	5	马德里	154
6	意大利	550	6	维也纳	149
7	中国	539	7	新加坡	148
8	日本	527	8	伦敦	143
9	荷兰	356	9	布拉格	138
10	葡萄牙	342	10	东京	131
11	加拿大	336	11	布宜诺斯艾利斯	127
12	澳大利亚	272	12	哥本哈根	125
13	韩国	248	13	曼谷	124
14	比利时	237	14	阿姆斯特丹	120
15	瑞典	237	15	首尔	114

当商品化成为现代社会的中心时，围绕商品的展示也日益被专业化，进而因为专业化劳动而具有使用价值和交易价值。展示专业化的一个突出表现为形成了丰富的行业协会、行业标准及资质认定。其中全球性的会议协会包括国际大会及会议协会（ICCA）、国际协会联盟（UIA）、国际专业会议组织者协会（IAPCO）、会议专业工作者国际联盟（MPI）、国际会议及事件理事学术协会（ACCED-I）、国际会议策划者协会（ISMP）等。全球性的展览协会主要包括国际展览局（BIE）、国际展览管理协会（IAEM）、世界场馆管理委员会（WCVM）、展览会和博览会国际协会（IAFE）等。全球性的奖励旅游和事件方面的协会主要包括奖励旅游管理学会（SITE）、国际节庆协会（IFEA）、国际特殊事件协会（ISES）等。在国际上获得认同的资质认证主要包括注册会议策划者证书（RMP）、注册事件策划者证书（CEP）、注册娱乐业经理证书（CEM）、博览会经理证书（CEM）、展览从业人员认证项目（CFEP）、特殊事件从业人员证书（CSEP）、节日从业人员认证标准（CCEP）等。

在改革开放以前，我国的展示主要是政治展示，展示的经济价值尚没有引起国家的重视。比较典型的政治展示包括1949年举办的"中国人民解放军战绩展览会"、1952年举办的"治理黄河展览会"、1954年举办的"抗美援朝展览会"、1954年举办的"苏联经济及文化建设成就展览会"、1963年举办的"雷锋同志模范事迹展览会"、1969年举办的"毛泽东思想万岁展览会"等。1949年—1978年，真正由我国自己举办的经济类展览主要包括1955年举办的"中国出口商品展览会"、1958年举办的"全国工业交通展览会"、1964年举办的"全国新技术新产品展览会"等。当然，其间出于对外经济交往和贸易的需要，接待过一些来华展览。1953年接待的"德意志民主共和国工业展览会"是第一个来华展览。1953年—1978年，我国共接待了112个来华展览。作为参展国，1951年—1985年，我国共组织、参与了427个出国展览。改革开放初期，随着指令性计划任务的减少和指导性计划与市场调节任务的增加，由对外贸易经济合作部、机械部及其他部委主导的展览会有了一定的发展。1992年，随着社会主义市场经济改革方向的确立，会展经济得到较快发展。尤其是2001年我国加入世界贸易组织（WTO）之后，会展经济进入了快速发展时期。

（三）展示商品化与会展产业

1. 会展商品化

会展作为一种产业得以产生与发展，其核心在于展示自身而得以专业化和商品化。所谓展示商品化，是指营造展示空间、举办展示活动、提供展示服务等实现价值增值，从而实现展示自身成为一种商品或产业的过程。展示商品化可分为四个层次：

1）以展示主体的产品及其自身的特征、功能、品牌和形象展示为主的商品化层次。由于展示主体的展示能够实现其商品销售与增值，因此产生了购买展示空间及其艺术化与商业化的需求。

2）主办方及其他展示供应商以展示空间的技术化、艺术化、专业化等实现展示主体及其群体商品销售及资本增值的商品化层次。

3）展示主体与展示供应商共同活动所形成的有价值的展示信息的商品化层次。

4）展示人群集聚所形成的广告商品化层次。

其中，第一层次引发第二层次的供给，第三和第四层次的需求大大扩展了展示的需求层次，尤其是作为第三方的赞助商、广告商的需求。总而言之，展示自身不断被纳入资本增值的轨道，成为资本实现自身的一个重要环节，并在展示内容与形式上都被纳入商业化链条的过程中。⊖

从展示商品化和专业化展开的路径上看，主要围绕如下四个方面进行：

1）展示技术化路径，即通过实体与虚拟技术、展台展具及展示空间技术、表演与演示技术等的运用，进一步强化展示主体、展示产品及其消费主体的技术使用性价值内涵。

2）形象化路径，即通过赋予展示主体、展示产品及其消费者以艺术、审美、品牌与身份象征等形象，来实现商品与信息价值增值。形象化路径可以通过设计、相关活动、宣传推广、品牌形象塑造等方式具体化。

3）意象化路径，即将社会历史与文化和商品展示相结合，赋予商品象征性、文化性、社会性和政策性内涵。

4）体验化路径，即通过主题、活动、形象的营造，使参与者获得求新、求异、求奇、求美、求知等方面的心理与精神层面的满足。活动是主题演绎的最好形式，活动项目的设计需要为参与者提供富有创意的舞台、活动主题与线索、道具、活动角色和规则等方面的体验化设计。形象可以通过标志色、标志物、主题音乐、展示场景、展示产品、纪念品、口号、出版物等体验化设计予以实现。

从展示生产的阶段来看，存在两种形态的展示生产：一是创意形态的展示生产，它以个体或团体形态的组织形式体现，以展示项目方案以及展示艺术和技术表达设计为生产对象；二是具体形态的展示生产，通过运用技术与组织工具，将创意形态的展示产品具体化为可以触摸、品尝、观赏、参与以及体验的展示产品。⊖

⊖ 李勇军，黄柏青．审美经济时代创新文化产业融合及其价值来源［J］．广东行政学院学报，2015（12）：82.
⊖ 李勇军，刘海燕，黄柏青．会展产业价值链及其产业融合研究［J］．商业研究，2016（1）：10-11.

2. 会展成为独立的产业

尽管会议、集市及零星的陈列展示作为为特殊的组织形成存在了很长的时间，但是并不能因此说它已经属于一种独立的产业。因为作为一种独立的产业，它的形成需要具备一些特定的条件：①有特定的市场需求；②有专业化的组织和人员通过生产和服务满足这些需求；③需求和供给要有一定的规模，而不是零星的供给和需求；④有专门化生产、服务技术。当然，作为一种产业，它是多种力量汇集在一起而逐渐形成的。

会展作为产业的形成与工业革命所推动的技术变革和商业化相关，并在大规模的工业产业产生以后产生。1765 年詹姆斯·哈格里夫斯（James Hargreaves）发明了珍妮纺纱机，标志着工业革命的开始。18 世纪中叶，英国人詹姆斯·瓦特（James Watt）改良蒸汽机之后，一系列技术革命引起了从手工劳动向动力机器生产转变的重大飞跃，随后向英国乃至整个欧洲大陆传播，19 世纪传至北美。工业革命推动了人类工业和消费产品的生产能力，也推动了国家和企业展示自己及其产品、生产能力的需求，即市场需求。为了满足这些需求，一些国家和城市开始建设专业性的场馆。例如，英国为第一次世界博览会建设了"水晶宫"展馆。进而产生了一批专业从事为展览策划、运营服务的人员，即专业组织和人员。市场需求和专业组织及人员不断增加，推动了展览数量和规模的增加。至 20 世纪初期，展览业初具规模。1924 年，全欧洲有 214 个贸易展览会和博览会。随着美国经济的不断发展，美国在会议产业化方面成为先驱。1896 年，底特律会议局成立。这意味着会议成为美国一部分城市的产业。同时，美国也是奖励旅游商业化的先驱国家。1907 年，国际协会联合会成立。1914 年，国际会议局协会成立。1924 年，国际商会在巴黎召开了国际展览会议。1925 年，国际展览联盟（UFI）成立。众多会展国际协会的成立意味着会展产业发展开始国际化。

和前现代社会相比，会展在现代社会中获得了如下几个方面的发展：

1）获得高度组织化的支持。高度组织化一是表现在产生了现代法治政府、政党组织、联合国、欧盟等政治组织；二是表现在产生了现代企业组织，社会高度商业化；三是产生了现代大学、科研、智库等知识生产和传播组织；四是产生了现代非营利性组织。它们成为现代会展的主办主体，从而丰富了现代会展内容和形式，并丰富了会展过程中运用的象征、符号和仪式。

2）高度组织化和高度组织分化同时进行，导致了现代社会领域和产业处于一种分化和融合交融的状态，由此促使会展的功能日益多元化。其结果是不同的会展在政治功能、经济功能和社会功能上各不相同。

3）韦伯认为，现代社会的基本特征是理性化、理智化，最主要的则是"世界的祛魅"。"世界的祛魅"即"把魔力（magic）从世界中排除出去"并"使世界理性化"的过程或行为运动。⊖"世界的祛魅"过程既是一个价值重塑的过程，也是一个人的理性得以不断彰显的过程。在这一过程中，会展也不断理性化、理智化。但是，与此同时，在多元价值社会中，会展的象征、符号和仪式化运用也日益复杂和专业化。

世界会展业发展的总体趋势是运作和管理越来越专业化，形成了由专业会议协会、多元化的主办主体、服务商、专业媒体、专业教育和培训、专业场馆等构成的专业产业构成体系。表 1-2 列出了美国会议产业的构成体系。

⊖ 韦伯. 新教伦理与资本主义精神［M］. 于晓，陈维纲，等译. 北京：生活·读书·新知三联书店，1987.

表 1-2　美国会议产业的构成体系

利益主体		代表机构或企业
专业会议协会		美国会议业理事会（CIC）、国际会议组织者协会（IAPCO）、专业会议管理协会（PCMA）、国际会议专家协会（MPI）
主办单位/组织者	行业协会	美国联合商业协会（AGBA）、美国国际商业协会（UIBA）、美国汽车协会（AAA）
	公司	美国微软公司、美国友邦保险公司、美国惠普公司等
	国际组织、非营利性机构与政府	世界贸易组织（WTO）、联合国（UN）、美国各个城市会议与观光局（CVB）
服务商		会议目的地管理服务商（DMC）、会议活动服务商（FREEMAN）、会议场馆服务商（SMC）
专业媒体		《成功的会议》（Successful Meetings）杂志、《会议》（Meetings & Conventions）杂志
专业教育和培训		会议专业资格证书（CMP）、协会高级管理人员证书（CAE）、会议经理资格证书（CMM）
专业场馆		城区酒店、度假酒店、会议中心

（资料来源：朱亦旸. 美国会议产业的发展及其对中国的启示［D］. 上海：上海师范大学，2007.）

在美国，至少有1000多个城市有会议与观光局。会议与观光局的建立促进了会议业与旅游业之间的良好互动，在帮助策划者策划、组织会议的同时，还为与会者提供专业的城市观光旅游服务。以芝加哥会议与观光局为例，它提供的服务主要有：①在线会议咨询；②提供《芝加哥会议专业人士指南》；③提供特别会议场所搜索；④在线填写"会议服务要求申请表"，由工作人员及时提供服务；⑤协助订房、安排参观游览及会议注册等；⑥协助考察会议场所；⑦安排方便的交通，包括安排会议车辆专用车道等；⑧协助做好会议活动宣传工作；⑨协助会议组织者增加参会代表人数；⑩帮助开展会议销售；⑪会议与观光局的会议专家随时为会议组织提供及时周到的服务。[一]德国国家旅游局和德国会议推广局、德国展览管理协会等机构开展联合推广活动，共同促进会展和旅游产业的融合。

欧洲有的城市设立了节庆办公室，如鹿特丹节庆办公室成立于1993年。其职能主要体现在两个方面：①为节庆活动组织者和节庆概念开发提供支持，具体包括给予资金支持、提供专业建议、协助开展目标群体和间接市场分析、提供活动场所信息、开展集中营销活动、联系潜在合作伙伴等；②协调不同节庆活动之间的关系。[二]

对于城市会展产业的发展来说，需要有一个产业发展系统作为支撑，包括市场需求系统、市场供给系统、市场吸引系统、产业支持系统和行业中介系统。王春雷比较了中美会展发展系统方面的区别，如表1-3所示。

[一]　王春雷，王晶. 国际城市会展业发展理论与实践［M］. 中国旅游出版社，2014：30.
[二]　王春雷，王晶. 国际城市会展业发展理论与实践［M］. 中国旅游出版社，2014：53.

表 1-3　中美会展发展系统比较

	美　国	中　国
市场需求系统	需求庞大，主要是国内贸易	需求庞大，但目前的展览会仍以促进出口为主导
市场供给系统	会展产业链上的上、下游企业之间的合同关系清楚；企业分工明确	会展产业链上的上、下游企业之间的关系不顺
市场吸引系统	整合利用城市的经济、文化和旅游等	城市的会展资源未得到充分利用；节庆、体育赛事等发展滞后
产业支持系统	行业管理体制和相关法规健全；专业教育和职业培训体育完善	行业管理中的多头审批问题严重；服务水平、政策法规等软件发展滞后，尤其是人力培养体系存在问题
行业中介系统	在会展的各个领域都有全国性的协会；各类专业代理商体系健全	迄今为止没有全国性的行业协会

（资料来源：王春雷，王晶. 国际城市会展业发展理论与实践［M］. 中国旅游出版社，2014.）

　　大连是国内较早将会展业作为经济增长和发展重点的城市。大连市政府早在 1992 年就开始深入研究会展业对城市社会经济的综合影响，并于 1994 年将会展业列入城市发展战略规划中，提出了建设国际著名会展城市的发展目标。1996 年，大连市委、市政府提出，把发展会展业作为大连实施外向牵动战略的重要举措，作为完善口岸城市功能的新兴产业，确立了会展业在大连市经济建设和对外开放中的地位。2003 年之后，我国有 23 个城市将发展会展业写入本地《政府工作报告》中。2009 年，全国 34 个省级政府工作报告和有关施政规划中，有 21 个将会展经济作为重点工作。同年通过的《文化产业振兴规划》，明确将文化会展界定为重点产业。2011 年，商务部联合中宣部、国家发改委、教育部、科技部和工信部等 33 个部门制定的《服务贸易发展"十二五"规划纲要》，确定了 30 个我国服务贸易重点发展的领域，其中就包括"会展服务"。同年 12 月，商务部发布了《商务部关于"十二五"期间促进会展业发展的指导意见》。2012 年，北京旅游部门出台了关于高端旅游项目（商务旅游和会奖（展）旅游）的鼓励政策，北京市统计局也正式把会奖（展）旅游列入会展业的数据统计范围。2015 年，国务院印发《关于进一步促进展览业改革发展的若干意见》（国发〔2015〕15 号）。这是国务院首次全面、系统地提出展览业发展的战略目标和主要任务。

　　3. 会展业发展趋势

　　第二次世界大战以后，尤其是自 20 世纪中后期以来，会展业获得飞速发展，并日益呈现以下发展趋势：

　　（1）大型化和集团化。由于市场对会展的要求越来越高且竞争越来越激烈，因此小型展览公司往往力不从心，被大型展览公司兼并，形成了展览公司大型化和集团化的趋势。表 1-4 列出了部分世界知名会展公司。为了寻找全球发展，国际展览业巨头通过资本运作，寻求低成本扩张，进入展览业相对落后的发展中国家市场。例如，英国英富曼（Informa）公司 2005 年收购了一家经营专家会议的公司（IIR），2012 年收购了加拿大一家展览公司（MMPI），2013 年收购了中国美容博览会组织者上海百文会展有限公司的股份，2017 年收购了美国佛罗里达州的一家展览公司（YPI），2018 年收购了全球活动公司（UBM）。德国汉诺威展览公司直接收购了上海一家较有名气的地面装饰展览会。另外，它们充分利用广泛的业务网络，将一些名牌展览移植到他国举办。

表1-4 部分世界知名会展公司

国　家	公司中文名	公司英文名	国　家	公司中文名	公司英文名
德国	法兰克福展览有限公司	Messe Frankfurt Exhibition GumbH	英国	励展博览集团	Reed Exhibitions
	德国汉诺威展览公司	Deutsche Messe AG Hannover		英富曼	Informa
	德国杜塞尔多夫展览公司	Messe Düsseldorf GumbH	意大利	米兰国际展览公司	FMI
	德国科隆国际展览有限公司	Koelnmesse		米兰博览会集团	Fiera Milano S. p. A
	德国慕尼黑国际展览集团	Messe München International		博洛尼亚展览集团	BolognaFiere Group
美国	美国芝加哥展览公司	Chicago Exhibition Company	法国	法国爱博展览集团	GroupExposium
	美国克劳斯公司	E. J. Krause & Associate, Inc.		法国高美司博巴黎展览集团	COMEXPO Paris
日本	CMP日本集团	CMP Japan Group	新加坡	新加坡会展服务私人有限公司	Singapore Exhibition Services Pte. Ltd.
	日本杰科姆会展服务公司	JTB Communications, Inc.		新加坡国际展览集团	Singex Group
阿拉伯联合酋长国	迪拜展览公司	Dubai Exhibition Company	荷兰	荷兰皇家展览集团	VNU Exhibitions

（2）专业化。专业化主要表现在会展人才专业化、主题和市场定位以及会展项目运作专业化等方面。尤其是第二次世界大战以后，产生了许多具有明确市场和品牌定位的专业展览。例如，德国的科隆国际体育用品、露营设备及园林生活博览会，慕尼黑印刷展览会，纽伦堡玩具展；中国香港珠宝、玩具展览会；意大利米兰国际服装展览会等。

（3）信息化和智慧化。信息技术被广泛运用于展示过程、展示营销、会展客户管理、会展安保；也被运用于虚拟展览，并与实体展览相结合，构成线上展览和线下展览无缝衔接。随着互联网技术、虚拟技术、虚拟现实技术、图像技术、云计算技术、物联网技术在会展业中的应用，会展智慧化不断升级。智慧会展是互联网、物联网、虚拟现实技术等在会展流程与行业运用后所塑造的新形态、新业态的总称。

（4）会展新军突起，日益呈现多极化。随着当今国际经济全球化的进一步发展，近年来，中国、日本、韩国以及新加坡的会展业迅速崛起，逐渐打破了欧美国家的垄断局面。例如，素有"亚洲会展业之都"之称的中国香港十分重视会展业的发展，每年都有上千个国际会议和展览在香港举办。新加坡凭借良好的会展条件，每年举办大型的展览和会议达3000多个。会展业已经成为当今全球经济发展的重要国际贸易平台，各国抢占国际会展业发展先机，力争在国际会展市场这块大蛋糕中分享利益，这也使会展的举办国日益呈现多极化。

（5）生态化。会展产业生态化包括会展产业理念的生态化、会展资源的生态化、会展场馆的生态化、会展参展行为的生态化、会展产业链的生态化与会展信息管理的生态化。[一]随着人类发展理念的变化，可持续发展、包容性发展等生态发展理念越来越受到关注，并反映到会展业之中。具体反映在三个层面：①政府层面，强调通过有关法律法规保护会展环境，实行会展生态发展的宏观指导和产业激励；②产业层面，建立产业生态评价标准和资质及品牌认证体系；③企业层面，注重场馆及展示设计的生态化、相关活动举办的生态化。2011年，世界展览工程委员会在英国牛津举行，来自32个国家的近80名代表呼吁会展活动要与"低碳、环保、绿色、生态化"的趋势相吻合。从会展产业可持续发展的角度来看，会展产业生态圈的建立很重要，也是未来发展趋势。所谓会展产业生态圈，是指基于区域范围内业已形成的以会展主导产业为核心并以相关产业集聚为支持的区域产业多维网络体系。

二、会议演进历史

（一）政治会议

会议作为人与人之间经由沟通而商讨和解决问题的组织形态，产生的历史相当悠久，而其发展则与人类社会的组织化密切相关。在古代社会，部落及宗族、政治军事、宗教组织是其主要组织类型，氏族会议、政治会议和宗教会议是这些组织解决其内部及组织间争议与问题的主要方式。因此，会议的产生与政治和宗教权力密切相关。在人类社会初期，氏族社会是最为主要的社会组织单位。约从10000年前开始，人类进入了母系氏族社会。所谓母系氏族，就是每个氏族的全体成员都有一个共同的老祖母，他们是以母系血缘为纽带联结在一起的。在母系氏族社会中，妇女对财产的支配权大于男子，氏族家庭是以女子为中心建立起来的。距今5500年前至距今4000多年前，母系氏族社会被父系氏族社会所取代。在氏族社会，氏族会议是氏族解决问题的主要组织形态。氏族长拥有主导权，因此逐渐演变为长老会议。随着人类社会的进一步发展，出现了由若干宗族、氏族组成的部落，由此产生了部落议事会及部落首领会议。例如，公元前2198年，大禹在浙江绍兴的会稽山召集了全国的部落首领庆功封爵并商讨全国的财政问题。进入原始公社后期，因各种战争的日益频繁，最终导致了血缘联系逐渐被地域联系所取代，出现了由若干部落解体并结合而成的部落联盟，成为原始公社瓦解的开始和新的民族共同体部族或民族出现的前提。

美国文化人类学家塞维斯（E. R. Service）在《国家与文明的起源：文化进化的过程》中认为，人类社会的政治组织经历了四个连续发展的阶段，即游群、部落、酋邦、国家。[二]在酋邦会议中，酋长虽然有重大的影响力，但是参与或者影响决策的通常并非酋长一人。在我国，一般认为夏朝是多个部落联盟或复杂酋邦形式的国家。根据史书记载，禹传位于子启，改变了原始部落的禅让制，开创了中国近四千年世袭制的先河。世袭产生了王权，并形成了王朝或王权的"正统"意识和"正统"观。夏朝共传14代（夏朝统治者在位时称"后"，去世后称"帝"），延续约471年。[三]商朝是中国第二个朝代。西周实行的分封制与宗法制紧密相连，形成天子、诸侯、卿大夫、士等等级。秦始皇平定六国、一统中原后，中国演变成中央集权的君主专制封建国家。

[一]　张晓明，周贵根. 基于会展产业生态化的组展商与参展商的演化博弈分析［J］. 东岳论丛，2018（10）：70.
[二]　SERVICE E R. Origins of the state and civilization：the process of cultural evolution［M］. WW Norton & Co, 1988.
[三]　中国全史编委会. 中国全史：第一册［M］. 长春：吉林大学出版社，2011.

中国古代称臣见君为朝，君见臣为会，合称"朝会"。相应地，君主临朝听政为"视朝"。古代朝会有两种：一种为大朝，指皇帝于元旦、冬至及大庆之日御正殿受群臣朝贺；另一种为常朝，指皇帝于平时召见文武官员，处理政务。前者属于礼节庆贺性质，后者属于日常公务性质。常朝中因御殿的时间不同而有早朝、晚朝之分；因觐见的人员身份不同而有皇太子朝、诸王朝、诸司朝、藩属来朝等区别。⊖

大朝会是始于西周的一种礼仪规格最高的朝仪，秦汉直至明清，历代承袭不衰。在周代，天子接见诸侯、百官的政治目的是"图天下之事"，同时询问地方的治理情况，谓之"图考绩"。大朝会一般在岁首召开。秦始皇统一全国后颁令以十月为岁首，而大朝会时间则定在十月初一举行，并修建起富丽堂皇的朝宫前殿（即阿房宫）为大朝会地。此后，凡大秦重大国事，如议帝号，立郡县，车同轨、书同文等，均在此朝堂前殿颁布。西汉前期沿用秦朝旧历，也以十月为岁首。朝会地点初在长乐宫，后改未央宫。大朝会时，百官自诸侯王以下至六百石官吏皆以次奉贺（贡献礼物）。汉武帝时改易正朔，以正月为岁首，以正月初一为大朝会时间。此后，历代沿袭。宋代之后，各王朝仍仿效前朝行大朝会之礼。明代大朝会则由锦衣卫陈设卤簿仪仗，教坊司陈列大乐，礼仪司陈列诸国文书、贺表、贡物，还设纠仪御史纠察百官，监督那些站久了爱打瞌睡或交头接耳聊私的。待时辰一到，皇帝升座，鼓乐齐鸣，百官跪拜致贺，行礼如仪，礼毕则群呼万岁、万万岁。清代的大朝会仪制大体如明代，在太和殿举行。

朝议是封建社会重要政治制度，当国家面临重要事情及君王遇到难断之事，皇帝便会召集官员召开会议，商谈解决方案，最终决断权仍归皇帝所有。皇帝在殿堂听政，百官按例朝见，有事由皇帝口头提出，有争议的当朝议论，谓之廷议；有些事皇帝不在朝会中提出，而"下其议"于一定范围的官员，如"九卿会议""王大臣会议"，然后再将意见上奏，谓之集议。

欧洲封建社会之初，日耳曼王国的主要国家法兰克王国、伦巴第王国和盎格鲁－撒克逊王国存在民众大会与贵族会议。罗马史学家塔西陀在《日耳曼尼亚志》中对当时的部落会议制度予以描述："日耳曼人中，小事由酋帅们商议，大事则由全部落决议。人民虽有最后决议之权，而事务仍然先由酋帅们彼此商讨。""在这种会议上，也提出控诉或宣判死刑。轻罪也有着各种规定的刑罚，他们还在这种会议上选举一些长官，到各部落和村庄里处理诉讼事件；每一个长官都有100名陪审者，他们是从人民中选举出来作为他的顾问的。"⊜

在古希腊，会议包括元老会议、公民大会、五百人议事会议、十将军会议。其中，元老会议，这一机构可能是由氏族中的长老会议演变而来的，由王权废除后卸任的执政官组成，起初拥有广泛的权力。古希腊公民大会起源于公元前11世纪—公元前9世纪的荷马时代，当时称人民大会。公民大会是雅典的最高权力机构，是雅典公民讨论战争、媾和及选举等重大事务的场所。一切成年的雅典男性公民皆有权参加公民大会。⊜五百人议事会议是古希腊

⊖ 何本方，岳庆平．中国宫廷知识词典［M］．中国国际广播出版社，1990.
⊜ 塔西佗．阿古利可拉传：日耳曼尼亚志［M］．马雍，译．北京：商务印书馆，1959.
⊜ 根据梭伦的立法，年收入达500麦斗以上的为第一等级，年收入达300麦斗的为第二等级，年收入达200麦斗的为第三等级，年收入在200麦斗以下的为第四等级。前三个等级及以上的才能参加公民大会。

城邦雅典的民主政治的核心，它的职责是落实公民大会的决策。它是一个总司一切事务的行政组织，为公元前 6 世纪晚期克利斯提尼改革时创立的机构，此机构一直延续到公元前 3 世纪。五百人议事会议每日在雅典城中亚哥拉市集中的大会堂内召开会议，除了节日及凶兆日子外，会议皆会举行。五百人议事会议握有的最重要权力，是安排公民大会的所有议程，包括向公民大会起草议案（probouleumata）及预先审查提交公民大会的议案。它也负责某些外交事项，如接待外交使节，而会议最重要的责任是执行公民大会的决议。

十将军会议是古希腊雅典的最高军事机构，约创于公元前 6 世纪末雅典首席执政官克利斯提尼改革时期，每年从 10 个部落中各选 1 名将军组成，可连选连任。公民大会常以表决方式规定各将军的职权，各将军要向公民大会汇报工作并受其监督。公元前 5 世纪上半叶，十将军会议在希波战争中的作用逐渐增强，取代了原来执政官的权力，成为雅典奴隶主民主政治的重要机构。公元前 5 世纪下半叶，伯里克利连续 15 年当选为首席将军，握有最高军事和行政实权，成为事实上的国家元首。

在盎格鲁‑撒克逊时期，贤人会议是英国一种重要的政治会议机制。它是一种由国王主持召开的、会期不定的、人数不等的高层会议，与会者主要是被称为"贤者"或"智者"的高级教士和世俗贵族，包括国王的近臣、王族宠幸和地方长官等。贤人会议拥有行政、立法和司法权力，参与国家税收、外交、防务和分封等重大决策活动。贤人会议是英国的国家最高法庭，有权审理各种讼案，包括涉及王室和达官显贵的要案、地方法庭不能判决的疑难案件以及涉及地方官员的案件。1066 年威廉征服英国后，以御前会议取代贤人会议，但是其组成和职权仍在一定程度上承袭了贤人会议。御前会议由国王主持，与会者有宫廷大臣、高级僧侣、封建贵族以及郡官和邑官。其职权是开征赋税，调解和裁决领主之间的争端，就重大事件听取大贵族的意见和建议，管理各郡事务并用国王名义发布令状，组成或指派专门委员会或专员处理地方行政事务。这样的会议每年仅开 3 次，参加人数较多，故称大会议。国王为处理朝政，随时召集亲近的官员商议，称小会议。

在亨利一世（1100—1135）时期，发展出一个名为咨议会的封建组织，由全体大佃主或国王认为可备顾问的一些大佃主组成。其主要功能是承认国王所要求的赋税，协助供给所需的资料以作为规定税额的根据，监督各郡和各市筹措款项；同时，议会成员也替所在地人民呈送请愿书，并帮助政府考核地方官员的行为。这被认为是英国议会的起源。1264 年—1265 年爆发内战，结果亨利三世被西门·德·蒙德福特等诸侯领导的军队打败。随后召开了咨议会，参加者除了高级教士、男爵和骑士外，还邀请各自治市的两名市民代表参加。咨议会的组成由此发生了变化，不再单纯是一个封建团体，这被认为是英国议会制度的开始。1327 年，由于对苏格兰的战争失败，诸侯通过议会将爱德华二世废黜，又开创了一个重要的先例。爱德华三世期间，为筹集资金应对英法百年战争，爱德华三世同意让议会选举财政大臣，以监督所拨付款项的支出情况，审查国王的账目。这大体上等于承认议会不仅有停止拨款权，而且含混地承认议会对于款项的用途及相应的政策具有间接控制权。1688 年，民权党和王权党与奥兰吉王威廉联合起来，威廉军队登陆英国，詹姆斯二世逃走。随即，一个宣布自己为议会的协商会议召开会议，会议请威廉、玛丽共同继位，同时向他们提出了一个作为君主制存在条件的"权利宣言"，内容包括：国王不得控制军队和审判官，不得未经议会同意停止任何法律的效力；财政管理权永久属于议会……威廉、玛丽在接受了这些条件后即位。至此，确立了议会君主制（又称立宪君主制），国家的重要权力由王室转移至议会。

18世纪初，内阁制开始形成。在这之前，议会止于通过法律，通过或否决预算案，把执行权留给王室。现在，控制议会的政党从王室那里接收了实际的行政管理权，国王对内阁通过的决定不再否决。内阁表面上受到议会的控制，实际上，只要一个政党在议会里占据多数，内阁就能控制议会。⊖

英国议会制的形成对现代民主制度和政治会议制度产生了重要影响。从民主制度的角度来说，它奠定了代议制民主的基本形态，即议会制；从政治会议的角度来说，它奠定了立法性会议和行政性会议两种基本形态，后者除了内阁会议外，还有总统会议及其他形式。

中华人民共和国成立以来，我国不断完善党（中国共产党）的会议、人大会议、政府会议、政协会议。党的会议包括党的代表大会⊜、党委委员会议⊜、党委常委会议、党委工作会议、全体党员大会、党政联席会议等。党的代表大会是党组织的权力机关，大会做出的决议、决定对全体党员具有约束力。党委委员会议是由党委全体成员出席的会议。党委是党的代表大会的执行机构，在代表大会闭会期间，负责贯彻执行代表大会的决议。若吸收非委员会成员参加委员会会议，称为党委全委扩大会议。党委常委会议是指党委全体常务委员出席的会议。若吸收非常务委员参加会议，称为党委常委扩大会议。党委工作会议是指党委为总结、部署工作或交流工作经验而召开的会议。全体党员大会是指全体党员参加的会议。党政联席会议是指党组织与行政组织为解决某一具体问题、协调工作而共同召集和参加的会议。⊗人大会议主要包括人民代表大会会议和人民代表大会常务委员会会议等。政府会议主要包括政府全体会议、政府常务会议、行政首长办公会议等。政协会议（中国人民政治协商会议）主要包括其全体会议、常务委员会会议等。

（二）宗教会议

在教会历史中，教会治理基本上有三种模式：主教制（episcopal）、长老制（presbyterian）和会众制（公理制教会的治理模式，congregational）。主教制的治理模式采用教会等阶制度，包括主教、大主教、教皇等。主教各自掌权管理一些地方教会，而大主教则管理这些权位较低的主教，所以主教比地方教会的领袖拥有更高的权柄；最后，由一位教皇（如天主教）、主教长（如东正教）、教会元首或是君王（如圣公会或安立甘教会）位于教会之上。长老制的特征是众长老带领治会，同一区域的各个地方教会彼此联合成为长老区会，区会彼此联合成为总会（宗派）。会众制不接受任何等阶制度，坚持不可有任何领袖处于地方教会之上，地方教会的会友拥有一切治理权柄；甚至地方教会的牧师、长老、执事的决定，在本质上也不过

⊖ 袁传旭. 英国议会制的起源和形成 [J]. 书屋，2013（9）：77-82.

⊜ 中国共产党第十九次全国代表大会通过《中国共产党章程（修正案）》第十条规定，党的最高领导机关，是党的全国代表大会和它所产生的中央委员会。党的地方各级领导机关，是党的地方各级代表大会和它们所产生的委员会。第十九条规定，党的全国代表大会每五年举行一次，由中央委员会召集。中央委员会认为有必要，或者有1/3以上的省一级组织提出要求，全国代表大会可以提前举行；如无非常情况，不得延期举行。第二十五条规定，党的地方各级代表大会由同级党的委员会召集。在特殊情况下，经上一级委员会批准，可以提前或延期举行。

⊜ 《中国共产党章程（修正案）》第二十二条规定，中央委员会全体会议由中央政治局召集，每年至少举行一次。第二十三条规定，中央委员会总书记负责召集中央政治局会议和中央政治局常务委员会会议，并主持中央书记处的工作。第二十七条规定，党的地方各级委员会全体会议，每年至少召开两次。第三十条规定，基层委员会由党员大会或代表大会选举产生，总支部委员会和支部委员会由党员大会选举产生，提出委员候选人要广泛征求党员和群众的意见。

⊗ 《党的基层组织会议知识手册》编写组. 党的基层组织会议知识手册 [M]. 北京：中共中央党校出版社，2007.

是建议性的推荐，需要教会会员大会同意。同样，各地方教会所组成的联会也没有权柄在各地方教会之上。

（三）宗族会议

宗族是基于血缘关系形成的社会群体。它不只是血缘关系的简单结合，而是人们有意识的组织，血缘关系是它形成的先决条件，人们的组织活动才是宗族形成的决定性因素。[一]宗族组织由以下四个方面构成：

1）族谱。它是一种记载一个家族的世系繁衍及重要人物事迹的表谱形式。皇帝的家谱称玉牒，如新朝玉牒、皇宋玉牒。

2）宗祠。它是供奉祖先和祭祀的场所，是宗族的象征，最早建于殷商，到周代完善，天子七庙，诸侯五庙[二]，平民百姓只在家中设置牌位。西汉民间祠堂兴起。宗祠的作用不断丰富，不仅作为宗族祭祀和议事场所，也成为宗族团结联络和文娱活动的地方。

3）族产、义田。族产是宗族的公有财产。族产主要用于建祠修墓、纂谱联宗、办学考试（又称义学或儒资）、迎神赛会、门户应役、兴办公益事业（如修水利、修路桥、设渡、设茶亭等），以及与外族的民事纠纷、诉讼甚至械斗。义田多是宗族中富有者捐助形成的。

4）族规。它是同姓家族制定的公约，用来约束本家族成员。

宗族会议是由宗族族长、房长等召开的商讨宗族重要事项或执行族规的会议。

（四）商业和行业协会会议

商业会议和商业组织形态密切相关，作为商业组织内部及组织之间商讨问题的组织形态。在公司出现以前，个人独资企业是最典型的企业形式；与独资企业并存的是各种合伙组织，当时的合伙组织中最典型的就是家族经营团体。在中国古代，除了以血缘为纽带的家庭企业，还存在以乡土亲缘为纽带、拥有会馆办事机构和标志性建筑的商业集团。清朝时以晋商、徽商、潮商、秦商、山东商帮、苏南商帮、浙江商帮、闽南商帮、珠三角商帮、河南商帮十大商帮为主。此后，还存在以商业运输为纽带形成的马帮和漕帮。马帮，就是按民间约定俗成的方式组织起来的一群赶马人及其骡马队的称呼。马帮是大西南地区特有的一种交通运输方式，也是茶马古道的主要运载手段。险恶且随时变化的自然环境、生死与共的特殊生存方式，使马帮形成了自己严格的组织和帮规，有自己帮内的习俗禁忌和行话。漕帮因漕运而来，长期处于半灰色的尴尬地位，在雍正初年取得合法地位，在取得合法地位后迅速发展壮大，改组后又转入地下。

在古罗马，国家、地方自治团体、寺院等宗教团体、养老院等公益慈善团体都取得了法人的地位。到了中世纪，有一些贸易团体取得了法人的资格，尤其是其中从事海外贸易的组织。最早产生的公司是无限公司。但是，无限公司与合伙组织没有本质上的区别，只是取得了法人地位的合伙组织而已。有关无限公司的第一部立法是 1673 年法国路易十四颁布的《商事条例》，在当时被称为普通公司。在 1807 年的《法国商法典》中又改名为合名公司。

〇 冯尔康. 宗族制度、谱牒学和家谱的学术价值 [M]. 北京：中华书局，1997.

〇 天子立七庙，诸侯立五庙，大夫立三庙，士立一庙，庶人无庙，以此区分亲疏贵贱。《礼记·王制》指出："天子七庙，三昭三穆，与太祖之庙而七。"后七庙泛指帝王的宗庙。而昭穆制度也被延伸到民间祠堂神主牌的摆放：始祖在宗庙中居中，以下子孙分别排列左右两列，左为昭，右为穆。始祖之子为昭，始祖之孙则为穆；始祖孙之子又为昭，始祖孙之孙又为穆。

两合公司是由 15 世纪出现的康曼达组织演变而来的。在康曼达组织中，一部分人出资，但是承担有限责任；一部分人出力，但是承担无限责任。后来，康曼达组织发展为两种企业形式，一种是隐名合伙（有限合伙），另一种是两合公司。在股份有限公司出现以后，两合公司还演变出了一种新的形式：股份两合公司。但是，最终由于股份有限公司和有限责任公司的出现，两合公司没有得到很大规模的发展。1553 年，英国女皇特许与俄国进行贸易，并于 1555 年成立了第一个股份制的商人团体。英国、荷兰等国设立的殖民公司，如英国东印度公司和荷兰东印度公司是较早成立的股份公司。1807 年，《法国商法典》第一次对股份有限公司做了完备、系统的规定。到现在，股份有限公司已经成为在西方资本主义世界占统治地位的公司形式。有限责任公司最早产生于 19 世纪末的德国。有限责任公司基本吸收了无限公司、股份有限公司的优点，避免了两者的不足，尤其适用于中小企业。最早的有限责任公司立法为 1892 年德国的《有限责任公司法》。之后，1919 年的法国、1938 年的日本也相继制定了《有限公司法》。[⊖]

西方国家最早的行业协会起源于欧洲中世纪的基尔特（Guid），是由同行业的商人组织起来的自治团体。1599 年，法国马赛商人组织了西方国家的第一个商会。工业革命导致许多手工业及其协会解体，产生了工业行业协会。行业协会已成为现代市场经济体系中一个重要的组成部分，甚至有人把它看作是除国家、市场、企业、社区之外的第五种社会制度，或者是公共部门（公域）和私营部门（私域）之外的第三种力量（第三域）。

1814 年 9 月—1815 年 6 月召开的维也纳会议可以说是现代会议的始祖。会议的每位代表都由服务人员和陪伴人员组成的庞大代表团陪同。会议协会的产生标志着会议作为一种产业而存在。在国外，公司会议、社团会议是会议市场的重要组成部分。

三、展览演进历史

通常认为集市是展览的初级形态。集市实质上是人们商业交易的场所。货币的出现大大推动了人类商业活动的发展。集市作为古代商业活动的主要场所，具有几乎和商业活动一样久远的历史。中国古代商业产生于先秦时期，初步发展于秦汉时期，到隋唐时期有了进一步的发展。《周礼》中就记载了先秦时期的"三时之市"，也就是说，一天之中在市场上有三次交易时间：早晨为朝市，主要是让商人之间从事批发交易；中午为大市，城市中的普通消费者可以去市场上购买一些日用品；傍晚为夕市，贩夫贩妇从事交易买卖。

集市既可能是自发形成的，也可能是受到官方管制而形成的。前者多发生在官方控制力量更为薄弱的农村地区，后者多发生在城市地区（尤其是王城）。王城主管市场的官员是司市。货物进出要凭司市所发玺节（凭证）方可通行。市场有胥吏执刑具和标准量具守门，纠察伪作。市场内货物分类陈列在划定区域，并设肆长。此外，还有司稽之类官员负责市场治安，贾市负责市场物价。汉代初期的商业几乎不用缴纳什么税费，连铸造货币的权力也下放到地方，商业获得很大的发展空间。汉代在长安及其他一些大城市（如宛市、成都、临淄、吴市、平阳、邯郸）设市作为商业区。其中，长安设东市和西市。长安东、西两市设"市令"，其他城市设"市长"管理市场，市场治安由都尉负责。汉武帝采用桑弘羊的建议实行盐铁国家专营。唐代的商业被限制在一定的时间、地点范围内：在中午的时候，有专门

⊖ 赵旭东. 公司法学 [M]. 北京：高等教育出版社，2012.

人员击鼓 200 下表示可以进入市场进行交易了；到了下午，这些人员敲锣 300 下提示商人和消费者要离开市场了。唐代在京城设市令，下辖丞二人、录事一人、府三人、吏七人、典事三人、掌固一人；较小城市设市令一人，吏二人。[一]北宋时期的政府对商人交易的时间不再限制，商人除了可以在白天进行交易外，夜晚也可以交易。政府对商品交易场所也不再限制，临街大小店铺到处都是。比如开封城里，大小商店繁多，交易活动十分活跃。这说明市场交易场所不再被圈定，政府也不再设定固定的市场范围，商业成为一个单独的领域。政府一旦放松直接管理商业的范围，商业内部就会出现自治组织，就是在同业商人之间组建行会组织。组建行会组织的目的是保证同行的利益，避免恶性竞争，但是行会组织本身则要受到政府的管理和支配。明清时期的商人自治组织日益发展，出现了地域性与行业性的行帮、会馆、公所等，商人外出经商往往受到当地商人的排挤和欺诈，外地商人为了自身利益也会建立一些商业组织，如建立同乡同业的行帮组织。尽管数量不多，但是中国古代还是出现了一些由官方举办的展览。例如，隋朝大业五年，隋炀帝在张掖举办由西域各国参加的展览会。唐代曾收集各地收割用的农具，陈列于殿堂，以供官员参观，倡导农具革新。

欧洲集市除了商品交易外，还有奴隶交易。在古奥林匹克时期（公元前 800 年—公元前 700 年），古希腊有了常规的集市，并与奥林匹克运动会同时举行。630 年，达格伯一世创立巴黎圣德尼斯集市，每年的 10 月 3 日起连续举行 4 周，其目的是纪念圣德尼斯。欧洲中世纪集市的繁荣期是 12 世纪以后。例如，在西班牙，1150 年—1310 年共建立集市 67 个，1350 年—1499 年共建立集市 88 个。意大利的西西里、那不勒斯、阿布卢奇 – 莫里斯、普格利亚、卡拉布里亚、卢卡尼亚以及卡拉布里亚的北部沿海地区分布着大批密集的集市。其中，1392 年—1499 年，西西里新设了 50 个集市，此外，原有的 69 个集市也获得了王室的继续承认。15 世纪，那不勒斯新设立了 29 个集市，加上原有的，共有 113 个。英格兰的情况和欧洲大陆有所不同。在黑死病前，英格兰新设立的集市多于欧洲大陆。1200 年—1349 年，英格兰国王允许设立的集市超过 1500 个。黑死病后，英格兰的集市数目减少了数百个，新设立的集市也较少，而一些特权被赐予了原有的集市，大多集市设在大城市周围。中世纪末，随着商业的复兴，集市的性质逐渐发生改变，其不再是短暂的商人聚会的场所，一些集市开始向长期的、固定的、综合的交易所转变，尤其是大型集市。[二]

欧洲集市往往是在国家、公爵、教皇、主教授权下，在一定时期（多与宗教节日相关）进行的。并且，集市具有展示和交易等多重功能。例如，安特卫普集市属于布拉班特省，早在 1296 年，布拉班特公爵以提供安全保卫、关税减免和建立独立的司法机关等条件来吸引英格兰商人。安特卫普集市一年举行两次，分别在圣灵降临节和圣巴韦斯节举行。和许多集市一样，安特卫普集市开放两周，前一周半的时间用于展示商品，后几天用于交易和结算。1240 年，法兰克福获得神圣罗马帝国的授权举办第一届秋季博览会，并被当时的德国皇帝正式下诏命名为会展城市，参展客商也受到保护。1268 年，莱比锡获得特许权，可以每年举行 3 次展贸会。1507 年，神圣罗马帝国皇帝下诏，规定莱比锡周边一定范围内享有集市优先权。

18 世纪，展览会开始从西欧向北美传递和扩散。1765 年，美国第一个展览会在温索尔

[一] 林成西. 中国古代城市商业管理 [J]. 文史杂志，2006（4）：31-33.
[二] 宁凡. 15—16 世纪欧洲集市的转变：以尼德兰集市为例 [J]. 史学集刊，2012（2）：118-124.

市诞生。1791 年，捷克在首都布拉格首次举办了只展不卖、以宣传展出新产品为目的的展览会。1792 年，加拿大尼亚加拉联邦一个农业组织举办了加拿大第一个展览会。1851 年，万国工业博览会成为全世界第一场世界博览会。此次博览会上，来自世界各地的 1400 多个展出者参加了展览。这次博览会一方面较全面地展示了欧洲和美国工业发展的成就，另一方面也暴露了工业设计中的各种问题，从反面刺激了设计的改革。博览会圆满结束，主办方宣布获得了 186437 英镑的利润。此次博览会在运作上专业化、规模化且产生了盈利，因此不同于旧的集市贸易。1894 年莱比锡举办的第一届国际工业品博览会被看作是现代意义展览诞生的一个重要标志。其转变主要表现在如下几个方面：①参展商由以贸易商为主转向以产品厂家为主；②按照样品看样订货；③按照国别和专业划分展台；④参展商除了展示产品，也进行宣传推广。

第二次世界大战以后，尤其是自 20 世纪中后期以来，展览作为一种相对独立的产业获得飞速发展。

四、仪式与节事活动演进历史

仪式是体现人的内心情感以及组织规范、象征意义或价值的重复性活动。仪式感是表达人们内心情感的最直接的方式，也是表达组织使命与价值、宗旨、成就、权威的常见方式。仪式行为具有重复性和象征性，并往往需要借助符号予以标志。

尽管物质资源的分配和使用对人们的政治及生活非常重要，但是人们的政治及生活的意义通过象征来表达，并且物质分配和使用过程本身受到象征手段的影响。象征是意义的"浓缩形式"或多种意义的联想，通过符号、仪式及其道具予以表达，并通过媒介、活动予以传播。象征具有三个重要特征：凝聚性、多义性和模糊性。其中，凝聚性是指单个的象征代表和整合了丰富的多重意义。多义性是指同一种象征具有多种不同的意义。⊖ 对于个体而言，凝聚性指的是这些不同意义的互动以及它们聚合成新的意义；而多义性关注的是另一个方面：不同的人实际上会以不同的方式理解同一种象征。在缺乏共识的情形下运用仪式构建政治共同体时，这种特征就显得尤为重要。由凝聚性和多义性又引申出象征的第三个特征——模糊性，即象征缺乏唯一确定的意义。

符号是指具有某种代表意义或性质的标识。一切自然符号都是信号，信号与其表示的事物之间具有一对一的固定性，自然信号和人工信号都具有这种性质。象征符号是人们逐渐积累的、具有典型特征并代表特殊含义的符号，是人类社会的创造物，它内含于一定的文化之中，通过传统或学习得到继承，并通过人为传播而拓展。它与指代的事物之间不需要有必然关系。仪式是"受规则支配的象征性活动，它使参加者注意他们认为有特殊意义的思想和感情对象"。⊜ 从仪式和象征的关系来看，仪式是一定文化中规范性、重复性的象征性行为。借助仪式可以认识、强化甚至改变人们对世界的信仰，借助仪式人们可以理解世界及世界和个体、组织之间存在的联系，借助仪式人们可以获得某种身份、权力的认同，借助仪式人们可以获得对自己行为、生存及生活的意义的认同。仪式提供了一种方式，让人们参与到戏剧之中，并看到自己扮演的角色。仪式的戏剧性质并不只是界定角色，它还唤起情感反应。仪

⊖ 科泽. 仪式、政治与权力 [M]. 王海洲，译. 南京：江苏人民出版社，2015.
⊜ 康纳顿. 社会如何记忆 [M]. 纳日碧力戈，译. 上海：上海人民出版社，2000.

式将过去和现在以及现在和将来关联在一起，从而为人类社会和社会共同体提供一种连续性和稳定性。

在人类社会早期，由于科学、认知和生产能力有限，人们对自然物和自然势力存在崇拜和敬畏心理，尤其是崇拜和敬畏那些与自己生活密切相关或依附性很强的物体。祭祀活动是人类展示其崇拜和敬畏的最为重要的活动之一。人类在对自然物进行崇拜的过程中，总是将某种愿景、超自然力量、神性等象征赋予自然物体。除了对自然物的敬畏和崇拜外，还有对生死和祖先的敬畏和崇拜，由此形成一种信仰鬼神和崇拜祖先的祭祀文化。据《尚书·甘誓》记载，在夏启时，有"赏于祖""戮于社"的声明，说明在中国已有国家层级的祭祀"祖""社"的宗教活动。"祖"即祖庙，"社"即社神，说明当时已有祖先崇拜和地神崇拜。周人以小邦战胜了大邦殷商，使他们对"天命靡常"格外警惕，并将其与人的道德属性尤其是民意相联系。《尚书·泰誓》指出："天矜于民，民之所欲，天必从之。"传统天命观在西周"民意论"的转向中有着不容轻视的重大意义与影响。民意论的思想显示，在西周的政治思想中，天意已经被民意化，天命在信仰形态上虽然仍具有神学特征，但在内容上则反映了政治民本主义，使得西周政治开始远离神权政治。[一]后来，经由道家、儒家和佛家思想丰富和发展，形成了"天人合一"的思想。在儒家来看，天是道德观念和原则的本原，人心中天赋地具有道德原则，但是后天受到各种名利、欲望的蒙蔽，不能发现自己心中的道德原则，因此需要修身养性，自觉履行道德原则。而对于统治者来说，也需要遵循天意、民意，行王道，以德治国。

符号神话、圣德形象、政治仪式象征了天命王朝的合法性。在中国古代，有关于帝王的各种神话，包括：①感生神话。"圣人皆无父，感天而生"的信仰，意在表明神话的主人公是天之子。例如，关于汉高祖，神话表述为："其先刘媪尝息大泽之陂，梦与神遇。是时雷电晦冥，太公往视，则见蛟龙于其上。已而有身，遂产高祖。"[二]又如关于清世祖的神话："母孝庄文皇后方娠，红光绕身，盘旋如龙形。诞之前夕，梦神人抱子纳后怀曰：'此统一天下之主也。'"[三]②相貌异相神话。帝王相异于常人，象征其非凡人，系真命天子。③异事神话。这是发生在帝王身边的奇异事件。例如，关于南梁高祖萧衍的神话："帝为儿时，能蹈空而行。及长……所居室中，常若云气，人或遇者，体辄肃然。"[四]④天象神话。这种神话将天命和天文异象相结合。

圣德形象往往通过诏书、石碑、符瑞神话予以传播与强化。其中，符瑞有龙、麒麟、凤凰、灵龟、赤兔、神鼎等。古人认为龙代表着神灵、天、帝王、交泰等意，所以逐渐被皇家所垄断。白鹿、白虎、比肩兽、苍乌等象征帝王仁爱；神马、赤熊、角兽等象征帝王法度修明、用人有方；九尾狐、象车、玄圭、同心鸟等象征帝王泽及四方，天下太平；白象、福草、白兔、大贝等象征帝王修身有道。

政治仪式包括受命仪式、圣德仪式。[五]前者包括劝进仪式、禅让仪式、登基大典、祭祀仪式。其中，劝进仪式主要是开国帝王正式登基建立新朝之前，由众人劝进的仪式。登基大

㊀　陈来. 殷商的祭祀宗教与西周的天命信仰［J］. 中原文化，2012（4）：18-24.
㊁　司马迁. 史记［M］. 北京：中华书局，1959.
㊂　清史稿：卷4［M］. 北京：中华书局，1977.
㊃　南史：卷6［M］. 北京：中华书局，1975.
㊄　白文刚. 中国古代政治传播研究［M］. 北京：中国社会科学出版社，2014.

典会在先帝死后一个月之内择吉日举行。汉代一般要等一个月左右，唐宋两代往往是在第二天，明清两代一般是在半个月左右。圣德仪式包括恩赦仪式、封禅仪式等。恩赦是指帝王登基等大庆时，下诏赦免罪犯。封为"祭天"，禅为"祭地"，封禅是指中国古代帝王在太平盛世或天降祥瑞之时祭祀天地的大型典礼。泰山千百年来一直是帝王们向往的东方乐土，而封禅泰山更是因为特殊的政治意义而成为历史上历代皇帝渴望的荣耀，但由于其严苛的条件限制，并不是每个皇帝都有这样的机会，只有"受命于天"的皇帝，为了答谢天帝的"授命"之恩，才能在泰山顶上积土为坛，增泰山之高以祭天，表示功归于天；然后，再到泰山之前近地祇的梁父、社首、云云等小山丘设坛祭地，表示厚上加厚，福广恩厚以报地。司马迁在《史记·封禅书》中引《管子·封禅》"古者封泰山禅梁父者七十二家"。封禅和朝拜泰山，从秦始皇开始载入史册，秦二世、汉武帝、汉光武帝、汉章帝、汉安帝、隋文帝、唐高宗、唐玄宗、宋真宗、清圣祖、清高宗等帝王，都曾到泰山登封告祭、刻石记功。

在中国，祭祀具有悠久的历史，从上古时期初现雏形，到夏商周时期基本成形，秦汉时期仪式规范化，历经魏晋南北朝、唐宋元明清等朝代而不断发展。按照内容的区别，祭祀大致可分为祭天、祭地、祭祖等。对于老百姓来说，祭天主要是祈求神灵赐福避灾；而对于统治者来说，祭天还包括统治者对其统治合法性的宣示。因此，历任皇帝登上皇位之前，都要举行盛大的祭天活动，以此来宣示其皇权的合法性并赢得臣民的政治认同。在农业社会，人民对土地有很强的依赖性，因此祭地主要是祈求农作物丰收。祭地的对象有山神、水神、火神和雷神等，最为常见的一种形式是祈雨活动。祭祖是将本氏族有功绩或者产生重要积极影响的先人作为尊崇对象，定时或不定时举办祭祀活动。在民间，作为一种自发的大型会展活动，庙会的形成往往与祭祀活动相关。例如，妙峰山庙会、东岳庙庙会、晋祠庙会、上海龙华庙会、泰山东岳庙会、武当山庙会、火宫殿庙会、佛山祖庙庙会、药王山庙会等。庙会的祭祀对象往往与区域特定的传说、宗教信仰相关。

在中国古代民间，除了祭祖、祭神、婚丧等仪式外，还有开学仪式、成人仪式⊖、拜师、迎春等仪式。其中，开笔礼、成人礼、成婚礼、葬礼在中国被称为人生四大礼。

进入近现代以来，随着现代政治体制的确立，政治仪式也发生了很大变化。在许多国家，天命王道、君权神授相对应的君主专制制度被现代议会民主制体制所取代，政治仪式也被嵌入现代政治组织及其过程之中。作为现代国家与过去区别的重要象征，国庆成为许多国家最为重要的仪式和庆典性活动。例如，美国独立日为每年7月4日，以纪念1776年7月4日大陆会议在费城正式通过《独立宣言》。1919年，德国的《魏玛宪法》首次规定公职人员就职时必须宣誓效忠宪法。宣誓仪式起源于古代，但是在现代有了新的象征含义。如今政治领袖人物甚至国家公务人员在就职前举行宣誓仪式，已经成为一种制度安排。设计宣誓效忠宪法的制度就是各国为规范和约束国家权力、保障人权、实施宪法的重要环节。

事实上，竞选也是一种高度仪式化的活动。它是一种政治候选人争取合法性的仪式之战。在美国，总统竞选需要经过预选、总统候选人提名、竞选运动、全国选举、选举团投票表决以及当选总统就职仪式。过程相当复杂，往往需要一个专业的团队对其形象、日程、演讲、电视辩论进行精心设计。在外交活动中，仪式不仅象征礼貌，而且象征了对一个国家及其人民的认同、重视程度。

⊖ 成人仪式男子行冠礼（一般20岁），女子行笄礼（一般15岁）。

与前现代社会相比，现代社会高度理性化和组织化。因此，仪式被赋予了理性，并被政府、宗教以外其他类型的组织广泛使用。现代企业都有企业宗旨、目标、企业文化、企业品牌形象等。通过理念识别系统、视觉识别系统、听觉识别系统和行为识别系统的设计，企业形成了一套复杂的符号系统。这些符号系统和企业仪式一起构成企业象征表达和传播的重要内容。企业领导者也出席各种仪式化的会议，参加各种签字仪式、庆典仪式，出席各种酒会等社交场所。而企业内部同样存在各种仪式，包括企业庆典仪式、表彰仪式、动员仪式等。类似地，大学、非政府组织中也存在各种各样的仪式。

节日是一个民族或国家的历史文化长期积淀凝聚的产物，在各国各不相同。但是，如今在全球化和国际化的背景下，节日日益多元化、全球化。从纵向上看，存在全球性节日、全国性节日和地方性节日；从横向上看，存在自然节日、社会节日、民族节日、历史节日、政治节日、国际节日、休闲节日、文化和经济节日。

第二节　会展的功能

一、会展的政治功能

（一）政治沟通与政治决策

作为政治传播研究的主要代表人物，布鲁勒（Jay G. Blumler）将基于新媒体的政治传播称为第三代政治传播。在布鲁勒看来，第二次世界大战后，第一代政治传播以政党控制为主，主导了第二次世界大战以后的 20 年间。第二代政治传播始于 20 世纪 60 年代以后，覆盖全国（这里指美国）的广播网成为政治传播的主导媒介。第三代政治传播则以新媒体为重要手段，政治传播媒介向立体化发展。⊖ 在古代，集市既是贸易平台，也是包括大量政治信息在内的非正式传播渠道。在欧洲，集市贸易本身在君主、公爵、教皇、主教授权下活动，往往与重大政治和宗教事件相关，自然会传播大量政治信息。无论是古代还是现代社会，合法性、政治和社会权力都需要借助仪式活动予以传播。

随着中国经济政治军事势力的不断增强以及国际影响力的不断提升，中国不仅需要更多地参与各种多边合作对话，而且需要举办更多的多边合作对话。由中国军事科学学会主办的"国际安全合作与亚太地区安全论坛"（又称香山论坛），从 2006 年起每隔两年在北京举办一次。它已经成为中外防务专家和学者交流互动的一个重要论坛。一些在中国举办的经济性会展活动，如夏季达沃斯论坛、中国—东盟博览会、中国—东北亚博览会、中国—亚欧博览会，也承担了政治沟通的重要功能。例如，在这些活动中，中方一般会有重要政治领导人出席会议并发表讲话。例如，中国—东盟博览会内含多种双边、多边对话会议，包括中国—印度尼西亚能源论坛、中国—东盟金融合作与发展领袖论坛、中国—东盟智库战略对话、中国—东盟社会发展与减贫论坛等。

诸如奥运会、世博会等超大型国际活动，也是国家间外交的重要途径，国家领导人一般都出席这些活动。有学者研究上海世博会发现，世博会这样的大型事件作为新媒介载体，在

⊖ Jay G. Blumler, Dennis Kavanagh. The Third Age of Political Communication: Influences and Features//In Denis Mc-Quail（Eds）, Mass Communication: II, Sage Publication, 2007: 46-48.

国家形象构建和传播过程中具有明显的议程设置特点。议程设置通过位置强调、面积和数量、规模（频次）重视、加框（framed）以及媒介语言的使用等途径进行凸显，不同途径在同一载体上可以叠加。在民间外交领域，会展活动在推动国家民间以及民间和官方之间的外交方面发挥了重要作用。我国民间外交机构主要有：①中国人民对外友好协会。协会创办于1954年5月，最初使用的名称是中国人民对外文化协会，楚图南同志是首任会长，到1969年改用现在的名称。②省区市友协，即地方友协。在20世纪六七年代我国各省市就基本上建立了地方友协。③大洲友协和国别友协。1949年10月5日，中华人民共和国成立了第一个国别友协——中苏友好协会全国总会，1992年改为中国俄罗斯友好协会（简称中俄友协）。1963年，成立中国日本友好协会（简称中日友协）。至今，我国已经与许多国家建立了国别友协。从20世纪60年代开始，先后成立了中国非洲友好协会和中国拉丁美洲友好协会，到2001年成立了中国欧盟协会和中国阿拉伯国家友好协会。友好协会通过举办双边和多边合作论坛、学术交流、展览、演出等活动开展工作。

在现代政治中，由智库、大学等组织举办的活动，成为官方、学术界、利益团体、企业之间非正式政治沟通的重要平台。许多思想分歧、意见沟通在这些活动中碰撞，形成政策思想汇集的重要渠道。

从组织的角度来说，会议不仅是一种重大的决策机制，而且其自身也可能形成一种组织机制。从氏族会议、部落会议到现代社会各种政党、国家和地方政府的各级会议，既是一种决策机制，也是一种组织机构。在我国，党的各级代表大会、委员会，人民代表大会及常委会、政协会议同样既属于一种决策机制，也是一种组织机构。部际协调会议、政府间协调会议、党政联席会议在党政组织内部、党政组织之间以及政府间的决策过程中，承担着协调作用，推动我国党政组织、政府间的协同治理水平。

座谈会成为我国领导人及政治组织实施协商民主的重要机制。事实上，在中国共产党领导革命时期，就存在召开党外人士的座谈会。在抗战时期，中国共产党就在陕甘宁边区召开党外人士座谈会，宣传党的抗战主张，在边区、分区、县（市）三级政权中都有召开。其中最著名的座谈会之一就是1942年5月中国共产党中央在延安召开的文艺座谈会。毛泽东在这次座谈会上发表了《在延安文艺座谈会上的讲话》，这一讲话的主要内容成为党的文艺政策的主要内容。座谈会具有灵活性，不像一般有制度规定的会议，对会期、会议规模、参会人员都有明确规定。座谈会的灵活性除了体现在会期、人员安排等方面，在作用上也较灵活，它既可以为了解社情民意服务，也可以用于在做出重大决策之前征求社会意见。座谈会的形式包括党外民主党派或无党派人士座谈会、群众座谈会、学者座谈会、企业界人士座谈会等。在治国理政中，座谈会能起到重要的协调作用。1950年3月，各民主党派、无党派民主人士联合发起，由参加政协全国委员会的中国共产党、各民主党派、各人民团体所派的代表及政协全国委员会常务委员为主体的时事政治座谈会召开。该座谈会每两周举行一次，被称为"双周协商座谈会"。到1966年7月，全国政协共举行了114次座谈会。后受"文革"影响，双周协商座谈会被取消。2013年9月18日，全国政协第六次主席会议审议通过

　　罗秋菊，童娟娟.上海世博会对游客的国家形象认知效果研究：基于议程设置视角［J］.旅游学刊，2014（6）：46-55.
　　钱昊平.领导人座谈会的开法［N］.南方周末，2015-07-30（3）.

了双周协商座谈会工作办法（试行）。这意味着双周协商座谈会不仅恢复，而且制度化。

（二）政治展示

政治展示的内容主要包括：

（1）象征及其符号展示。通过这种展示来获得组织内外主体对组织合法性、宗旨和目标的认同。对于国家来说，宪法、国徽、国旗等属于重要的象征，在不同场合可以借助活动、政治仪式、媒体不断强化和传播。类似地，现代政党、企业和非政府组织也存在宗旨、组织标志、标志产品或服务，同样可以借助主办和参与各种活动不断强化和传播。对于组织来说，这种展示和传播对内具有强化组织内认同的作用，对外具有强化对组织使命、宗旨和目标的认同并由此以获得社会对组织认同和支持的作用。从这个角度来说，组织因此可以获得更大的社会影响力和内部权力，具有政治性。在现代社会，媒介技术高度发达，组织通过制造和参与事件（活动）可以更好地展示自身。而事件（活动）自身也需要宗旨、目标、标志等象征及符号，需要被展示。组织通过展示获得品牌认同，不仅能获得更多的资源支持和提高商业价值，还能在组织忠诚度等方面获得更多认同。当然，对于组织与活动来说，基于其自身的性质，政治展示和商业展示的程度并不相同，有的政治展示性强，有的商业展示性强。

（2）历史展示。组织通过展示历史，不仅可以获得组织合法性，而且可以增强组织成员的历史自豪感及对自己身份和组织的认同感；同时，通过展示组织创建者的创造性贡献、经历等，可以起到教育意义。另外，历史展示还可以使人们对过去、现在和未来有更加清晰的认识。如今，各地都有历史博物馆展示历史。联合国教科文组织对世界物质和非物质文化遗产予以认定并倡导通过各种力量予以保护。民间也存在各种各样的保护组织和博物馆。不仅许多非营利性组织建立了自己的历史档案和纪念馆，许多商业组织也建立了自己的历史档案和纪念馆。基于历史事件、人物可以策划出许多活动，包括国家的、地方的和民间的活动。例如，通过各种形式的历史纪念活动，如抗日战争胜利日、南京大屠杀死难者国家公祭日等纪念活动，教育民众牢记历史，认识到坚持中国特色社会主义政治发展道路是历史的选择、人民的选择，从而巩固维护国家安全的历史基础。

（3）实力展示。实力包括硬实力和软实力。软实力概念提出者约瑟夫·奈（Joseph S. Nye, Jr.）的定义是："它是一种依靠吸引力，而非通过威逼或利诱的手段来达到目的的能力。"[一]与依靠军事威胁或经济诱惑的硬实力不同，国家的软实力主要来自于三个方面，即文化、政治价值观和外交政策。在行为上，硬实力运用的是胁迫和诱导的手段，实质是一种对他国的命令，而软实力运用的是议程设置和吸引的手段，实质是寻求对他国的同化；在资源上，硬实力依靠的主要是军事与经济，而软实力依靠的主要是一国的制度、价值观、文化和政策。[二]在本国举办大型博览会、活动可以展示一个国家的软实力，同样，借助出国参加展览及活动也可展示一个国家的软实力。尤其是策划一些具有民族和文化特色的活动，可以让国外各界人士了解这个国家的文化。例如，在现代国际文化类会展活动中，有的会展活动会设立主宾国。主宾国由此便获得了一次充分展示自己国家文化软实力的机会。

⊖ 奈．软实力［M］．马娟娟，译．北京：中信出版社，2013：XII.
⊜ 奈．软实力［M］．马娟娟，译．北京：中信出版社，2013：12-14.

（三）政治传播与教育

会展活动中，政治传播与教育主要有以下方式：①媒体传播，即通过传统和新媒体进行传播和教育；②人员传播，即通过参与会展活动人员口口相传的方式传播；③通过纪念品、吉祥物等形式传播；④通过围绕会展活动本身举行的研讨会、知识比赛进行传播。对于政治类展会来说，政治传播可以综合上述方式进行政治传播和教育。对于大型商业类会展活动来说，适当地嵌入少部分政治人员参与活动，并通过软新闻的方式予以传播，也可以达到政治传播与教育的目的。当然，这种嵌入要自然、合理、灵活，而不是强制、生硬地嵌入，否则可能适得其反。

二、会展的经济功能

（一）经济拉动效应

会展作为人员高度聚集的大型活动，必然带来参与人员在交通、住宿、旅游等方面的需求。同时，无论是举办方办展还是参展商参展，都存在大量业务外包相关供应商。因此，会展活动存在大量的经济外部性，具有经济拉动效应。对于奥运会、世博会、世界杯等超大型活动来说，由于存在场馆及配套设施建设问题，所以还存在推动举办城市设施升级的功能。举办科博会、工博会、文博会、航空博览会等大型展会活动有助于推动相关产业升级。因此，从广义上说，会展的经济拉动效应不仅在于推动相关产业的发展，还体现在推动相关产业升级、城市基础设施提升、促进周边经济合作等方面。图1-1反映了会展业对相关产业的拉动效应。它既可向前和向后关联产业拉动，也可向旁侧关联产业拉动。对于策划人员来说，要根据具体展会的题材类型特点、辐射空间、举办地等多种情况来分析其拉动效应。一个城市的相关配套设施、公共服务越完善，展会对交通、住宿、餐饮等方面的拉动效应就越大。对于旁侧关联产业拉动效应分析的关键是分析其参展商和观众来源和在举办地停留时间。一般说来，越多的参展商和观众来自外地，停留时间越长，其旁侧关联产业的拉动效应才可能越大。因此，对于会展经济拉动效应的分析应该对具体项目具体分析。

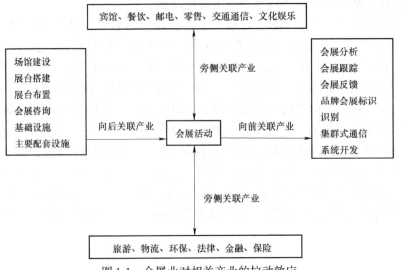

图1-1 会展业对相关产业的拉动效应

（资料来源：剧宇宏. 我国会展业可持续发展研究［M］. 北京：中国法制出版社，2014.）

（二）促进企业综合营销，推动经济合作与交易

对于参展商来说，参加会展不仅可以展示和营销产品，而且还可以密切与新老客户的关系，对公司进行整体营销，并能推动与其他企业的合作。以中国华东进出口商品交易会（简称华交会）为例，第一届华交会参展商数量为 617 家，没有境外参展企业，成交额为 10.23 亿美元。第九届华交会开始有了境外参展商，数量为 76 家，参展商总数为 1500 家，成交额为 12.06 亿美元。从第十六届华交会起，其展出面积开始超过 10 万 m²。这一届参展商数量为 3570 家，其中境外参展商 140 家，成交额为 33.21 亿美元。⊖ 又以广交会为例，1957 年全年成交额为 0.87 亿美元，1967 年全年成交额为 8.24 亿美元，1977 年全年成交额为 32.3 亿美元，1987 年全年成交额为 85.39 亿美元，1997 年全年成交额为 203.5 亿美元，2007 年全年成交额为 738.4 亿美元，2011 年全年成交额为 747.76 亿美元。受全球经济影响，广交会全年成交额有所下降，2012 年—2019 年全年成交额分别为 687.1 亿美元、672.3 亿美元、602.1 亿美元、550.6 亿美元、559.7 亿美元、601.8 亿美元、599.4 亿美元、590.1 亿美元。

会展作为一个被众多人员、媒体关注的重要平台，同是也是一个宣传推广平台，具有很高赞助价值，能够吸引合作伙伴。如图 1-2 所示，通过精心策划和组织实施，专业化的服务能够吸引更多的参展商和专业观众，由此增强会展的规模效应，而会展规模效应会直接影响参展商、赞助商的产品和品牌推广效应。规模效应和推广效应会推动会展项目边际成本递减，由此增加参展商的收益并吸引更多的专业观众，由此进一步提升会展的价值，并引起更多的媒体关注，增加项目的关注度、美誉度、顾客忠诚度，最终形成品牌会展。

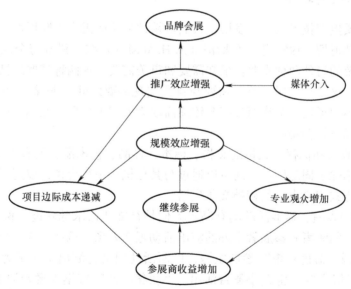

图 1-2 品牌会展效应形成关系

（三）信息聚集、分析所产生的信息经济功能

会展活动聚集了产业技术和经营精英、营销精英、专家学者、政府官员、媒体精英、产

⊖ 1991 年—2015 年，华交会已成功举办了 25 届。在这 25 届中，第十八届成交额最高，为 36.78 亿美元。第二十三、二十四、二十五届受我国整体经济下行的影响，成交额低于 30 亿美元，分别为 28.14 亿美元、27.59 亿美元、25.66 亿美元。2016 年—2019 年的成交额分别为 23.10 亿美元、23.17 亿美元、23.20 亿美元、23.00 亿美元。

品评定专家等，通过展台展示过程中的交流、展会相关活动以及各种形式的非正式交流，实现了信息的充分交流，有助于推动信息传播、技术推广。会展通过精心确定主题，以及围绕主题进行相关活动策划，事实上形成了一种主题文化。因此，做会展也是做文化。会展参与者的文化差异性越大，参与积极性越高，越容易在会展过程中形成内容丰富的技术、文化盛宴。参与者参与其中，获取的信息就越多，收获就越多。在展会过程中，专业研讨会和技术交流会也是界定行业议题、产生展会信息和知识的重要平台。除了专业和技术信息，展会也是企业了解竞争对手和市场信息的重要平台。参展企业可以参观其他企业的展台以了解竞争对手的信息，可以通过展会过程中的市场调研了解市场信息。当然，展会过程中设置的投资贸易洽谈活动，也为各方汇集了投资与合作方面的信息。

（四）直接经济效益

会展作为一种产业，自然存在作为主办方和服务方的直接收入，即直接经济效益。例如，德国法兰克福会展公司的收入包括销售收入和其他经营收入，其中销售收入又包括展位出租收入、大厅及其他出租收入、门票和参展费、其他服务收入。以2006年为例，该公司展位出租收入为2.49亿欧元，大厅及其他出租收入为0.337亿欧元，门票和参展费为0.12亿欧元，其他服务收入为0.11亿欧元。2013年该公司收入为5.59亿欧元的收入。和以往相比，2013年增加了存货变化方面的收入，共计1129198欧元。2019年，法兰克福会展公司的销售额为7.33亿欧元，全球共举办了155场交易会和展览会。

三、会展的社会功能

随着社会物质生产技术的不断发展，人们对精神文化的需求不断增加，尤其是对审美和休闲的需求越来越迫切。1954年，马斯洛（A. H. Maslow）在《激励与个性》一书中探讨了他早期著作中提及的另外两种需要：求知需要和审美需要。这两种需要未被列入他的需求层次排列中，他认为这二者应居于尊重需要与自我实现需要之间。⊖随着会展不断发展，博物馆、会展中心、体育场馆、文化商务综合体逐渐成为人们下班后、假期、周末休闲娱乐的好去处。会展具有以下社会功能：

（1）博物馆收集和保存了大量的文物、标本、样品、艺术品，具有丰富的历史、科学、艺术价值。博物馆除了固定展示，还可以通过与其他机构进行合作，以巡回展、讲座、专题或主题展等活动方式丰富人们的精神文化生活。

（2）展会中的表演、赛事活动具有满足人们精神文化需求的功能。例如，2010年上海世博会举办期间，组织者和参展者举办的演出活动近2万场。例如，为了配合上海世博会广西馆的"绿色家园，蓝色梦想"参展主题，广西活动周文艺演出主题定为"壮美广西、人居天堂"，由"民俗广西"宝钢小舞台演出、"壮美广西"宝钢大舞台演出、"欢腾广西"庆典广场演出、"声动广西"踩街巡游四大板块构成，通过歌、舞、乐等多种艺术形式，向世界全面展现广西独具特色的历史文化、多姿多彩的民族风情、历史悠久的非物质文化遗产、优美宜人的自然景观、开拓进取的发展理念，以及广西改革开放以来，特别是北部湾经济区建设成为国家战略以来，在经济社会各个领域取得的巨大成就。1852年，葡萄牙人阿泽维多指挥的乐队走上了街头。随着节奏明快的乐曲，不管是黑人还是白人，也不管是穷人

⊖ 刘烨. 马斯洛的人本哲学 [M]. 呼伦贝尔：内蒙古文化出版社，2008.

还是富人，男女老少都跳起舞来，整个城市欢腾起来了。阿泽维多的这一行动获得了巨大的成功，成为里约热内卢狂欢节发展史上的一个里程碑，标志着狂欢节成了大众的节日。如今，巴西狂欢节更是演变为世界上最大的狂欢节之一。

（3）随着会展与旅游、休闲、文化产业的不断渗透和融合，会展的休闲娱乐功能也得到不断延伸。例如，自2005年以来，我国文化会展业从无到有、从小到大、从弱到强，除了各种综合性的文化（创意）产业博览会、交易会外，动漫游戏、网络、表演、民俗、杂技等都有相应的展览会。越来越多的旅游目的地也开始通过举办表演、比赛、文化活动、展览等形式来拓展休闲旅游服务的内容。

（4）媒体的介入以及与媒体合作开发的会展活动拓展了会展的社会传播功能和观赏娱乐价值。同时，借助现代媒介技术，会展的互动和体验价值得到极大开发，会展的休闲娱乐和教育功能得到最大限度的发挥，娱乐和教育的大众化也得以实现。

除了能够满足人们的休闲娱乐、审美等方面的精神文化需求外，会展的社会功能还表现在提升举办地知名度、提升举办地民众素质，促进社会和谐等方面。更重要的是，还有大量的公益性慈善、社会救济、会议（论坛）、展览是以非营利的方式运作的，这也大大丰富了会展项目的类型。世界知名的会展城市不仅有大量的商业性会展活动，也有大量有助于丰富市民精神生活、寓教于乐的会展活动。例如，美国丹佛每年举办的节庆活动有300多个，活动主题从历史纪念到文化艺术，从电影、音乐、体育比赛到饮酒、狂欢，为市民提供了丰富的精神文化生活。

第三节 会展策划的含义、原则与方法

一、策划与会展策划

（一）策划

对于"策划"一词的解释，目前还存在争议。如果将"策"和"划"联系起来理解的话，"策"主要是指洞察与分析。例如，《孙子兵法》说："故策之而知得失之计，作之而知动静之理，形之而知死生之地，角之而知有余不足之处。"意思是，洞察与分析敌人，可得知作战计划的优劣得失；挑动敌人使其活动，可以了解敌人的行动规律；用假象诱敌，可得知敌人的优势及薄弱环节；用小规模的兵力对敌进行试探性进攻，可得知敌人兵力部署的长处和不足。而"划"主要是指引导与执行。因此，策划就是策划者通过洞察与分析等理性活动收集信息、判断事物发展趋势、创造性地界定问题、确定未来行动方向与方式，并通过一系列具有较强引导性与执行性的计划来保证未来行动方向与方式实现的前瞻性活动。策划往往由一个好的主意或想法（idea）开始，再通过一系列有计划、有目的的规划活动完善并实现这种主意与想法。这个好的主意可能包括：①对原有问题或事物功能有了新的界定；②发现了一种新的需求、事物的新功能或新的市场；③发现了解决问题的新方法、新流程；④发现了解决问题的新的融资或运作模式；⑤对组织或行业发展目标有了一个创造性的合理解释。因此，好的想法是策划的起点，信息收集与理性分析是策划的基础和前提，创意是策划的核心。策划并不排斥对原有问题、功能、事物发展趋势的既有界定观念中的合理性部分，不排斥原有解决问题的常规性做法，不排斥对传统需求、市场的肯定性认同，不排斥对

原有融资、运作模式的合理性认同。因此，策划需要策划者了解、尊重传统并具有经验。策划也不是要求所有的策划内容都是全新的、创造性的，但是，策划要求通过特殊的构想、别致的手法、精心的安排以达到出奇制胜的效果。

（二）会展策划

1. 会展策划的含义

会展策划是指通过洞察与分析等理性活动收集信息，判断会展业的发展趋势，创造性地界定是否举办或参加特定会展，对特定会展举办与参加活动进行预先构想与安排，并通过一系列具有较强引导性与执行性的计划来保证未来行动方向与方式实现的前瞻性活动。会展策划既包括举办方围绕会展举办进行的策划，也包括参展方或参加方围绕参展或参加活动进行的策划。根据策划者所处的层次及策划工作的内容，会展策划可分为宏观策划、中观策划和微观策划。宏观策划往往是由相关组织高层或高层授权的策划人员就是否举办相关会展、会展战略与品牌定位与调整、会展项目的整体性安排与预算、会展整体风险等进行的策划。中观策划往往是由相关组织中层或中层授权的策划人员就会展过程涉及的职责范围内的事项进行的策划，如招展招商策划、宣传推广策划、现场服务策划等。微观策划是由相关组织的基层人员就其工作范围内的事项进行的策划，如招展人员在正式打电话之前，对其电话销售所做的策划。根据策划涉及的工作进程，会展策划可以分为前期策划、中期策划、后期策划。对于很多有生命力的会展活动而言，它不是一次性活动，在一次活动结束之后，策划人员需要继续考虑下一次活动的举办。因此，与此相关的策划活动也具有一种生命周期的循环特征。在其前期阶段，需要考虑会展主题、展品范围、相关活动安排等整体性安排；而在中期阶段，要将其整体安排具体化，并通过实际的执行活动予以落实；在后期阶段，需要进一步策划密切客户关系、评估整体活动成效以及为下一次会展策划流程的前期工作做准备等。

2. 会展策划的特点

（1）会展策划自身是一项复杂的组织活动。它包括策划组织系统自上而下与自下而上的复杂组织活动过程。自上而下的组织活动过程，是由组织系统高层将其策划意图通过自上而下的组织途径层层展开与具体化的过程；而自下而上的组织活动过程，是由组织系统基层将其观点、想法、建议、要求等通过自下而上的组织途径不断汇集的过程。因此，对于策划人员来说，要明确其处于何种层次，做的是何种层次的策划，并且了解整体策划意图及自己的使命。事实上，不仅会展策划自身是复杂的组织活动，而且会展活动自身也是复杂的组织活动。会展活动复杂性的一个突出表现是，它是一个他组织与自组织的复杂体。对于会展策划人员来说，必须区分会展策划和会展活动的复杂性。通过前者可以确保会展策划活动是一种组织性、集体性的知识和分析成果，但是它并不一定能够保证会展活动自身必然具有很好的效果。这是因为，无论策划者如何努力，策划者往往不是会展活动自身的行动者，而是会展这个舞台的服务者、引导者。因此，对于会展活动而言，它离不开策划与组织方的他组织活动，也离不开参与方的自组织活动。

（2）会展策划是一项理性的活动。这里所说的理性包括内容合理性和程序合理性。前者是指在一定的条件下，为实现一定的目标所需的合理性。这种内容合理性取决于具体的目标。当目标确定的时候，合理性主要依赖于为实现目标所采取的行动的环境特征。内容合理性必须满足两个前提：①行动者有目标并追求目标的极大化；②行动者在内容上是合理存在的。程序合理性依赖于事物发展或产生决策的过程本身的合理性。就内容合理性而言，策划本身要通过严格的市场与政策分析、目标与风格定位、成本与收益分析等理性分析行为来保证其策划内容的合理性。就程序合理性而言，一方面要注意会展活动流程安排的合理性，另一方面要注意保证不同层次策划过程本身的合理性。

（3）会展策划是一项前瞻性的创意活动。尤其是在前期策划阶段，策划者必须对其活动的目标、风格、风险、预算等进行前期构想。对于会展策划来说，客户、供应商、其他参与者之间的互动可能产生的反应往往难以预计，因此更需要事先对其活动所要实现的目标、风格等进行前瞻性分析，并通过特殊的构想、别致的手法、周密的计划、精心的安排来达到出奇制胜的效果。作为前瞻性活动，会展策划既需要对活动构思有创意，也需要注意细节以避免错误。对此，要牢记墨菲定律：有可能出错的事情，就一定会出错。

3. 策划者思考的问题

对于会展策划而言，除了要从专业的角度对会展招展招商、宣传推广、现场服务、相关活动安排、风险管理以及会展自身流程等各种细节进行充分考虑之外，策划者还必须不断思考以下问题：

（1）会展场地与会展风格。在选择会展场地以前，首先需要将会展流程从头至尾构想一遍，其次确定会展客户以及会展的基本需求，最后需要了解经费状况。否则，会在场地选择上失去最佳机会，或者无法做出明确的选择。对于策划者而言，只要不受预算限制，会展场地可以选择陆地、水面、水下、空中，可以选择本地、外省、外国，可以选择室内或室外。常见的场地包括专业展览场馆或会议中心、广场、体育馆、露天中心、公园、酒店、俱乐部、旅游景点、电视台等。会展风格是策划者试图营造的氛围或达到的整体效果。常见的会展风格包括专业型、综合型、商业型、公益型、传统型、现代型、浪漫型、休闲型、典雅型、乡土型、文化型、娱乐型、亲子型、体验型、选秀型、主题型、季节型、节日型、沙滩型、运动型等。会展风格与会展场地选择密切相关，策划者需要将两者综合考虑。也就是说，在考虑会展场地之前，策划者需要对预期的风格进行构想，而在确定会展风格的同时，也需要在自己的场地清单中选择与之匹配的场地。有时，为了保证预期的风格，需要不断拓展自己的场地清单。如果有了非常有竞争力的理想场地，也可以调整自己的风格设想。

（2）会展气氛与情感。会展的风格不仅需要选择适合的场地，而且需要营造相关的会展气氛。会展气氛的营造不仅取决于会展内容安排、会展物流、会展服务、时间安排等，还取决于参与人员的选择以及参与人员之间的互动。对于会展来说，参与人员（包括客人）过多或过少都会影响气氛的活跃度：如果人满为患，各种服务跟不上，参与人员就会产生负面情绪；如果人员过少，场面就会冷清。如果内容安排没有特色，参展嘉宾、表演者等关键人员的风格过于平凡，会展也会平淡无奇。会展风格与气氛赋予人不同的情感。对于策划人员来说，成功的会展不仅取决于一些"硬性要素"，还取决于会展的情感指数以及令人心动程度。因此，策划人员需要不断考虑：除了能够为参与者提供一个集聚与展示的空间、平台和基本服务外，是什么吸引了出席会展的客人？会展的哪些方面会令客人难忘？哪些方面能让参展的客人感触良多？会展策划需要上升到专业、文化和精神层面，才能真正赋予会展灵魂。

二、会展策划的原则

（一）目的性原则

为了使会展活动能给举办方在人力、财力、时间上的投资带来成效并获得回报，会展策划不仅要能够满足企业的期望，也要能够满足客人的期望，还要体现会展活动的社会功能。因此，在策划过程中需要制定会展活动预期，最大限度地吸引客人参加，竭尽所能地实现活动的各种目的。所谓会展策划目的，是指策划者希望通过会展活动的实施所达到的效果。在目的表述中，最为抽象、层次最高的是会展宗旨。会展宗旨主要是对会展所倡导、具有的社会价值与功能的表述。这种表述既要抽象，又要明确，并能得到社会认同，由此最大化地获得社会各界的支持，从而体现会展的社会价值，并能可持续发展。例如，世博会的宗旨表述为：旨在促进思想和世界经济、文化、科学和技术发展的交流，让参展商宣传和展示他们的成就和改善国际关系。每一届世博会需要通过主题、目标等进一步贯彻落实这一宗旨。例如，上海世博会的主题是"城市，让生活更美好"。主要目标是：提高公众对"城市时代"中各种挑战的忧患意识，并提供可能的解决方案；促进对城市遗产的保护，使人们更加关注健康的城市发展；推广可持续的城市发展理念、成功实践和创新技术，寻求发展中国家的可持续的城市发展模式；促进人类社会的交流融合和互相理解。

在现实中，不同类型的会展其目的并不相同，具体说来主要有以下几种：

（1）展览：展示展品；密切与新老客户的关系；提升企业形象和产品品牌；获取行业或技术及运作方面的信息；获得业界认同等。

（2）会议：提供产品的最新信息；休闲聚会；思想交流；解决现有问题；推出新产品；培训；发布组织的最新动态、宣传动员、推动交流与对话、进行表彰等。

（3）企业或单位活动：答谢员工、客户；答谢供应商、经销商；颁奖；员工与供应商的见面会；推出新产品；为企业所倡议的筹款活动捐款；提高公众知名度；提高品牌知名度；举办有纪念意义的庆典等。

（4）筹款活动：为研究工作筹款；吸引媒体关注；提高在公众中的知名度；吸引更多的赞助商；征求更多的志愿者；为将来的活动或赞助与捐赠活动制作通讯录等。

（5）奖励活动：为销售业绩的增长而举办的活动；销售部高层人员集中活动以商讨企业未来的策略；销售高层与企业高管的联欢；答谢家属活动等。

（6）特殊活动：吸引媒体关注；提高在公众中的知名度；吸引新客户；推出新产品；颁奖；致谢等。

（7）体验类活动目的：增进知识；吸引参与；激发活力；寓教于乐等。

对于策划者来说，策划中需要不断考虑会展预期要达到的目的，并围绕相关目的对参与者层次与规模、相关活动预期达到的社会效果、成本与收益等进行构想与选择。

（二）效益原则

宏观策划要注意宏观收益，包括经济效益和社会效益；中观策划与微观策划则要注意成本约束。会展效益是衡量会展成功与否的标准。在会展策划过程中，即使是非营利会展项目，也需要具有预算意识。因此，在会展活动的构想过程中，需要制作收支表，列出各项预算。开始制作收支表前，要将会展活动的整个过程从头到尾予以考虑。各项条款和要求均需要书面凭证，不要轻易接受口头承诺，因为当今社会人员流动非常频繁。一些费用一定要亲自核查或确认，不能想当然。增删项目，要及时对预算进行调整，并保存新文件。在签约前要制定一份付款时间表，用来查看是否需要调整付款费用。策划人员应该告知其客户支付条款与付款条件，并在合同中写明付款日期与金额，同时留出一定的浮动空间。

（三）创新性原则

创新是策划的灵魂，策划的关键在于创新。即便是对于法兰克福车展这样的世界级会展，也需要不断创新。没有创新的策划，或许只是一个计划、报告，没有创新，会展就会缺乏思想、灵魂，就难以持续发展。创新包括概念创新、资本运作创新、展示设计创新、展示技术创新、展区划分创新、会展流程创新、宣传推广创新、服务创新等会展过程的诸多方面。通过对会展诸多环节的持续优化，最后达到整体优化，体现创新的生命力。创新需要团队具有进取精神，个人发挥想象力，以及提高应变能力。

创新要求策划方案在时间上要经得起考验，具有较长时期的适应性、实用性、领先性。这就要求策划人员对行业发展的显性趋势和隐性趋势都有充分了解。对于显性趋势，要求会展主题适时做出调整，避免策划理念具有滞后性；对于隐性趋势，要求通过会展主题创新引导，使策划理念具有超前性。

（四）系统原则

运用系统理论对会展策划进行充分分析，从系统的整体和部分之间相互依赖、相互制约的关系中，揭示会展策划这一系统的特征和运动规律，以取得最佳的展览效果。这里要借鉴系统论的观点，分析系统的结构和功能，研究系统、要素、环境三者之间的相互关系和变化规律，对会展资源进行合理配置和系统管理。

（五）导向原则

对于展览来说，策划人员需要意识到，只有具有产业导向和顾客导向的会展才具有生命力。这就需要策划人员通过市场调查、产业和产业链分析、产业政策分析、利益相关者分析来把握产业趋势及其导向、顾客需求趋势及其导向。对于会议来说，商业类会议也需要具有产业导向和顾客导向，而政府与非营利性会议要具有舆论导向和专业导向。导向原则要求要在国家法律、社会伦理和政治原则允许的前提下进行策划，不仅给受众提供正确的舆论引导，同时也要满足受众的需要。尤其是在对一些与媒体合作的项目进行策划时，更需要注意其传播所带来的政治与社会影响。

三、会展策划的方法

（一）借势法

借势法是指借助具有相当影响力的国家政策、事件、人物、产品、故事、传说、影视作品、社会潮流、有影响的会展等，策划出对自己有利的会展的一种策划方法。借势的原则包括：

（1）关联性。所借之势必须与会展策划的目标和整个策划活动有着紧密的内在联系。

（2）有效性。所借之势必须自身具有较大的影响力和辐射力，能够达到提升效果的目的。

（3）借势之举的目的是少花钱多办事、花小钱办大事。

（4）对所借之势的发展趋势和发展走向要仔细考察，如果随着趋势的演进，所借之势可能会朝着反方向发展、朝着不利于会展的方向发展，那么借势将是很危险的。

（二）组合法

组合法是指按照一定的内在关系，将多个要素联系起来，形成有机的整体，使整体价值大于各个要素简单加和的一种策划方法。组合法揭示了策划思维的"整合"特性，把无关要素关联起来，就有可能产生聚变效应。在会展策划中常见的组合包括：

（1）会展主题与演绎组合。主题组合往往是将 2~3 个主题关键词组合在一起，形成更为丰富的主题内涵；而主题演绎往往是将与主题相关的各种要素组合在一起，并通过不同的技术组合对主题进行演绎。

（2）会展营销方式的组合，即将不同的营销方式根据会展自身特点组合在一起，形成有效、经济的营销组合。

（3）会展宣传推广方式的组合，即将不同的宣传推广方式、频率组合在一起，形成有效、经济的宣传推广组合。

（4）会展价格策略的不同组合，即将不同的会展价格策略组合在一起。

（5）将专业展览组合成综合展。

（6）经营组合，即通过整合不同的融资、业务，形成经营方面的组合。

（7）将志愿性与专业性组合。如对于会展服务，可以将服务的专业性和公民的志愿性组合在一起。

组合可以是结构性、流程性、物质性的组合，也可以是利益性、信息化的组合。

（三）分解法

所谓分解法，是指把会展及其活动的整体按照其内在的有机联系分成局部，对局部施加作用，以求更为轻易地达到改变会展活动效果的一种策划方法。分解法揭示了策划思维的"裂变"特性，事物各个组成要素之间的内在联系，好比是束缚原子核的力量，一旦选对内在联系，解除束缚，发生"核裂变"，就会爆发出难以想象的力量。在会展策划中常见的分解包括：

（1）会展流程的分解，即将某一重要流程分解出来，单独作为一种活动举办。例如，《我要上春晚》就是将部分春晚选拔流程分解出来，为春晚选拔优秀的民间节目。《我要上春晚》在中国网络电视台上设立了专区，并为所有节目设立网络互动窗口，采用人气投票排名的方式，让各种节目和"草根"明星一较高低。而最终谁能登上春晚的舞台，将在年底揭晓。在《我要上春晚》年底的特别节目中，将邀请春晚剧组主创和节目审查组成员到现场担任评委，并宣布入围春晚的节目和人选。

（2）将会展按时间分解。例如，广交会根据会展题材特征，按时间分解为春、秋两季。

（3）将会展按地点分解。例如，将世界杯举办地分解为韩国和日本两地。

（4）将综合展的部分业务分解出来，形成专业展等。

（四）移植法

移植法是指将其他策划对象的特点和功能合理地移植过来，达到创造目的的一种策划方法。比较常见的有创意移植法和项目移植法。创意移植法是指将他人的构思创意移植到自己的项目中，结合自己的实际情况，进行新的构思设计。项目移植法也称为项目仿效法，其基本思路是直接将他人在其他地方获得成功的运作方案移植到自己所策划的地方。由于地区之间经济、文化和环境的差异，在一个地方成功的策划换到另一个地方不一定能成功，因此这种方法具有较大的风险。与此同时，对移植法需要考虑是否侵权。如果是项目移植，往往需要以购买版权或合作的方式进行。例如，《美国偶像》是美国花了 6700 万美元从英国购得版权的，每年还要与英国同行分成。

（五）重点法

所谓重点法，是指在策划过程中要抓住会展过程、事项、展示内容、会展主题等要素中的重点，在展示区间、技术、营销、宣传推广、资金投入、主题演绎等方面予以突出的一种策划方法。在进行策划时，需要对会展各环节、各要素等进行构想，并考虑各环节、各要素之间的关联性，找出关联度高、关联线索多的环节和要素。一旦找出"关键"环节和要素后，再反过来构想，如何利用"关键"环节和要素带动其他要素，如何安排"关键"环节和要素的位置，以及如何通过技术化手段突出"关键"环节和要素。

（六）实证法

所谓实证法，是指在会展过程中，通过对产品制作、使用与消费环节等进行现场演示、体验、实验等来证明产品优势的一种策划方法。在众多的策划创意方法中，实证法是最容易被理解的，通过实际的表现，向策划的目标对象展示显著性、戏剧性的结果。实证法尤其被参展商广泛使用。对于举办方来说，要通过事先沟通，了解参展商是否通过实证法进行展示，如果使用实证法就要提供相应的空间、技术等支持。当然，对于举办方来说，将相关会展安排在产业集聚的地方，也有助于形成一种实证效果。

（七）伏笔法

所谓伏笔法，是指在策划会展活动前一环节或事项时为后一环节或事项的安排提供线索、暗示，或预先创造项目依据、实施基础的一种策划方法。伏笔法要求策划者具有较强的系统和前瞻性意识，并通过有效的线索、艺术化的展示、宣传手段对前后环节、事项或项目进行联结。

（八）利益相关者分析

1963 年，利益相关者作为一个明确的理论概念由斯坦福研究所提出后，瑞安曼（Rhen-man）、安索夫（Ansoff）、弗里曼（Freeman）、布莱尔（Blair）等学者共同努力使利益相关者理论形成了比较完善的理论框架，并在实践应用中取得了较好的效果。克拉克森（M. Clarkson）提出了两种有代表性的分类方法：根据相关群体在企业经营活动中承担的风险种类，将利益相关者分为自愿的利益相关者（voluntary stakeholders）和非自愿的利益相关者（involuntary stakeholders）。米琪（A. Mitch）等人从权力性、合法性和紧急性三个属性对利益相关者进行评分来划分利益相关者。管理者所感知的利益相关者的重要程度，取决于这三个属性的累积效应。通过感知到的重要程度对上述三个属性评分后，企业的利益相关者可以被细分为以下三种类型：①潜在利益相关者，他们只具有利益相关者三个属性中的一个，可进一步分为休眠型利益相关者、自由型利益相关者和要求型利益相关者；②预期型利益相关者，他们与企业利益密切相关，拥有三个属性中的两个，可进一步分为支配型利益相关者、危险型利益相关者和依存型利益相关者；③确定型利益相关者，他们同时拥有利益相关者的三个属性。卡罗尔（Archie B. Carroll）把利益相关者分为核心利益相关者、战略利益相关者和环境利益相关者三类。按照这一划分，政府、组展公司、会展相关企业（如展

⊖　CLARKSON M. A stakeholder framework for analyzing and evaluating corporate social performance ［J］. Academy of Management Review，1995，20（1）：92-117.

⊜　MITCH A，AGLE B R，WOOD D. Toward theory of stakeholder identification and salience：defining the principle of whom and what really counts ［J］. Academy of Management Review，1997，22（4）：44-56.

⊜　CARROLL A B. Business and society：ethical and stakeholder management ［M］. Cincinnati：South-Western College Publishing，1997.

台设计、运输和搭建企业）、场馆企业、参展商、参展观众、员工、相关媒体等属于核心利益相关者。这些核心利益相关者在会展的策划、推广和管理中拥有直接的经济、法律和道德利益。其中，组展公司、会展相关企业（如展台设计、运输和搭建企业）、场馆企业、员工、参展商和参展观众分别体现了经济利益和自身需求，而相关媒体、政府等同会展的关系则比经济关系更加广泛，它们在社会文化利益、环境利益上也有更多的要求。酒店、餐饮、交通、旅游企业，以及会展行业协会、组展企业竞争对手、会展举办城市、社区公众等属于战略利益相关者。这些核心利益相关者之外的战略利益相关者，并不简单等同于次要利益相关者。因为虽然它们并不时时刻刻与会展的举办过程密切相关，但同样有着潜在的巨大影响力，并且它们的主要功能是为参展商和参展观众提供配套服务。教育机构、环保组织等属于环境利益相关者，是战略利益相关者之外的外围层，它们与会展的关系不是那么密切，但是也是会展实施所必不可少的支持体系。⊖

大型会展活动要取得目的地形象传播效果，需要利益相关者合作策划，让社区参与者有归属感和自豪感，优化活动组合以满足社区多元化需求，从利益者相关者的角度建构形象传播机制⊜。

（九）SWOT 分析法

SWOT 分析法又称为态势分析法或优劣势分析法，用来确定企业自身的优势（strengths）、劣势（weaknesses）、机会（opportunities）和威胁（threats），从而将企业的战略与企业内部资源、外部环境有机地结合起来。作为一种战略分析方法，这一方法也适用于会展组织发展战略的分析。从整体上看，SWOT 可以分为两部分：第一部分为优势与劣势分析（SW），主要用来分析内部条件；第二部分为机会与威胁分析（OT），主要用来分析外部条件。利用这种方法可以从中找出对企业有利的、值得发扬的因素，以及对企业不利的、需要避开的因素，发现存在的问题，找出解决办法，并明确以后的发展方向。根据 SWOT 分析，可以将问题按轻重缓急分类，明确哪些是急需解决的问题，哪些是可以稍微拖后一点的事情，哪些属于战略目标问题，哪些属于战术问题，并将这些研究对象列举出来，依照矩阵形式排列，然后用系统分析的思想，把各种因素相互匹配起来加以分析，从中得出一系列相应的结论，而结论通常带有一定的决策性，有利于领导者和管理者做出正确的决策和规划。

（十）5W1H 分析法

（1）What。第一步：制定什么事？目的是什么？有必要吗？

（2）Why。第二步：为什么制定？有什么意义？

这两个步骤就是为了排除那些不必要的工作，若不能通过这两个问题的诘问，那么就要放弃以后的步骤。

（3）When。第三步：日期，什么时候制定？完成的时间是否适当？

（4）Where。第四步：地点，在什么地方制定？在什么范围内完成？有更合适的场所吗？

⊖ 张正义，贺佳雨. 我国会展业利益相关者与分类研究［J］. 企业研究，2010（12）：77.

⊜ 有学者认为，从利益相关者内部关系看，存在不同政府间的协调机制、不同企业间的制约机制、居民与游客间的沟通机制、不同媒体间的组合机制。从利益相关者关系看，存在产业和服务供给和消费机制、政府和居民及企业间的服务和支持机制、媒体与政府及居民之间的沟通机制。相关内容参见：王起静. 大型活动对旅游目的地形象影响研究［J］. 特区经济，2013（10）：93.

（5）Who。第五步：由谁负责制定？由谁负责执行？有没有更合适的人？熟练程度低的人能做吗？

（6）How。最后一步：采用什么方法制定？采用什么方法实施？有没有更好的方法？采用何种流程？流程能否优化？

在会展项目策划过程中，不断思考上述问题有助于丰富我们的方案。

（十一）群体策划法

在会展策划过程中，往往需要组织上下级之间、部门内部、部门之间共同决策，在许多策划过程中，还需要引进专业人员的意见。这就需要通过完善群体策划程序与方法来实现更好的策划效果。常见的群体策划法包括头脑风暴法和德尔菲法。前者是一种专家会议形式，目的是进行预测和策划方案设计。它要求在一种非常融洽和轻松的气氛中进行，专家可以畅所欲言，发表自己的意见。后者先由调查组织者制定调查表，按规定程序进行咨询调查，再将反馈意见整理，然后再发给被调查者进行咨询，通过几轮反复，形成较为完善和一致的结果。

第四节　会展环境与会展资源依赖

一、会展环境

会展策划人员需要认识到，会展只有嵌入相应的环境之中并与其完美匹配，才有可能获得成功。会展环境可以分为政治环境、经济环境和社会文化环境。

（一）政治环境

会展需要稳定的政治环境，恐怖主义、政治骚乱、执政人员更替、政治腐败、政策法规变化等都会影响到会展举办。对政治环境缺乏充分认识，就会在会展举办地及相关风险规避方面犯重大错误。尽管大部分会展自身的政治色彩和意识形态并不强，但是恐怖主义和恐怖分子往往青睐于袭击大型会展活动。自从美国 2001 年发生"9·11"恐怖袭击之后，世界各国在举办大型活动时都会绷紧神经，其直接结果是增加了安保成本。例如，2004 年雅典奥运会的安保预算从 1.22 亿美元猛增到约 12 亿美元。2012 年伦敦奥运会，英国政府为保障比赛能够顺利进行，曾专门对安保费用数次追加预算，但即使这样，到奥运会开幕时，英国政府仍不得不增派了军队。此外，对于这些大型活动，尽管可以通过市场化运作，但是对政府在安保方面的介入依赖也增加了。除了一般的安保人员以外，警察、军队、情报部门都开始介入安保工作。不仅如此，还需要依赖于与国际警察、情报部门的合作。同样，举办国或举办地的政治骚乱也会严重影响会展的顺利举办。例如，2013 年泰国集会对其会展业产生负面影响：一部分展览需要延期；另一部分没有延期的会展受"红衫军"在该国相关会展中心举行集会的影响，会展交通堵塞，安全得不到有效保障。在政治腐败的环境中，会议成为行贿、受贿、贪污公款等腐败的重要途径，由此产生了会议腐败经济，进而影响了一个国家会议市场的构成。在政治环境中，政策法律是重要构成部分。毫无疑问，会展不仅受相关行业政策法律的影响，而且还受广告、知识产权、合同、物流、消防、交通等法律的影响。

（二）经济环境

经济环境是指构成企业生存和发展的社会经济状况和国家经济政策，它是影响消费者购买能力和支出模式的因素，包括收入的变化、消费者支出模式的变化等。会展发展离不开经济环境的支持。例如，受2008年世界经济危机的影响，许多国际会展的国外观众和客户数量减少。会展成本取决于工资、利率、当地银行的可靠性、汇率等具体的经济环境要素。对于会展策划而言，除了要对宏观经济环境进行整体分析之外，还需要重点考虑会展所涉及的产业及产业链。

所谓产业，是指从事相同性质经济活动的所有单位的集合。一般说来，一个会展项目立项是否合理以及对会展主题、展品范围、顾客来源、相关活动的安排等的确立，往往需要建立在对相关产业及其产业链分析的基础之上。对于一个会展企业或组织来说，基于相关会展产业链的分析，对自己的市场定位、品牌与企业发展战略等非常有帮助。因此，会展策划人员需要具有产业、产业链的基本概念及分析能力。

1. 产业划分

费希尔（A. G. B. Fisher）在其著作《安全与进步的冲突》一书中最先提出"第三产业"的概念，与西方流行的第一产业、第二产业一起构成国民经济产业结构的三分法。费希尔认为，在物质生产飞速发展的背景下，必须从生产与消费联系角度出发，根据需求结构的变化来调整生产组织。基于这种认识，他提出"第三产业"的概念。克拉克（C. Clark）将"第三产业"称为"服务性产业"，并发现劳动力转移的一般过程是先由第一产业到第二产业，然而再由第二产业到第三产业。这一发现被认为是"克拉克定理"。库兹涅茨（S. Kuznets）从国民收入和劳动力在产业之间分布情况的角度出发，将第一、二、三产业分别称为农业部门、工业部门和服务业部门。其中，第三产业涉及的行业多、范围广。根据我国的实际情况，第三产业涉及四个层次：第一个层次是流通部门，包括交通运输业、邮电通信业、商业、饮食业、物资供销和仓储业；第二个层次是为生产和生活服务的部门，包括金融业、保险业、地质普查业、房地产业、公用事业、居民服务业、旅游业、咨询信息服务业和各类技术服务业等；第三个层次是指为提高科学文化水平和居民素质服务的部门，包括教育、文化、广播电视事业，科学研究事业，卫生、体育和社会福利事业等；第四个层次是指为社会公共需要服务的部门，包括国家机关、政党机关、社会团体以及军队和警察等。三次产业划分体现了人类发展的阶段性特征。

人类社会划分的第一阶段以农林渔业生产活动为主要特征，第二阶段以工业化为主要特征，第三阶段以大量资本和劳动流入服务业为主要特征。但是，三次产业划分理论也存在缺陷：①三次产业划分将非直接物质生产部门统统归集于第三产业，既没有考虑到全球化、信息化和知识化给全球产业结构产生的影响，也没有考虑到需求环境发生了巨大变化。在可持续发展的理念下，出现了许多节约和循环再利用资源的环境产业，而在信息化与知识化的影响下，也产生了信息产业、创意产业等。②三次产业划分对信息技术、知识化等引发的传统产业再造、升级和嫁接等新情况概括不够。

事实上，在历史上，除了三次产业划分法，还有其他划分方法。

（1）马克思的两大部类划分法，即分为生产生产资料的产业部类和生产生活资料的产业部类。

（2）霍夫曼（W. G. Hoffmann）根据研究工业化发展阶段的需要把产业分成三类：①消

费资料产业，如食品工业、纺织工业等，原则是该类工业产品 75% 以上属于消费资料；②资本资料产业，如化学工业、一般机械工业等，原则是该类工业产品 75% 以上属于资本资料；③其他产业，如橡胶、木材、造纸等。

（3）按照生产要素密集度划分，产业可分为劳动密集型、资本密集型、技术密集型和知识密集型产业。

（4）按照产业地位划分：①基础产业，即在产业结构体系中为其他产业的发展提供基本条件并为大多数产业提供服务的产业；②瓶颈产业，即在产业结构体系中未得到应有发展并严重制约其他产业发展的产业；③支柱产业，即在产业结构体系中总产出中占较大比例的产业；④主导产业，即在产业结构体系中处于迅速发展并对相关产业发展具有引导和支撑作用的产业；⑤先导产业，即在产业结构体系中关系到未来国民经济发展的需要，必须先行发展而又能带动和引导其他产业发展的产业。

（5）按照技术先进程度划分，产业可分为传统产业和高技术产业。

（6）按照发展趋势划分，产业可分为朝阳产业和夕阳产业。

（7）也有学者主张对产业实现五分法，一种是分为农业、工业、服务业、信息产业和知识产业，另一种是分为农业、工业、服务业、资源再利用业和生态维护业。

对于更为具体的产业分类，1984 年首次发布国家标准，此后会根据行业发展情况进行修订。

对于会展策划人员来说，在进行相关会展策划过程中，需要对相关产业划分范围、特点与发展趋势、产业市场前景、产业政策等进行了解。对于策划者来说，需要围绕具体项目所涉及的具体产业及其产业链予以分析。这样做的好处有以下几点：①更好地确定参展商、目标观众及其空间分布。产业及其产业链的范围界定与参展商、目标观众的范围密切相关，而对产业链空间范围的把握能使招展招商工作更精确和有效。②有助于确定主题和相关活动。对主题的确定和相关活动的安排，往往围绕产业发展趋势、存在的问题、产业融合和转型等。③有助于对宣传推广范围的精确定位。把握具体的产业空间分布能使宣传推广更有效，对会展产业及其产业链的把握则有助于会展组织的战略定位和管理，有助于提高其经营管理水平，有助于提升其项目管理水平。

2. 产业链

产业链是对产业部门间基于技术经济联系而表现出的环环相扣的关联关系的形象描述。它包含价值链、企业链、供需链和空间链四个维度的概念。

（1）价值链。价值链的概念是迈克尔·波特（Michael Porter）在《竞争优势》一书中首次提出的。价值链中的活动有利于企业强化客户价值，它们大致可以分为基本活动和支持活动两类。其中，基本活动包含生产、营销、运输和售后服务等；支持活动包含物料供应、技术、人力资源或支持其他生产管理活动的基础功能等。虽然价值链上的每一环节都与其他环节相关，但是一个环节能在多大程度上影响其他环节的价值活动，则与其在价值链上的位置有很大关系。根据产品实体在价值链各环节的流转程序，企业的价值活动可以分为“上游环节”和“下游环节”两大类。在企业的基本价值活动中，可以把材料供应、产品开发、生产运行称为“上游环节”；把成品储运、市场营销和售后服务称为“下游环节”。上游环节经济活动的中心是产品，与产品的技术特性紧密相关；下游环节的中心是顾客，成败优劣主要取决于顾客特点。无论是生产性行业还是服务性行业，企业的基本活动都可以用价值链来表示，但是不同行业价值的具体构成并不完全相同,同一环节在各行业中的重要性也不同。

（2）企业链。企业链是指由企业生命体通过物质、资金、技术等流动和相互作用形成的企业链条。组成企业链的企业彼此之间进行物质、资金的交易,实现价值的增值,又通过资金的反向流动相互联系。企业链是企业生命体与生态系统的中间层次。不同点上的企业对企业链的形成和稳定都有一定的作用,企业的活力和优势决定了企业链的活力和优势,同时企业链也会对企业进行筛选,通过优胜劣汰,实现企业和企业链的协同发展。企业链中的企业也通过不同渠道与这条企业链以外的企业进行合作,不同企业链实际上是相互联系的,构成了网状结构。其中,优势企业会形成核心节点,占据优势位置。

（3）供需链。供需链是指由物料获取并加工成中间件或成品,再将成品送到顾客手中的一些企业和部门构成的网络。

（4）空间链。空间链是指同一种产业链在不同地区的分布。产业链的分布可分为全球、国家、地区三个层次。空间链之间的对接主要分三种情况:①产业链和产业链之间节点的对接;②整条产业链和整条产业链的对接;③产业链部分线段和另一条产业链部分线段之间的对接。

3. 会展产业链及其价值来源[一]

会展产业链至少具有如下两层含义:一是指基于某一具体会展项目而形成的产业部门之间环环相扣的技术经济等联系;二是指在某一区域范围围绕会展企业集聚而形成的产业部门之间的关系。对于策划人员来说,对具体会展项目策划需要运用第一个层面的产业链概念,对某一具体会展的战略定位以及区域会展业发展需要运用第二个层面的产业链概念。

会展产业链的上游环节是会展的策划与组织环节。作为会展价值产生的起始环节,会展发起方和举办方［包括专业展览组织者（PEO）和专业会议组织者（PCO）］是这一环节的关键行动者,其核心价值源于创意、策划与组织。对于举办方来说,其自身所具有的组织资源优势对会展项目能否立项非常重要。对于具有一定历史的会展来说,会展自身的品牌价值也附加于整个会展价值链。除了举办方的组织资源,围绕会展项目的一系列调研、论证、项目策划、前期宣传等活动自身也构成重要的价值来源。围绕会展具体实施与运营,产生了会展产业链的中游环节。起主导作用的是目的地管理公司,负责会展的具体实施与运营。而为会展承办提供直接或间接支持的公司构成会展下游产业,包括调研、搭建、物流、礼仪、餐饮、翻译等公司。

在商品化成为现代社会的中心时,围绕商品的展示也日益专业化,进而因为专业化劳动而具有使用价值和交易价值。因此,会展产业链是展示举办方、展示主体以及其他参与主体通过展示技术化、形象化、意象化路线形成展示实体与虚拟空间、提供展示服务与活动体验、集聚展示信息,以价值增值为导向,以满足各利益主体需求为目的,将会展主客体及其行为以及资源等要素联系起来,并依据特定的演进逻辑、时空与生态布展形成的价值来源关系形态。

会展产业价值的产生离不开策划与组织,由此形成沿举办方策划→展示空间建设、租赁、经营及其物业→举办方招展招商、宣传推广→参展商、采购商、相关活动参与方进入→

———————

〇 这部分内容主要参见:李勇军,刘海燕,黄柏青.会展产业价值链及其产业融合研究［J］.商业研究,2016（1）:11-12.

展示传播与销售→会展购买这一主线展开的价值链。由此产生的盈利来源包括：①展示空间建设、租赁、经营及其物业盈利。对于大型展览来说，要求专业化的场馆。这种场馆多是由政府投资或融资建成的，主要有德国的"公有民营的场馆经营与自办展相结合"模式和美国的"公有民营的纯市场经营"模式。但是，对于会议、奖励旅游、节事和赛事活动来说，其场馆选择面要大得多，且其经营模式也存在更多可能。对于超大型展示空间经营使用，还可通过直接投资、发行股票、发行债券、银行借款等资本运作盈利。此外，还有展示空间物业经营等盈利来源。②举办方及承办方展前、展中和展后一系列会展策划、组织与实施等服务盈利。③展会服务供应商增值盈利。供应商通过展会组织者、赞助商等提供增值服务获取盈利。④举办方相关活动盈利。⑤交易服务提成收入。对于由举办方促成的交易，其往往可以收取一定的交易提成。⑥后续创业融资、评估商业机会、企业培训等方式盈利。举办方通过这一方式可以提升信息收集、分析能力，借助自身的大数据优势进一步拓展其盈利模式。⑦会展电子商务盈利模式。

从会展价值创造来源来说，会展价值不仅取决于举办方，而且取决于参展商和观众，沿着参展商和观众参展投入→推动对支持服务的需求→支持部门提供相关服务→支持服务购买这一主线展开。在这一环节，参展商不仅需要向举办方购买展位、门票，而且需要围绕展品运输以及展台搭建、展台展示与销售等活动给予大量的投入。观众，尤其是专业观众也需要购买门票、展示产品及酒店、餐饮服务等。因此，在这一环节产生了支持性服务价值。展会供应商的进入与支持，产生了会展的经济拉动效应。

资源、人员和信息的高度聚集与互动推动了会展传播与广告价值的提升，由此也产生了会展产业链的第三大价值来源，即传播与广告价值。举办方、活动参与方、媒体等可以通过丰富内容制作、完善内容销售渠道、拓展传播空间与渠道和会展信息基础设施等环节，促成会展传播与广告价值链的形成与发展。一般来说，会展自身的经济、社会、政治价值越高，参与人数越多，品牌及空间影响力和辐射力越强，其传播与广告价值越高。因此，诸如世博会、奥运会、世界杯这种超大型会展，广告与媒体转播费成为其主要的收入来源之一。

由于会展的核心在于举办方通过会展服务促使参展商的展示活动获得观众的认同，因此会展过程自身首先需要高认同度。需要会展举办方具有较强的品牌意识，采用严格的品牌价值链管理策略。需要从场馆设计、主题选择、展会规划、展会组织与管理等方面具体实现会展业的品牌化发展，从硬件与软件两个方面提升品牌质量，不断拓展会展品牌的时空影响力和价值。会展品牌塑造需要从会展组织（公司）品牌与项目品牌两个方面着手。前者需要会展组织者不断完善其治理能力及与其他组织之间的网络关系；后者需要项目开发和拥有者以国际品牌展会为标准打造其在同类会展中的影响力。从产业链的角度来看，围绕会展组织（公司）、场馆、项目的品牌经营，存在一个不断投入的过程，由此也会存在一个不断增值的过程。因此，会展品牌盈利成为会展产业链的重要价值来源之一。

4. 会展产业融合⊖

围绕营销、技术、体验和创意四种基本途径，会展可以与其他产业形成融合，如图1-3所示。

⊖ 这部分内容参见：李勇军，刘海燕，黄柏青. 会展产业价值链及其产业融合研究［J］. 商业研究，2016（1）：12-14.

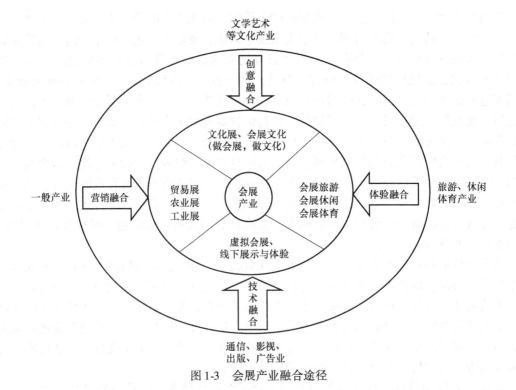

图 1-3 会展产业融合途径

首先，展示所具有的整体营销功能，使得一般产业可以通过营销途径和会展产生融合，形成相关产业交易展。龙头企业、行业协会可以通过举办相关产业的展览，实现产业融合。例如，中国北方国际自行车电动车展览会就是由天津市自行车电动车行业协会、天津市华轮展览有限公司、天津市轮创科技发展有限公司共同举办的。政府也可以通过举办区域相关产业展，推动产业集聚，提升城市产业和城市形象。

其次，通信、影视、出版和广告业的融合及发展，推动了展示技术的不断发展，并通过技术融合途径与会展业产生融合，形成虚拟展、线上线下展示融合。借助数字技术，尤其是虚拟 3D 技术和动作识别技术，世界上许多博物馆已经实现了由传统的实地观赏转变为加入了虚拟用户体验，力图让访客获得"不仅看得到，更能摸得到"的双重体验。借助互联网，人们可以很方便地通过虚拟博物馆揣摩梵高在《向日葵》中的运笔，研究司母戊方鼎上古老的花纹，甚至进入白宫，欣赏华盛顿和林肯的肖像。

再次，通过体验融合途径，会展业可以与旅游、休闲和体育产业产生产业融合，形成会展旅游、会展休闲和会展体育。旅游、休闲、体育在根本上主要是以通过参与性的体验方式获得心理快感为目的的审美、自娱过程。会展作为一种聚集性活动，不仅可以拉动旅游、休闲和体育活动发展，而且自身还可以通过活动、聚集性体验等方式丰富人们的旅游、休闲和体育体验。

最后，通过创意融合途径，会展业与文化创意产业产生融合，形成文化展、会展文化。创意自身需要通过展示获得认可和投资，需要通过活动交流形成创意碰撞，因此，创意需要一定的聚集空间、特殊的氛围和有组织的活动。创意园、创意展、创意会等作为一种创意文化与会展融合形成的展示形式，在现代投资体制的支持下，得到不断发展。例如，我国台湾的华山 1914 创意文化园区前身是酒厂，后来改造为文化园区，包含户外文艺空间和室内展演空间两个部分，形成了集公园绿地、创意设计工坊、创意作品展示中心、文艺表演、文化教育学习、特色商店、创意市集于一体的创意文化园区。消费者来到创意文化园区，可以看表演或展览、逛特色商店或创意市集、参观酒作坊，或者在公园休憩，或者点杯咖啡或啤酒坐在广场或大树下的露天座位，享受这难得的休闲空间与时光。目前我国的创意文化园区主要有五种类型：①以旧厂房和仓库为区位依附，通过创意文化将其改造成集工业历史建筑保护、创意文化与展示、文化旅游与休闲于一体的区域；②以大学区或大学城为依托，形成文化产业基地或园区，形成集文化创意与研发、文化体验与学习、文化旅行与展示于一体的区域；③以高新技术开发区为区位依附，通过将设计与技术开发相结合、将文化与技术相结合，建成集技术创新与文化创意研发、展示与学习体验于一体的区域；④以传统特色文化街、社区、艺术家村为区位依附，在原有文化资源的基础上，通过进一步的产业聚集、产业融合和产业化运作以及空间改造，形成集文化生产、展示、旅游、休闲于一体的区域；⑤以博物馆网络体系为依托，形成集展示、学习、体验、休闲与旅游于一体的区域。不仅如此，在现代创意文化的推动下，会展功能不仅仅是企业及其产品的展示，在产业议程界定、产业趋势推广、生产者和消费者文化形成等方面也扮演着重要角色。可以说，做会展就是在做文化。

如图 1-3 所示，四种融合途径之间会产生进一步融合，形成更为复杂的会展产业融合形态。例如，传统的农业可以与休闲、旅游、活动、会议进行融合，形成休闲农业园。事实上，它还可以通过创意文化和科技途径，形成民俗生态展示和旅游型、农业科技展示与旅游型等形态。又如，随着体育与展示、体验的融合，体育进一步分化为参与性体育和观赏性体育。

从产品和产业组织结构优化的角度来看，会展产业融合方式可以分为以下几种：

（1）渗透型融合。会展作为一种展示产业，可以在客源、技术与服务上与其他产业相互渗透。从客源的角度来看，会展聚集了数量庞大的参展商、观众，可以与传统的酒店业、旅游业、餐饮业、广告业等进行融合；从技术的角度来看，信息、媒体和设计技术的发展最终会表现在展示技术上，由此推动它们与会展产业的融合；从服务的角度来看，会展本质上就是一种服务，因此既可以与传统的服务产业融合，也可以与其他现代服务产业融合。渗透型融合可以由会展业渗透到其他产业，也可以由其他产业渗透到会展产业。对于品牌、大型公司来说，渗透型融合往往成为它们多元化经营的重要方式。

（2）互补型融合。互补型融合是指会展业与在资源、功能、空间上互补的其他产业或地区通过合作、联盟等方式进行高度整合的过程。例如，会展公司可以通过合同与旅游目的地公司在会展培训、体验等项目上进行合作，形成具有地域特色的会展经营模式。又如，实体会展、博物馆等可以与电子商务公司开展合作，形成"专业公司+线上平台+线下展示或体验"的有机统一。互补型融合在产业组织结构上推动了企业联盟、网络组织的发展。

（3）替代型融合。会展的替代型融合需要具备两个前提：①融合的产品之间具有相似的特征及功能，是可替代的产品；②这些产品之间具有共同的标准元件束和集合。在会展产业中，产业功能在创意、展示技术方面容易发生替代型融合。从创意上看，会展产业较容易与创意文化产业产生替代型融合；从展示技术上看，会展产业较容易与媒体、信息产业产生替代型融合，随着展示文化与技术的不断发展，替代型融合也推动了会展业的产业发展；从产业组织的影响上看，替代型融合促使越来越多的企业加入会展业，推动了会展业内部的竞争与创新。

（4）重组型融合。重组型融合发生在与会展业密切联系的产业或会展业内部的不同行业之间，将原本各自独立的产品或服务在同一空间、同一流程、同一主题中通过组合效用而产生不同于原有产品或服务的融合过程。例如，将相声业、传媒业与会展业相结合，形成相声大赛，进而将相声大赛融入节事活动之中，可以实现将单纯的相声产品通过重组变成一种更为复杂的会展产品。又如，通过创意文化产业、旅游产业与会展产业融合，将传统工业区、文化居住区改造为集创意文化、展示、休闲娱乐于一体的区域。

从企业融合的角度来看，有两种产业融合基本方式：①从事会展业的主体向其他产业的融合发展；②其他产业向会展业的整合发展。相对于其他产业来说，我国独立的会展业发展相对滞后于其他产业，因此，在会展业发展初期，更多的融合方式属于第二种（见表1-5）。例如，像九华山庄这样的酒店已经实现了由度假型酒店向会展型酒店的转型；而像湖南卫视等媒体通过不断创新娱乐节目来提高其收视率；中青旅更是国内实现了旅游业与会展业融合的成功公司，2014年为了满足参与大型会展项目的需求，成立了中青旅博汇会展运营管理有限公司。又如，对于中超这种俱乐部经营来说，能否参与更高级别的赛事活动相当重要。并且，俱乐部还需要策划一系列相关活动来提升其品牌影响力、培育球迷。随着会展业的进一步发展，第一种融合方式获得了飞速发展，最为突出的领域就是会展和互联网、物联网、人工智能领域的融合，形成虚拟会展、智慧场馆、线上线下展等。

表1-5　会展业融合的领域与例子

融合产业	融合的主要领域	典型例子
与酒店和餐饮业融合	会议、中小型展览、庆典活动	九华山庄
与旅游业融合	会议旅游、展览旅游、事件旅游	中青旅国际会议展览有限公司
与体育业及休闲产业融合	赛事活动、休闲体验活动	奥运会、静修会、啤酒节、狂欢节
与媒体融合	活动	百合网与相亲活动、电视选秀
与创意文化产业融合	展示设计、表演、文化活动	北京798艺术区、西藏文化旅游创意园区
与信息产业融合	线上线下、电子商务、虚拟展示产品、虚拟产品体验、3D数字动画影片、大数据、展会App	故宫数字化运用、上海世博会虚拟展馆、数字展和虚拟展

从市场融合的角度来看，主要有如下两种融合方式：①基于举办方及其供应商—赞助方—参展商形成的市场融合空间。从举办方及其供应商的角度来看，可以实现会展与其他产业供应商之间的市场融合；从赞助方的角度来看，可以实现与媒体、广告产业等市场融合；从参展商的角度来看，其在实体和虚拟空间集聚特征可以与许多产业实现市场融合。②基于参展商及其供应商—观众形成的市场融合空间。

从制度融合的角度来看，有微观层次和宏观层次的制度融合：会展业内部通过互动形成会展业行业标准，实现其产业内微观层次的制度融合；会展业企业、协会在与其他产业企业、协会的互动过程中形成产业间行业标准，实现会展产业与其他产业宏观层次的制度融合。例如，许多西方发达国家的展览业都设立了一个唯一的、独立的、权威的展览管理机构，如美国国际展览管理协会（IAEM），德国经济展览和博览会委员会（AUMA），法国海外展览委员会技术、工业和经济合作署（CFME-ACTIM），英国会展业联合会（EFI）等。它们在推动会展业标准化方面扮演了重要角色。宏观层次的制度融合形成了政府、企业、行业协会协同治理制度。又如，英国政府会展与其他产业的融合涉及文化、新闻、体育行政管理部门，它们只负责制定政策与财政拨款，涉及的文化协会、艺术协会、博物馆协会等负责对相关企业或机构评估和拨款。因此，各种非政府公共会展文化机构建立了相关产业发展与融合的网络体系，成为政府、协会和企业协同治理的组织网络。

产业融合最终形成一定的产业生态并在空间上形成集聚，而产业集聚则反过来有助于进一步推动产业融合。在空间上，北京、上海、广州等会展发达城市多经历了集聚核形成阶段、点轴集聚阶段和网络集聚阶段。以这些城市为中心，我国已经形成了"珠三角""长三角""环渤海""中西部""东北部"等多区域、多层次会展业集聚区带。这些产业集聚区都开始尝试通过产业融合实现产业升级。其中，最为流行的做法是"会展带动、创意发力，推动文化、旅游、会展产业的融合"。一些科技产业园、农业生态园、经济开发区也在尝试通过与会展、创意文化产业融合，实现产业和园区升级。

（三）社会文化环境

社会文化有三大类：物质文化、关系文化和观念文化，它们分别代表人们对物质生活、社会关系和意识形态等方面的要求、认识和看法。对于一个城市来说，良好的公共基础设施、生态与人文环境、历史文化环境、高素质的市民等对会展的发展相当有利。对于策划人员来说，需要考虑的社会文化环境因素包括：①预期参展、参观人员和当地人员的种族构成、文化与信仰。这些涉及相关活动、接待、宣传推广等方面的接受度问题。②所涉及国家的餐饮习惯、国与国之间的关系、各种节假日的安排等。它们对举办会展的影响非常大。③举办地的人文环境、生态环境、公共设施等。这些涉及会展旅游、相关活动安排、接待等方面的策划等。④当地人口、种族构成。社会文化环境中的很多要素构成了会展活动的一部分，并在整体上为会展提供基础。因此，从国家或城市会展战略的角度来说，需要不断运用和拓展社会文化环境资源。

二、会展资源依赖

资源依赖理论认为：①组织间的资源依赖产生了其他组织对特定组织的外部控制，并影响了组织内部的权力安排；维持组织的运行需要多种不同的资源，而这些资源不可能都由组织自己提供。②外部限制和内部的权力构造构成了组织行为的条件，并产生了组织为了摆脱外部依赖、维持组织自治度的行为。资源依赖理论认为，组织更应该被视为一种"联结"。组织是具备大量权力和能量的社会能动者，其中心问题是谁将控制这些能量以及实现怎样的目的。现实组织行为中，大量的组织合并战略、组织网络行为是组织控制环境资源的实例。比如，组织会通过垂直整合来消除与其他组织的共生式依赖；通过水平扩展，吸收竞争者，以消除竞争中的不确定性；或者通过多样化的策略，扩展到多个领域，以避免依赖单个领域内的主导性组织等。

对于会展策划人员来说，要使会展具有可持续性和有竞争力，需要在策划时将资源作为一种决策的约束变量并进行分析。盖茨建议会展组织者考虑资源不足问题并采取适当的行动，如图1-4所示。对于许多在国外或在外地举办会展的组织者来说，需要仔细考虑哪些资源可以带过去，哪些资源可以由当地的供应商提供。对于会展活动组织者来说，如果对举办地不熟悉，当地竞争者可以成为有价值的信息的来源。这些信息包括当地趋势、费用、价格结构、可以获取的资源等。但是，会展活动组织者绝不能复制当地竞争者的做法，而应采取比竞争者更好的想法并做得更好。在考虑是否需要使用当地资源时，需要考虑如下问题：①是否所有的资源都要从当地获得？②是否有的资源不能从当地获取？有没有解决的办法？③与携带资源的运输成本相比，使用当地资源有何优势？④与当地资源能否兼容？⑤供应商与举办方是否共享会展可持续发展的价值观？⑥使用当地资源的经验如何？

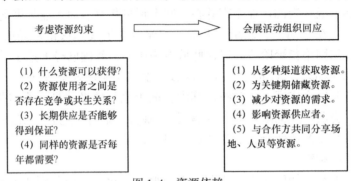

图1-4 资源依赖

【名词和术语】

会展 智慧会展 会展产业生态化 会展产业生态圈 展览 会议 仪式 展示商品化 会展策划 借势法 组合法 分解法 伏笔法 重点法 实证法 SWOT 5W1H 利益相关者 头脑风暴法 德尔菲法 产业链 会展产业链 政治展示 拉动效应

【思考题及案例分析】

一、思考题

1. 如何理解会展及会展产业？
2. 简述展示商品化的层次和途径。
3. 简述会展策划的层次和原则。
4. 会展演进的历史。
5. 简述会展的政治、经济、社会功能。
6. 简述会展策划的基本方法。
7. 简述会展产业融合的途径。
8. 简述会展产业产生的条件和会展产业链的构成。
9. 简述会展的环境构成。
10. 策划时如何考虑会展资源依赖约束？

二、案例分析

举办中国国际进口博览会，是以习近平同志为核心的党中央着眼于推进新一轮高水平对外开放做出的一项重大决策，宣示了中国推进更高水平开放的坚定决心，为支持经济全球化、维护多边贸易体制提供国际公共产品，为建设开放型世界经济和共建人类命运共同体贡献中国力量，为推动经济高质量发展和满足人民美好生活需要打造有效载体。

2018年11月4日，第一届中国国际进口博览会新闻中心正式运营；11月5日至10日，第一届中国国际进口博览会在国家会展中心（上海）举行，中国国家主席习近平出席开幕式并参加相关活动。截至2018年11月3日，该博览会吸引了58个"一带一路"沿线国家的1000多家企业参展，占参展企业总数将近1/3；参展面积达到4.5万 m²，占企业展总展览面积的16.5%；参展展品涵盖农产品、日用消费品、服装服饰等多个门类。

2019年11月5日至10日，第二届中国国际进口博览会在上海国家会展中心举行。国家主席习近平出席了在上海举办的第二届中国国际进口博览会暨虹桥国际经济论坛开幕式及相关活动，并发表主旨演讲。第二届进口博览会共有181个国家、地区和国际组织参会，3800多家企业参加企业商业展，超过50万名境内外专业观众注册参会，展览面积达36.6万 m²。交易成果丰硕，按一年及以内计，累计意向成交711.3亿美元，比首届增长23%。新产品、新技术、新服务超过400项，很多是"全球首发、中国首展"。例如，高速公务船，最高速度超过55节，船体设计代表了当今世界船舶设计和制造顶尖水平；高附加价值系列美容液，可进行皮肤的抗老化护理；帕博利珠单抗注射液，开启了针对多种癌症的创新免疫疗法；新一代氢燃料电动车，加氢3min，在一代600km续航的基础上，续航性能提高30%。中国国际进口博览会带来了前沿技术、产品和服务，更好地满足了人民追求美好生活需要和企业技术进步需要。

2020年11月5日，第三届中国国际进口博览会在中国上海举办，国家主席习近平以视频方式发表主旨演讲。2020年11月10日，第三届中国国际进口博览会在上海闭幕。第三届中国国际进口博览会，是新冠肺炎疫情全球蔓延特殊时期，备受世界瞩目的贸易盛会；是世界经济衰退困难时期，展现中国责任担当的国际盛事；是决胜全面建成小康社会的重要时刻，增强全国人民"四个自信"的开放盛举。第三届中国国际进口博览会总展览面积近36万 m²，近40万名专业观众注册报名，3000多名境内外记者报名采访，累计意向成交额达726.2亿美元，较第二届增长2.1%。

问题：结合中国国际进口博览会，谈谈展览会具有哪些功能。

第二章

会展前期策划

会展前期策划包括项目创意与构想，确立会展基本框架、会展基本落实计划、基本预算方案、会展危机预案，并最终形成立项策划方案。前期策划是项目的孕育阶段，对项目的整个生命期，甚至对整个上层系统都有决定性的影响，所以项目管理者，特别是上层管理者（决策者）对这个阶段的工作应有足够的重视。一个好的创意可能由高层提出，也可能由中下层提出，但是最终需要由上层管理者组织策划，形成立项策划方案并通过组织决策层经由一定的决策程序最终确立。很多时候，项目立项能否最后成立，不仅需要董事会级的决策层通过，而且还需要获得国际性与全国性层次的协会、政府决策层的通过。

第一节　创意与构想

一、创意经济、创意维度和阶段

（一）创意经济和创意产业

"创意"是产生新事物的能力，这些创意必须是独特的、原创的以及有意义的。在"内容为王"的时代，无论是电视影像这样的传统媒介产品，还是数码动漫等新兴产业，所有资本运作的基础都是优良的产品；而在"创意时代"，资本的运作可以提前到围绕创意进行，由此也形成了"创意产业""创意经济"这一类概念。其核心竞争力就是人自身的创造力。创意包括两个方面：一是原创，即这个东西是前人和他人没有的，完全是自己首创的，如京剧、昆曲、武术就属于我国原创；二是将他人首先创造的东西通过进一步改造，形成一个新的东西。在现代商业社会，创新的关键是能够为客户提供价值。价值是客户得到的，价格是客户付出的。企业推出一项新产品、新服务或一个新流程，要满足客户未被满足的需求或潜在的需求，创造新的客户满意。客户有新的所得，才会从不买到买、从买得少到买得多，或者愿意支付比过去更高的价格。这反映在企业的收入和利润上，就是创造了新的财富。同样，非营利机构的创新也要让服务对象有新的满意，从而愿意接受其服务。政府的政策创新或体制改革也要产生让人民可以感受得到的新便利或保障。虽然很多"创新"与科技有关，但是科技含量很低甚至"零科技"的社会创新机会也很多，而且效益也很大。

在经济全球化、知识化、审美经济化⊖等多种因素的作用下，创意产业化并与文化产业融合，形成创意文化产业。审美经济化不仅是指产品、服务中的艺术因素和审美因素得到提高和加强，而且还包括体验、展示、创意商品化。其中，创意商品化是指借助创意主体的创造力、技能、天分，通过创意思想、创意流程、创意营销与管理以及知识产权的开发等创造性活动，引起生产、流程、消费等经济环节的价值增值，从而实现创意自身成为一种商品或产品的过程。创意经济的核心是创意，但本质仍是经济。从创意对经济过程的影响来看，作为一种经济增值源泉，它可以嵌入所有产业价值链中，推动产业结构和经济升级转型。

从需求的角度来看，创意文化产品与服务不仅能够满足人们日益增长的文化、精神与审美方面的需求，而且会强化人们对体验效应的追求。所谓体验效应，按照丹尼尔·卡内曼（Daniel Kahneman）的观点，它是反映快乐和幸福的效用。⊖体验效应体现了人们通过体验获得更高层次需求，即对审美和精神需要的追求，以及体验自身对经济过程的影响。具体说来，表现在以下几个方面：

（1）对物质产品的消费不仅是"买东西"以及在物理属性上的使用，还是一种拥有物质产品的身份属性体验以及物质产品消费的美的体验或情感体验。

（2）对物质产品交易过程及环境的审美体验。交易过程的审美体验效应最终会体现在服务审美或情绪体验上；而交易环境的审美体验除了交易人员的营销及售后服务审美或情绪体验外，还包括交易环境自身的审美化。

（3）对精神产品的消费不仅体现为纯粹的审美和情感体验效应，而且还表现为广泛互动式体验。最为常见的互动式体验是专业与业余之间的互动、专业与专业之间的互动、业余与业余之间的互动。

（4）体验化消费不仅表现在对产品的需求方面，也表现在日常休闲生活方面。审美的日常化与经济的审美化，可以让人获得更多的感性幸福与快乐。

（5）体验既可能是对自我能力挑战的体验，也可能是对自己喜欢或崇拜的人或物的一种移情、观赏式体验，甚至还可能是一种炫耀性体验。前者能够满足体验者的自我实现需求，后者则能够满足体验者的一种精神、审美和身份地位感需求。无论是哪一种体验，出售体验者都是通过营造一种体验环境、提供一种体验道具或活动，让消费者愿意为自己的个性化体验经历支付费用。从供给的过程来看，产品或服务的供给不仅依赖于科技与艺术的有效结合，而且强化了供给过程对展示、创意的依赖。⊜需要注意的是，无论是从需求的角度还是从供给的角度来说，都需要注意文化创意的"过度娱乐化"和"过度虚无化"现象。

从文化产业的价值含量和组织结构来看，创意产业可以看作是一个同心圆，核心是文化

⊖　德国学者格尔诺特·伯梅（Gernot Böhme）在《审美经济批判》一书中认为，审美价值是超越人类基本生理欲望的新型价值。它也被称为马克思的使用价值与交换价值之外的第三种价值。大卫·罗伯兹（David Roberts）在《只有幻象是神圣的：从文化工业到审美经济》一文中提到，18世纪以来的文化审美化与商品化过程可以看作是从文化工业到伯梅的审美经济的发展过程。随着人们生活水平的普遍提高，业界在生产和服务供给中越来越注重产品外观的设计、服务环境的设计，越来越注重产业或服务背后所代表的象征价值。在审美经济时代，文化、审美的影响力已经渗透到经济生活中，企业、受众、艺术家的行为都受制于广大的文化语境。英国是世界上第一个政策推动创意产业发展的国家。

⊖　KAHNEMAN D，WAKLER P，SAHN R. Back to bentham：explorations of experienced utility [J]. Quarterly Journal of Economics，1997（6）.

⊜　李勇军，黄柏青. 审美经济时代创新文化产业融合及其价值来源 [J]. 广东行政学院学报，2015（12）：82.

内容的生产，边缘是它的价值实现和扩散。其中，最内核的圈子是音乐、舞蹈、美术、诗歌、文学、策划、程序设计、研究等；第二圈是会展、电影、影像、电视，电子产品、书籍；第三圈是广告、传媒、网络、出版。对创意的重视也强化了对知识产权的重视，因此创意产业也被称为知识产权产业。从产业价值链的角度来说，在互联网、智能化以及配送便利化时代，创意被大众点击、接受和传播的空间范围不断拓展，被接受和传播的时间也大大缩短，消费和支付的方式也发生了革命性变革。这些都大大降低了投资的风险。

（二）创意维度

创意往往从一个好的点子开始，这个点子的产生可能是偶然在头脑中显现，但它也往往是创意者多年经验与知识积累的结果。将创意付诸实践的过程也是一个创新的过程。图 2-1 展示了创意的四个维度。○

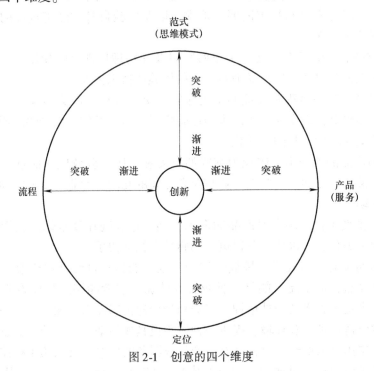

图 2-1 创意的四个维度

1. 产品创新

产品创新是指组织通过创意使其提供的有形或无形产品发生重要变化。例如，比赛是 NBA 的主打产品，但是每年 1230 场常规赛、几十场季后赛只是 NBA 产品的冰山一角。经过不断创新，NBA 产品不断延伸，包括全明星赛、选秀大会、海外比赛、篮球嘉年华、篮球无疆界、NBA 训练营、篮球大篷车等。此外，NBA 还制作并且发行了一系列精彩的影像产品和纪念品等。其中，影像产品包括比赛录像带、光盘以及音乐录音带等其他多媒体产品，而纪念品包括球队徽章、比赛用球等，还包括印有球队或球员名字字样或标志的用品。具体来说，会展的核心产品包括展览、会议、活动等展示与交流平台。在核心产业创新过程中，

○ FRANCIS D，BESSANT J. Targeting innovation and implication for capability development ［J］. Technovation，2005，25（3）：171-183.

要有主打产品，并在此基础上可以通过围绕核心产品的拓展、线上线下融合等方式进行。会展的有形产品包括展台、会刊、影视与纪念产品、设施、标志等。有形产品的创新需要在外形设计、内容提供、识别系统建立等方面不断创新。会展的无形产品包括服务、传播与影响力、信息、推动交易等。无形产品的创新需要通过不断提升自身组织化、标准化、个性化的服务水平予以实现，需要通过建立有效的行为识别系统强化产品的品牌价值，需要通过不断为参展商与专业观众、参展商之间的互动和交易提供创新性服务。附加产品是会展产品的附加利益和服务。对产品的创新可以通过对核心要素、形式要素和附加要素的排列组合来进行。

2. 流程创新

流程创新是组织通过创意使其产品和服务的生产和交付流程方式等发生重要变化。由于展示过程的主体是参展商或参与者，因此能否选择或产生合适的展示主体以及为展示主体提供一个公平、合理的展示过程非常重要。因此，无论是会议、展览还是活动，流程创新都非常重要。例如，在 2009 年夏季达沃斯论坛会议议程的设定中，研讨空间板块的设置可谓是一大创新。创新性的研讨空间板块旨为与会人员提供最佳的互动与合作平台，营造出一种特殊氛围，鼓励就一些迫在眉睫且通常较为复杂的问题提出协作性和创造性的解决方案。主持人会同一组知识型工作人员通过多种以设计为导向的任务指引与会人员。整个板块议题的讨论时间为 150min，分为六个环节：第一个环节 10min，由主持人就该研讨空间的议题进行简要解读，讲解研讨的具体流程和相关规则；第二个环节 40min，每个与会人员根据入场时拿到的不同颜色标志的纸牌，进入对应的小组，进行相关议题的讨论，组长由民主推举产生；第三个环节 25min，与会者集中讨论，并由每组派代表对其观点进行阐述和讲解；第四个环节 40min，由论坛主办方事先沟通并确定相关领域的知名人士担任小组引言人，对某一个板块进行讨论；第五个环节 25min，与会者集中分享，由每组推荐代表对其观点进行阐述和讲解；最后一个环节 10min，由主持人引导大家互动和总结。而对于 NBA 这样的成熟赛事来说，仍然需要不断根据观众和赛事发展水平调整其规则。比如，在 2000—2001 赛季之前，NBA 对赛季部分规则进行了修改。由于以前 NBA 的比赛时间拖得太长，因此新规定减少了暂停的次数，同时还对跳球后的"走表"办法以及对上篮者故意犯规的处罚办法做出了新的规定。

基于展会流程容易被模仿以及同一流程容易产生审美疲劳等原因，对于会展策划者来说，即使某一会展项目非常成功，仍需不断创新。例如，《超级女声》是湖南卫视在 2004 年—2006 年间举办的针对女性的大众歌手选秀比赛。与传统音乐比赛的选手多是专业选手不同，《超级女声》接受任何喜欢唱歌的女性个人或组合的报名。事实上，这也是《超级女声》成功的最为重要的原因之一。它的成功引起了其他媒体的效仿。在这种情况下，湖南卫视从 2009 年起将其改名为《快乐女声》。以 2011 年为例，《快乐女声》流程的第一轮是"海选"，这是一轮"50 进 10"的突围赛，全国共分六场，最后产生 60 强；第二轮是将全国 60 强选手分为两组，每 30 人一组进行比赛，每组晋级 10 人产生全国 20 强；第三轮是 10 强突围赛，即 20 进 10；第四轮是全国总决赛，分为 8 场，分别为 3 场"抢七赛"、7 进 6、6 进 5、5 进 4、4 进 3 和冠军争夺赛。

相较《快乐女声》来说，《中国好声音》的流程相对简单，更有故事感，主要包括以下环节：

1）寻找学员。在开播之前的几个月，由节目组兵分多路到全国各地寻找学员，包括酒吧、音乐学院、网络红人等。节目组从全国寻找到 5000 多个"声音"，经过试听、试唱，最终找出第一季全部学员。

2）导师盲选。明星导师背对学员，仅凭声音选择，不受其他任何因素干扰。只要导师按下按钮，椅子会由背对选手转向面对选手。只要有导师按下按钮，选手就能晋级。如有多名导师都按下按钮，则选手可以选择导师。每名导师可选择 14 名学员。在这一阶段没有被选中的学员可以在训练营接受培训，等待下一次机会。最后一期"盲选"分为两个部分：先是第一次上台的选手，接着是之前遭到淘汰但网络呼声很高的选手第二次登台，称为"外卡战"。

3）导师抉择。导师对学员进行培训，然后由学员同台演出。导师将 14 名学员分成 7 组，两两对决演唱同一首歌，谁去谁留由导师评定，14 取 7。然后，由导师选出 1 人直接晋级四强，剩下 6 人由导师分为 3 组，两两对决，仍由导师评定，6 取 3。

4）导师对战。第一轮，学员依序演唱，两两相较，主考核导师选择表现更佳的一人暂时安全。三轮过后，仍然安全的学员将首先获得争夺"状元"席位的机会；另外 3 名学员需要接受 99 家媒体的考核，得到媒体支持最少的学员将告别舞台。第二轮考核在剩下的 2 名学员中展开，各自演唱之后，由主考核导师和媒体共同决定其去留。导师手中有满分 100 分，可以按照自己的意愿分配给学员，媒体共 99 分，两项相加，得分高者胜出，与第一轮率先胜出的学员进行第三轮终极考核，规则与第二轮一样。

5）年度盛典。导师不参与评分，由 99 家媒体和现场观众决定四强。第一轮，4 名学员同唱一首歌，观众支持率最高的一位最先获得取胜机会。第二轮，支持率居中的 2 名学员进行较量，由现场观众投票选出谁胜出。最后两强由现场观众和媒体共同决定。观众每 1% 的支持率计 1 分，而 99 家媒体每一家计 1 分。两者之和最高者胜出。

事实上，无论是《超级女声》《快乐女声》还是《中国好声音》，在内容理念上都借鉴了国外先进的节目模式，又融入了中国元素和文化情结。

3. 定位创新

定位创新是指组织通过创意使其产品和服务进入市场的环境即消费或社会认同位置发生重要变化。无论是组织还是其产品，都需要在市场和社会中找到自己的位置。从表面上看，会展产品相对单一，但是实际上会展产品的定位仍然相当复杂，同样需要根据环境的变化不断做出调整。区域、消费人群、产品自身的生产和消费趋势等是定位创新需要考虑的重要因素。因此，会展定位不是一劳永逸的，而是需要根据不断变化的环境做出调整的。还有，定位需要宣传并真正被消费者（或社会）所认同。策划人员需要明白，一些定位能够得到社会更多的认同，但是一些定位也可能存在分歧。因此，策划人员需要及时了解定位在消费者和社会中的认同度，了解社会对其定位的批评，并通过细节化处理使其不断改变，从而赢得更多的认同。当然，当原有定位已经引起人们的审美疲劳或者与变化的环境不相适应时，就需要及时改变定位，否则，先前基于定位优势取得的市场也可能会很快失去。2003 年，湖南卫视开始重新审视自我，改变其原来的湖南"宣传频道"定位，关闭一些卫生及其他行业节目，锁定"娱乐、年轻、全国"，聘请专业媒体顾问公司为其做频道包装及推广方案，并首次在全国主要城市推出"快乐之旅"媒体招商会，将"快乐"的概念深入全国的广告客户中。在这一理念的推动下，在保留了《快乐大本营》综艺娱乐节目的基础上，推出了《超级女声》以及后来的《快乐女声》《快乐男声》等。其中，《快乐大本营》作为湖南卫视一直保留的品牌节目，具有很强的影响力。《快乐大本营》开始定位为全民娱乐的类型，后转为为选秀节目选举主持人，最后改为嘉宾访谈游戏型综艺节目，常邀请一些国内甚至国际的知名艺人来访谈、玩游戏等，节目还会不定时出外景去其他国家。《超级女声》虽然在短期内给湖南卫视带来了高收视率，但是很快也被扣上了"庸俗化"的帽子。定位创新从根本上来说，需要将企业或项目的定位放在特定的历史文化环境中进行，需要不断评价其与消费者、相关利益团体或关注团体之间的关系，需要尊重特殊的历史文化价值、信念，需要平衡短期收益和长期收益，需要平衡企业或项目的商业利益和社会利益之间的关系。

4. 范式创新

范式创新是指组织通过创意使影响组织业务发展的潜在思维模式发生重要变化。会展策划人员，需要在会展运作模式、功能、主题等思维范式上不断创新。早先深圳车展也是多头办展，不仅效率差、服务差，还经常"窝里斗"。后来，车展三家主办方联合起来，以股份制的形式注册了深圳联合车展有限责任公司，作为车展的唯一承办机构，运用市场化的运营机制来办车展。首届上海车展实际上是针对汽车行业的专业展览，展品内容偏向于制造和装备技术。在相当长的一段时间内，车展是不对外开放的，由各地汽车协会、工程学会和厂家组织参观。随着车展的不断举办，已经打破了"专业"和"成果"展览的套路，实际上演变成以车展名义包装的汽车文化展览。这两个例子说明了会展范式在运作模式和功能方面的创新，这种创新一旦形成，可以适用一段时间。但是，对于主题创新来说，基本每一届展览策划都需要进行创新。范式创新从根本上说需要不断反思自身的业务发展模式、经营和盈利模式，不断反思自身在产业链中的位置，并由此不断反思与产业链上下游之间的竞争与合作关系，以及不断反思自身内部的治理模式。

（三）创意阶段

图 2-1 中的圆圈所标示的区域是一个组织可以运作的潜在创新空间。尽管有时创意四个维度的界线可能比较模糊。例如，一个新的会展旅游项目既是产品创新也是流程创新。但是通过这个模型还是可以看到组织目前的创意项目位于何处，以及它将来可能走向何处。在每个维度上，创意既可能是渐进性的，也可能是突破性的。表 2-1 按照创意四维度模型和程度给出了会展创新的例子。这些创新例子存在创新新颖程度的差别，从微小、逐步提高到改变了人们思维方式和使用方式的本质性变化。其中，一些变化是局部、渐进的，一些变化是彻底的。一些创新实际上创造了市场与分工，从而推动了整个会展业的发展。

表 2-1　创意四维度模型的例子

创 新 类 型	渐进性的：我们做得更好	突破性的：我们做得不同
产品创新：我们 为世界提供什么	篮球赛采用分区制：实质上是优化了已有的赛制 《我们约会吧》替代《玫瑰之约》 东盟博览会在办好农业展、金融展的基础上，增加服务贸易专题展 电影节对老电影进行"4K"（超高清模式，分辨率达到 3840 像素×2160 像素）修复 修改或改进已有的招展招商项目	第一个看样订货的展览会 第一个选秀节目 1951 年 NBA 全明星赛

（续）

创新类型	渐进性的：我们做得更好	突破性的：我们做得不同
流程创新：我们如何生产和交付产品和服务	改善会展接待过程 改善车展相关活动流程 改善会展开幕式与闭幕式流程 改善选秀流程 通过改善会展供应商网络来降低成本	1984年洛杉矶奥运会将点火作为一门生意，从此奥运会组织者绞尽脑汁设计点火仪式过程并保密 第一个采取自办展方式 第一个（或第一次）将虚拟展和实体展流程相结合
定位创新：产品和服务进入目标市场以及我们讲述的故事	湖南卫视娱乐立台、品牌制胜 上海电影节定位调整 夏季达沃斯论坛在中国举办 会展公司拓展海外市场 东盟博览会服务于东盟自由贸易区	会展和旅游相结合，产生会展旅游 会展与媒体相结合（如百合网举办大型相亲活动） 展览、会议、节日相结合（如东盟"两会一节"）
范式创新：我们如何思考	主题定位创新 功能定位创新 运作模式定位创新	制播分离机制产生（如《中国好声音》由浙江卫视播出，由上海灿星文化传播有限公司制作） 第一个（或第一次）会议非营利模式 第一个（或第一次）政府主导模式向市场主导或非营利模式转型 第一个（或第一次）会展保险

借助"平台"这个概念可以将渐进性创新可持续化。例如，NBA 是一个商业化运作平台，沿着商业化运作不断拓展 NBA 产品。湖南卫视在其范式革命之后，产生了一系列品牌化的娱乐节目。同期，借助东盟博览会这一平台产生了一系列专业展、双边或多边会议。如果一开始就能有突破性的定位或思维革命，那么由此形成的品牌就是一个强大的平台，使其可以扩展到最初的产品或服务之外。例如，中青旅以旅行社业务为基本平台，以酒店、景区业务为两翼，以连锁店、呼叫中心、遨游网为渠道，不断拓展观光旅游、休闲度假、会议奖励和商业展览业务。

在大多数情况下，创意是在清晰的游戏规则下进行的，参与者可以通过渐进性变化将事情做得更好。但是，如果策划者或高层组织者没有意识到产业颠覆性变化的前兆，并通过思维模式的重构迅速适应变化了的环境，那么无论他们事先如何成功，都有可能失败。非连续性创意的触发因素及其问题包括以下方面：[一]

（1）产生新市场。大多数市场的演化都是一个逐渐扩张的过程，但是某些时候会产生全新的市场。对此，既不能提前分析预测，也不能用传统的市场研究和分析方法来开发。原有企业因为只关注现有市场而看不到新生的市场。而当会展业在我国刚刚兴起时，一些旅行社、酒店、公关公司看到了新的市场，并实现了业务转型。

[一] 蒂德，贝赞特. 创新管理：技术革命、市场变革和组织变革的整合 [M]. 陈劲，译. 北京：中国人民大学出版社，2012.

（2）产生新技术。产品或流程技术发生跳跃式变化，可能是由于若干技术流的融汇和成熟，也可能是单项技术突破的结果。

（3）出现新政策或解除管制、废除旧政策。约束经济和社会发展规则的政治环境发生了变化，意味着新的游戏规则已经产生，但一些企业仍固守旧观念，不能迅速行动或看不到新的机会。

（4）脱离正常轨迹。成熟行业中的企业可能需要摆脱产品和流程创新空间缩小、产业结构中竞争日益激烈等因素的限制，要么退出，要么从根本上重新定位其业务。但是，现行体制建立在一条特定的轨迹上，嵌入稳态的创新惯例中，且这种惯例对广泛研究和冒险试验会产生不利影响。

（5）市场态度或行为的变化。公众的意见和行为缓慢转变，并产生新的模式，企业没有意识到，或者是坚持其他的理由。例如，人们对动物或环境的态度发生了变化，而会展主办方没有意识到这种变化，仍然坚持原有的做法，结果引起社会反感。

（6）意料不到的事件。意料不到的事件有时会改变游戏规则。例如，恐怖袭击就改变了大型活动的游戏规则。

（7）商业模式创新。现有的商业模式受到重构性商业模式的挑战，通常源于新进入者对问题和游戏规则的重新定义和重构。例如，电子商务不仅改变了传统的营销模式，而且还改变了传统的物流与展示模式。

阿伯内西（Abernethy）和厄特巴克（Utterback）将创意分为三个阶段：

（1）流变阶段。在全新的技术或市场出现时，会存在一个流变阶段。这个阶段有很大的不确定性，主要有两个维度：①目标维度。新的配置会是怎样的？哪些人需要这种新配置？②技术维度。我们如何利用新的技术性知识来创造和实现资源配置？没有人知道技术手段和市场需要的"正确"配置是怎样的，因此许多市场参与者都在进行大量的实验和快速学习。

（2）过渡阶段。渐渐地，这些实验成果开始融汇形成"主导设计"，即新的配置会聚集于最受欢迎的方案上。产品创新和流程创新两个方面的关键特征变得稳定，实验也转向排除缺陷和完善主导设计上。出现主导设计并且侧重点转向模仿和开发的阶段被称为"过渡阶段"。这一时期，主要活动从根本概念转向关注产品差异化，以及更稳定、更廉价、更高质量和更多样的功能等。

（3）成熟阶段。随着创新概念的进一步成熟，渐进性创新变得更重要，重点便转向价格等因素。这意味着围绕产品而成长的企业日益将注意力转向合理化、规模经济和流程创新，以此来降低成本、提高生产率。产品创新更多是通过定制化来满足特定客户的特殊需求，从而实现差异化。

创意生命周期各阶段的特征如表2-2所示。

表2-2 创意生命周期各阶段的特征

创意特征	流变阶段	过渡阶段	成熟阶段
竞争重点	功能性的产品性能	产品差异化	降低成本
创意的驱动因素	关于客户需求的信息、技术投入	通过提升内部的技术能力来创造机会	降低成本、提高质量等方面的压力

（续）

创意特征	流变阶段	过渡阶段	成熟阶段
创意的主要类型	产品的经常性的主要变化	随着生产规模扩大，要求出现重大流程创新	渐进性的产品和流程创新
产品线	多样性，通常包括定制化设计	包括至少一种稳定或主导的设计	大多数是无差异的标准产品
生产流程	灵活但低效，目标带有实验性且经常变化	变得越来越严格和明确	高效，通常形成资本集约化并且相对严格

图 2-2 列出了激发创意的各种机制。[一]其中，阿基米德时刻（又称尤里卡时刻）是指通过神秘灵感获得重大发现的时刻。据说阿基米德洗澡时福至心灵，想出了如何测量皇冠体积的方法。

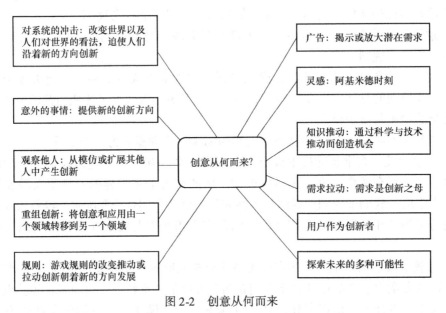

图 2-2　创意从何而来

很久以前人们就开始了知识探索，在产生大学、现代实验室（如贝尔、巴登、杜邦、西电等）和研究机构等之后，人类对知识的探索进入高度组织化的时代。如今，直接针对媒介、信息、物流、搭建、展具、照明、安保等的技术日益发展且不断创新，并形成了各种会展器材展。知识推动了创新的可能性，但不是每个创意的想法都能找到合适的出口，重要的是这种想法一定要源于特定的需求。对于企业家来说，发现需求就有可能发现市场。首先找到世界领先的需求观念，然后找到满足需求的产品。围绕核心产品可以做出系列产品创新，包括产品线延伸、产品重新定位、降低成本、产品渐进改进等。许多研究发现，用户并非被动的，他们对产品的不满和对创新的渴求推动着他们自己进行创新。在激烈的竞争中，模仿不仅是一种简单的学习方式，而且是一种创新的成功策略。重组创新是研究者和创新者喜欢的一个概念，在创新中进行异类联想非常重要，即将两个看起来毫不相关的事物凑在一起，并

○　蒂德，贝赞特. 创新管理：技术革命、市场变革和组织变革的整合［M］. 陈劲，译. 北京：中国人民大学出版社，2012.

创造条件引发一种全新的效果。现代会展在环境保护和安保方面面临越来越严格的规制，并需要在这两个方面不断进行创新。在体验与娱乐活动中的创新是由许多偶发事件引发的。

二、项目构想

在经过对创意进行基本分析觉得可行以后，可以对会展项目进行初步构想。所谓项目构想，是指对创意项目要素与过程进行预先形象化的考虑。会展项目构想主要围绕会展的基本要素、环节、风格等进行。项目构想要求策划者对会展的一般要素构成、流程及实践操作具有一定的经验和专业知识。如果主办方没有专业策划人员，就需要决定是否需要专业人士的帮助，是聘请会展策划公司、高级策划人员与自己的员工联手，还是让自己的员工直接与会展公司合作，对会展策划、预算管理、时间安排、会展操办以及会展的全过程进行构思和精心安排。

（一）会展主题和目标

1. 会展主题

"主题"一词源于德国，最初是一个音乐术语，是指乐曲中最具特征并处于优越地位的那一段旋律——主旋律。它表现完整的音乐思想，是乐曲的核心。后来这个术语才被广泛用于一切文学艺术的创作之中。我国古代对主题的称呼有"意""立意""旨""主旨""主脑"等。早期的世博会按照类别在园区内组织展示，直到1993年在美国举办的芝加哥世博会，开创了主题本位的办展模式。该届世博会以"一个世纪的进步"为主题，把所有展台衔接起来，"主题"因而一跃成为世博会的核心。

会展主题是对会展的指导思想、宗旨、目的、要求等最为凝练的概括与表达，是统领会展各个环节的"纲"，并贯穿会展活动的始终，是主办者传达给参展商和公众的明确信息，同时也是社会了解会展的首要方面。会展主题的确立有助于会展展品的重点安排，有助于会展信息聚集，有助于将会展从对物的展示上升为对观念与文化的展示，有助于为参展商的展示提供方向，有助于为观众的参展提供线索。此外，对于参展商来说，有时也会确立自己的参展主题，尤其是参与一些大型会展活动。在上海世博会期间，各省都有自己的参展主题。例如，广西的参展主题是"绿色家园，蓝色梦想"。另外，主题的确定可以由举办方自己操办，也可以委托给专业的机构，还可以与其他机构合作共同确定主题。例如，香港书展每年都会与多家出版社与专业机构合作，确定一个独特主题，并围绕该主题举办各项活动。

会展主题策划同样需要精心的组织与策划的过程，包括问题识别、关键词搜索、主题方案确立与选择、主题演绎等环节。例如，1999年上海市政府在提出申办2010年世博会的同时，就已经开始部署研究主题的选择与表述。第一步，研究组收集了1933年以来历届世博会的主题及背景介绍，寻找关键词；第二步，锁定"城市"与"生活质量"，将其作为主题的两个要素；第三步，研究组咨询了200多位海外专家，最后确定了"城市让生活更美好"这一主题。一般说来，会展主题的策划首先需要对产业与社会发展趋势进行分析；对于既存的会展，策划者还需要对以往的会展主题进行分析，以避免与过去的主题完全相同；在此基础上，确定人们最为关心的问题及与此相关的关键词。当然，在一定时期，由于人们关心的问题不止一个并存在分歧，因此往往还需要咨询专家的意见。可以通过德尔菲法，找到关注度或一致性最高的关键词。关键词可以不止一个，但是一般不要超过三个。一旦关键词得以确定，就需要通过形象、生动的语言对主题进行提炼。对于多个关键词，语言提炼一般还要揭示关键词之间的关系。例如，上海世博会确定的关键词是"城市"与"生活质量"，界定了人们最为关心的三个问题：什么样的城市让生活更美好？什么样的生活观念和实践让城市更美好？什么样的城市发展模式让地球家园更美好？

会展主题一旦形成，还需要进一步演绎。主要包括以下几个方面：

（1）进一步从哪些方面对主题进行分解，形成亚主题或子主题以及主题核心思想。亚主题是对主题的细化或展开。例如，为了引导参展者回答上述三个问题，策划者通过"城市多元文化的融合""城市经济的繁荣""城市科技的创新""城市社区的重塑""城市与乡村的互动"五个亚主题进一步阐释，从而形成更为具体的"主题内容结构"。这个结构的基本思想为城市是一个具有生命的有机系统，并通过两条轴线来解读主题——尺度轴和时间轴。以下便是该结构的核心思想：城市是人创造的，它不断地演进和成长为一个有机系统。人是这个有机系统中最具活力和最富有创新能力的细胞。人的生活与城市的形态和发展密切互动。随着城市化进程的加速，城市的有机系统与地球大生物圈和资源体系之间的相互作用也日益加深和扩大。人、城市和地球三个有机系统环环相扣，这种关系贯穿了城市发展的历程，三者也将日益融合成为一个不可分割的整体。

（2）选择哪些代表性要素来展示主题。代表性要素包括代表性组织或人物、代表性产品或作品、地区性代表文化要素等。例如，在环保主题下，在参展商的选择上就要倾向于这一主题，而在相关活动策划上也需要邀请在这方面做出突出贡献的专家、学者或实践者。又如，为了体现"绿色家园，蓝色梦想"这一主题，上海世博会广西馆用象鼻山、花山壁画、阳朔西街、壮锦、绣球、广西北部湾经济区、民歌、铜鼓、梯田等地方性要素来展示主题。

（3）通过什么方式或技术演绎主题。在现代技术条件下，主题演绎可以通过将各种布展元素与声、光、电、多媒体、特殊材料等相结合，通过 LED（发光二极管）电子屏、滚动灯箱、展板、大幅照片、投影成像、实体布景、模型装置、舞台演出、实物陈列、全息影像等方式与技术，给予观众强烈的视觉冲击力，多样、立体、全方位地展示主题。与此同时，主题还可以通过一系列具有特色的相关活动予以展示。例如，上海世博会上，广西馆通过抽取"幸运刘三姐""幸运阿牛哥"等幸运观众，以及赠送广西馆纪念品（如象鼻山纪念章、壮锦、绣球、广西旅游卡、明信片等）等方式吸引观众、感动观众。

（4）主题呈现的方式：主题区、主题馆、主题广场、主题线、主题论坛与主题活动等。一般说来，会展越综合、规模和空间越大、时间越长、展示内容越复杂，越需要通过多元的主题呈现方式多角度、多层次地演绎主题，将会展真正演绎成为一场文化与技术盛宴。例如，上海世博会的主题馆有城市人馆、城市生命馆、城市星球馆、城市足迹馆和城市未来馆。其中，前三个左右为邻，形成主题馆群，坐落于浦东的中心位置，分别深入解读和表现"城市人""城市"和"城市星球"三个概念领域；另外两个主题馆坐落于浦西，分别展现"足迹"和"梦想"。在这些主题馆的周围形成三个主题区。浦东地区的主题馆群中，各主题区以主题地标、雕塑与影像的形式反映出"城市人—城市—城市星球"框架中的理念。"梦想"主题馆周围的主题区即"城市最佳实践区"。参展方从"宜居家园""可持续的城市化""历史遗产的保护和利用""城市环境的科技创新"四个方面展示了城市建设和发展的成功案例。另一个主题区联系着世博会博物馆与城市足迹馆，通过户外设施与影像来凸显"足迹"这一概念。浦东主题馆中的主题广场面积为 $45000 \, \text{m}^2$，利用屏幕、舞台等设施，为参观者提供了一个愉悦、互动与体验主题的场所。此外，还有亚洲广场、非洲广场、美洲广场、欧洲广场等各大洲系列文化广场。主题设施主要是通过各种各样的设施体现会展的主题和核心思想，如生态净水设施、雨水收集与再利用设施、太阳能设施、风能发电设施、地热水能设施、污水处理设施、清洁能源汽车等。主题线包括主题轴、高架布道和主题步行道，它们将主题区、主题广场和主题设施联结成一个整体网络。在上海世博会期间，论坛包括高端论坛、主题论坛和大众论坛三种形式，活动分为主题活动和日常文娱活动。

一般的展览会可能不会临时搭建一些主题馆，多是租用专业会展场馆，所利用的展示空间也不如世博会的使用空间大，并且更受资金约束，因此围绕主题的呈现可能不像上海世博会那样宏大。但是，对于一般会展来说，由于其主题也不像世博会的主题一样抽象和宏大，所以相对更容易演绎。在一般会展主题的演绎中，主题区、主题论坛和主题活动是主要的呈现方式。例如，在第九届上海国际纺织工业展览会上，划分了"针织及织袜机械设备专区""纺织化学品专区"及"印染整理机械设备专区"。又如，在法兰克福书展上，每年会邀请一个主宾国建立一个主题馆。2009年，中国作为主宾国建设了占地 $2500m^2$ 的主题馆。主题馆由奥地利籍华人设计师李继伟担纲设计，借助纸山、活字、墨滴、书墙这四个中国文化元素，利用现代视觉艺术语言塑造出一个贯穿古今的整体中国文化意境空间。

2. 会展目标

对于举办方来说，会展目标需要从会展定位、会展社会功能等角度进行阐释。这类目标既向社会体现其办展的宗旨，又体现会展的社会价值。例如，2006年世界休闲博展览会的目标表述突出了如下三种价值：①区域性空间性价值。表述为：促进世界各国，尤其是发展中国家间休闲科学的交流与传播。②对产业所具有的价值。表述为：促进休闲经济的发展，扩大休闲对人们生活质量提升的贡献。③对举办地所具有的价值。表述为：通过创新休闲城市的先决条件来提高杭州的国际地位和声誉。当然，在社会价值表述中不要忘了对参展商、观众所具有的价值。例如，广交会的宗旨表述为：旨在帮助企业通过广交会及日常展览的平台，提升企业及产品认知度，整合媒体、广告、公关等多种营销手段，建立品牌形象。广交会社会价值的另一表述体现了其对合作伙伴的重视，表述为：广交会积极发展广交会合作伙伴计划，进一步深化与世界各国各地区工商机构、知名旅行社和航空公司的合作。

从本质上看，只有具有社会价值的会展才能够可持续发展。即便是纯商业性的会展，也需要体现其社会价值，尤其是对参展商与经销商所具有的价值。当然，对于非营利性或公益性的会展来说，非营利性或公益性本能地体现了其对社会所具有的价值。例如，香港书展开始于1990年，是香港每年夏天的一项盛事，为出版界提供推广新书的平台，为读者提供接触新书及会见作者的机会。不同于北京国际书展的以版权贸易为主，香港书展以现场售书为主，相当于内地的书市。香港书展由香港贸易发展局（简称贸发局）举办。该局是一种半官方的非营利机构，每年举办的活动超过300个，遍布全球，基本每天都有活动在进行。而在其主办的36个展览中，有9个是亚洲最大，3个是世界最大。因此，尽管香港书展每年是亏损的，但贸发局作为一个机构，基本不需要社会负担成本。从社会功能的角度来说，会展目标需要对其服务目标进行市场定位或社会定位。例如，奥斯卡奖是美国的一个重要电影奖项，由美国电影艺术与科学学院举办，旨在促进电影艺术和技术的进步。由于奥斯卡奖只颁奖不展览，因此奥斯卡奖实际上是服务于美国本土的电影奖项，而不是真正意义上的国际电影节。而戛纳国际电影节、威尼斯国际电影节、柏林国际电影节则是集展览与评奖于一身的国际电影节。会展的社会性目标实际上也是会展举办方对社会的一种承诺，因此需要从品牌经营和组织文化建设的角度予以关注。通过品牌经营，不断提高其会展社会功能的知名度、品牌美誉度和品牌忠诚度；通过组织文化建设，让会展组织员工认同会展的社会价值，并将自己的行为与这种社会价值的实现联系起来，从而也从中体现个人的社会价值。

除了会展所具有的这种社会性目标外，对于举办方来说还有更为具体的发展目标，包括会展的长期目标、中期目标和近期目标。例如，某会展企业的发展目标是 5 年内成为天津市知名会展品牌，10 年内成为全国同类会展中的品牌展。会展的发展目标往往与其业界的定位相关，因此多具有竞争性。例如，上海车展和北京车展都在试图将自己的发展目标界定为全球第六大车展。针对每一次具体的会展举办来说，会展目标就更加具体了，往往与会展规模、盈利水平、参展商数量与构成、顾客满意度等相关。

（二）会展基本框架

对于策划人员来说，对会展的基本框架进行构想可以确定会展的基本内容。

1. 会展名称

会展名称包括三个方面的内容：基本部分、限定部分和行业标志。

（1）基本部分：表明会展的性质与特征。常用词有展览会、博览会、展销会、交易会、节等。

（2）限定部分：表明会展举办时间、地点与会展性质。会展举办时间主要有三种：一是用"届"表示，如第三届大连国际服装节；二是用"年"表示；三是用"季"表示。例如，广交会一年有春季和秋季两次。体现会展性质的词往往与会展的区域定位相关，如北方、南方、东南亚、东盟、全国、地区、国际等。

（3）行业标志：用来表明会展题材和展品范围。行业标志通常是一个产业的名称，或者是一个产业中的某一个产品大类。

会展名称不同于会标（logo）。会标通常是会展举办方设计的具有象征意义的标识，构成要素可能包括图形、文字、颜色等，用以区分该会展与其他会展。在实践中，会标往往并不能完整反映该会展的全部信息，而只是通过抽象的、浓缩的文字和图形的组合起到一定的标识功能。它是识别标志，在著作权法上是美术作品，目前在我国可以注册为商标。而会展名称是对整个会展的举办地点、规格、范围、性质等信息的完整反映，往往传达的信息比会标完整。虽然目前会标可通过商标注册受到《商标法》的保护，但实践中很多会展被抄袭的不是会标，而是会展名称。会展名称也不同于会展举办方的商号。商号即厂商字号，或商业名称。商号作为企业特定化的标志，是企业具有法律人格的表现。商号是在企业成立之后，由企业在经核准登记的企业名称基础上创设，并在营业活动中使用而产生的。商号经核准登记后，可以在牌匾、合同及商品包装等方面使用。而会展名称是会展举办方所举办的具体会展的名称，该举办方可以举办多个不同的会展而使用不同的会展名称，但只能有一个企业名称。

确定了会展名称，实际上也就确定了会展的基本取向。一个好的名称不仅要与会展的实际定位相符，而且要有一定的创意，能抓住市场和产业的特点，并能够吸引人的注意且让人记住。

2. 会展时间

会展时间包括会展具体开展日期、筹展和撤展日期、对观众开放的日期。具体开展时期对参展商的参展计划相当重要。一些规模较大的会展，为了便于人员分流与参展商参展，会做进一步分期。例如，广交会的举办时间如下：

春交会：

第一期：4 月 15 日—19 日

第二期：4月23日—27日

第三期：5月1日—5日

换展期：4月20日—22日，4月28日—30日

秋交会：

第一期：10月15日—19日

第二期：10月23日—27日

第三期：10月31日—11月4日

换展期：10月20日—22日，10月28日—30日

筹展和撤展日期的确定有助于便于参展商安排物流、展台搭建与拆除。有的专业性很强的会展，主要是针对专业观众，不对普通观众开放。有的会展对普通观众开放的时间有限制。大部分综合展、经销类会展对普通观众与专业观众开放的时间相同。

策划会展的时间是从后向前安排的，即确定年份、月份、星期以及具体日期。对于策划者来说，要对策划的时间所产生的可能影响进行构想。例如，举办时间前后是否有假期或者有更具影响力的活动？它们会对会展举办有什么样的影响？它们是否会对参展方和举办方的成本产生影响？它们是否会对交通产生影响？它们是否会对出席率产生影响？举办时间的气候会对会展产生什么样的影响？对于经销类会展，会展举办时间和企业上下半年的采购时间有没有冲突？

对于策划人员来说，在最终确定会展日期之前，最好通过信息收集了解预定日期前后的重要节假日、大型活动、大型会展以及其他特殊活动。对于会展来说，时间是最为重要的一个因素，因此必须认真对待，容不得疏忽。策划者需要对预定的时间进行联想，事先确定可能的影响以及可能的选择。如果策划得当，一些看上去有冲突的时间也可能是机会。例如，如果在假日季节开始前举办竞拍会，可以获得巨大成功。因为顾客在这样的场合可以做到购买礼物和慈善捐助两不误。但是，如果策划不当，则可能产生冲突。例如，同样是节假日竞拍会，举办方在请柬上对于拍卖活动只字未提，结果顾客虽然对许多拍卖商品的质量满意，但是多数顾客已经完成了假日采购，很多到场的顾客既没有带现金，也没有带信用卡和支票。在这种情况下，假日采购和拍卖之间就构成冲突。如果举办方事先在请柬上列出拍卖物品清单，效果可能更好。又如，有人选择在奥斯卡颁奖日举办一个主题聚会，举办方安排了一个电影制作场景，顾客可以有拍摄电影的机会。策划人员预先估计到这一天酒店和豪华轿车奇货可居，所以事先预订了酒店和25辆加长型豪华轿车，并签订了合同，支付了定金。结果，聚会结束之后，顾客们乘坐在外等候已久的豪华轿车尽情游览洛杉矶庆典之夜。由于策划人员事先预料到了奥斯卡颁奖典礼对会展的影响，并事先做了策划与安排，结果将可能的冲突变成了机会。

3. 会展地点

对于会展，尤其是经销类会展，位置有可能决定一切。会展地点的确定一般按由大到小的顺序进行，即首先要确定在哪个国家、哪个省、哪个城市举办，然后再考虑更为具体的地点，如展馆、酒店、公园等。前者往往需要考虑会展展览题材、会展规模和影响力等。从会展展览题材的角度来看，主要有三种选择会展场地的典型模式：①在会展展览题材所处产业的生产集中地举办会展；②在会展展览题材所在产业的产品消费地举办会展；③在著名的休闲度假地举办会展。对于大型国际展览，需要选择在对外交通和海关通关比较便利的地方举

办。从会展定位的角度来说，举办地点对会展定位区域是否具有辐射力和号召力相当重要。因此，对于策划人员来说，在对会展地点的选择上，要像一个将军一样，具有很强的区位感。对于更为具体的会展地点选择，同样要考虑所设想地点的地理、交通等区域特点。与此同时，还需要考虑更多的细节问题。例如，是否需要室外场地，场地面积能否满足需求，场点供应商的服务质量和声誉、场地租用成本、场地技术标准能否满足要求，场地租用时间是否充分，场地是否同时还有其他活动以及这些活动可能产生的影响等。毫无疑问，会展规模越大，对具体地点的选择面就越小，因此，对于像世博会、世界杯等这样的大型活动，往往需要重新建设展馆；相反，会展规模越小，对具体地点的选择面越大，越能发挥想象力，除了会展中心、酒店外，小型的会展活动还可以选择餐厅、私人场所、公园、广场、剧院等。对会展中心和酒店的选择一定要提前弄清楚所有的附加费用和额外收费项目。由于不同场所的这些费用标准存在不同，所以不能想当然地以为某些费用不需要额外支付，而一定要弄清楚，并通过合同确定费用。对于策划人员来说，在会展地点正式确定之前，必须事先进行实地考察。在考察过程中，策划人员同样要进行构想，尤其是根据会展可能的服务对象与规模设想在这一场地举办的场景。

由于会展所具有的经济拉动与地区形象提升的作用，有时场地的选择具有竞争性。尤其是对于那些举办地不固定的大型品牌会展而言，这种竞争更为激烈。这对于举办方来说，有了更多的选择，但是也需要通过更为严格的决策机构和决策程序来保证这种选择的公正性和合理性。

4. 办展机构

办展机构是指负责会展的组织、策划、招展和招商等事宜的有关单位。办展机构可以是企业、行业协会、政府部门和新闻媒体等。办展机构主要包括主办单位、承办单位、协办单位和支持单位。主办单位是指拥有会展并对会展承担主要法律责任的办展单位。主办单位在法律上拥有会展的所有权。实际主办单位有两种形式：一是拥有会展并对会展承担法律责任，且负责会展的实际策划、组织、操作与管理；二是拥有会展并对会展承担主要法律责任，但不参与会展的实际策划、组织、操作与管理。承办单位是直接负责会展的策划、组织、操作与管理，并对会展承担主要财务责任的办展单位。承办单位也就是直接策划、组织展览会的单位，它实际上是展览会有关机构中的核心单位。其中，部分单位承担包括招展、招商和宣传等全部展览会的职能；部分单位根据工作分工，可能只承担一部分自身具有优势的职能。协办单位即协助主办或承办单位负责会展的策划、组织、招展、招商操作与管理，或部分地承担会展的招展、招商和宣传推广的办展单位。协办单位对会展一般不承担财务责任，只是对主办或承办单位的工作起协助作用。支持单位即对会展主办或承办单位的会展策划、组织、操作与管理或者是招展、招商和宣传推广等工作起支持作用的办展单位。支持单位有时候承担一些会展的招商和宣传推广工作，但基本不参与会展的招展工作，也不对会展承担任何财务责任。

对于一个会展而言，主办单位和承办单位是最为核心和重要的办展机构，也是举办一个会展必不可少的办展机构；协办单位和支持单位并不是必不可少的，往往结合主办单位和承办单位的实际能力，并视会展的实际需要来决定是否需要。因此，从策划的角度来说，办展机构的选择主要涉及如何动员单位及其资源参与到会展办展过程中来。

国际性会展有时需要寻找有力的国外伙伴作为重要的合作单位。类似地，策划者也可以主动寻找国际知名会展主办单位作为合作方，共同承担相应会展。如表 2-3 所示，在我国，对于大型会展来说，寻找对口的主管部门和单位作为展览会的主办方非常重要。协办单位是展览会招展组团成功的重要环节。寻求对口的协办单位作为展览会的招展组团代理，能扩大展览会的影响力，加强信息的有效、快速传递；可利用资源优势互补，加快资源整合；可最大限度地挖掘新客户，壮大参展队伍；能最大限度地降低招展成本。寻找协办单位需要考虑以下两个要素：①寻求媒体支持单位，主要考虑其专业性、大众性、权威性等；②寻求的合作招展（组团）单位一般包括当地行业协会、主办单位的分支机构、行业权威机构、办展机构（公司）以及海外的代理机构（国际展）等。在我国，寻求对口的主管部门和单位作为展览会的支持单位非常重要，具有以下意义：①可以提高展览会的档次、规格和权威性；②可以扩大展览会的影响力，吸引媒体的广泛关注，便于展开新闻宣传和炒作；③可以扩大行业号召力，利于组织目标客户参展和目标买家参观；④能代表行业的发展状况和趋势，有效地形成项目的品牌效应，最终实现可持续发展。支持单位包括政府主管部门、行业权威协会、具有广泛影响力的行业媒体等。

表 2-3　2013 年天津十大会展的主办单位

会展名称	主办单位
天津第二十届投资贸易洽谈会	商务部、天津市人民政府、中华全国归国华侨联合会、中国商业联合会、中国外商投资企业协会、中国外经贸企业协会
第十三届中国北方自行车展	天津市自行车电动车行业协会、天津市华轮展览有限公司
中国（天津）国际装备制造业博览会	中国机械工业联合会、中国国际贸易促进委员会机械行业分会、天津市经济和信息化委员会、天津市商务委员会以及振威展览集团
第 73 届天津全国汽配会	中国机械工业联合会、中国汽车工业配件销售公司和天津市商务委员会
第七届中国企业国际融资洽谈会	天津市人民政府、中华全国工商业联合会、中华人民共和国科学技术部、美国企业成长协会
第六届津台投资合作洽谈会	天津市人民政府、国务院台湾事务办公室、海峡两岸关系协会、天津市政协
2013 中国旅游产业博览会	国家旅游局、天津市人民政府
天津国际汽车贸易展览会	天津滨海新区、天津港保税区、中国进口汽车贸易有限公司
第四届中国国际生态城市论坛暨博览会	国家发改委、住房和城乡建设部、天津市人民政府、中国国际经济交流中心
2013 中国国际矿业大会	国土资源部、天津市人民政府、中国矿业联合会

5. 办展频率与规模

办展频率是指会展是一年举办几次还是几年举办一次，或者是不定期举办。如今，一年举办一次的会展最多，一年举办两次和两年举办一次的会展也不少，而不定期举办的会展已经越来越少了。如果产品的生命周期较长，那么这个产业的产品更新换代就慢，推出新产品的时间就长，在该产业举办会展的频率就不宜过高，可以选择两年一届甚至三年一届。例如，两年一届的德国慕尼黑国际环保科技博览会、上海国际纺织工业展；三年一届的德国国际水处理展览会，意大利米兰国际印刷、包装和纸加工展览会等。反之，如果产品的生命周期较短，会展的办展频率就要高一些，如一年一届或一年两届。如电子信息产业、农产品、服装行业等的办展频率就比较高。

会展规模包括三个方面的含义：会展的展览面积、参展单位的数量和观众的数量。对于策划人员来说，必须意识到会展规模的大小受会展展览题材所在产业的规模、市场容量和发展程度的制约；与此同时，还需要意识到会展的展览面积、参展单位的数量和观众的数量三者之间是相互制约的。

6. 展品范围

展品范围是指计划在会展上展出的展览题材的范围。它是衡量一个会展专业化程度的重要指标。选择和确定展品范围是策划举办展览会过程中一项至关重要的工作。展品范围直接决定着展览会将要展出什么商品、设备和技术，间接决定着会展的参展企业和观众范围，也影响着会展的长远发展。

根据会展的定位，展品范围可以包括一个或几个产业，或者是一个产业中的一个或几个产品大类。例如，"博览会"和"交易会"的展品范围就很广，"广交会"的展品范围超过10万种，几乎是无所不包；而德国"法兰克福国际汽车展览会"的展品范围涉及的产业就很少，只有一个汽车产业。

7. 会展价格

会展价格就是为会展的展位出租制定一个合适的价格。会展展位的价格往往包括室内展场的价格和室外展场的价格，室内展场的价格又分为空地价格和标准展位的价格。许多展览会实行会员制，在这种情况下，就存在会员价和非会员价，如表2-4所示。此外，国际性会展由于存在不同的货币支付，所以还需要给出境外参展商的价格（通常以美元计），如表2-5所示。在制定会展的价格时，一般遵循"优地优价"的原则，即那些便于展示和观众流量大的展位的价格往往要高一些。

表2-4　第十八届中国北方国际自行车电动车展览会境内参展商展位价格

等　　级	展位费（会员单位）		展位费（非会员单位）	
	标 准 展 位	光 地 展 位	标 准 展 位	光 地 展 位
特级	15000 元/个（登录大厅）	1050 元/m²	17000 元/个（登录大厅）	1150 元/m²
A 级	8500 元/个（3m×3m）	900 元/m²	9000 元/个（3m×3m）	950 元/m²
B 级	8000 元/个（3m×3m）	—	8500 元/个（3m×3m）	—
室外净地	550 元/m²			
注意事项	1. 享受会员价格的单位必须是天津市自行车电动车行业协会会员，并已交清当年会费（以前年度所欠会费一并补齐后方可享受会员单位待遇） 2. 特装展位及标准展位价格中均已包含特装管理费，展商无须单独交纳 3. 标准展位配置包括：三面展板、中英文楣板字、地毯、一张咨询桌、两把折椅、两盏照明灯、一个电源插座（5A/220V） 4. 所有参展企业需支付企业名录刊登费 800 元，包括刊登《采购指南》企业名录及展品介绍、现场企业名录索引及导航等 5. 光地展位不提供地毯，展位用电箱需单独租用。户外展位不提供照明用电 6. 组委会对所有预订户外展位的企业提供标准的展台搭建（展位费中含搭建费） 7. 凡是中国以外的参展商，并且在中国境内不设办事机构的，都按照境外参展商价格执行			

表 2-5 第十八届中国北方国际自行车电动车展览会境外参展商展位价格

等　　级	标准展位	净　场　地
特级	2600 美元/个	260 美元/m²
A 级	2200 美元/个	220 美元/m²
室外净场地	140 美元/m²	

第二节　会展初步预算

一、展览初步预算

（一）展览收入

展览收入来源主要包括展位费、冠名权、广告和赞助费、门票以及其他收入来源。对于政府主导或有补贴的展览，还包括政府的直接投入或补贴。根据收入来源，展览大概分为展位费盈利模式、赞助盈利模式、拨付盈利模式和综合模式。根据展览组织的盈利与否的属性，展览可以分为营利性展览和非营利性展览。营利性展览可以追求利润的最大化，因此，这类展览一旦出现连续不能盈利的情况就有可能停办。对于非营利性展览主要追求预算平衡，所以如果亏损不是太多，也可能出于社会效益而考虑继续办下去。例如，香港书展的收入来源主要是门票和参展商的参展费。其中门票出于公益性考虑，对 65 岁以上老年人免费，对小学生、外地游客给予一定的优惠。香港书展由香港贸发局举办，由其从会展中心租用场地，并负责对外推广书展、搭建展台、邀请嘉宾、维持会展秩序等。香港书展实际上存在入不敷出的亏损情况。但是，香港贸发局是一个非营利性组织，它可以用从其他营利性会展中获得的收益来补贴香港书展。对于非营利性会展来说，策划人员预算意识的关键是预算平衡，即收支平衡。只有这样，展览才可能持续发展。

在我国，包括广交会在内的大部分大型展览属于政府主导型，由政府直接投入或予以补贴。例如，杭州西湖国际博览会（简称西博会）恢复举办的 2000 年、2001 年，杭州市财政每年补贴 1000 万元人民币。浙江义乌的"义博会"也是政府主导型会展，举办初期，由义乌市政府出资 1000 万元人民币扶持发展，以后每年减少 100 万元，以期收支平衡、最终产生收益。当然，随着会展的不断发展，政府越来越趋向于直接关注一些大型展览活动，推动一些展览的市场化，在运作上也开始由政府全程投入的运作模式转向拨付与市场化运作相结合的模式。例如，西博会从 2002 年起，通过项目冠名权出让、门票总承销权出让、广告筹资等市场化运作方式，每年筹集到数千万元办会资金。从 2009 年起，西博会由企业承办的展览项目达 15 个，占展览项目总数的 50%。随着会展业对城市经济的拉动作用越来越明显，一些地方政府出台了针对会展业的扶植政策，补贴范围也不限于政府主导型会展。例如，2019 年成都出台了《关于促进会展产业新经济形态发展的实施意见》，对使用安全、可循环利用材料和构件的展台比例不低于 50% 的会展项目，可适当上浮市级会展业发展专项资金补贴比例，最高不超过 100 万元。对积极推动智慧展馆建设的场馆运营方连续三年给予补贴，最高可达每年 100 万元。鼓励国内外行业排名前十的发展新经济业态的会展企业在成都注册独立法人机构，自纳税之日起，按照年度营业收入贡献连续三年给予梯度奖励，最高可达每年 100 万元。2020 年，一些地方针对新型冠状病毒肺炎疫情对会展业的冲击，出台了支持政策。例如，北京市商务局发布《关于应对新型冠状病毒感染的肺炎疫情影响促进展会项目的政策解读》，对受疫情影响暂停举办且年内继续在京举办，参展中小微企业数量超过参展企业总数 50% 的商业展会项目给予一定资金支持。符合申报条件的展会项目，按照不超过实际缴纳场租费用 50% 的标准给予支持，补助金额不超过 50 万元。

（二）展览成本费用

举办一个展览一般包括以下成本：

（1）调研与策划费用。这项费用包括为调研与策划人员支付的佣金、交通、餐饮、调研资料制作等费用。

（2）展览场地及服务费用。这项费用包括展览场地租金、展馆空调费、展位特装费、标准展位费用和搭建费、地毯租用和铺设费、展位搭建人工费等。这部分主要由展馆、搭建公司收取。由于其不大可能随市场波动而波动，也不可能因为展览会的经营收入减少而降低，因此在展览会的经营性成本中属于较为刚性的支出。其原因有二：一方面，一个展馆面对诸多租用者，一般不可能采用多种价格标准。展馆在市场环境中形成的价格标准往往会实行较长一段时间。许多展馆除有淡、旺季差价外，很少下调场租及服务费的价格，而上调价格则是总的趋势。另一方面，租赁展馆需要提前签订合同（提前的时间一般在 6 个月以上），约定展览会使用的展览面积和支付租金及服务费的标准是合同的重要内容。除发生重大且不可抗拒的事件外，无论展览会的经营效果如何，展览会的组织机构都必须履行合同。鉴于展馆场租及服务费的这一特点，预算时不应偏低测算。

（3）宣传推广费。这项费用包括广告与宣传资料、视频等制作与发布费用，邮寄费用，新闻发布会费用等。一般而言，主要面向普通消费者的展览会，其媒体广告费的支出水平较高；主要面向专业观众的展览会，其邀请专业观众的邮寄或电信费的支出水平较高，而媒体广告费的支出水平则较低。新创办的展览会宣传推广费和信息服务费的支出，往往高于已经举办多年的展览会。

（4）招展招商费用。

（5）相关活动费用。这项费用包括开幕式和闭幕会、招待会、表演等费用支出。可以采用与参展商、赞助商、行业协会等合作的方式降低这一部分费用。

（6）税收。

（7）安保费用。

（8）其他不可预测的费用。

二、会议初步预算

（一）会议收入

会议的收入来源包括注册费、会员费、门票、合作费、赞助费、政府补贴以及其他收入。其中，其他收入包括宾馆和会议中心的优惠、会议纪念品出售收入、附设展览收入等。注册费或会员费是会议最主要的收入，是决定会议能否达到收支平衡的绝对因素，因此对它的定价至关重要，定低了有可能使会议出现亏损，定高了则可能使参会人数减少。会议成员一般缴纳全部注册费，对学生、陪同人员、演讲人员可减少一部分注册费。有的会议为吸引代表加入该组织，可对该组织的会员适当减少注册费。当预测出会议的基本人数和计算出会议固定收入后，并决定了注册费所包含项目，可用以下公式计算出注册费的收费水平：

$$R = \frac{FC + VC + C}{D}$$

式中　FC——固定支出；

　　　VC——可变支出；

　　　C——不可预见费；

　　　D——参会人数。

还需要参考以下因素确定收费水平：①如果是系列性的会议，要参考前几届的收费标准，不要超过10%；②参照国际、国内同类专业会议的收费标准；③参照同类型会议的收费标准。如果计算出来的注册费比较高，可以把在支出中占比重比较大的内容从注册费中删除。

对于营利性会议和非营利性会议来说，在经营模式上存在区别。前者可以将一部分盈利分红；而后者往往在扣除每年运营所需成本之外，有任何盈余，将会再次投资，或者是建立新的计划或项目，或者是投资既有的项目。例如，世界经济论坛（达沃斯论坛）是非营利性的，而《财富》论坛、《福布斯》论坛是营利性的。世界经济论坛的商业模式是通过收取会员费，论坛战略伙伴和议题合作伙伴的合作费以及年会、地区性会议和峰会的会费，来维持论坛运作。世界经济论坛基金会的成员是位居全球前1000名之列、引领世界经济潮流的跨国公司，各个成员组的人员是各自领域内最有影响力的决策者和潮流领导者。成员组内的人员互相交流，不同成员组之间也进行密切讨论，这使得世界经济论坛基金会举办的每一项活动都得到了积极参与，而这也正是世界经济论坛有别于其他论坛的主要标志。2012年，一般企业的会费为每年12500美元，银行会员的会费是15000美元。会议的很多设备，如车辆、计算机，甚至部分会场租用费都是由合作伙伴赞助的。世界经济论坛的总收入一直处在稳步上升中，2001年总收入为7220万瑞士法郎，2002年总收入为6645万瑞士法郎，2003年为7406万瑞士法郎，2004年为8334万瑞士法郎，2005年则达到1.04亿瑞士法郎。根据英国《金融时报》2015年披露的数据，过去5年，世界经济论坛的收入跃增40%，每年近2亿瑞士法郎收入。

《财富》《福布斯》都是全球性财经类杂志，其盈利的两个基本模式是发布财富排行榜和举办论坛。《财富》在中国举办过不少论坛，如1999年的上海论坛、2001年的香港论坛、2005年的北京论坛、2013年的成都论坛。其收入主要来自赞助与参会费。以2005年北京论坛为例，参会嘉宾超过800名。中国当地来宾的参会费为每位1500美元；中国以外的来宾每位5000美元，偕同配偶不用另交，但餐饮和住宿费用自理。赞助商分为5个档次：白金赞助商、金牌赞助商、银牌赞助商、知性伙伴、供应商和经济推广赞助商。汇丰银行（HSBC）和甲骨文（Oracle）是白金赞助商，它们分别赞助了50万美元；金牌赞助商包括深圳观澜湖高尔夫球会、中石化和雅虎网站，分别赞助了10万美元。据粗略估计，此次《财富》论坛的这两项收入超过350万美元。

博鳌亚洲论坛属于具有官方背景的非营利模式，由25个亚洲国家和澳大利亚发起，于2001年2月下旬在海南省琼海市万泉河入海口的博鳌镇召开大会，正式宣布成立。论坛为非官方、非营利性、定期、定址的国际会议。会员费是其收入的重要来源，包括：①发起会员：26个发起国，每个国家拥有2个发起会员名额，共52名，每名发起会员缴纳入会费1000美元。②钻石会员：入会费25万美元。③白金会员：入会费15万美元。④普通会员：

名额不限，入会费 1 万美元。钻石会员和白金会员总数不超过 160 名。此外，还有免缴入会费的荣誉会员。除了会员费外，博鳌亚洲论坛还有参会费、捐款、政府资助、在论坛业务范围内开展活动或服务的收入、论坛资金的利息以及其他合法收入。

（二）会议成本费用

会议的成本包括直接成本和隐性成本。会议固定费用和会议弹性费用都属于直接成本。从会议准备到会议结束所必需的开支经费属于会议固定费用范畴，包括车船机票、市内交通、住宿、会场租赁、就餐、资料费、视听设备费用、印刷费等；会议弹性费用是指在会议过程中的非硬性支出，可以部分节约、压缩的费用，包括考察学习、研讨、会议记录、摄影、旅游费用等。而会议隐性成本是指会议人员由单位支付的工资及附加费。

我国会议市场中，由政府财政支持的会议占据较大份额。中共中央政治局 2012 年 12 月 4 日召开会议，审议并通过了改进工作作风、密切联系群众的八项规定。八项规定的实施对我国会议市场产生了重要影响，对政府会议有了更为严格的限制。2013 年，我国制定了《中央和国家机关会议费管理办法》（以下简称《办法》），对会议有了更为严格的规范。如表 2-6 所示，按照《办法》，会议分为四种类型：一类会议参会人员按照批准文件，根据会议性质和主要内容确定，严格限定会议代表和工作人员数量。二类会议参会人员不得超过 300 人，其中，工作人员控制在会议代表人数的 15% 以内；不请省、自治区、直辖市和中央部门主要负责同志、分管负责同志出席。三类会议参会人员不得超过 150 人，其中，工作人员控制在会议代表人数的 10% 以内。四类会议参会人员视内容而定，一般不得超过 50 人。《办法》要求各单位召开会议应当改进会议形式，充分运用电视电话、网络视频等现代信息技术手段，降低会议成本，提高会议效率。《办法》要求各单位会议应当到定点饭店召开，按照协议价格结算费用。未纳入定点范围、价格低于会议综合定额标准的单位内部会议室、礼堂、宾馆、招待所、培训中心，可优先作为本单位或本系统会议场所。二、三、四类会议应当在四星级以下（含四星）定点饭店召开。《办法》对会议费开支实行综合定额控制，各项费用之间可以调剂使用。2014 年以来，许多地方政府也通过了类似的管理办法。尽管政府会议支出减少，但是在我国会议市场中仍占据重要位置。这就需要会议策划人员及时适应这种变化，在类似的会议策划项目上考虑这些财政预算约束要求。

表 2-6　会议费综合定额标准　　　　　　（单位：元/（人·天））

会议类别	住宿费	伙食费	其他费用	合计
一类会议	400	150	110	660
二类会议	300	150	100	550
三、四类会议	240	130	80	450

第三节　会展立项策划

所谓会展立项策划，是指在进行会展市场及社会政治经济可行性分析的基础上，充分掌握各种信息，为将要举办的会展建立起基本框架，为会展获得有关部门支持而制订会展初步规划方案。会展自身作为一种项目，需要获得企业高层（如自办展）、政府（政府主导型会展）、行业协会等的同意或审批。此外，一个可行的会展立项策划方案对获得来自投资方、赞助方的支持具有重要作用。例如，达沃斯论坛来自日内瓦大学商业政策教授的创意。这一创意最初获得了欧洲委员会和欧洲行业协会的支持，从而以非营利组织的形式建立了"欧洲管理论坛"。1973 年，随着布雷顿森林体系固定汇率机制的瓦解和第四次中东战争的爆发，论坛年会的关注点开始从企业管理转向经济和社会事务，从而获得了政治领导人的支持。政治领导人也首次应邀参加了 1974 年 1 月的达沃斯论坛。随着这种支持在世界范围内扩散，1987 年正式更名为"世界经济论坛"。论坛的参与者主要是各国政界和经济界的高层领导人、企业首脑以及著名专家，宗旨是探讨世界经济领域存在的问题并促进国际经济合作与交流。世界经济论坛作为一个成功发展的案例，说明会展立项策划的核心是创意。

当然，有了好的创意，还需要周密考虑，并形成会展整体框架。因此，会展立项策划也是会展前期策划的一个成果。并且，一旦获得立项，它将是制定会展各种执行方案的基础，因此，它属于宏观策划的范畴。

一般说来，会展立项策划包括以下内容：

1. 办展市场环境与可行性分析

它包括对会展展览题材所在产业和市场情况的分析，对国家有关法律、政策的分析，对相关会展情况的分析，对会展举办地情况的分析等。尽管会展立项书中对这部分内容的介绍一般是概括性表述，但对于策划人员来说，需要收集大量信息，并根据这些信息对会展可行性进行充分论证。这些信息包括：

（1）产业信息。它包括产业阶段、产业分布状况、厂商数量、产品销售方式、技术含量、产业发展趋势、产业政策等。如果所选择的会展举办地在会展聚集地，可以说明相关会展具有可行性。而对产业发展趋势等的分析可以进一步强化这种可行性。另外，政府在某些产业领域重点支持的产业政策规划，也能说明相关会展的可行性。因此，策划人员需要对相关区域的产业政策规划进行研究，以发现可能的会展商机。政府产业政策，尤其是战略性产业（包括战略新兴产业）规划往往意味着政府的大量投入，由此也可能意味着该产业在相关区域的飞速发展。策划者如果能较早地预测到这一点，并选择相应的时间点举办相关会展，有助于抢占会展市场。

（2）市场信息。如果能够证明会展题材所涉及的产品在某区域具有巨大的消费市场，并且还没有相关会展或者相关会展自身仍有市场空间，相关的策划也具有可行性。市场信息包括市场规模、市场竞争态势、经销商数量和分布状况、行业协会状况、市场发展趋势等。

（3）相关会展信息。对于策划人员来说，最理想的状况是没有相关会展。但是，这种情况在会展不断发展的情况下越来越少。尽管如此，通过对相关会展区域分布、时间、数量、市场定位等信息的分析，还是很有可能找到相应的会展市场的。对于策划人员来说，最不应该犯的错误是在没有进行充分调研的情况下，轻易地得出没有相关会展市场的结论。上述信息的收集一部分可以委托专门的市场调查机构，一部分需要通过各种方式收集现成的二手资料。上述分析除了要论证会展可行性外，还有助于对会展题材、地点、时间的选择。这种选择实际上也是对会展进行市场定位。因此，对于策划人员来说，尽管策划书中可能不能对所有的论证细节进行描述，但是策划人员要非常清楚，并能在争取立项获批的过程中，向相关人员陈述或回答相关人员的询问。事实上，在许多策划书中，考虑到策划书的篇幅，也不会将所有的论证细节都描述出来。因此，策划人员需要选择最有说服力的角度，用简练的语言进行陈述。

2. 会展宗旨

它是对会展所具有的社会价值和影响力的描述。它往往从会展的区域影响力和区域价值的角度进行描述。例如，某一银川汽车展的宗旨描述如下：响应国家西部大开发的号召，促进宁夏回族自治区内乃至中国西北汽车经济的发展，以会展的形式展示汽车行业最新动态，服务方便广大群众，同时提高银川的城市影响力。

3. 会展基本框架

它包括会展名称、会展举办地点、主题、办展单位、展品范围、会展频率、会展规模、会展价格等。表面上看，这部分相当简单，但是实际上每一项内容都需要周密考虑。需要考虑到市场需求与定位，选择合适的时机，还应慎重选择合作单位和支持单位，赢得当地行业协会、行政部门和行业媒体的支持，选择恰当的时机和权威部门及单位合作，能够在很大程度上增强会展的权威性和影响力，并最大限度地挖掘新客户，同时还能降低招展成本。

4. 会展宣传推广计划

它有助于相关人员对会展可能具有的影响力有一个预期。对于赞助商来说，它也是判断会展是否具有赞助价值的依据之一。尽管如此，这里所说的宣传推广计划并不是一个执行计划，而是一种概括性计划。因此，这种计划应该与会展定位、规模、市场特征等相一致。现代社会宣传推广的渠道包括媒体、同类会展推广、网络推广、公关推广、人员推广、新闻发布会等多种方式，宣传推广计划应该对相应推广渠道、方式、进度等有一个概括性描述。

5. 招展招商计划

对于赞助商来说，招展招商计划有助于其对会展规模有一个进一步的预期；对于审批人员来说，它是判断会展预期规模是否可行的一个重要依据。同样，这里所说的招展招商计划也是一种概括性计划。

6. 会展相关活动方案

相关活动既有助于丰富会展的展示与传播功能，也有助于提升会展的关注度、影响力和特色。同时，相关活动还有助于拓展会展的商机与合作者。作为一种概括性计划，它主要对相关活动的时间、名称、定向人群、特殊嘉宾等进行描述。

7. 会展现场管理和后勤服务方案

它包括对现场管理的基本分工、可能的服务供应商、服务内容等进行描述。

8. 会展危机管理方案

它对会展可能出现的危机进行预测，并对可能的预防、处理机制进行描述。

9. 会展预算

它对会展的整体收支进行描述。

在大多数情况下，在完成《会展立项策划书》以后，还需要完成《会展立项可行性分析报告》。其主要内容包括：从宏观市场环境、微观市场环境和市场环境的评价三个方面出发，从市场环境分析的角度说明会展方案的可行性；从会展定位和发展战略、展会发展空间、竞争力、办展单位优劣等方面进行分析；从会展的财务情况分析其可行性；对会展的风险、社会效益进行分析。分析报告最终要给会展可行或不可行的结论，以供决策方参考。当然，决策方有时也会委托相关人员或机构对会展立项方案、可行性报告进行再评估，并形成新的可行性分析报告。

第四节　前期策划的基础：会展市场信息收集与处理

一、会展信息的范围

（一）产业信息

1. 产业发展阶段

产业发展要经历投入（初创）、成长、成熟和衰退四个阶段。

（1）投入阶段。在投入阶段，由于新行业刚刚诞生或初建不久，因而只有为数不多的创业企业对其投资。由于初创期产业的创立投资和产品的研究、开发费用较高，而产品市场需求较小（因为大众对其尚缺乏了解），销售收入较低，因此这些创业企业在财务上可能不仅没有盈利，反而会亏损。同时，较高的产品成本和价格与较小的市场需求还使这些初创企业面临很大的投资风险。这类企业适合风险投资者，因为虽然介入风险较大，但是在初创期后期，随着行业生产技术的提高、生产成本的降低和市场需求的扩大，新行业逐步由高风险、低收益的初创期转向高风险、高收益的成长期。在这一阶段举办会展容易占领会展市场，但是也往往难以获利。

（2）成长阶段。在成长阶段，新行业的产品经过广泛宣传和消费者的试用，逐渐以其自身的特点赢得了大众的欢迎或偏好，市场需求开始上升，新行业也随之繁荣起来。与市场需求变化相适应，供给方面相应地出现了一系列变化。由于市场前景良好，投资新行业的厂商大量增加，产品也逐步从单一、低质、高价向多样、优质和低价方向发展，因而新行业出现了生产厂商和产品相互竞争的局面。这种状况会持续数年或数十年。处于成长阶段的产业，企业数量不断增加，市场对该产业的产品和该产业对相关设备的投资需求较大，企业盈利性好，比较适合举办会展。

（3）成熟阶段。在成熟阶段，在竞争中生存下来的少数大厂商垄断了整个行业的市场，每个厂商都占有一定比例的市场份额。由于彼此势均力敌，市场份额比例发生变化的程度较小。厂商与产品之间的竞争手段逐渐从价格手段转向各种非价格手段，如提高质量、改善性能和加强售后维修服务等。处于成熟阶段的产业，市场竞争激烈，企业数量较多，很多企业在为自己的产品寻找销路，也比较适合举办会展。

（4）衰退阶段。在衰退阶段，由于新产品和大量替代品的出现，原行业的市场需求开始逐渐减少，产品的销售量也开始下降，某些厂商开始向其他更有利可图的行业转移资金，因而原行业出现了厂商数目减少、利润下降的萧条景象。至此，整个行业便进入了生命周期的最后阶段。在这一阶段难以举办会展。

2. 产业规模

产业规模主要是指该产业的生产总量、销售总额、进出口总额和从业人员数量等。这些信息是策划举办会展时需要参考的重要数据。

3. 产业分布状况

产业分布状况对于招展招商、宣传推广的区域侧重具有重要意义，对于会展举办地点的选择也具有重要价值。一般说来，在产业聚集地举办会展有助于推动会展与产业联动发展。

4. 产品技术指标和产品销售渠道

产品技术指标与会展场馆选择、搭建、展区划分和展示密切相关，因此需要事先了解相关产品的技术指标。产品销售渠道与会展类型选择密切相关。例如，对于批发市场发达的产品来说，经销类会展举办起来难度较大，因而需要创新会展形式，发挥会展的其他功能。有些会展的季节性很强，因此需要注意会展举办时间与这种季节性相契合。

5. 产业发展趋势

产业发展趋势对于会展主题选择、相关活动安排具有重要的价值。会展的信息功能要得以发挥，就需要围绕产业发展趋势做文章。

（二）市场信息

1. 市场规模

市场规模与会展规模具有密切关系。市场规模过小，对于经销类会展来说就失去了重要的市场基础。

2. 市场竞争

市场竞争包括竞争对手的数量和分布、竞争对手的规模、竞争对手的资金占有情况、竞争对手的产品等。在一定时期，市场竞争会形成一定态势，如垄断性产业、自由竞争性产业、市场竞争充分或不充分等。这些对于会展的选择具有重要价值。

3. 经销商数量和分布状况

经销商数量和分布状况对于会展招商具有重要价值，构成会展招商策略制定的基础。

4. 行业协会状况

行业协会可能成为会展诸多环节的重要合作伙伴，因此需要围绕会展产业链分析行业协会的相关情况。

5. 相关产业状况

了解相关产业对于会展拓展、招展招商等具有重要价值。此外，会展成功举办也离不开酒店、物流、旅游等相关产业的发展。因此，了解目标地会展相关产业的状况是会展举办地选择的重要因素。

（三）相关法律与政策

1. 产业政策

产业政策是指政府对相关产品的生产、销售和使用等方面的规定。这些规定对会展举办、企业的参展意愿和参展行为等都会产生直接或间接的影响。

2. 政府发展规划

政府发展规划包括中央和地方的发展规划。这些规划往往涉及对产业支持、调整等方面的重要信息。由于这种规划具有很强的权威性、稳定性，因此对于区域产业发展的预期较为可靠，对于会展立项具有很高的价值。

3. 会展自身发展政策

许多地方政府出台了扶持会展、鼓励参展方面的政策。了解这些政策，有助于为会展获得更多的政府支持。

4. 知识产权保护方面的法律与政策

会展涉及知识产权，对于举办方和参展商来说，需要了解相关知识产权方面的法律与政策，避免陷入知识产权纠纷。

除了上述法律与政策之外，会展过程中还会涉及合同、海关、物流、广告、消费者权益等方面的法律与法规。

（四）相关会展

这类信息包括同类会展的数量、分布、时间、竞争态势等方面的信息，以及重点会展方面的信息。这些信息对于会展立项策划、品牌或战略定位、宣传推广等具有重要作用。

二、会展信息的收集

（一）会展信息收集的主要途径

1. 委托专门的市场调查机构收集第一手资料

市场上有许多调研、咨询公司等，它们具有较为完善的调研网络和专业人员。因此，可以委托具有良好的信誉、资质的公司收集相关信息。委托方需要就信息收集范围、时间跨度、产业范围等进行较明确的规定。

2. 收集现成的第二手资料

第二手资料的来源分为内部来源和外部来源。内部来源包括：①业务资料，包括与会展营销活动有关的各种资料；②统计资料，包括各种内部统计报表、分类统计资料的分析报告等；③财务资料，包括各种财务报表、会计核算和分析资料、成本资料、销售利润资料、税金资料等；④其他资料，包括内部积累的调查报告、经验总结、会议记录等。外部来源包括：①国家统计机关公布的统计资料；②行业协会和专业信息机构提供的市场信息；③图书馆存档的商情资料、技术发展资料；④银行的经济调查、商业评论期刊；⑤所涉及产业或题材的专业刊物；⑥各种专业组织的调查报告、统计数字、分析报告；⑦研究机构出版的各种书籍、报告、研究论文；⑧各种博览会、展销会、交易会等留存文件。

3. 自己的调研

通过举办方自己主持的市场调研获得相关信息。由于涉及成本，因此需要有选择性地进行市场调研，并将这部分信息与其他途径获得的信息进行比较分析。

4. 会展过程中收集

会展过程中会聚集大量的参展商、观众、嘉宾等会展主体，因此利用会展收集信息非常有效。当然，部分市场调查也可以放在同类会展上进行。

（二）会展市场调查的方式、方法和程序

1. 市场调查的方式

按照调查对象所包括的范围不同，会展市场调查可以分为：①全面调查。它是对调查对象中的所有单位进行的调查。其主要目的是取得有关总体的、比较全面系统的总量资料。因此，全面调查的工作数量大、周期长、花费高。②非全面调查。它是对调查对象中的一部分单位进行的调查，强调所调查的单位应具有较充分的代表性，包括典型调查、重点调查和抽样调查。

按照调查的组织形式不同，会展市场调查可以分为：①报表制度。报表制度是统计部门收集市场统计资料的主要形式。它是按照国家统一规定的报表形式，定期地、自下而上地填报统计资料的一种统计调查制度。这一制度也适用于在会展过程中，让参展商、观众、嘉宾等填一些表格。②专门调查。专门调查是为了某一特定目的而专门组织的一种收集市场资料的调查形式，主要包括普查、重点调查、抽样调查和典型调查等。

按照调查登记时间和连续性不同，会展市场调查可以分为：①经常性调查。经常性调查

是指随着事物在时间上的发展变化而连续不断地进行登记。其主要目的在于获得关于事物全面发展变化过程及其结果的信息资料。②一次性调查。一次性调查是指为了某一特定目的而组织的对那些短期内变动不大的研究对象定期或不定期进行的调查。其目的在于收集事物在某一特定时点上的水平、状态资料。

按照地域不同，会展市场调查可以分为：①国内市场调查，它又可分为农村调查、城市调查和区域性市场调查；②国外市场调查。

2. 市场调查的方法

（1）实地调查。实地调查是指实地收集原始资料的一种调查方法，包括访问法、观察法和实验法。

1）访问法。访问法是指调查员通过当面、电话、书面等不同形式向被访者了解信息的方法，包括直接访问、电话访问、邮寄调查、街头拦截、留置问卷调查、日记调查等。直接访问的优点是形式直接、灵活性强；缺点是消耗大、干扰因素多。直接访问是调查员事先设计好问卷或调查提纲，通过按顺序发问、自由交谈、当面填写问卷等方式进行的调查。电话访问是指通过电话向被访者询问有关调查内容和征询市场反应的一种调查方法。它包括传统的电话访问、计算机辅助电话访问和全自动电话访问。电话访问的优点是成本较低、速度较快、统一性强；缺点是受用户制约、存在局限性、直观性差、不易判断真实性。邮寄调查是指调查员将印制好的调查问卷或调查表格，通过邮政系统寄给选定的被访者，由被访者按要求填写后再寄回来。其优点是被访者干扰因素较少、回答问题准确；其缺点是调查时间长、收回率低。街头拦截有两种方式：一种是由经过培训的调查员在事先选定的地区选取访问对象，征得其同意后，在现场按问卷对其进行面访调查；另一种是事先选定地点或特定环境，然后经过培训的调查员选取访问对象，征得其同意后，将其带到特定的地方进行面访调查。其优点是调查员的调查时间较充分，节省了一定的费用；其不足是拒访率高，样本代表性差。留置问卷调查是由调查者将问卷当面交给被访者，说明回答方法后，留给被访者，由其自行填写，再由调查员定期收回。此方法是直接访问和邮寄调查两种方法的折中，其优缺点也介于两者之间。日记调查也称为固定样本连续调查，它是在随机抽样的基础上，对抽取的样本进行长期的跟踪调查。

2）观察法。观察法是指调查员凭借眼睛或录像器材，在调查地点现场观察和记录信息的方法。在会展过程中，这种方法的使用频率最高。观察法具体可分为以下几种类型：①直接观察法。调查员在现场凭借自己的眼睛来观察对象。这一方法又包括顾客观察法。它是指调查员在选择的观察地点以局外人的身份秘密注意、跟踪和记录顾客的行踪和举动，以取得调查资料的方法。②环境观察法。它是指调查员以普通顾客的身份对调查对象的所有环境因素进行观察，以获取调查资料的方法。如要了解同类会展的情况，可以参展商或观众的身份或角度观察同类会展。③间接观察法。它是指通过观察现场遗留下来的实物、痕迹或行为记录等以获取调查资料的方法。观察法的优点如下：一是可以观察到被访者在自然状态下的行为表现，获得的结果比较真实；二是可以在当时实际观察到行为的发生发展，能够把握当时的全面情况、特殊的气氛和情境等。观察法的缺点是观察获得的结果只能说明"是什么"，而不能够解释"为什么"，并且较为费时。

3）实验法。实验法是指设定特殊的实验场所、状况来进行调查的方法。

（2）文案调查。文案调查是指通过检索、阅读、收集历史和现有的各种资料，并经过甄别、统计分析，得到调查者想要得到的信息的一种调查方法。

3．市场调查的程序

（1）确定调查课题。遵循两个原则：一是使调查者能据此获得组织决策所需要的全部信息；二是指导调查者开展调查活动。

（2）确定调查方向。具体有四类方向可供选择：①探测性调查。它是指调查者在调查之初对所需要调查的问题不太清楚，无法确定有哪些具体内容，因而需要进行试探性的调查。②描述性调查。其目的是对市场本身及其环境的某个方面进行正确的描述。③因果性调查。其目的主要是通过调查确定变量之间是否存在因果关系。④预测性调查。其目的是通过调查进一步了解未来的发展趋势。

（3）设计调查方案。它包括确定调查目标、调查对象和调查单位、调查方式和方法、调查步骤、分工和预算分配、设计调查问卷等内容。调查问卷的结构一般包括标题、说明、主体、编码号、致谢语。其中，标题要一目了然，增加被访者的兴趣；说明主要是让被访者知晓调查的目的、意义和方法、注意事项、隐私保护说明；主体是问题和答案；针对规划较大且要运用计算机进行统计分析的调查，需要在问卷上加上编码号。表 2-7 是某会展评估机构向参加会展的观众随机发放的调查问卷。好的调查问卷具有如下特点：①调查目标明确；②调查人群明确；③数据易于统计；④问题数量适量。

表 2-7 调查问卷

序号	项目	100 分	95 分	90 分	85 分	80 分	75 分	70 分	65 分	60 分	55 分
1	专业化程度										
2	国际化程度										
3	展览秩序										
4	宣传报道										
5	布展质量										
	总体评价										
通过何种途径了解本会展	主办方邀请 □ 电视、广播 □ 报刊 □ 互联网 □ 朋友、亲人 □ 其他 □										
参展目的	贸易 □ 投资 □ 合作 □ 采购 □ 收集信息 □ 其他 □										
对本届会展的建议：											
对本届会展的意见：											
填表人单位： 职务：											
联系方式：											

（4）进行调查和数据收集。

三、会展信息处理

收集会展信息以后，需要通过加工、传递、编码、存放、检索等方式进行处理。信息加工包括筛选和校核两个程序。筛选就是对收集的大量信息进行甄别，经过初步分析和研究，淘汰内容贫乏的，选出内容新颖、有价值的。校核是对经过初步甄别的信息做进一步校验核实。会展信息传递要求真实可靠、速度快和费用低。传递的工具包括信函、电话、传真、通信卫星等。信息编码是用一组代码来反映其主要特征。代码可以由数字、文字和规定的特殊符号组成。主要有三种编码方法：①顺序编码法。编码时，可按发生的顺序排列编号，也可按字母或数字的顺序排列。②成批编码法。从头开始依次为编码对象编号，但必须把代码分成若干组，而且每个组都留有备用代码，以便为新增对象编码时使用。③分组编码法。应用此方法编码时，所有项目都有同样的数码个数。左边数码表示大类，而每一个后继数码向右排列，标出更细的类。分组编码法实际上是一种按十进制分类的方法，即先将各种对象分为10 类，给予编号 0 ~ 9 号。在做进一步的中分类、小分类时，仍然用同样的方法编号。信息的存放方式有按登录号存放、按资料来源存放、按资料内容顺序存放、按资料形式存放等多种形式。信息检索有两种方式：电子计算机检索方式和手工检索方式。

对于会展策划人员来说，必须意识到会展需要大数据，大数据对于改善会展营销模式、会展评估和规划以及完善会展现场管理具有重要作用。一些企业已经开始开发会展大数据软件。例如，西安远华软件有限责任公司推出了展览通这一大数据服务系统。该服务系统具备三个条件：①云计算，满足数据扩张的需要；②运用互动二维码技术，强化展会现场的互动性；③移动通信。它可以为每个观众提供一个电子档案，记录其在展会现场的访问路径；参展商可以拿到观众的信息清单，并可以直接下载到手机目录；还可为会展组织方提供一份详细的展后报告。根据展后报告，会展组织方可以清楚地看到现场参展商按被关注程度而形成的排名。这为组织方提供了可参考的数据，如摊位设计、布局情况，以方便对下一届展会现场的规划。通过大数据，观众可以在展前获取会展的信息，预约与参展商的见面时间，以及运用手机在线支付，这一系列技术的运用可以让展前的复杂程序变得更简单。在会展现场，观众通过现场的信息登录，可以了解参展商展品的信息，这样就可以减少纸质宣传资料的印发，也可以减轻观众的负担。

重庆国际博览中心有限公司在渝交会上为 37 万个参观者和参展商提供免费的 Wi-Fi 上网服务，通过 AP（无线访问接入点）的轨迹采集到每个展馆、展台前参展的人流量、停留时间等数据，最后制作成相关数据分析报告，出售给参展公司。此外，重庆国际博览中心有限公司还通过在展馆内部及周边架设几千个球镜摄像头，将视频信息转化为相关指引信息，为展览人流控制、交通、停车等提供指引信息。

【名词和术语】

审美经济化　创意文化产业　会展产品　体验效应　产品创新　流程创新　定位创新
范式创新　主题　亚主题　标准展位　光地　会展目标　会展名称　会展地点　主办方
协办方　承办方　办展机构　立项策划　会展预算　会展信息处理　实地调查　访问法

【思考题及案例分析】

一、思考题

1. 简述会展创意的四维度模型。
2. 简述创意的来源。
3. 简述会展项目构想的基本内容。

4. 简述立项策划的内容。

5. 简述展览预算的基本构成。

6. 简述会展前期策划的信息范围。

7. 简述会展市场调查的基本方式、方法和程序。

8. 大数据对会展业将产生何种影响？

二、案例分析

定位上海车展——从历史走来又走向未来

（一）从"专业"到"成果"

对1985年首届上海国际汽车工业展览会（简称上海车展）的历史记忆犹新的是，国产客车和专用车唱主角，桑塔纳轿车被当成了"进口车"。尽管当时展览的面积不大，参展的外国厂商也不多，但规格和档次不低——上海市市长汪道涵、中国汽车工业公司董事长饶斌出席了开幕式，还有一些国外的政要和贵宾也参观了车展。这在当时算是一个不小的新闻。因为在汪道涵看来，发展汽车业对于上海经济的发展具有举足轻重的战略意义。改革开放初期，他曾邀请日本汽车厂商到上海来投资，日方婉言谢绝了，于是汪老把目光投向了欧洲。所以，车展的举办体现了上海对发展汽车业的态度，成为拉开上海发展汽车业大幕的前奏曲。

资料记载，当时的参展商有73家，展览面积达1.5万m^2。展览场地在市中心的一栋俄罗斯古典主义风格的建筑——中苏友好大厦，后改为上海展览中心。这次展览大致给人留下了三个层面的印象。

首先，20世纪80年代中期汽车生产主要是以货车为主、客车为辅，生产出的汽车都被当作"生产资料"，谈不上消费。自1949年之后，长达30年间，我国的私人汽车领域竟成了空白。今天回忆起来，首届上海车展无疑是一次"开禁"，引起外界关注也就不足为奇了。

其次，有着丰富手工资源的汽车行业，当时的客车业发展达到鼎盛时期，仅上海的客车、改装企业就有十余家，全国有上百家。拿出来展览的新车型（如客车）被认为是"时尚"的，但与国外客车相比，在技术上还显得相当稚嫩，如"预应力张拉蒙皮""空气悬架""后置式发动机客车""高低板客车"等，当时都被国人当作最新技术所接受。在货车方面，国产32t矿用车着实让国人增强了信心，并不输给同时展出的奔驰货车。

最后，国外展出的小轿车都被当作"高科技"的概念车。例如，雪铁龙展出的1860CX20RE轿车被神秘地蒙上了罩子，直到参观高潮时才揭开"红盖头"。据说，这款轿车的车身可升降、前后保险杠是弹性塑料等。而在今天看来这已不稀罕。当时最大的亮点就是展会上展出了长春要与奔驰合作生产230E轿车的样车。然而，这并没有引起多少人关注。其原因是轿车离老百姓的生活太遥远。如果放在今天，这会成为汽车业中的大新闻。

在这次展会上，人们接触到世界先进的汽车制造技术，认识到装备工艺的重要性，开始思考由货车生产过渡到轿车生产的准备，较为完整地引入了现代汽车制造技术的体系和理念。从1985年开始，国家确定"把汽车工业作为国民经济的重要支柱产业，争取有一个更大的发展"，同时确定了通过发展轿车工业来振兴汽车工业的发展战略，开始把汽车工业的发展重点逐步转移到轿车及零部件工业上来。

客观地说，首届上海车展还是个针对汽车行业性质的专业展览，展品内容偏向于制造和装备技术。在相当长的一段时间内，车展是不对外开放的，由各地汽车协会、工程学会和厂家组织参观，社会人士要看还得向熟悉的厂商讨票参观，后来呈现出供不应求的状态，出现了"黄牛"倒票现象。

"车展之所以吸引人，因为汽车是人人喜欢的物质体现。"有关人士分析，从纯专业的角度来看，看门道还是要看汽车零部件和生产制造的装备，但这些恰恰是最枯燥和乏味的，而整车的诱人之处就在于与生活联系得比较紧密。换句话说，车展也是一种生活方式的展示。当时排队领资料成了参观展会的一道亮丽的风景。无论是大人还是小孩，看到漂亮的产品说明书，都把它看作能挂在家里的"挂历"、贴在墙上的海报，或是压在写字台玻璃板下的时尚。

时隔10年，1995年，上海车展成了名副其实的成果展。其中最典型的就是上海大众推出的一款桑塔纳2000。一位我国台湾的同行惊呼，大陆仅用10年不到的时间就研发出了如此美观的车型，并表示了钦佩。这是"历史的跨越"，是继1991年上海大众如期实现桑塔纳国产化成果展的续篇。

（二）重新定位：中国早晚要成为汽车大国

1995年上海车展，来自丰田、本田和福特的三位驻中国首席代表得出共同结论："中国早晚要成为汽车大国。"而且，在谈及未来中国的走势时，他们都表示出非常坚定的判断。

1995年年初，中国汽车行业在上海华亭宾馆举行有关"汽车工业产业政策"颁布（1994年2月）之后的第二次官方大型研讨会。此时，"汽车热"已经上升为全民关注的一件大事。而来自民间有关发展家庭轿车的讨论演变为一场牵动全社会对生活方式选择的激辩，吸引了方方面面的参与。这是一次由下至上的以汽车私有化为名义的思想解放，即便在今天看来，其深远的意义和影响力依然存在。

外界注意到，对这场热闹的社会讨论，专业人士保持了很大限度的沉默。有专家认为，社会上讨论的问题其实在10年前已经做过深入研究，该说的都已经说了，都是些老话题，没有多大新意。在他们看来，一些问题属于常识性的，却被当作了热点，说明潜藏在人们心里对汽车的认识，受制于下意识的束缚，还处在冰冻期，需要用讨论的方式来解冻，消除人们心底的疑虑和顾忌。尤其是对于汽车私有化、成为家庭用车，调查显示，问题不在于单纯的购买力，还在于观念转变和消费环境改善。

那么汽车究竟是怎样的器物和商品？通过历次车展，公众对汽车消费的概念越来越清晰了，最终意识到这是一种生活方式选择的共识。发展汽车是为了让生活更美好、改善生活、扩大活动半径、提高办事效率等。

1991年6月，时任国务院副总理的邹家华在谈到发展汽车产业时指出："现在许多人都在说汽车是支柱产业，但汽车要成为支柱产业，只能是在汽车进入家庭以后才有可能。汽车要进不了家庭，就变不成支柱产业。我看除了'三大三小'以外，要上小轿车，至少目前不能考虑。"

回到历史的现场就会深切地感受到，由于桑塔纳国产化的成功，上海大众的产量供不应求。轿车生产不仅成了"摇钱树"，还为地方汽车工业的发展打下了基础，为整个汽车产业的发展提供了一个新的"发展模式"。对于国内一哄而上的"汽车热"，有人认为这样无助于汽车发展的有序性。最终由国家出面拍板，将确定"三大三小"发展轿车产业，不再铺新的摊子写进相关文件，但最后还是增加了"两微一特"，即在上海大众、一汽－大众、东风神龙、北京吉普、广州标致、天津夏利的基础上再增加了长安奥拓、贵州云雀以及上海通用，宣告了中国轿车产业布局完成。

面对这样的布局，中国轿车产业从破冰试水到项目之争，发生了巨大的变化。首先是中国汽车产业战略重心发生了根本性的转移（由生产货车转向生产轿车），带来了一系列的结构调整；其次是汽车产业政策的颁布，明确要把汽车产业建设成为国民经济的支柱产业；最后是鼓励汽车消费拉动经济、促进产业健康有序的良性循环的发展思路被确定。

此时车展也因外部环境和产业内部的变化开始转型，以往的展览方式已适应不了单一的技术、信息、商务、沟通等功能上的需要，实际上已经变成了将技术、文化及社会信息融为一体的展览。

长期进行参展组办工作的顾春霖回忆说，1993 年，上海展览中心的场馆已经容纳不了展会的规模了，大量的外国汽车厂商竞相参展，改变了以往以国内汽车厂商为主的格局。先是开辟虹桥世贸商城展馆加盟，而后场馆还不够，再借租漕溪北路光大会场作为场馆，展览面积的一再扩容还是满足不了需求，给参观者带来不便导致抱怨四起。当时上海展览中心主要是展出国内汽车厂商的展品，虹桥世贸商城主要是以外国参展商为主，而光大会场主要是零部件展商为主。由于受展出场地的限制，一个车展分拆三处，实际上变成了展中展，不仅给参观者带来不便，展览的整体效果也大打折扣。

这时的车展已经打破了"专业"和"成果"展览的套路，实际上演变成以车展名义包装的汽车文化展览。外国汽车厂商不仅拿来最新的汽车款式车型和技术展示，还引进了汽车模特和现场表演的方式招徕观众，并不时派发精美宣传品、馈赠小礼物，车展的吸引力终于冲破了专业展览规定的范围，变成了普通大众的视觉盛宴。而此时的国内场馆和零部件场馆门可罗雀，开始被边缘化了。

面对这种冲击，车展不可避免地被卷入商业化大潮里，打上了展览经济的标签，变成了人人争夺的"香饽饽"。发生在世纪之交的外商介入有关上海车展主办权之争就是最典型的案例之一。而舆论对此关注的正是在汽车高速发展的拉动下车展经济的转型将如何应变，引发了对上海车展重新定位的思考。

好在上海国际展览公司随着本土汽车产业的壮大积累了丰富的服务经验，在国内外汽车厂商中形成了良好的口碑，以及依托上海城市硬件设施配套齐全加上先进的管理等天时地利人和的优势，确立了专业性展览公司的地位和权威。从 2003 年起，上海车展正式步入国际 A 级车展的行列。这一年，上海车展首次启用了刚落成不久的浦东新国际博览中心，浦东新国际博览中心被外界看作上海新地标性的展馆，这预示着中国汽车产业以崭新的面貌出现在世人面前。

作为 20 世纪我国最后一次大型国际车展，1999 年 6 月 15 日开幕的第八届上海国际汽车工业展览会渐渐彰显出其作为国际车展的大气：在总面积达 4 万 m^2 的 3 个展场内，来自 21 个国家和地区的近 400 家汽车制造商、汽车零部件生产商和汽车设备、用品商展出了各自的展品。

（三）21 世纪以来的上海车展

第九届上海国际汽车工业展览会于 2001 年 6 月 18 日—24 日在上海国际展览中心、上海世贸商城和上海光大会展中心三个展馆同时举行。此次车展规模达到 5 万 m²，共有来自全球 23 个国家和地区的 700 多家厂商参展，其中外国参展商约 300 家。

2004 年 6 月，上海国际车展通过了国际展览联盟（UFI）的认证，成为我国第一个经 UFI 认可的汽车展。上海车展还以官方网站为平台，引进了世界一流的网上互动多媒体交流与展览技术，举办"网上互动上海车展"，以高层次论坛配套，组织"中国汽车设计论坛"。

2007 年 4 月 22 日—28 日，第 12 届上海国际汽车工业展览会隆重举行。本届车展的展出面积将达到 14 万 m²，主题是"人、车、自然的完美和谐"。上海通用将与通用汽车公司联合在上海国际车展上推出 37 款参展车型，其中包括两款全球首发概念车。本届车展上的全球首发车还将包括奥迪 S07 概念车和起亚全新两厢赛拉图。相比之下，在上一届上海车展上，全球首发车仅有通用雪佛兰爱唯欧三厢轿车一款；而此前的历届上海车展上并无全球首发车亮相。

在中外汽车巨头的共同支持和积极参与下，2013 年上海国际汽车展使用上海新国际博览中心全部 17 个室内展馆（2011 年为 13 个室内展馆）以及室外临时展馆，规模超过 28 万 m²。

2017 年第十七届上海车展于 4 月 19 日—20 日（媒体）、4 月 21 日—28 日（观众）在享有全球最大的会展中心之美誉的国家会展中心（上海）盛大举行，展出面积达 35 万 m²，车展规模再次刷新。

2019 年第十八届上海车展由中国汽车工业协会、中国国际贸易促进委员会上海市分会、中国国际贸易促进委员会汽车行业分会主办，以"共创·美好生活"为主题，集中展示世界汽车工业的创新发展成果，再次唱响"美好生活"主旋律。

（本案例部分资料来自新闻报道，部分资料来自《上海企业》，2011 年第 5 期。）

问题：结合上海车展的发展历史，谈谈影响会展项目可持续发展的因素，以及如何通过创新驱动推动一个会展项目的可持续发展。

三、材料分析

以下材料来自天津商业大学学生学习会展策划课程所做的策划方案中关于会展宗旨与目标的表述，展会名称为"北方饮料及机械展"。

材料分析一

策划方案 A：本次展会旨在通过专业展会的高效平台，以展会服务经验为依托，通过视觉识别、理念识别、行为识别、客户满意度调查等方面，全方位展示展会形象。在展会期间举办各类活动，促进业界交流，推广饮料及其设备。协助国内知名饮料品牌拓展其在我国其他地区的新市场，让我国本土的饮料企业"走出去"，提高区域知名度，提升品牌影响力，寻找海外战略合作伙伴，推动我国饮料产业的发展，使各国经济联系更加紧密、相互合作更加深入、发展空间更加广阔。

策划方案 B：随着我国经济飞速发展，人们生活水平不断提高，越来越注重生活质量和个人健康。国内外饮料巨头正在筹备为争夺我国的饮料市场而努力，健康价值成为未来饮料发展的必然方向。北方饮料及机械展以促进营养饮料行业健康发展、加强行业国际交流合作为目标，为企业之间的交流合作、提高观众对不同饮料及其健康程度的了解提供平台。

问题：请结合所学内容评价两个方案，并对进一步完善这两个方案的相关表述提出建议。

材料分析二

以下是关于某组同学对办展环境分析的分析。

（一）宏观环境分析

1. 政治环境

饮料行业是国家规划发展的重点行业之一，国家相关政策的支持将为饮料行业的发展带来巨大的机遇。

2. 自然环境

随着经济的发展，城乡居民生活水平日益提升，可支配收入大大提高，群众的饮食结构不断调整带来巨大的机遇。

3. 国际环境

经济全球化进程加速，新科技革命促进饮料行业快速发展，世界产业结构调整加快饮料产业升级。

4. 行业环境

受 WTO 关税政策影响，饮料产业不断出台新标准。

（二）微观环境分析

微观环境分析如表2-8所示。

表2-8　微观环境分析

项　目	分　析
办展单位内部环境	青岛国际会展中心展览设施和服务得到国际权威机构的认同，服务更国际化、规范化
目标市场	主要注重国内市场的发展、扩大，并进一步拓展海外市场，但此次展会主要面向中国市场
竞争者	许多饮料相关展会已陆续在各地举办，各有特色及优势
目标客户	饮料爱好者、饮料美食家、饮料投资者、饮料经销商和分销商、酒店等餐饮行业、邮轮旅行公司等

（三）相关展会介绍

（1）第十届中国糖酒饮料（南昌）展览会。展会现场成交额达2.73亿元，比上届增长19.21%，合同金额达38.11亿元。展会期间，大小10000多个类别的展品琳琅满目，前来参观、洽谈、订货的专业采购商达3.8万余人，参观人数21.6万人次。

（2）第八届中国国际饮料工业科技展。历经14年的快速发展，展会的专业品质广受好评、国际知名度逐渐提高，现已成为我国饮料工业领域规模最大、国际化程度最高、专业性最强、最具权威性的品牌展会之一。汇聚了众多国内外知名饮料供应商参展，吸引了中外知名饮料企业支持和参观，是我国饮料全产业链的首选展会和商贸平台。

（3）第七届北京进口啤酒及时尚饮料展览会。展品范围包括茶饮料、果汁、酵素、咖啡、啤酒、瓶装水、行业协会、饮料、饮品等，在北方具有一定的影响力。

（4）十一届中国（广州）国际食品 饮料展。展会立足于广州，面向全球食品商家服务，充分利用珠三角及港澳台地区的地域和经济实力优势，融合泛珠三角及东盟十国的发展契机，为国内外食品企业产品流通、贸易、技术、资源、信息的拓展提供了最佳发展平台。由广州特亚展览有限公司承办，自 2004 年创办以来，一直都得到我国商务部的批准与支持。

（四）SWOT 分析

（1）优势（strengths）。本土饮料企业发展初具规模并以其知名品牌获得消费者喜爱；消费者需求多元化为饮料新产品开发提供了广阔的市场空间；饮料企业市场渗透的地域差异为其避实就虚策略创造空间。

（2）劣势（weaknesses）。饮料企业大都实行分散经营，规模一般较小，饮料市场上有影响的名牌产品屈指可数；企业资金不足、融资渠道单一、技术含量低以及自身实力不强等因素也制约着其市场空间的拓展。

（3）机会（opportunities）。饮料产品周期的差异为成长型饮品创造无限市场潜量；加入WTO 以后市场国际化为其参与国际竞争提供便利；日益细分化的消费群体为饮料企业开展目标营销提供机会。

（4）威胁（threats）。跨国饮料品牌的鲸吞蚕食；本土饮料品牌之间的同质化竞争。

问题：进行项目可行性分析，应从哪些方面予以完善？

第三章

会展实施方案策划

第一节　会展组织机构与品牌合作、赞助策划

一、会展组织机构

会展组织机构除了办展机构、承担机构、协办和支持机构之外，还需要一个具体负责会展筹办与运营的机构。由公司主办与承办的会展与由政府主导的会展在组织机构上存在差异。前者受制于公司治理结构，后者受政府科层治理结构的影响。

图 3-1 显示了公司治理结构会展组织机构的一般形式。

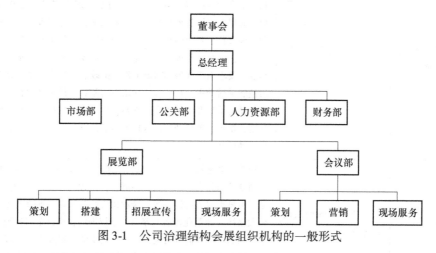

图 3-1　公司治理结构会展组织机构的一般形式

国外会展一般由专业的会展公司举办。世界著名的会展公司包括法兰克福展览公司（Messe Frankfurt）、汉诺威展览公司（Hannover Messe）、杜塞尔多夫展览公司（Messe Düsseldorf）、英富曼会展公司（Informa）、励展博览集团（Reed Exhibitions）、米兰国际展览公司（FMI）、爱奇会展有限公司（IDG World Expo）等。

从会展组展单位性质来看，国内组展单位可划分为党政机关、事业单位、行业协会和企业四大类型。[一]其中，企业包括国有企业、民营企业、外资企业、合资企业。例如，中国对

外贸易中心（集团）、广西国际博览事务局、吉林博览事务局是事业单位，经营业务分别为中国进出口商品交易会（广交会）、中国—东盟博览会、中国—东北亚博览会。中国消防协会、中国饭店协会分别举办国际消防设备技术交流展览会、中国国际饭店业博览会。中国国际展览中心集团公司是国有企业，拥有8家全资子公司、6家合资公司、4家海外机构，涉及中国国际展览中心运营、展览项目运作、展览工程等业务。振威展览集团、广州恒和国际体育展览中心有限公司为民营企业，分别经营中国国际石油石化技术装备展览会、广东国际体育用品博览会等展览业务。中青旅（北京）国际会议展览有限公司为中青旅子公司，属于混合所有制企业，经营会议和展览业务。德马吉国际展览有限公司为外资企业，经营展览设计、制作和搭建业务；而上海德马吉展览展示工程有限公司为合资企业，经营展览设计、制作和搭建业务。

按照会展主导力量，会展项目可以分为政府主导型会展和市场主导型会展。根据政府和市场介入程度，政府主导型会展项目的运作可以分为五种模式，如表3-1所示。

表 3-1 政府主导型会展项目运作经典模式

模　　式	典型会展	典型会展特征描述
政府主办＋临时承办＋行政计划式招展招商＋动员支持＋提供场馆	1999年大连工业展览会	成立了大连工业展览会筹备委员会。筹委会分设秘书处、建设部、总务部、招待部、宣传部、场务部和设计委员会。各企业单位党与行政、工会的组织以及有关部门，对本年度工展筹备工作应予充分重视，应根据工展筹委会所拟之计划大纲，立即积极着手进行准备，按期完成展览会各馆的布置工作，并须指定专门干部，认真切实地参加这一工作的布置与进行，以保证这一重要任务顺利完成。以行政计划和政治要求组织参展和布展工作。由政府组织参观者接待工作。在政治性展示活动中，往往会成立核心的领导小组及其执行机构，负责整个活动的策划和组织落实。举办、参与和参观都是党政组织通过层层计划、指令、单位动员，以自上而下的方式进行的，具有高度的组织性、动员性
行政套会	早期的全国糖酒商品交易会	行政套会是指在行政会议的基础上，套以交流会、展览会。例如，全国糖酒商品交易会（简称糖酒会）就以这一种方式演变形成。1955年，由城市服务部组织的"全国供应会"（第一届糖酒会）在北京西苑大旅社（今西苑饭店）举行。会议期间，来自全国各地的代表针对地区间的生产和需求情况进行了大量交流，对改善工厂经营管理、减少采购的盲目性、节约费用等方面起到了明显的促进作用。在本质上，它是政府产品分配、计划衔接性会议，并非独立的商品交流会
政府主办＋事业单位承办＋动员支持＋市场化运作	广交会、中国—东盟博览会、中国—东北亚博览会、中欧城市博览会	每届广交会组成领导委员会，主任由广东省省长担任，国务院主管部门（先后为外贸部、外经贸部、商务部）一位领导任常务副主任，委员由省部相关部门的负责同志、各参展团、馆长出任。中国对外贸易中心是广交会的承办单位。它是商务部直属事业单位，同时拥有、经营位于广州市海珠区琶洲岛的广交展会馆。它负责广交会的对外招商，提出馆内布展的总体要求以及展会期间的综合服务。在中国对外贸易中心设有秘书处、业务办公室、外事办公室、政治工作办公室、保卫办公室、新闻中心、卫生保障办公室、证件服务中心、客户联络中心等

（续）

模　式	典型会展	典型会展特征描述
政府主办＋公司承办＋动员型支持＋市场化运作	中国义乌国际小商品（标准）博览会（义博会）、华交会	主办单位为中华人民共和国商务部、浙江省人民政府、中国国际贸易促进委员会、中国轻工业联合会、中国商业联合会。组委会下设综合业务部、展览事务部、环境卫生部、后勤接待部、安全保卫部、对外联络部。展务实际执行由义乌小商品城展览有限公司负责
以政府名义举办＋招标投标选择承办单位＋政府对展会安全负责	广州国际设计周	以广州市政府名义举办，不使用财政资金，政府不参与分利。联合主办单位还有中国房地产业协会商业和旅游地产委员会、中国陶瓷总部。广州市城博展览有限公司以市场化手段负责承办

第一种模式主要是在计划经济时期的办展模式。在这种模式中，政府作为主办方，往往会成立临时性的筹备委员会（或组委会）及其职能机构，负责招展招商、布展、展会期间服务、撤展等工作。主办方以行政计划、政治动员的方式组织参展、接待工作。在场馆建设、秩序维护、志愿服务等方面存在广泛的政治动员。在这种模式下，会展自身作为一种政治活动或任务而不是一种独立的产业，因此会展产业化无从谈起。随着市场化进程的不断推进，这种模式主要运用于政治性展示活动，如阅兵、国家庆祝性活动。

第二种模式是行政套会，即在政府行政会议的基础上，套以交流会、小型展览会。在计划经济时期，一些物资交流会议就是在行政套会的基础上发展起来的，如早期的全国糖酒商品交易会。在市场经济时期，一些区域合作机制具有部分行政套会特征。例如，在长三角、珠三角相关领导参加的行政会议基础上，套以区域合作发展论坛。

第三和第四种模式是我国市场经济环境下政府主导型会展的主要运作模式。这两种模式一般采用市场收费机制和赞助机制，并采用外包机制。当然，在一些展会中这种市场化运作还不彻底，存在强制、摊派等现象。在诸如奥运会、世博会、中国—东盟博览会等国家级展会中，在公共安全方面的政治动员级别、水平很高，范围也很广泛。但是在一些经贸类展会中，政治动员范围要小，动员强度也要低得多，在志愿服务的社会动员方面，也具有更加广泛的社会基础。在承办机构上，第三种模式主要是通过成立临时性事业单位（如上海世博局）或常设性事业单位负责实际运作。第四种模式主要是通过成立国有公司或委托专业化公司、协会予以运作。例如，华交会（华东进出口商品交易会）由九省市政府外贸部门共同主办，成立上海对外经贸商务展览有限公司，负责华交会项目的具体承办和操作。

第五种模式是以政府名义举办，政府不投入财政资金，不参与分利，不进行担保，不承担经济连带责任，通过招标投标方式由专业会展公司或机构负责实际的市场化、专业化运作。

在政府和市场双重力量的作用下，我国会展产权性质日益复杂，单就政府所有而言就存在如下几种模式：①单一级政府或政府职能部门所有；②多级平行政府共同拥有，如华交会；③上级政府职能部门与下级政府共同拥有。在这一基础上，可能存在如下几种混合所有情况：政府＋企业；政府＋行业协会；政府＋企业＋行业协会。⊖

⊖　李勇军. 我国政府主导型展会的演进和模式转变［J］. 西部论坛，2017（6）：75-81.

在政府主导型会展中，主办方一般会设组委会。它实际上是一种临时性的工作机构，不是在工商机关登记注册的法人实体。会展设立组委会，一方面要体现会展的组织架构，另一方面发挥和协调组委会内部各机构的作用。前者是会展对外宣传的需要，后者是会展内部操作的需要。政府主导型会展的组委会具有很强的政府色彩，体现其以行政手段自上而下地整合并配置包括政府资源在内的相关社会资源，用以推动会展的组织工作。组委会中，党政领导人员的层次与其成员来源的多部门性往往既体现了会展自身的级别，又体现了会展自身协调的复杂性。往往组委会领导成员的级别越高，其成员来源越广，体现的会展级别也越高，并且越有可能实现对会展的强有力领导，动员更多的资源，以及实现更有效的协调。○

具体运作机构下一般再设办公室（或秘书处）、招展部（或参展者服务部）、招商部（或参观者服务部）、宣传推广部、活动部、现场服务部、财务部、人力资源部、知识产权办公室、媒体接待部等实施部门。并且，在策划中需要根据各策划项目的具体情况，确定各部门的职责。以广交会为例，其主要部门及职责如下：

（1）秘书处。负责广交会大会的总体协调；广交会重大活动的组织与协调；商务部领导及嘉宾到会接待工作，落实部、司领导交办事宜；广交会有关信息的编号、上报；广交会各办之间的文件流转和机要、保密等文秘管理工作；下设广交会现场服务指挥部，统筹现场展览服务和通信、财务等配套服务；后勤保障等日常工作。

（2）业务办公室。负责组织、布置出口成交工作，外贸政策研究、形势分析，指导出口成交统计工作；指导广交会展览成效评估工作，研究制定广交会组展工作方案；组织开展有关广交会改革发展调研；有关业务信息编报（包括广交会总结等）；指导查处违规转让和倒卖展位以及知识产权侵权行为；联系交易团、商会/协会，协调有关展览工作；指导和推动信息化工作，建立完善的广交会电子政务系统、电子商务系统和信息服务系统等。

（3）外事办公室。负责广交会对外交往、外事活动的组织安排，包括安排广交会领导的外事活动；接待应邀来访的外国经贸代表团；邀请或协助邀请外方主讲人、驻华使（领）馆官员、商会团体或公司代表等参加在广交会期间举办的相关会议。

（4）政治工作办公室。负责广交会思想政治工作的组织、管理和协调。

（5）保卫办公室。负责广交会展馆和重要活动的安全保卫工作；对到会采购商、国内与会人员的住所及主要活动场所的安全保卫工作实行统一的组织指挥，包括制定广交会保卫方案，协调各级公安部门行动，维护广州地区的社会治安，为广交会创造安全良好的社会环境；负责展馆的防火安全；维护广交会展馆及其附近道路交通秩序，保障交通畅顺。

（6）证件服务制作中心。会同外贸中心有关部门，负责广交会证件的印证、制证、发证，采集、分析、汇总采购商信息；规划完善办证系统、培训使用办证系统，进行现场管理。

（7）新闻中心。负责广交会期间记者邀请、接待、重要采访活动的安排以及组织召开新闻发布会；收集、整理《舆情快报》；编辑出版《广交会通讯》；宣传品发放管理。

（8）卫生保障办公室。负责统一领导和指挥广交会卫生保障工作。与卫生行政部门保

○ 李勇军. 展会组织网络的治理分析 [J]. 商业研究, 2012 (3): 117.

持密切联系，了解和掌握卫生动态，制定卫生保障工作方案和卫生防疫情况宣传口径；检查卫生保障措施落实情况；接受病情报告，处理卫生保障工作中的突发事件；组织、协调卫生防疫力量及相关工作；汇总广交会卫生防疫情况信息，编写简报。

除了确定职责之外，对各部门的主要负责人及主要成员也需要尽早确定。

从宏观层面说，会展项目要组织有效，需要充分发挥市场在资源配置中的决定性作用，确保政策中性，营造公平的竞争环境，保护参展商和主办方的知识产权。考虑到政府部门工作性质的局限性，政府主导型会展可以将政治性的、社会性的、公益性的部分交由政府来做，市场的部分委托专业的市场团队来做，政府给予支持和把控，实现公益与市场的双赢。对于经贸类会展项目，无论是政府主导还是市场主导，都需要将经贸实效作为衡量其成功与否的关键指标。只有经贸成效好，客商才会招得来、留得住，才能保证经贸类会展的可持续发展。在组织机构建设过程中，专业化、信息化、智能化是设置机构和选择人员时要考虑的重要问题。其中，专业化包括项目运作的专业化、配套服务的专业化、从业团队和人员的专业化等多方面。信息化、智能化作为保证会展品牌质量、提高工作效率、提升服务能力的重要手段，在提供参展参会、贸易配对、在线交易、交通、住宿、旅游等智能服务的同时，还可以为客商有效推送有价值的商机信息，带动更多、更广泛的商业行为，实现数据价值增值、会展服务的增值和增强客商对会展的黏性。

二、品牌合作与会展赞助

（一）品牌合作

会展活动集聚了大量的人员，是人们沟通、交流、交易的平台，也是信息产生和传播的平台，因此会展自身具有媒介性质。同时，会展项目越是能够与有影响力的媒体合作，越能够引起各种媒体关注，其自身的媒介价值就越大，能够带给客户品牌推广的价值就越大。对于策划人员来说，充分利用、发掘会展的媒介性质，可以为会展举办提供赞助和品牌合作资金。

对于品牌会展，其品牌自身具有很高的商业价值。对于其他相关企业来说，知名会展能够为其品牌推广提供机会，而对于会展举办方来说，可以成为知名企业的品牌合作伙伴。

品牌商务合作计划是指利用会展专属品牌开展商业项目合作，授权合作单位有偿使用其专属品牌举办展览、论坛、会议、赛事、节庆等活动而制订的计划。为此，需要确定专属品牌使用范围和品牌授权使用费标准。例如，第 17 届中国—东盟博览会规定，获得授权的东博会品牌商务合作项目可以在项目宣传推广中使用东博会专属品牌：中国—东盟博览会名称（中国—东盟博览会、东博会、China-ASEAN Expo、CAEXPO）、"中国—东盟博览会秘书处"名称、会徽、吉祥物"合合"名称和形象，"10 + 1 > 11"概念等，还可以在宣传资料、活动背景板中标注"中国—东盟博览会秘书处"为项目支持单位。专属品牌只能在获得授权的东博会品牌商务合作项目使用，不得以任何方式转让或者允许其他单位或个人使用，专属品牌不得用于开展或授权第三方开展包括且不限于赞助开发及特许商品经营等商业或营利性活动。专属品牌授权使用期限为自授权之日起 1 年。展览活动品牌授权使用费标准因行业类别和展会规模而不同。第 17 届中国—东盟博览会分为热门行业、消费类行业和普通行业，大型展会（展览面积大于 5 万 m^2）收费标准分别为 150 万元、100 万元、50 万元，中小型展会（展览面积小于 5 万 m^2）收费标准分别为 80 万元、50 万元、30 万元。超大型会议（参会人数大于 2000 人）收费 30 万元，大型会议（参会人数 800～2000 人）收费 20 万元，小型会议（参会人数小于 800 人）收费为 15 万元，国际体育赛事和节庆活动因其规模收费标准为 30 万～50 万元。

特许商品合作计划是指会展特许商品的开发、运营、管理计划。特许商品是指经过会展举办方授权的企业在约定时间周期内使用该会展专属品牌（如标识、文字、吉祥物等）设计、生产和销售约定品类的商品。计划通常包括招募范围、准入条件、回报权益。例如，第 17 届中国—东盟博览会规定的招募范围为：企业形象与东博会品牌相符，产品设计及包装符合东博会形象设计要求，包括但不限于珠宝玉器、名贵木材与制品、艺术陶器、名家字画、贵金属、纪念币/钞及装帧制品、酒类、茶类、日用陶瓷制品、电子产品及配件、工艺品、化妆护肤品、家纺、箱包、运动用品、玩具、文具、服装服饰、丝绸制品、胸章、钥匙扣及其他非贵金属制品、集邮品、食品、饮料等类别。准入条件规定为：企业一次性缴纳特许授权费 5 万元现金，即可获得 1 年期东博会特许商品品牌授权以及在东博会特许商品官方销售平台销售推广的权利。回报权益包括：①授予产品"第 17 届中国—东盟博览会特许商品"荣誉称号及牌匾；②授权企业使用"第 17 届中国—东盟博览会特许商品"品牌进行产品宣传及开展相关活动，使用期 1 年；③授权企业使用东博会的会徽和称谓进行广告和市场营销活动，使用期 1 年；④免费在东博会特许商品销售平台自媒体对企业特许商品进行宣传推广，有效期自签约之日起 1 年。

（二）会展赞助

会展赞助是指举办方为了获得会展举办资金，向企事业单位寻求资金、实物、劳务、技术等支持，而举办方则以广告、冠名、嘉宾亮相或发言等作为回报的一种互利、互惠的活动。在这种活动中，赞助方并不一定能够在会展赞助活动中获得等值的经济回报，但是能够体现其社会责任或价值，获得一定的社会声誉。一般说来，会展规模越大、档次越高、声誉和影响力越大、被媒体报道的机会越多，其商业和社会推广价值就越大。相应地，会展组织通过赞助获得的支持就越大。根据赞助内容的表现形式，会展赞助可以分为现金赞助、实物赞助和服务赞助；根据赞助方数量，会展赞助可以分为独家赞助和多家赞助；根据赞助商提供的赞助内容，会展赞助可以分为单项赞助和多项赞助，其中单项赞助是指只对会展某个部分或某项活动提供赞助，多项赞助是指除了单项赞助外还对其他赞助事项提供赞助。常用的赞助形式包括：①资金；②注册赞助袋；③招待会；④交通工具或班车服务；⑤茶歇；⑥悬挂旗帜；⑦胸卡；⑧媒体；⑨计算机；⑩展具；⑪会展用品；⑫标准展位；⑬比赛用品等。

赞助方案一般包括如下内容：①展览会概况；②赞助等级和数量；③赞助商标准和赞助商确定时间；④招赞助商方式；⑤为不同等级赞助提供的服务内容；⑥针对赞助商的管理规定。

赞助商一般分为四个等级，如高级合作伙伴、合作伙伴、赞助商和供应商（独家或非独家）；又如钻石级、白金级、黄金级、普通赞助商。当然，还有更多的等级划分或等级名称。一般说来，等级越高，数量越少；等级越低，数量越多。对赞助商的选择主要考察以下因素：①资质因素，包括行业内地位、声誉、资产、环保等；②企业品牌或赞助物品品牌影响力；③企业宣传推广力度；④报价。

招赞助商应遵循公开、公正、公平的原则。具体包括以下方式：①通过官方网站、媒体公开赞助意图和方案；②向具备条件的企事业单位发出征集赞助商邀请；③直接与符合条件的企业进行销售洽谈或通过招标投标的方式确定赞助商。例如，亚运会招赞助商的步骤为：①亚运会组委会以公告或新闻发布会形式向社会公开征集赞助意向，或向企业发出赞助邀请；②企业提交赞助意向书及企业信息表；③对企业资质进行评审；④与企业洽谈赞助方案；⑤企业提交正式的赞助方案；⑥确定赞助企业，报亚奥理事会批准。

赞助服务的内容非常广泛。例如，2014"中国国际船舶工业博览会"（简称中船展，CIMPS）有以下赞助商：

（1）官方赞助商1名，赞助费为50万元。其服务内容包括：①列为会展协办单位，并在会展相关的国内外宣传媒体、会展会刊、会展网站上予以发布；②A区显著位置光地展位96m^2；③省级卫视专题采访；④2次国内顶级行业媒体采访（一次平面媒体、一次网络媒体）；⑤一场分会场论坛演讲（30min，具体的分会场论坛和演讲时段请与组委会协商），5张VIP参观证；⑥所有分会场论坛手提袋一面带有赞助商公司logo和名称；⑦部分会展手提袋一面带有赞助商公司标志和名称；⑧赞助商公司介绍（英文75字/中文200字）列入会刊；⑨会展会刊封面内页1页彩色广告；⑩在"中船展"网站上摆放赞助商公司logo（120像素×60像素），并建立公司网站的超级链接；⑪3个会展现场广告牌（易拉宝或X展架，易拉宝0.8m×2m，X展架0.6m×1.8m）；⑫户外大牌/展馆内大牌广告（4m×8m）；⑬赞助商公司的宣传资料放入会展入口处发放的提袋里，一并发放给参会者；⑭赞助商公司logo出现在会展的多种宣传品上；⑮会展现场宣传拱门一个；⑯1次2014"中船展"国内参观门票广告机会（组委会制作参观门票20000份，门票背面印有赞助商广告）；⑰赞助商的两名高管参加省市级领导主持的高规格宴请；⑱赞助商的两名高管参加组委会2014年度出国团组，考察荷兰国际海事展览会Europort，往返机票、境外会展期间食宿交通由组委会承担；⑲赞助商的一名高管参加2014"中船展"开幕式性质的活动并剪彩；⑳组委会聘请人员统一着装（印有赞助商公司logo和名称），举牌在展馆内移动宣传。此外，还有增值服务：①公司logo（带公司网站链接）随CIMPS电子快讯（e-newsletter）发送给所有潜在的参会者（赞助商负责提供logo）；②可免费在www.china-ship.com上投放一则滚动横幅广告；③在展后报道的刊物、网站上加入赞助商公司logo（120像素×60像素）；④组委会以赞助商的名义在会展期间宴请嘉宾，赞助商安排高管参加。

（2）铂金赞助商2名，赞助费为30万元。其服务内容包括：①A区显著位置光地展位48m^2；②省级卫视专题采访；③1次国内顶级行业媒体采访；④一场分会场论坛演讲（30min，具体的分会场论坛和演讲时段与组委会协商），3张VIP参观证；⑤部分会展手提袋一面带有赞助商公司logo和名称；⑥赞助商公司介绍（英文75字/中文200字）列入会刊；⑦在"中船展"网站上摆放赞助商公司logo（120像素×60像素），并建立公司网站的超级链接；⑧3个会展现场广告牌（易拉宝或X展架，易拉宝0.8m×2m，X展架0.6m×1.8m）；⑨赞助商公司的宣传资料放入会展入口处发放的提袋里，一并发放给参会者；⑩赞助商公司logo出现在会展的多种宣传品上；⑪会展现场宣传拱门一个；⑫1次2014"中船展"国内参观门票广告机会（组委会制作参观门票20000份，门票背面印有赞助商广告）；⑬赞助商的两名高管参加省市级领导主持的高规格宴请；⑭赞助商的一名高管参加组委会2014年度出国团组，考察荷兰国际海事展览会Europort，往返机票、境外会展期间食宿交通由组委会承担；⑮赞助商的一名高管参加2014"中船展"开幕式性质的活动并剪彩；⑯组委会聘请人员统一着装（印有赞助商标识和名称），举牌在展馆内移动宣传。另外，还具有与官方赞助商一样的增值服务。

（3）晚宴赞助商（独家），赞助费为 10 万元。其服务内容包括：①赞助商公司名称和/或公司 logo 出现在晚宴的所有相关指示牌和邀请函中；②在晚宴接待处放置赞助商的公司简介、宣传资料（赞助商提供）；③晚宴现场放置易拉宝或 X 展架等宣传品（易拉宝 0.8m×2m，X 展架 0.6m×1.8m，赞助商提供胶片及彩色样张，现场广告牌由组委会统一制作）；④由司仪致赞助答谢词；⑤晚宴致辞（3min）；⑥2014 "中船展" 会刊优越位置 1 页彩色广告；⑦在 "中船展" 网站上摆放赞助商公司 logo（120 像素 ×60 像素），并建立公司网站的超级链接；⑧赞助商公司 logo 出现在会展的相关宣传资料上；⑨1 次国内行业媒体采访；⑩1 次 2014 "中船展" 国内参观门票广告机会（组委会制作参观门票 20000 份）；⑪赞助商公司的宣传资料可放入会展入口处发放的提袋里，一并发放给参会者；⑫赞助商的一名高管参加省市级领导主持的高规格宴请。增值服务包括：①公司 logo（带公司网站链接）随 CIMPS 电子快讯（e-newsletter）发送给所有潜在的参会者（赞助商负责提供 logo）；②在展后报道的刊物、网站上加入赞助商公司 logo（120 像素 ×60 像素）。

（4）礼品赞助商（多个赞助机会），赞助费为 2 万元。会展官方礼品会赠送给会展 VIP 嘉宾。礼品由赞助商提供，可在礼品上印制赞助商公司 logo，在礼品袋中放入赞助商的宣传资料。服务内容包括：①赞助商 logo 出现在会展礼品上（100 份高档礼品）；②公司介绍列入会刊（英文 75 字/中文 200 字）；③1 则官方网站广告（120 像素 ×60 像素）；④2014 "中船展" 会刊 1 页内页彩色广告；⑤赞助商公司 logo 出现在会展的相关宣传资料上；⑥1 次国内行业媒体采访；⑦1 次 2014 "中船展" 国内参观门票广告机会（组委会制作参观门票 10000 份）；⑧赞助商的一名高管参加省市级领导主持的高规格宴请。另外，还具有与晚宴赞助商一样的增值服务。

（5）T 恤赞助商（独家），赞助费为 2 万元。独家赞助发送给会展现场工作人员及境内外买家团的 T 恤。服务内容包括：①赞助商公司名称和/或公司 logo 印刷在组委会临时工作人员的 T 恤的背面（赞助商负责提供公司 logo），组委会将 T 恤发给境内外买家团、会展临时工作人员，将在展期全程着装；②组委会负责设计与制作；③共提供 200 件 T 恤（S 码 50 件、M 码 100 件、L 码 50 件）；④公司介绍列入会刊（英文 75 字/中文 200 字）；⑤1 则官方网站广告（120 像素 ×60 像素）；⑥2014 "中船展" 会刊 1 页内页彩色广告；⑦1 次 2014 "中船展" 国内参观门票广告机会（组委会制作参观门票 10000 份）；⑧赞助商公司 logo 出现在会展的相关宣传资料上。

（6）买家胸卡赞助商（多个赞助机会），赞助费为 1 万元，赞助参展商、观众登记处派发的胸卡（即入场证）。服务内容包括：①赞助商公司名称和/或公司 logo 印刷在所有与会者的胸卡上，包括 VIP、来宾、演讲者、买家、展商、媒体等类别（赞助商负责提供公司 logo）；②组委会负责制作与设计；③公司介绍列入会刊（英文 75 字/中文 200 字）；④1 则官方网站广告（120 像素 ×60 像素）；⑤2014 "中船展" 会刊 1 页内页彩色广告；⑥赞助商公司 logo 出现在会展的相关宣传资料上。

（7）会展提袋赞助商（多个赞助机会），赞助费为 1 万元，赞助在会展入口登记处派发的会展提袋。提袋的公司宣传信息面由赞助商自行设计，请及时提供设计图。广告的设计方案最晚在大会开幕前 1 个月提交。服务内容包括：①2000 份一面带有赞助商公司 logo 和名称的会展提袋，提袋由会展组委会统一制作；②提袋的设计图需经过组委会最终批准；③公司介绍列入会刊（英文 75 字/中文 200 字）；④1 则官方网站广告（120 像素 ×60 像素）；⑤2014 "中船展" 会展会刊 1 页内页彩色广告；⑥赞助商公司 logo 出现在会展的相关宣传资料上；⑦赞助费包含制作费。

（8）参观门票赞助商（多个赞助机会），赞助费为 1.5 万元。服务内容包括：①公司广告刊登在大会参观票背面，门票将通过行业媒体夹发、会展现场派发或在展前邮寄给专业买家；②组委会制作参观门票 20000 份，会展 30 多家境内外业界合作杂志媒体将会为 "中船展" 夹发门票；③参观门票由会展组委会统一制作；④广告的设计方案需经过组委会最终批准；⑤公司介绍列入会刊（英文 75 字/中文 200 字）；⑥1 则官方网站广告（120 像素 ×60 像素）；⑦2014 "中船展" 会刊 1 页内页彩色广告。

（9）穿梭巴士赞助商（多个赞助机会），赞助费为 1 万元，赞助展期接送观众的穿梭巴士两辆。服务内容包括：①赞助商公司名称和/或公司 logo 将制成横幅挂于车身外围；②公司介绍列入会刊（英文 75 字/中文 200 字）；③1 则官方网站广告（120 像素 ×60 像素）；④2014 "中船展" 会刊 1 页内页彩色广告；⑤赞助商公司 logo 出现在会展的相关宣传资料上。

第二节　会展宣传推广策划

一、会展宣传推广

所谓会展宣传推广，是指会展整体的宣传推广，是围绕会展基本目标制定的、有目的、有计划举行的一系列促进招展、招商和建立会展形象的宣传推广活动。会展宣传推广对招展和招商具有促进作用，有助于提升会展和会展组织的品牌认同度。会展的宣传推广也是会展对外界进行承诺的过程，这就要求会展内部工作人员在工作上与宣传保持一致，所以也有助于指导内部员工的工作。尽管会展宣传推广和会展招展与招商一样，属于会展营销的重要环节，但是会展宣传推广往往由专门的公关或宣传部门实施，而会展的招展与招商往往由专门的市场部门实施。然而，从策划的角度来说，需要两个部门合作，并由专门负责策划的部门或人员进行整合。

二、会展宣传推广策划的步骤

由于需要宣传推广的内容较多，在进行会展宣传推广策划时，必须全面系统地制定策划方案，以满足会展筹备工作的需要。通常，会展宣传推广策划包括以下步骤：

1. 确定目标

确定目标就是要明确通过会展宣传推广策划所希望实现的目标，如招展、招商或树立会展品牌形象等。只有清楚宣传推广策划的目标和任务，会展宣传推广策划的实施才有意义；否则，会展的宣传推广工作就会无的放矢。需要注意的是，会展的宣传推广目标具有一定的阶段性，而在会展筹备的不同阶段，其主要任务也有所差别。例如，在会展筹备前期，宣传推广策划的目标偏重于招展，而后期则偏重于招商。

2. 进行宣传推广的资金预算

在确定宣传推广的目标之后，需要确定为了实现该目标所需要的资金预算。在实际操作中，会展宣传推广预算可以先按宣传推广渠道的不同来分别制定，然后再将各渠道的预算汇总成会展宣传推广的总预算。从国际普遍做法来看，会展活动举办方一般会将会展预期收入的10%～20%拿出来作为会展宣传的资金投入。

3. 策划宣传推广的信息

宣传推广信息策划的目的在于确定会展的宣传推广需要向外界传递怎样的信息，如会展的理念、优势、特点及VI（视觉识别）（详见第四章第三节）等。不管会展向外界宣传推广的是怎样的信息，都必须保证信息的真实可靠。此外，会展宣传推广的信息要具有自己的特色，不能与其他同类会展雷同，这样才不会被其他类似的信息所淹没。

4. 策划宣传推广的资料

现在的会展几乎没有不印发宣传推广资料的。可见，行之有效的会展宣传推广活动，需要通过精心策划的宣传推广资料制造宣传攻势。随着同行竞争的日趋激烈和会展规格的不断提升，各主办方在宣传推广资料的印制上煞费苦心。宣传推广资料的素材主要包括专题报道、展前预览、新产品报道、参观指南、展期新闻、会展回顾等。

5. 策划宣传推广的渠道

为了提高宣传推广的效果，在进行策划时需要考虑拓宽宣传推广渠道，通过电视、报纸、户外广告、网络、数据业务平台等各种渠道，及时发布真实和丰富的会展信息。

6. 评估宣传推广的效果

对宣传推广效果的评估，归纳起来有两种标准，即量化标准和反馈标准。量化标准是指通过统计的方法，对宣传推广资料的发放、宣传的场次及受众的人次等用数字反映出来；而反馈标准是指通过收集宣传推广对象的反馈信息，采取综合评估的方法来验证宣传推广的实际效果。

三、会展宣传推广渠道与策略

对于策划人员来说，必须了解会展宣传推广的基本渠道及其效果，了解会展宣传推广的基本策略及其应用前提。

（一）会展宣传推广渠道

1. 媒体

（1）媒体的分类。媒体分为专业媒体和大众媒体，又分为传统媒体和新媒体。

专业媒体包括与会展展览题材有关的专业报刊、会展会刊、会展网站等。例如，对于汽车展来说，《汽车之友》《车王》《时尚·座驾》《汽车测试报告》《汽车观察》《当代汽车报》《汽车周报》《时代汽车》等属于专业报刊；对于奢侈品类展来说，《范》《VOGUE》《ELLE》《经典奢侈品》等属于专业杂志，而珍品网、草莓网、尚品网、Bluefly、Shopbop等属于专业网站。会展类专业杂志有《中国会展》《中外会展》等，报纸有《会展快报》，网站有UFI、IAEE、MeetingMatrix、中国旅游网、新华会展网、中国展览服务网、中国会展网、中国会展在线网等。大众媒体包括电视、广播、各种报刊、户外媒体、网站等。这些传媒普及性强、社会接触面广，既面对目标参展商与专业观众，也面向会展的普通观众。表3-2对这两种媒体进行了比较。

表 3-2 专业媒体和大众媒体的比较

	专 业 媒 体	大 众 媒 体
优点	受众稳定 信息容量大,可通过多种形式表现 针对性强,可推广更多专业信息 寿命较长,重复出现率高	时效性强,传播速度快 制作相对简单 覆盖面广,读者群大 具有一定的新闻性和可信度
缺点	时效性较差 版面位置选择性较差 对普通观众作用不大 覆盖范围有限	寿命较短 费用较高 对专业观众作用不大 抗干扰能力较差

新媒体是相对于报纸、广播、电视、杂志四大传统意义上的媒体,是在新的技术支撑体系下出现的媒体形态,如数字杂志、数字报纸、数字广播、手机短信、网络、数字电视、数字电影、触摸媒体等。

尽管传统媒体受到新媒体的挑战,但是相对于新媒体来说,传统媒体有着更为严格的信息采编处理和责任追究程序,因此信息可靠性高。并且,传统媒体可以采取新技术、新手段实现与新媒体的融合。报刊可以将其内容"数字化"处理,可以通过网络版、公众号等方式予以融合。随着大量计算机和手机应用软件的产生,许多广播、电视内容可以通过计算机和手机终端使用。例如,中央电视台在计算机端有央视网,在手机端有央视新闻、央视影音、央视悦动、央视体育等 App,在社交媒体有频道(栏目)微博、频道(栏目)微信。

一般说来,传统媒体可以通过发行渠道形成第一次售卖,通过传媒机构、渠道及产品所具有的传媒功能和影响力完成第二次售卖(主要是广告收入)。传统媒体的盈利模式主要有以下几种:

1)发行收入。由于情况不同,各国以及不同类型的媒体发行收入占总收入的比例悬殊。例如,日本报纸的发行收入占总收入的 50% 左右,美国的占 20%~30%。我国都市类报纸一般不超过 20%,有的甚至不到 10%。

2)广告收入。这部分收入是市场化报纸的主要收入源,一般占总收入的 60% 以上。

3)增值服务收入,如举办的大型论坛、活动以及发行公司的物流配送收入。

4)版权输出收入。这部分收入最少。

从成本上看,传统媒体基于采编、发行和印刷等方面的成本很高。受新媒体的冲击,一些传统媒体存在"倒挂发行"的情况,即发行是亏损的,需要通过广告来弥补亏损。

受益于信息技术的不断进步,人们的阅读方式和习惯有所改变,越来越多的人通过手机、计算机终端获取信息。新媒体的盈利模式主要有以下几种:

1)广告收入。这部分收入目前占总收入的比重不高,几大门户网站中只有新浪的广告收入所占比重超过 60%,而腾讯和网易的广告收入所占比重都达不到 10%。

2)互联网增值业务收入,如售卖道具、游戏币等。腾讯和网游网站这部分收入很高,网易达到 90%,腾讯也超过 60%。

3)移动增值业务。如手机音乐下载等。

4)流量分成。随着三网融合速度的加快,移动互联网将高速发展,新媒体的这部分收入将逐步提上议事日程并高速增长。

5）分层信息服务收入，即针对商业价值高或者有着特定需求的用户提供个性化的、定制化的信息服务。未来这一市场空间前景广阔。

从成本的角度来说，新媒体的成本主要来自平台搭建、研发、维护等方面。

一般说来，电视、广播以硬广告⊖为主、软新闻⊜为辅，报纸、网站以软新闻为主、硬广告为辅。对于会展组织方来说，要善于通过会展亮点、活动、公共关系事件等制造软新闻以吸引媒体关注。为此，策划人员需要根据会展进展情况制作新闻一稿、二稿、三稿等提供给媒体，与媒体合作制作一些新闻，如行业人物专访、行业高峰论坛、新闻发布会等活动。当然，对于广告，策划人员也要根据媒体自身特征制作相关广告，包括音频广告和文字广告等。

（2）媒体的选择。对于策划人员来说，并非选择越多的媒体就会有更好的效果。除了要了解不同媒体的优缺点外，还需要考虑以下因素：

1）会展自身的因素。例如，经销类会展与专业性、传播性会展在媒体侧重上并不相同。前者由于常常直接面临许多消费者，因此可以考虑当地媒体或区域性媒体，以吸引更多的一般消费者参加会展；后者往往主要面向专业人员，一般的消费者可能兴趣不大，因此可以更多地考虑专业媒体。

2）时间因素。对于策划人员来说，宣传推广一定要有具体的时间安排，并将其与宣传内容相结合，形成综合效果。对于一般的广告信息，客户要接触几次才能产生印象或记忆。一般认为，目标客户在一个参展周期里需要接触3次以上广告信息才能产生对该广告的记忆；接触的次数超过5次，影响力就开始递减。因此，宣传推广的频率不是越密集越好，而需要结合会展举办周期进行安排。一般在宣传推广初期，广告出现的频率可以低一些，宣传推广的内容可以简单些。

3）区位因素。策划人员应根据会展的区位定位，结合媒体自身的辐射力，实现宣传推广的全区位覆盖。

对于策划人员来说，要注意与媒体合作的方式，包括：①以展位交换广告，同时尽可能多投软新闻；②以广告交换广告，同时尽可能多投软新闻；③共享部分客户资源、数据库；④付费购买广告，同时尽可能多投软新闻；⑤代理组织观众甚至参展商。

（3）新闻稿。对于策划人员来说，要具有撰写、评价新闻稿的能力。一篇新闻稿通常由标题、导语、主体、背景和结语五个部分组成。

标题又可以分为引题（眉题）、正题（又称主题、母题）、副题（又称辅题、子题）。例如，一则关于世博园建设报道的标题为《世博会五大永久建筑"春笋破土"：上海世博会开幕倒计时两周年园区建设综述》。此处标题是由正标题和副标题一起组成的。其中，正标题以突出主题、夺人眼球为主，副标题补充说明内容。

⊖ 在报刊、电视、广播、网络四大媒体上看到和听到的宣传产品的纯广告就是硬广告。而媒体刊登或广播的那些新闻不像新闻、广告不像广告的有偿形象稿件，以及企业各种类型的活动赞助，被业界称为软广告。其特点是这些广告或以人物专访的形式出现，或以介绍企业新产品、分析本行业状况的通讯报道形式出现，而且大都附有企业名称和联系电话等。

⊜ 软新闻是指富有人情味、知识性、趣味性的新闻。它与人们的切身利益并无直接关系，向受众提供娱乐，使其开阔眼界、增长见识、陶冶情操，或作为人们茶余饭后的谈资。

导语可以采用以下几种形式：①叙述式。简明扼要地写出主要事实、经验，或对全篇事实材料进行综合概括，揭示主要内容。②提问式。把新闻主体内容中要解决的问题或要介绍的经验以设问的形式提出，然后再用事实作答。③描写式。对富有特色的事实或有意义的某个侧面，用简练的文字进行描述，给读者以鲜明的印象。④评论式。对报道的事实先做出评论性结论，然后再用具体事实来阐明。⑤引用式。引用消息中人物深刻而富有意义的语言作为导语。

主体承接导语，详细阐述导语所要揭示的主题。主体是新闻稿的主要部分。主体的写作应突出核心内容，以具体、翔实的材料说明问题。在结构上要求严谨、分明，恰当地划分段落，有序展开叙述。

背景介绍所发生事件的历史环境和原因，是为补充、烘托和突出主体内容而服务的。背景内容可以出现在导语部分，也可以出现在结尾部分，位置不固定。

结语是新闻稿的最后一段话或最后一句话，阐明新闻所述事实的意义，或激励或评论。

2. 公关推广

公关推广是指会展组织者通过策划和实施一些能够引起公众注意的公共关系事件来实现宣传和推广目标的营销方法。例如，某文化节的公关推广基本计划如下：①联手汽车4S店。可联手汽车4S店为6月端午节期间的客户活动提供平台，为他们安排旅游线路，提供游玩攻略，根据具体的联系情况确定合作形式。②与大型联谊类网站合作。与世纪佳缘、百合网等大型联谊类网站合作，此类网站在各城市设有办事处，每月为旗下会员提供联谊活动，组委会可为其提供活动场地，安排特色活动，带动文化节消费。③百万市民游津城。利用市交通集团推出的"津城美景一日游"旅游专线中到达滨海新区邮轮母港的线路拉动游客。市旅游局作为主办单位，可利用其职能增设端午节期间到活动现场的旅游专线或者安排邮轮母港与活动现场间的往返小巴，方便游客到达会场。

针对会展举行新闻发布会是举办方常用的公关推广方式。新闻发布会需要根据会展区域定位选择发布会地点和相关媒体单位。例如，对于一个全国性的会展来说，新闻发布会可以在东北、华北、华东、西南、西北和中南各选择一个有影响力的城市，再考虑选择出席新闻发布会的相关地方媒体。

事实上，对于会展来说，由于往往会安排一系列相关活动，因此，这些相关活动事实上就是可以进行宣传推广的公共关系事件。对于举办方来说，要通过与媒体合作对这些活动进行报道，以提升会展自身的形象与品牌。例如，2010年沈阳家博会组织了100多场专家访谈、10多场主题活动和配套活动。其中，访谈有20场和新浪合作，15场和搜狐合作，15场和搜房合作，8场和腾讯合作，7场和网易合作，15场和沈阳地区平面媒体合作，20场和其他媒体合作。其主题活动包括开幕式舞狮，闭幕式十二乐坊演奏，与摄影爱好者俱乐部协同举办"百年家居图片展""迷人家居变身大餐"（如"能吃的沙发""能吃的椅子"）等。配套活动有：①联合新浪网，举办沈阳地区首届消费者"最喜爱的家居品牌"调查评选活动及颁奖；②陶瓷、卫浴、地板最新流行趋势发布会；③"空间创意设计大赛"等。

3. 同类会展宣传推广

国内外同类会展是会展目标客户最集中的地方，在这些会展上进行宣传推广，会收到良好的效果。同类会展宣传推广存在多种形式，通常有：①互换展位，即互相在对方会展上设立展位进行宣传推广；②在对方会展的会刊里刊登会展的信息或广告；③在对方网站上发布会展信息或广告，建立链接；④在对方会展期间召开新闻发布会；⑤代为派发对方会展宣传资料；⑥派出人员开展宣传推广活动。

同类会展宣传推广在会展中常常使用，尤其是专业性会展。表3-3为第二届中国（广州）国际印刷技术展览会（简称广印展）的宣传推广计划。从表3-3中可以看出，对于策划人员来说，同类会展宣传推广需要调查同类会展举办时间，并结合自己会展的进展以及与同类会展竞争与合作的关系，选择具体的宣传形式。

表3-3 第二届中国（广州）国际印刷技术展览会的宣传推广计划

会 展 名 称	时 间	地点	宣 传 形 式
第四届中国印刷及设备器材展览会	2008-11-14～17	上海	散发广告单张，初期造势
第十一届北京国际印刷信息交流大会	2008-11-28	北京	发布广印展举办信息
第十七届华南国际印刷工业展	2009-3-3～6	广州	调研，拜访客户，发布会展信息
第七届北京国际印刷技术展	2009-5-12～16	北京	广印展首次国内新闻发布会
美国芝加哥印刷技术展	2009-9-11～16	芝加哥	广印展首次国际新闻发布会
第十一届龙港国际印刷工业博览会	2009-10-15～17	温州	新闻发布会现场招展
2009中国国际网印及数字化印刷展	2009-11-10～12	上海	广印展招展
第四届亚洲国际标签印刷展	2009-12-1～4	上海	广印展招展
第十二届北京国际印刷信息交流大会	2009-12-4	北京	宣讲及散发材料
第十七届华南国际印刷工业展	2010-3-9～11	广州	广印展设展位现场招展
中国印协出口与展览工作会议	2010-4-2	上海	筹备工作进展通报及招展推进
2010东莞励华彩盒展	2010-4-7～9	东莞	现场招展
英国伯明翰国际印刷展	2010-5-18～25	伯明翰	广印展招展
2010北京国际包装博览会	2010-6-2～4	北京	广印展新闻发布会
2010拉丁美洲国际印刷展览会	2010-6-23～29	圣保罗	招展招商宣传
2010马来西亚国际印刷、纸张与包装机械展	2010-8-6～9	吉隆坡	广印展新闻发布会
第十七届韩国国际印刷机械设备展	2010-9-8～11	首尔	广印展新闻发布会
第十三届印度尼西亚国际印刷、纸张展	2010-10-27～30	雅加达	广印展新闻发布会
第十三届北京国际印刷信息大会	2010-12-3	北京	介绍广印展筹备情况，动员招商工作

4. 人员与机构宣传推广

人员宣传推广主要包括通过工作人员的登门拜访、电话交谈、邮件或微信等与客户建立联系的推广方式。机构宣传推广主要是指会展与有关媒体、国际组织、行业协会和商会、国内外其他办展单位、驻外机构和政府主管部门等机构合作，共同进行会展宣传推广的方式。

5. 网站宣传推广

会展网站是通过网络进行会展宣传推广的手段，发挥着重要作用。它通过快速的网络传输，宣传推广会展的内容、理念等信息，对于招商及让众多参观者认识会展并带动其积极参与有很大的帮助。会展网站的建立和维护应遵循如下步骤：

（1）明确网站的定位。无论是为某一会展做主题网页，还是为会展企业做企业网站，首先都应对该网站做明确定位。为此，首先需要考虑建立网站的原因和目的。目的包括提高会展的知名度、招揽更多的企业与本会展公司合作、扩大业务范围、进行一些测试和调查、招展招商等。其次，需要对浏览者定位。在建立网站之初，应对浏览网站的人群进行定位和分类，针对不同的客户群体建立不同的板块和内容供其浏览，并选择不同的语言版本。最后，要考虑网站的诉求风格。网站的诉求风格有三种类型：

1）理性诉求风格。这种风格强调理论及逻辑性，是以事实为基础、以介绍性文字为主的理性诉求。这类网站在专业技术方面的宣传、展示以及应用和对实际的具体运作等方面都下大力气渲染，在风格上保持一致，与展览的 CI（形象识别）（详见第四章第三节）一致，以保持展览对目标参展商网上、网下形象的连续性，从而巩固品牌地位。

2）感性诉求风格。这种风格强调直觉，是以价值为基础、以形象塑造为主的感性诉求。

3）综合类诉求风格。这种风格以理性和感性的诉求相结合，借以打动不同类型的顾客，既以大量的事实突出展览的专业优势，又营造一种感性的氛围，强调展览或服务给客户带来的价值，通过二者的有机结合，营造展览的个性化特征。

（2）组建技术团队。确定网站建设与管理人员，对于大型会展企业来说，建议设专门的部门总体负责会展企业的信息化发展规划。但对于中小会展企业来讲，考虑到人员、资金等实际问题，单设部门存在一定的困难，也可考虑将网站建设融入其他职能部门。专职部门不仅负责会展企业网站的规划、建设、管理与维护，而且负责会展企业信息化发展规划的制定，普及会展企业上网知识，组织人员对传统会展企业的管理模式、工作流程等进行信息技术改造。会展企业是单纯做一个网站进行宣传好，还是结合会展企业内部业务开展全面的电子商务好？类似这样的问题，职能部门及管理者应为会展企业制定符合自身发展信息化建设的最佳方案。⊖

（3）建立网站。网站的建立包括技术部分和艺术部分。技术部分是指建立某一门户网站所需的计算机应用和网络应用的知识；艺术部分包含所需在网页上体现的一些关于企业内容、会展信息、主旨和精神等的丰富内容，是关于如何使网站更有可看性的部分。一个好的网站需要对页面进行考虑充分、安排合理的规划。版块可以包括会展简介、新闻中心、会展服务、参展商专区、历年数据、网上会展等。

建立网站有三个要素：程序、域名、空间。做网站的软件有 Dreamweaver、Flash、Photoshop、MySQL 等。域名是由一串用点分隔的名字组成的 Internet 上某一台计算机或计算机组的名称，用于在数据传输时标识计算机的电子方位（有时也指地理位置，地理上的域名是指代有行政自主权的一个地方区域）。网站空间就是存放网站内容的空间。空间分为三类：①虚拟空间，90% 以上的企业网站都采用这种形式，主要是空间提供商提供专业的技术支持和空间维护，且成本低廉；②合租空间，中型网站可以采用这种形式，一般是几个或者几十个人合用一台服务器；③独立主机空间，对安全性能要求极高以及对网站访问速度要求极高的企业网站可以采用这种形式，但成本较高。

网站建设要注意以下几方面问题：

1）首页设计要简洁。没有必要制作大篇幅的动画，因为并非所有上网的人都能正常浏

⊖　黄彬 . 展览策划与组织［M］. 杭州：浙江大学出版社，2013.

览动画，且动画下载占用时间较长，尚未看到具体内容就让人失去耐心，这样做有悖网站建设的初衷。但建议在条件具备的情况下，尽可能采用多语言版本，以吸引境外参展商与观众，增强其对会展的了解，同时这也是会展逐步成熟以及走向国际化的必然。

2）会展企业介绍要全面。要从会展企业的历史、发展、规模、优势、特色、社会地位、媒体评价、荣誉及诚信等方面，最好配以照片，多层次、多角度地进行包装宣传。需要注意的是，关于会展企业理念之类面向会展企业内部管理的内容，无须介绍得太详细。

3）会展产品及服务内容要详细。要将会展的名称、日期、主办单位、协办单位、主要概况、会展发展史、参展范围、会展实况照片、会展标志、具体参展报价、相关会展服务以及与展商或观众紧密关联的《参展商手册》等有关详细资讯放在网上。但很多会展企业出于竞争或保密等原因，上述内容在网站上往往显示得不够完整、详尽。这样做实际上不利于会展的组织管理工作。

4）要提供联系方式。建议将会展组织单位各相关部门及有关具体负责人，如招展部门、现场管理部门、货物租赁部门、各地招展招商代理机构、客商服务中心等的详细联系方式通过网站展示出来。

5）要开设交互功能。开辟网上交互功能，让访问者提交反馈建议表单。需要注意的是，交互时务必实事求是地注明客服响应时间，便于留言者有计划地访问网站，不会由于多次查看得不到答复而失去对网站的信任。如有可能，将前期的回复一并放到网站上，供不同访问者参考。

6）要具备下载和打印功能。对于会展企业来说，公开的产品照片、表单、说明书等资料，最好具备网上下载和打印功能，便于访问者在线下研究会展企业的产品，增加参展机会。

对于其他栏目，会展企业可根据自身的需求进行个性化设计。需要注意的是，真正有意向参展的展商或观众都非常注重实效，一般不会在意网站是否花哨。因此，会展网页的美工制作只要做到恰如其分就可以。

（4）与专业网站合作及推广网站品牌。会展企业网站建成后，宣传很重要，网站的网址、邮箱是网站宣传的基本要素。一般的做法是注册搜索引擎，包括网络实名等。但仅仅做到这一点还不够。还应该策划针对会展企业宣传的总体包装，如名片、信件、会展企业宣传手册、招展招商宣传手册、路牌广告、平面媒体上的显要位置标识、会展企业网站的网址。如果会展企业的销售或服务对象是针对全球范围的，还需要根据会展产品与市场不同，布局合理地策划多种有效的网站推广方案。

（5）加强网站的管理和维护。网站建成后，管理和维护非常重要，包括动态信息填充、产品更新、咨询回复、网站安全等。主管部门要制定网站管理与日常维护更新制度，落实考核与奖惩办法，建立信息更新渠道，确保网站发挥作用。

总之，会展企业建网要落到实处，网站制作切忌只求美观、盲目攀比，而要根据会展企业经营的实际需求，构建适合自身特点的建网计划和模式，以最小的投入换取最大的回报，从而获得良好的经济效益与社会效益。另外，会展企业的网站还应该多关注自己特定的客户群，通过多种形式和客户进行交流，便于客户通过网站和会展企业保持良好的沟通，为会展企业深层次的发展提供有效的意见与建议。只有把网站打造成会展企业和客户之间有效沟通的纽带，网站才能真正发挥作用。

（二）会展宣传推广策略

1. 显露型宣传推广策略

显露型宣传推广以迅速提高会展的知名度为主要目的，宣传推广的重点是会展名称、办展时间和办展地点等，简单明了，会展信息便于记忆。这种宣传推广策略多在会展创立初期实施，或者在会展已经有了一定的名气之后作为对客户进行定期"提醒"之用。

2. 认知型宣传推广策略

认知型宣传推广的目的是使受众全面深入了解会展，提高受众对会展的认知度，宣传推广的重点是会展的特点、优势等较为详细的内容。这种宣传推广策略多在行业对本会展已经有了一定的初步了解之后，对会展做进一步招展和招商时实施。

3. 促销型宣传推广策略

促销型宣传推广策略的目的是在短期内推动会展展位的销售或招揽更多的观众到会参观，宣传推广的重点是参展商和观众所关心的主要问题。该策略多在会展招展和招商时使用。

4. 竞争型宣传推广策略

竞争型宣传推广策略往往是与竞争对手展开竞争或进行防御时采取的与竞争对手针锋相对的宣传措施。该策略多在本会展受到竞争对手的威胁，或者本会展意欲与其他会展展开竞争时使用。

5. 形象型宣传推广策略

形象型宣传推广策略的目的是扩大会展的社会影响，建立会展的良好形象，不单纯追求短期销售量的增长，宣传推广的重点是追求目标受众对本会展定位及形象的认同，积极与他们进行信息和情感沟通，增加他们对会展的忠诚度和信任。该策略在会展筹备期的任何阶段都可以实施。

四、会展宣传推广计划

对于策划人员来说，策划最终要形成明确的计划书。计划书的内容包括宣传推广目的陈述、宣传推广方式及其内容、所选择宣传推广方式的进度安排、成本预算、各宣传推广方式负责人及职责安排等内容。为了使计划书更清楚明了，往往需要制作一些表格。如表3-4所示，媒体宣传推广计划中的关键信息，包括日期、媒体、版位、规格、形式、内容、价格、频率都反映在表格中，一目了然。宣传推广内容要根据会展进展进行安排，通常有硬广告和软广告两种基本形式，并且要根据媒介需求制作相应文字、图像图片、视频。不同的媒介具有不同的效果，不同的媒介及其规格、版位、时间决定了不同的价格，策划者需要根据总体宣传推广计划安排媒体宣传推广预算，并在约束预算下选择不同的媒体和频率以形成媒体宣传推广的组合效应。

事实上，对于媒体宣传推广计划（也可以进一步分为专业媒体宣传推广计划与大众媒体宣传推广计划）、公关宣传推广计划、同类会展宣传推广计划、人员与机构宣传推广计划，基于预算约束，策划人员往往需要反复权衡各种方式及其效果，并最终确定整体的宣传推广计划。在信息化时代，策划者尤其要注意如何推动线上线下宣传推广相融合的问题。有的时候甚至需要出台线上线下宣传推广的专门文件，有的时候需要在既有的宣传推广计划书中对线上线下融合方式予以说明。

表 3-4 某奢侈品展媒体宣传推广计划示例

日 期		媒 体	版 位	规 格	形 式	内 容	价格（元）
4月	4月号	《范》杂志	后1/2版	1页	硬广告	活动宣传一稿：形象	×××
	15日	北方网	首页顶部通栏	960像素×60像素	硬广告	活动宣传一稿：形象	×××
			首页文字链接	600字	新闻	××首届国际奢侈品展点亮本届融洽会	×××
		出租车新闻屏	B区图片展示	10in 1200台	硬广告	活动宣传一稿：形象	×××
		LCD（液晶显示器）互动屏	B区图片展示	15in 500台	硬广告	活动宣传一稿：形象	×××
5月	5月号	《范》杂志	后1/2版	1页	硬广告	活动宣传一稿：形象	×××
			资讯	半页	新闻	诸多奢侈品牌加盟国际奢侈品展：天津发力	×××
			内页	视情况	专题	如有合适品牌，可制作大片、品牌故事等宣传	×××
		《每日新报》	经济新闻专刊	600字	新闻	××品牌将亮相××国际奢侈品展	×××
				半版	硬广告	活动宣传一稿：形象	×××
	26日	《天津日报》	经济新闻专刊	600字	新闻	××品牌将亮相××国际奢侈品展	×××
				半版	硬广告	活动宣传二稿：品牌参与、嘉宾参与方式	×××
		《城市快报》	经济新闻专刊	600字	新闻	××品牌将亮相国际奢侈品展	×××
				1/4版	硬广告	活动宣传二稿：品牌参与、嘉宾参与方式	×××
	5月号	《中国会展》	内页	2页	新闻	总体筹备情况报道	×××
6月	6月号	《范》杂志	后1/2版	1页	硬广告	活动宣传三稿	×××
			别册	16页	别册	会展与参展进展报道	×××
	10日	《天津日报》	经济新闻专刊	600字	新闻	奢侈品展开幕启动报道	×××
				半版	硬广告	活动宣传三稿	×××
	10日	《城市日报》	经济新闻专刊	600字	新闻	奢侈品展开幕启动报道	×××
	10日	《每日新报》	经济新闻专刊	600字	新闻	奢侈品展开幕启动报道	×××
	10日	彩信	范仕荟数据库	35000条	彩信	定向邀约客户	×××
	15日	《天津日报》	经济新闻专刊	600字	新闻	××奢侈品展成功闭幕报道	×××
		《每日新报》	经济新闻专刊	600字	新闻	××奢侈品展成功闭幕报道	×××
		天津网	首页顶部通栏＋专题页	960像素×60像素	新闻	专题页全面报道	×××
		新华会展网官方微博	微博	持续	信息	活动跟踪报道	×××
	6月号	《中外会展》	内页	4页	新闻	整体报道	×××
	6月号	《中国会展》	内页	4页	新闻	整体报道	×××

第三节　会展招展招商策划

一、招展与招商的含义

会展招展是指通过各种方式邀请参展商参加会展；而会展招商是指通过各种方式邀请观众参观会展。对于会展来说，要有一定数量和质量的参展商才能成为会展。会展参展商的行业影响力、地区来源、数量以及参展主动性等关系到会展自身的规模、档次和影响力。会展观众有专业观众和普通观众之分。所谓专业观众，是指从事会展上所展示的某类展品或服务的设计、开发、生产、销售或者服务、评论的专业人士以及该产品的用户。所谓普通观众，是指除了专业观众以外的其他观众。会展观众还可以分为有效观众和无效观众。所谓有效观众，是指到会展参观的专业观众以及参展商所期望的其他观众，是具有一定质量的观众，对会展来说不可或缺。所谓无效观众，是指会展参展商所不期望的那些观众，对他们来说是可有可无的。对于参展商来说，观众的有效和无效有时是相对的，在一些情况下，受会展气氛和展示效果的影响，无效观众也可能变成有效观众或者成为参展商未来的潜在客户。对于举办方来说，无效观众对增加会展人气、活跃会展气氛、扩大参展商及赞助商的广告效应、扩大会展自身的知名度具有一定的作用。因此，对于会展来说，参展商和观众是会展腾飞的双翼：参展商是会展存在的基础，是会展的直接客户，没有参展商，会展就失去了展示主体和收入来源；观众是会展发展的条件，没有观众，参展商和赞助商参展和赞助的动力就失去了一大半，会展也就失去了可持续发展的后劲。

在招展招商过程中，要求相关方展前、展中、展后整个过程中禁止出现分裂中国或与中国法律法规相违背的文字、图像以及音视频等。注意审查宣传资料、相关展品、包装（包括运输包装）中是否存在这一违规行为。

二、建立参展商、观众数据库及数据化处理

（一）明确参展商、观众来源

在具体的策划中，策划者需要根据具体的项目明确参展商和观众来源，并且通过列举的方式予以表述。这就要求策划者根据产业链的知识，对具体涉及产业（行业）进行分析，需要策划者根据项目定位明确参展商、观众的空间范围。明确参展商来源对于举办方来说，有助于使招展工作本身更具针对性，对于观众来说也有更好的预期。明确观众来源对于举办方来说，有助于招商工作的展开，对于参展商来说也有更好的预期。也正因此，在实际的策划工作中，在参展商来源描述中，需要站在观众的角度来考虑；而在观众来源描述中，则需要站在参展商的角度来考虑。这种描述（往往采用列举的方式）本身要体现在会展官网及宣传推广资料中。

以上海国际葡萄酒及烈酒展览会为例，在某届展览会官网上，它对目标观众的描述如下：①中国地区数万家酒类进口商、经销商及上海区域目标观众（上海地区4300家批发商、经销商及57000家零售商；近500家四星级以上的酒店；近3800家高档西餐厅及大卖场、免税店、夜场、高档会所等）；②酒行业贸易及零售商，如进口商、批发商、销售代表、专业零售商、专业连锁零售店等；③大型超市和普通超市，如大型超市和普通超市采购中心、

饮料采购经理、葡萄酒行业经理、大型超市和普通超市经理等；④咖啡厅、酒店和餐厅，如各大酒店及夜总会及餐厅（餐饮经理、侍酒师）、连锁餐厅和连锁酒店等；⑤免税经营行业，如免税经营者、船具商、免税店、具有采购部门的航空公司、具有采购部门的邮轮和渡轮公司等；⑥电子商务行业，如葡萄酒及烈酒类网站设计师、此类网站的葡萄酒和烈酒买家等。其对参展商的描述如下：①各个品种的葡萄酒，如红葡萄酒、白葡萄酒、桃红葡萄酒、干葡萄酒、甜葡萄酒等；②洋酒，如香槟、雪莉酒、冰酒、白兰地、威士忌、伏特加、清酒、起泡酒等；③传统与时尚酒，如白酒、黄酒、保健酒等，啤酒、鸡尾酒、果露酒等；④葡萄酒器具以及相关产品，如酒起子、瓶盖、瓶塞、酒鼻子、木盒、酒柜、醒酒器具等；⑤酒桶、罐、器皿、包装、存储设备、物流运输等设备；⑥其他宣传品及组织，如奖章、证书、葡萄酒书籍、杂志、媒体、教育培训机构和服务机构等。

（二）参展商数据库

参展商数据来源可以通过以下途径收集：①行业企业名录，各行业都有一些资料齐全的行业内的企业名录或者企业大全；②商会和行业协会，它们往往都有自己的会员单位，掌握了大量的相关信息；③政府主管部门，如工商、税务、旅游、商务等政府主管部门掌握了大量企业的信息；④专业报刊；⑤同类会展；⑥外国驻华机构；⑦专业网站；⑧电话黄页。举办方在每一次会展举办之后，都可能形成新的参展商数据，因此需要对原有的数据库进行更新。由于所邀请的参展商和展品范围相关，所以参展商往往是直接从事相关产品生产或服务的组织。因此，在收集参展商信息的过程中，需要不断根据产业链发展的新情况，收集一些新的生产商或服务商。参展商信息除了名称、地址、联系电话、传真、电子邮箱和网址、负责人与联系人等基本信息外，还要收集关于其产品种类、目标市场、企业规模、声誉、有竞争力或有创新的产品等信息。尤其是对于关键参展商，应尽量收集更多的信息，包括其参加同类会展的情况。策划人员可以根据自己会展的需求，委托软件设计公司设计数据库管理系统。数据库管理系统要求便于注册，系统可以兼容，不会由于大量数据集中录入而运转不灵，便于查找和检索，可以及时修改，分类科学合理。数据库的基本修改要有严格的权限限制，适合于局域网上使用，支持多用户同时使用。参展商数据可以按产品、区域、影响力等进行分类。对于举办方来说，了解参展商的空间分布非常重要，有利于对招展工作以及招展重点的安排。这是因为，对于大多数产品来说，其产业集聚往往具有一定的空间特征。显然，关注到这些空间特征，对招展重点区域的安排非常有用。当然，产业集聚也会发生变化，因此，策划人员需要关注产业集聚的历史及其变化。

（三）观众数据库

对于策划人员来说，对专业观众信息的收集可以综合产业链的上下游企业关系来进行，因为与所展示题材相关的上下游企业往往是参展商关心的客户。策划人员需要关注产品物流、经销、消费的关键地区，这有助于招商工作重点的安排。观众数据来源主要有：①行业企业名录；②政府主管部门；③专业报刊；④同类会展和既往会展；⑤外国驻华机构收集；⑥消费者组织；⑦专业网站；⑧电话黄页；⑨协会；⑩手机等供应商；⑪银行或会所等。同样，在举办会展的过程中，通过注册、调查问卷等也可以收集观众信息。

（四）数据化、平台化、智慧化

基于云计算、物联网、移动互联、3D打印技术、大数据应用，现代会展极大地简化了参展过程中的信息收集和整理过程，带来了宝贵的数据资产。数据运营成为智慧会展的核心内容，会展运作中的行业和产品、注册和交流都被数据化，打上鲜明的数据标签。[⊖]要建构集成服务平台，不仅要建立线上线下营销融合平台，而且要建立展会期间线上线下服务平台以及展后线上线下服务平台。

三、招展与招商前期工作准备

对于招展与招商部门或人员来说，在招展招商之前，除了对会展的一些基本信息非常熟悉外，还特别需要对展区、展位相关信息有充分的认识，熟悉掌握会展价格、价格折扣以及价格政策。换句话说，对于举办方来说，需要事先确定好这些内容。此外，还需要制作招展函、参展指南、会展通讯、观众邀请函。

1. 展区和展位

展区和展位可以根据题材类型、参展商区域、产品体验、场地等因素进行划分。现实中，展区和展位的划分标准往往不止一个，需要依据多标准进行合理划分。总体而言，需要遵循以下原则：

（1）按专业题材划分是展区和展位划分的基础。尽管存在多种标准，但是按专业题材划分是基本标准。换句话说，其他标准往往要与专业题材划分结合使用，由此产生了一些基本组合模式，如专业题材+组团模式、专业题材+参展商区域模式、专业题材+体验模式、专业题材+会展形式（标准会展、特装、净地）等。从标识系统建立的角度来说，展区要有一定的颜色区分度，统一展区的展台具有相同的颜色。

（2）有利于观众参观的展区和展位划分。要使对某类商品感兴趣的目标观众能很方便地找到展出该类展品的所有展位，与该展品有关联的产品也能在相邻的展区里找到。要做到这一点，需要注意遵循参观人流的规律。一般来说，在国内，由于受平时交通规则的影响，人们进入展馆后习惯于直接向前走，如果不能直接向前就习惯于向右转。在展馆的入口处、主通道、服务区和大的展位前的人比较多，容易出现大量的人围观某一个展位或展品等情况。因此，参观人流也是进行展区和展位划分时要充分考虑的重要因素之一。还有，注意展览区域的功能区域划分，包括登记处、咨询处、洽谈区、休息区、新闻中心等。

（3）因地制宜，提高参展商的展出效果。展区和展位的划分除了要充分考虑会展各方的需要外，还要充分考虑展馆的场地条件，因地制宜。例如，不管是空地展位还是标准展位，参展商都不希望自己的展位里有柱子，如果展馆里有柱子，就要考虑不能将柱子划在某个展位里面。展区和展位的划分对参展商的展出效果有直接影响。例如，如果一个或几个标准展位夹在一些特装展位之中，标准展位将变得非常不显眼；如果将一些次要的题材放在展馆最好的位置，会展的整体效果将大打折扣。因此，展区和展位的划分既要符合展品的特点，也要考虑展位的搭装效果，还要考虑方便观众参观和集聚，这样参展商的展出效果才不会受到太大的影响。

（4）有利于会展现场管理和现场服务。首先，展区和展位的划分要注意展馆消防安全，要便于遇到紧急情况时及时疏散人群，因此，要保证任何展位都不能遮挡展馆的服务设施。展馆里的一些服务设施是会展安全的重要保证，因此要做到不能遮挡消火栓、不能堵塞消防和安全通道、不能遮挡电箱等。

⊖　张健康. 智慧会展的技术解构与人文关怀［J］. 理论探索，2017（4）：45.

因此，表面上看，展区和展位的划分是一项分类工作，但是，实际上它是一件复杂的事情。一些大型会展涉及的题材范围广泛，更需要综合多方面因素对展区和展位进行科学划分。例如，2012年津洽会在天津梅江会展中心举行，展览面积总计6万 m^2，设国际标准展位2700个，按内容分为七大展区，并设多个分会场。其中N1馆为天津市发展成果展区，分为滨海新区、中心城区、区县经济、现代工业、城市建设、科技创新、旅游产业七个部分，并推出了一批招商引资项目。老字号、工艺品及知名品牌贸易展区设在N2馆，重点展示来自中华老字号的日用消费品、文化艺术品、食品、饮品及地方特色商品，包括瓷器、木雕、刺绣、珠宝玉器、字画等。外国城市和跨国集团投资合作展区设在N3馆。N4馆为人才展区和投资项目发布及洽谈区，重点引进一批高水平的创新人才和领军人物。中央大企业和国内省市合作交流展区设在N5馆。中华茶博会专业展区设在N6馆，展示全国各地名优绿茶、青茶、白茶、红茶、黑茶等，各式茶品、茶点、茶壶、茶杯、茶盘等。N7馆则为商业地产专业展区，该区对大项目、好项目进行沙盘、图片和三维多媒体展示，对新建商业地产项目现场进行洽谈招商。又如，有一年伦敦书展的展区划分为大众出版物、专业图书、国际出版商、出版技术、国际版权中心展位、零售服务展位和附件区展位，此外还有主宾国展区。

随着信息技术和虚拟技术的不断发展，实体展和虚拟展的融合也体现在展区和展位划分或安排上。从组合的角度来说，存在以下情况：①实体展区配以虚拟技术。②以实体展区划分为基础对应配置虚拟展区。③举办方专门针对虚拟展区重新划分，重新招展。④虚拟展作为一种实体展后的拓展服务存在。举办方可以通过会员制方式与参展商开展较为长期的合作，为参展商和专业观众之间搭建虚拟和互动的平台。如在特殊时期（如疫情时期），当实体展无法举办的时候，虚拟展可以作为一种替代物存在。⑤独立展中将展示内容数字化并设立虚拟展览。在艺术品展方面，虚拟展具有较大市场；在博物馆展示方面，虚拟展在宣传、教育和展示等方面具有优势。

对于策划人员来说，在展区和展位划分完成以后，还需要确定展区展位分配原则。对于一般会展说来，申请展位较多者优先安排，若展位数相同，以报名或交费时间先后决定选位顺序。但是，对于特殊会展，尤其是政府主导的大型会展，其原则可能更为复杂，除了上述原则以外，还要考虑参展商自身的资质、地区性分配、政策性照顾等。同一报名参展的企业所选展位一般相邻选择，不跨过道选择。展位分配可以分为分配性展位、招展性展位和保证性展位。例如，广交会分配性展位由交易团、联合交易团分团负责安排，招展性展位由商/协会负责安排。对于大型会展来说，为了保证招展工作的顺利进行，保证招展工作的公开、公正和透明，需要制定明确的展区展位分配制度，包括以下几个方面：

（1）参展商资格要求。例如，广交会对参展商要求的必备条件如下：①依法取得法人营业执照（有效期内），依法进行外贸经营者备案登记，并已办理进出口企业代码；②具有所申请参展展区的协调管理商会或外资协会会员资格；③上一年度广交会统计口径下的出口金额须达到标准（注：具体标准本书略）；④申请参展的商品符合广交会相关展区展品范围的要求；⑤无违法记录；⑥无严重违反广交会各项管理规定的行为，包括无严重侵犯知识产权行为、无多次涉及知识产权纠纷或贸易合同纠纷、无违规转让或转租（卖）展位行为等。

（2）展位安排程序。例如，广交会的展位安排程序是：交易团、联合交易团分团负责受理本行政区域或系统企业的展位申请，根据广交会参展必备条件进行参展资格审查。凡符合广交会参展必备条件的申请单位由交易团（分配性展位）、商/协会（招展性展位）按展位安排标准进行评分，以确定相关单位的广交会展位的安排资格。

（3）展位安排标准。广交会的分配性和招展性展位一律按量化评分与优选原则的办法安排，不得采取招标方式安排展位。具体评分标准由各交易团、联合交易团各分团、各商/协会细化，但必须包括以下五项评分指标的内容（不少于70%权重）：①上一年度出口额：分值权重不少于40%。②国家级奖励：分值权重不少于10%。国家级奖励名称限定为名牌产品、高新技术企业；颁发机构限定为下列政府机构：商务部、国家质检总局、工商总局、科技部。③国际通行的管理体系认证：分值权重不少于10%。④实用新型、发明专利或外观专利（10项外观专利按1项发明专利折算）或产品列入国家高新技术产品目录或获得国家科技部颁发的高新技术产品证书：分值权重不少于5%。⑤海外市场注册商标：分值权重不少于5%。

（4）展位安排优先原则。例如，广交会遵循三个原则：①展位按评分高低依次安排；②各交易团分配性展位、各商/协会招展性展位总数中不少于50%用于安排生产和工贸企业；③广交会支持中西部地区发展，为促进中西部地区发展对外贸易，各商/协会招展性展位总数中不少于20%用于安排中部地区交易团（含辽宁、河北、海南）企业，不少于10%用于安排西部地区交易团企业。

2. 展位价格

按展位不同，展位价格可以分为标准展位价格和空地价格；按场地不同，可以分为室内展位价格和室外展位价格；按参展商来源，可以分为境内价格和境外价格；按参展商资格，可以分为会员价格与非会员价格。

一般来说，影响展位价格的因素有很多，其中最高价格更多受需求因素的影响，而最低价格更多受成本因素的影响，在两者之间还受竞争者的影响。具体的定价方法包括以下几种：

（1）成本导向定价法。该方法以展览组织成本作为展览定价的基础。展览组织成本包括固定成本和变动成本两部分，而单位展位（或单位面积）的成本需要根据项目财务分析所预测的展位销售量来推算。成本导向定价又有三种方法：

1）成本加成定价法。所谓成本加成定价，是指按照单位成本加上一定百分比的加成来制定产品销售价格。加成的含义就是一定比率的利润。计算公式为

$$P = C(1 + R)$$

式中　P——单位产品售价；

　　　C——单位产品成本；

　　　R——成本加成率。

2）边际成本定价法。边际成本是指展览增加一个展位时所增加的成本。边际成本定价法是在展览增加展位所引起的追加成本的基础上来制定展览价格。

3）目标利润定价法。这种定价方法在制定展览价格时，使展位的售价能保证展览组织者达到预期的目标利润率。该方法依据展览组织的总成本来定价，而成本加成定价法依据单位展位的成本定价。目标利润定价法的计算公式为

$$销售单价 = \frac{总成本 + 目标利润}{预期总产量}$$

采用该方法的前提是产品的市场潜力很大，需求的价格弹性不大，按目标利润确定的价

格肯定能被市场接受。

（2）需求导向定价法。它包括以下几种定价方法：

1）认知价值定价法。这是企业根据买主对产品或服务项目价值的感觉而不是根据卖方的成本来制定价格的方法。在现实生活中，对某些创新型产品，由于消费者缺乏比较的对象，一时对产品捉摸不透：企业的利润很低，但消费者可能认为定价太高；目标利润高，消费者也可能认为价格便宜。这里就有一个消费者对产品的"认知价值"的问题。认知价值定价法实际上是企业利用市场营销组合中的非价格变数，如产品质量、服务、广告宣传等来影响消费者，使他们对产品的功能、质量、档次有一个大致的"定位"，然后定价。例如，假设有 A、B、C 三家企业均举办同一种展览，现抽一组参展用户作为样本，要求他们分别就三家企业的展位价格予以评比。具体又有两种方法可供使用：

① 直接价格评比法。运用直接价格评比法，要求产业用户为三家企业的展位价格确定能代表其价值的价格。例如，他们可能将 A、B、C 三家企业的标准展位分别定价为 2550 元、2000 元和 1520 元。

② 直接感受价值评比法。运用直接感受价值评比法，要求产业用户根据他们对三家企业展位价值的认知，将 100 分在三者之间进行分配，假设分配结果为 42 分、33 分、25 分。如果这种展位的平均市场价格为 2000 元/标准展位，则 A 企业的标准展位价格为（42 分/33 分）×2000 元 = 2545.5 元；B 企业的标准展位价格为（33 分/33 分）×2000 元 = 2000 元；C 企业的标准展位价格为（25 分/33 分）×2000 元 = 1515.2 元。

2）需求差别定价。该方法根据市场需求强度的不同而定出不同的价格，所定的价格的差别与展览展位成本之间没有直接的关系。按需求差别来定价有许多种形式：①以消费者为基础的差别定价，如对大的参展商，由于其所需展位面积大，其价格就可以比小的参展商的展位价格低一些；②以展位区域为基础的差别定价，如"优地优价"；③以时间为基础的差别定价，如展位订得越早价格越优惠就是一种典型的办法。

3）可销价格倒推法。产品的可销价格即为消费者或进货企业习惯接受和理解的价格。可销价格倒推法就是企业根据消费者可接受的价格或后一环节买主愿意接受的利润水平确定其销售价格的定价法。其计算公式为

出厂价格 = 市场可销零售价格 × （1 － 批零差率）× （1 － 销进差率）

这种定价方法在会展中很少使用。

（3）竞争导向定价法。该方法是根据竞争的需要，以与展览有竞争关系的同类展览的价格作为展览定价基础的一种定价方法。采取这种方法给展览定价时，展览组织者必须考虑自己在竞争中所处的地位，以确保该价格是在加强而不是削弱自己在市场竞争中的地位。竞争导向定价法又有以下几种方法：

1）随行就市定价法。该方法是展览组织者依照本题材展览或者本地区展览的一般价格水平来制定本展览价格的一种方法。采用随行就市定价法，展览组织者需在控制办展成本上加大力度，只有努力控制成本，才能在流行的价格水平上获取更多的利润。流行价格水平只是展览定价的参照系数，展览的价格水平需根据展览品牌与办展的质量来确定。

2）竞争价格定价法。竞争价格定价法是一种主动竞争的定价方法，一般为实力雄厚或独具产品特色的企业采用。定价步骤如下：①将市场上竞争产品价格与企业估算价格进行比较，分为高于、低于、一致三个层次；②将企业产品的性能、质量、成本、式样、产量与竞

争企业进行比较，分析造成价格差异的原因；③根据以上综合指标确定本企业产品的特色、优势及市场定位，在此基础上，按定价所要实现的目标，确定产品价格；④跟踪竞争产品的价格变化，及时分析原因，相应调整本企业的产品价格。

3）渗透定价法。该方法是以打进新市场或者扩大市场占有率、加强市场地位为目标的一种定价方法。这种定价方法完全根据市场竞争形势的需要，不考虑办展的成本、利润等问题。

4）投标定价法。该方法是展览组织者以竞争者可能的报价为基础，兼顾自身应有的利润所采用的一种定价方法。投标定价法在有些展览的主办权需要通过投标方式取得的时候被广泛采用。

一般来说，报价高，利润大，但中标机会小，如果因价高而招致败标，则利润为零；反之，报价低，虽中标机会大，但利润低，其机会成本可能大于其他投资方向。因此，报价时既要考虑企业的目标利润，也要结合竞争状况考虑中标概率（中标概率的测算取决于企业对竞争对手的了解程度，以及对本企业能力的掌握程度）。预期收益可通过如下公式计算：

预期收益 =（报价 - 直接成本）× 中标概率 - 失标损失 ×（1 - 中标概率）

（4）心理定价法。它又包括以下几种方法：

1）声望定价法。所谓声望定价，是指企业利用消费者仰慕名牌商品或名店的声望所产生的某种心理来制定商品的价格，故意把价格定成整数或高价。质量不易鉴别的商品的定价最适宜采用此方法，因为消费者有崇尚名牌的心理，往往以价格判断质量，认为高价代表高质量。

2）尾数定价法。所谓尾数定价，是指利用消费者对数字的某种心理，尽可能在价格数字上不进位，保留零头，使消费者产生价格低廉和卖主经过认真的成本核算才定价的感觉，从而对企业的产品及其定价产生信任感。

3）招徕定价法。这是指零售商利用部分消费者求廉的心理，特意将某几种商品的价格定得较低，以吸引消费者。例如，某些商店随机推出降价商品，每天、每时都有一两种商品降价出售，以吸引消费者经常来采购廉价商品，同时也选购了其他正常价格的商品。

在确定展位的基本价格以后，可能还需要确定折扣。主要包括以下方式：①统一折扣。所有的参展商都适用于统一的折扣标准。这种折扣标准通常是按参展商参展面积的大小来制定的。参展面积越大，折扣也越大；当参展面积达到一定的规模时，折扣不再增加，也就是有一个折扣上限。例如，某展览的折扣规定如下：参展面积为 2 个及以下标准展位时，无折扣；参展面积为 3~5 个标准展位时，折扣为 5%；参展面积为 6~8 个标准展位时，折扣为 10%；参展面积为 9~11 个标准展位时，折扣为 15%；参展面积为 12 个及以上标准展位时，折扣为 20%。②差别折扣。针对不同的标准执行不同的价格折扣。例如，按参展商的地区来源不同分别给予不同的折扣，或者对标准展位和空地展位执行不同的折扣标准等。这种折扣办法一般不会引起招展价格的混乱。③特别折扣。这通常是给予那些参展规模巨大、在行业内有较大影响力和知名度的企业的特别价格优惠。行业知名企业参展对提高展览的档次和影响力、促进其他企业参展选择有重要影响，它们参展的面积一般也比较大。为了吸引这些企业参展，展览组织者一般会给予它们特别的价格优惠，也就是针对它们专门制定一个特别折扣标准。特别折扣只适用于少数行业知名企业，对于一般企业不适用。④位置折扣。这是针对展馆内场地位置的优劣而制定的折扣标准。同一个展区内不同的展位其位置有好有坏，同一个展馆内不同的展位其位置好坏也有差别。为了避免相对较差的位置无人问津，对这些较差的位置可以给予较多的价格优惠。

3. 价格政策

对于策划人员来说，需要制定一定的价格政策来统一招展工作，否则有可能造成价格混乱甚至发生退展，给会展的声誉造成不良影响。制定价格政策要注意以下问题：

（1）严格执行价格及价格折扣标准。价格及价格折扣标准一旦确定，所有营销人员就应该严格执行。要防止营销人员为能招揽到更多的企业参展而破坏统一的价格折扣标准；对于那些如果不给予一定幅度的价格折扣就不参展的企业，展览组织者应该果断地拒绝，不能为了吸引部分企业参展而破坏整个展览的价格折扣标准。

（2）加强对招展代理的价格管理。展览招展代理⊖的佣金一般是根据其销售的参展面积大小来确定的，招展面积越大，所得到的佣金就越多。所以，在展览市场上经常会出现招展代理为了获取更多的佣金，往往不顾展览组织机构所制定的价格执行标准，低价销售展位的情况。这使得招展价格往往不符合展览的定价及折扣标准，从而引发了整个展览招展价格的混乱。为了避免出现这种情况，要对招展代理的招展价格实施严格管理与监督，杜绝破坏展览价格标准而低价销售的行为；展览组织机构对招展代理企业及个人在招展整个过程中应进行定期沟通与检查，一旦发现违规作业，就严肃处理并取消其代理的资格，以保证招展价格政策的正确执行。

（3）避免在招展末期低价倾销展位。从展览品牌长远发展的角度分析，随意倾销展位，无论对下届展览的招展和展览，还是对展览组织者的形象，都会产生非常不利的影响。有些展览可能展位销售情况不尽如人意，甚至在展览开幕前夕尚有相当部分展位未销售。这时，部分小型展览企业或民营展览企业往往为了回笼资金，不顾展览的价格标准，将展位大幅度降价出售。这种做法不仅严重挫伤了较早报名的参展企业的积极性，还助长了长期持消极观望态度的参展企业的行为。如果持消极观望态度的企业数量增多，集体施压展览组织者，则展览组织者最终不得不降价出售展位，展览的经济效益就难以保证，这样展览的发展前景就会受到影响。因此，在招展之前，展览组织者应有所准备，并能采取有效措施防止类似情况发生。

（4）严格控制折扣价格的适用范围。位置折扣的适用范围一般较好控制，因为展览中相对较差的位置一般都是比较明确的，执行起来比较方便。但是，差别折扣和特别折扣的适用范围有时候较难把握，而一旦把握不准就会引起价格混乱。在执行差别折扣时，折扣的标准不宜太多，最好不要超过三个，各种折扣的标准划分要非常明确，不能含糊。在执行特别折扣时，可以将适用该标准的企业名单一一列出，并明确达到多大参展面积时能给予的折扣范围，这样就可以避免执行这两种折扣时可能引起的价格混乱。

⊖ 代理分为独家代理、一般代理和总代理。独家代理是指在指定地区和一定期限内，享有代购代销指定商品专营权。由该独家代理人单独代表委托人从事有关的商业活动，委托人在该地区内不得再委派第二个代理人。一般代理是指不享有对某种商品的专营权，但其他权利、义务和独家代理一样。在同一地区、同一时期内，委托人可以选定一家或几家客户作为一般代理人，并根据销售商品的金额支付佣金。总代理人实际上是委托人在指定地区的全权代理，其权限很大。因为总代理人在指定的地区和一定期限内除了享有独家代理的权利外，还代委托人进行全面的业务活动，如洽谈交易、签订买卖合同、履行合同、处理货物等，同时还往往有权代表委托人办理一些其他非商业性事务。

（5）要避免价格欺诈[⊖]问题。从展会管理的角度，不仅举办方自身不能涉及价格欺诈，而且要与参展商签订《价格诚信承诺书》。举办方需要将避免价格欺诈上升到项目风险管理的高度，以避免由此带来的信誉和法律风险问题。①严格遵守《价格法》《关于商品和服务实行明码标价的规定》《禁止价格欺诈行为的规定》等法律、法规规定；②规范自律，合理定价；③明码标价，诚信经营；④建立投诉渠道和机制。

4. 招展函

招展函的主要作用是向目标参展商说明会展的有关情况，并引起它们对参加会展展出的兴趣。因此，它是招展工作的核心资料。一般包括以下内容：

（1）会展的基本内容，包括会展名称和 logo、举办时间和地点、办展单位、会展历史和特色、办展起因和目标、展品范围和价格等。

（2）市场状况介绍，包括行业状况、地区市场状况。

（3）会展招商、宣传推广计划、相关活动和服务项目的主要内容。这里主要是对其主要内容进行概括性介绍，而不是详细的计划。

（4）参展方法，包括如何办理参展手续、付款方式、参展申请表、联系办法等。

（5）各种图案。为美观或示例，招展函还会有一些图片，如展馆图、logo、往届会展现场图、效果图等。

编写招展函要花工夫，并遵循如下原则：①内容全面准确；②简单实用；③美观大方；④便于邮寄和携带。编写招展函以后，要有文字打印版、电子版。在信息化时代，电子版要有 PDF、PPT、Word 等版本，以适用于不同的场合，并上传到会展网站醒目的位置，方便客户下载。

5. 参展指南

参展指南也称参展说明书，它是办展机构将会展筹备、开幕以及参展商参加会展时应注意的其他问题汇编成册，以方便参展商进行参展准备的一种小册子。主要包括以下内容：

（1）前言。前言主要是对参展商参加本会展表示欢迎，说明本手册编制的原则和目的，提醒参展商在筹展、布展、展览和撤展等环节要自觉遵守本手册的相关规定等。前言一般比较简短，言简意赅。

（2）展览场地的基本情况。这包括展馆及展区平面图、至展馆的交通图、展览场地的基本技术数据等。绘制展馆及展区平面图时，要注意标明展馆各种服务设施所在的位置、展区和展位划分的详细情况、展馆内部通道和出入口等；在绘制至展馆的交通图时，要注意标

⊖ 常见的价格欺诈包括：①标价签、价目表等所标示商品的品名、产地、规格、等级、质地、计价单位、价格等或者服务的项目、收费标准等有关内容与实际不符，并以此为手段诱骗消费者或者其他经营者购买的；②对同一商品或者服务，在同一交易场所同时使用两种标价签或者价目表，以低价招徕顾客并以高价进行结算的；③使用欺骗性或者误导性的语言、文字、图片、计量单位等标价，诱导他人与其交易的；④标示的市场最低价、出厂价、批发价、特价、极品价等价格表示无依据或者无从比较的；⑤降价销售所标示的折扣商品或者服务，其折扣幅度与实际不符的；⑥销售处理商品时，不标示处理品和处理品价格的；⑦采取价外馈赠方式销售商品和提供服务时，不如实标示馈赠物品的品名、数量或者馈赠物品为假劣商品的；⑧虚构原价、虚构降价原因、虚假优惠折价、谎称降价或者将要提价，诱骗他人购买的；⑨收购、销售商品和提供服务前有价格承诺，不履行或者不完全履行的；⑩谎称收购、销售价格高于或者低于其他经营者的收购、销售价格，诱骗消费者或经营者与其进行交易的；⑪采取掺杂、掺假、以假充真、以次充好、短缺数量等手段，使数量或者质量与价格不符的；⑫对实行市场调节价的商品和服务价格，谎称为政府定价或者政府指导价的。

明展馆在该城市的具体位置、到展馆可以利用的各种主要交通工具和交通路线、各指定接待酒店在该城市的具体位置等；对于该展览场地的基本技术数据，要清楚准确地列出地面承重、馆内通风条件、货运电梯容积容量、展馆室内空间高度、展馆入口高度和宽度、展馆的水电供应情况等。展览场地的基本情况介绍，对于帮助参展商准确地找到展馆和自己的展位，进而进行展位搭装和布展有着很好的指引作用。

（3）会展基本信息。这包括会展的名称、举办地点、展览时间、办展机构、会展指定承建商、指定运输代理、指定旅游代理、指定接待酒店等。对于办展时间，要具体列明会展的布展时间、开幕时间、对专业观众和普通大众开放的时间、撤展时间、布展撤展加班时间等，对以上时间尽量精确到小时；对于办展机构，要具体列明会展的主办单位、承办单位、支持单位和协办单位等；另外，还要具体列明各办展机构、会展指定承建商、指定运输代理、指定旅游代理、指定接待酒店等的详细联系地址、联系电话、传真和联系人，如果有网址和电子邮箱也最好公布，以便参展商在需要的时候方便联系各有关单位。

（4）会展规则。这是会展要求参展商和观众等参加会展时所应遵守的规章制度，包括会展有关证件使用和管理的规定、会展现场安保和保险的规定、展位清洁的规定、物品储藏的规定、现场使用水电的注意事项、现场展品销售的规定、消防规定、知识产权保护规定、现场展品演示的注意事项等。会展规则是所有与会人员必须遵守的制度，对会展现场管理和维护现场秩序十分重要。

（5）展位搭装指南。这是对会展展位搭装的一些基本要求和说明，主要包括标准展位说明和空地展位搭装说明等。由于所有标准展位的基本结构和配置都是一样的，所以"标准展位说明"主要是对展位的标准配置做出说明，列明参展商使用标准展位的注意事项，提出如果参展商需要增加非标准配置以外的其他配置的处理办法等。"空地展位搭装说明"主要是对参展商搭建空地展位做出的一些规定和要求，如使用材料的要求、动火作业的规定、消防安全的规定和铺设电线的规定等。展位搭装指南对指导参展商顺利、安全地搭装展位和布展有较大帮助。

（6）展品运输指南。这是对参展商将展品等物品运到展览现场所做的一些指引和说明，主要包括海外运输指南和国内运输指南等。不管是海外运输指南还是国内运输指南，都要对展品等的运输方式和运输线路、各种货品的交运和文件提交的期限、货运文件的准备和交付、收费标准、包装、海关报关、回程运输、可供选择的自选服务等做出具体说明。展品运输指南对帮助参展商及时安排展品等物品的运输有较大作用。

（7）会展旅游信息。这是对解决参展商及观众等参加会展期间的交通、吃、住、行等需要和会展前后的旅游需要等做出的一些说明。会展旅游信息要详细地列出各指定接待酒店的档次、协议优惠价格、地址、联系电话和传真以及联系人、与展馆的距离等，要列出海外观众和参展商入境的签证办法、会展期间及前后可供选择的商务考察和观光休闲旅游的线路和安排等。

（8）相关表格。这是有关参展商在筹展和布展过程中需要使用的各种表格，主要包括展览表格和展位搭装表格两种。展览表格主要有贵宾买家服务表、聘请临时服务人员申请表、额外工作证和邀请卡申请表、研讨会和技术交流会申请表、刊登会刊广告申请表等。编制完参展说明书以后，可以印刷成册，在会展开幕前适当的时间寄给参展商，也可以将其内容发布在会展的专门网站上供参展商阅览和下载，如果有海外参展商，还应将参展商手册翻译成外语文本。

6. 会展通讯

会展通讯又称会展快报，是根据会展的实际需要编写的、用来向会展的目标客户通报会展有关情况的宣传资料。其主要内容包括：①会展基本内容；②市场信息和行业信息；③招展情况通报，除了通报所有参展企业名单外，一般还会对一些行业知名企业的参展情况做重点通报；④招商情况通报，包括招商渠道、招商宣传推广、招商措施和招商效果等；⑤宣传推广情况通报，包括各种宣传推广渠道、办法和时间安排等，以增加客户参展和观众参观的信心；⑥告知目标客户会展期间将举办一些什么样的相关活动；⑦参展（参观）回执表。会展通讯一般是分期编印。

7. 观众邀请函

观众邀请函是根据会展的实际情况编写的，用来进行会展招商的一种宣传资料，主要是针对会展的目标观众，尤其是专业观众。它主要包括如下内容：①会展基本内容；②会展招展情况；③会展期间相关活动计划；④参观注意事项；⑤参观回执表。

四、招展招商营销

（一）招展招商营销策略

会展产品是有形的场地和无形的服务相结合的组合型产品，属于不可储存性产品，因此会展营销是一种特殊的营销。1964 年，麦卡锡（McCarthy）提出 4Ps 营销理论，即产品（product）、价格（price）、分销渠道（place）和促销（promotion）。1981 年，布姆斯（Booms）和比特纳（Bitner）在此基础上提出了 7Ps 营销理论，增加了人本（people）、有形展示（physical evidence）和过程（process）三项要素。从会展产品特征来看，它属于服务类产品，因此适用于 7Ps 营销理论。

1. 产品策略

会展营销人员需要换位思考，思考会展能够给参展商、目标观众带来什么样的价值、体验和机会，会展自身的规模、媒体宣传度、影响力能在多大程度上对这些价值、体验和机会予以提升。显然，关键参展商、经销商、参展商愿意展示的最新产品、关键媒体关注的力度等会对会展品质产生重要影响，并且这些要素随着会展筹备进程的发展而会发生变化，因此它是一个动态的过程。因此，会展营销团队与人员需要随时关注这种变化，并对其影响予以分析，进而将其传递给营销对象。此外，会展策划与运营人员的服务是会展产品的重要组成部分。对于策划和运营人员来说，不仅上次会展服务的品质可以作为产品向营销对象进行营销，而且当下的一切与目标客户进行接触的服务都是会展产品的一部分。当然，未来的服务也是会展产品的一部分。因此，在会展营销过程中，需要树立一种动态、整体、组合型的产品概念，并及时将其转换为更为具体的营销话语。

2. 价格策略

策划人员需要明确价格权限、价格折扣空间及价格管理规定。在营销过程中，营销人员需要清楚地知道上述内容，了解在价格问题上自己做主的空间。在展位费和门票上使用不同的价格策略非常重要。例如，在门票上对特殊人群给予一定的折扣，可以为会展树立良好的社会形象。在价格上需要针对会展是营利性的还是非营利性的确定自己的价格策略。在供不应求的情况下，理论上展位费和门票可以大幅度涨价，但是从营销的角度来说，策划者需要不断地平衡涨价对会展品牌和声誉的影响，从而确定一个合理的涨幅。

3. 分销渠道策略

会展营销需要巧妙地利用协会销售、区域销售、代理营销、网上销售、人员销售等分销渠道，最大限度地提升销售量。在很多情况下，展位分销渠道和门票分销渠道并不相同，因此策划人员需要对此予以区分。合作营销是会展营销最为常见的方式之一。所谓合作营销，是指会展有选择地与一些机构和单位合作，采取一些有效的策略，共同对会展展位进行营销的一种营销策略。常见的合作机构包括行业协会、商会、国内外著名办展单位、专业报纸杂志、大型专业服务供应商、国际组织、行业知名企业、国内外同类会展、外国驻华机构、政府有关部门、网站。

4. 促销策略

会展过程进行的一系列宣传推广都具有促销作用，招展招商人员需要采取跟进服务，通过电话、电子邮箱、现场推广、拜访客户、邮寄等直复营销方式实现促销。在现代信息化时代，建立网站是一种必不可少的促销方式。除了建立网站，网络营销还包括搜索引擎、网络链接、插入广告、博客等方式。

5. 人本策略

人本策略分为两层含义：①以客户为本。客户是会展生存和发展的根本，市场竞争就是吸引客户的竞争，因此，营销的目的是培育忠诚的客户。忠诚的客户相信企业尊重他们，能为他们提供最大的消费价值，从而成为企业谋求最大利润的主要群体。会展业是一个很重视口碑传播的行业，一位客户对一个会展质量的认知，通过口碑传播，会影响到其他一大批有关的客户；会展业也是一个可持续的行业，不是一次性买卖，因此需要不断培育大批忠诚的参展商和专业观众。②以员工为本。正确地激励人、培育人、选拔人、留住人，调动员工的创造力和积极性，为会展的整体营销创造最大合力。在会展营销过程中，策划人员需要掌握关系营销的方法。所谓关系营销，是指会展与客户、有关机构以及会展服务中间商等建立和保持密切的关系，并通过彼此履行共同的承诺，使有关各方都达到各自营销目的的营销行为。它包括财务性关系营销、社会性关系营销和系统性关系营销。关系营销实际上是一个许诺——承诺——再许诺——再承诺的动态过程。现代会展基本都是连续多次举办的，举办方与客户第一次接触属于许诺，在会展过程中满足客户包括个性化需求在内的不同需求属于承诺，在会展以后能与客户保持沟通和交流，及时通过再策划改变客户不满意的地方以及通过创新满足客户新的需求，属于再许诺的过程。举办方将改进与新增加的服务内容带入下一次会展的过程，属于再承诺的过程。

6. 有形展示策略

会展自身就是有形展示，因此能够充分调动参展商积极参展、积极展示相当重要，具有整体营销的作用。对于举办方来说，需要想尽一切办法，将会展理念、服务精神、主题意旨等办法通过行为、场景布置、文字图表、视频、服务设备等实现有形展示。对于营销人员来说，要通过创新将其营销资料有形化。

7. 过程策略

由于会展具有很强的时间要求，因此对会展营销更需要通过一个有效的过程来保证。这就要求通过严格的进度控制实现对宣传推广、招展招商过程的控制。控制不是强迫，而是需要将目标管理和激励融入进度控制过程之中。

（二）招展招商营销的基本方法

1. 网络营销

网络营销是借助互联网技术和网络渠道进行的营销活动。其优点在于：①不受时空的限制；②具有交互性；③增强与客户的协作关系；④大量降低成本。其缺点在于：①网站信息过多，客户辨识度降低；②针对性不强。网络营销具有形象塑造、信息沟通、市场促销、产品开发与试销、网络分销、客户服务、市场调查和网上赞助功能。

网络营销包括以下形式：

（1）搜索引擎。搜索引擎是指根据一定的策略、运用特定的计算机程序从互联网上搜集信息，在对信息进行组织和处理后，为用户提供检索服务，将用户检索的相关信息展示给用户的系统。搜索引擎的自动信息搜集功能分两种：一种是定期搜索，即每隔一段时间，搜索引擎主动派出"蜘蛛"程序，对一定 IP（网络协议）地址范围内的互联网网站进行检索，一旦发现新的网站，它会自动提取网站的信息和网址加入自己的数据库；另一种是提交网站搜索，即网站拥有者主动向搜索引擎提交网址，它在一定时间内（2 天到数月不等）定向向用户的网站派出"蜘蛛"程序，扫描用户的网站并将有关信息存入数据库，以备用户查询。随着搜索引擎索引规则发生很大变化，主动提交网址并不能保证用户的网站进入搜索引擎数据库，最好的办法是多获得一些外部链接，让搜索引擎有更多机会找到用户并自动收录用户的网站。

（2）针对网站访问会员的对内推广。对内推广是专门针对网站内部的推广，比如如何增加用户浏览频率，如何激活流失用户，如何增加频道之间的互动等。若旗下有几个不同域名的网站，如何让这些网站之间的流量转化，如何让网站不同频道之间的用户互动，这些都是对内推广的重点。很多人忽略了对内推广的重要性，其实如果对内推广使用得当，效果不比对外推广差。毕竟在现有用户基础上进行二次开发，要比开发新用户容易得多，投入也会少很多。

（3）注重线下推广（指通过非互联网渠道进行的推广），如地面活动、户外广告等。由于线下推广通常投入比较大，所以一般线下推广都是以提升、树立品牌形象或增加用户黏性为主。

（4）让员工在日常邮件中添加签名网址。员工经常会有对外的邮件往来，如果在写邮件的时候顺便在邮件签名下方加上企业网站的连接网址再发送邮件，就会让一些初次与他们接触的商家客户因感兴趣而点击企业网站链接。

（5）利用 B2B/B2C[⊖] 商务网站推广。大型 B2B/B2C 类网站一般收费都比较高，可以购买一些中小型商务网站的 VIP 服务或者它们的广告位。

（6）电子邮件和电子杂志推广。电子邮件推广是利用电子邮件与受众客户进行商业交流的一种直销方式。在推广过程中要确定目标群体，要有明确的主题，遵守目标群体邮件语言习惯，内容要简洁明了，附件可附目标群体感兴趣的材料，要及时收集反馈信息并及时回复。电子杂志推广是以电子杂志为载体的一种营销方式。要精心策划和制作电子杂志或选择合适的电子杂志进行营销。对于自己制作的电子杂志，可存放在官网上，可在专业的杂志网

⊖　B2B 即 business to business，是指企业对企业的电子商务模式；B2C 即 business to customer，是指企业对消费者的电子商务模式。

站存放，也可以推送给客户。

（7）交换链接。交换链接也称互惠链接，是具有一定互补优势的网站之间的简单合作形式，即分别在自己的网站上放置对方网站的 logo 或网站名称，并设置对方网站的超级链接，使得用户可以在合作网站中发现自己的网站，达到互相推广的目的。交换链接的作用主要表现在几个方面：获得访问量、增加用户浏览时的印象、在搜索引擎排名中增加优势、通过合作网站的推荐增加访问者的可信度等。更重要的是，交换链接的意义已经超出了可以增加访问量，比直接效果更重要的在于业内的认知和认可。

（8）博客、微信、短视频、直播营销。博客营销是通过博客网站或博客论坛接触博客作者和浏览者，利用博客作者的个人知识、兴趣和生活体验等传播会展信息的营销活动。微信具有私密性和隐私性的特点。通过朋友圈、公众号，微信也容易在行业内迅速传播。短视频是指在各种新媒体平台上播放的、适合在移动状态和短时休闲状态下观看的、高频推送的视频内容。在实践过程中，举办方可以制作招商宣传片、专业观众报名指引视频、参展商报名指引视频、参展商须知视频等，可以为参展商提供、推荐专业的影像服务商。在营销过程中，需要精心策划和制作营销内容。要有好的标题和封面，内容涵盖最为重要和关键的信息，要避免虚假宣传以及可能其他产生的法律问题。直播营销是指在现场随着事件的发生、发展进程同时制作和播出节目的营销方式。直播可以邀请客户参与进来，实现直播+深互动式营销；可以与发布会结合起来，实现直播+发布会式营销；可以与焦点事件结合来，实现直播+事件式营销，可以与以个人为单位的网红（或名人）结合起来，实现直播+个人 IP 式营销。要严格审查传播内容，遵守法律法规和社会公序良俗，防范营销过程中的道德和法律风险。

（9）网页广告。在本企业的独立网站或者所加入交换链接的网站上设置各种网页广告。常见的有网站主页顶部或底部的横幅旗帜广告、位于网站主页两侧的竖式旗帜广告、位于竖式旗帜广告下方的按钮广告和附在可下载墙纸上的墙纸广告等。网页广告一般采用图文形式，集动画、声音、影像和用户参与于一体的多媒体格式也越来越多地应用于网页广告中。

2. 电话营销

电话营销需要策划，销售人员需要做好以下准备：

（1）确定销售目的。在进行电话销售之前，需要将目的写下来，并根据优先等级确定顺序，将主要目标和次要目标一一列出来，如表 3-5 所示。在实际操作中，还可制定最低限度的目标。

表 3-5　电话销售的目标

主要目标 （最希望在这次通话中达成的事情）	次要目标 （在未达成主要目标的情况下希望达成的事情）
根据所办会展的主题和性质，确认准客户是否是真正的潜在客户	取得客户的相关资料
约定进一步商谈或约访时间	销售某种并非预订的项目（如其余特色服务或相关产业链服务等）
预定出一定面积或金额的展位或服务项目	定下未来再与准客户联络的时间
弄清准客户何时做最后决定并确定参展报名时间	引起准客户的兴趣，与之建立长期信息交换关系
准客户同意接受展位或服务提案	得到转介绍的机会（如产业链上的推介）

（2）整理一份会展相关情况表和参展利益表。销售人员需要对展位价格、折扣范围、优惠底线和权限、会展基本情况、展位销售情况等有充分了解。同时，要把参展商从会展中获得的利益列出来。

（3）明确打电话的对象的需求与相关情况。目标参展商的参展要求一般分为两类：一类希望通过参展而获得实效；另一类要求参展时能有效控制参展成本，减少参展所造成的相关经济风险。

（4）确定为了实现目标而必须提出的问题，分清哪些可以让步，哪些不能让步。为了实现目标，需要得到哪些信息、提出哪些问题，这些在打电话之前必须要明确。开始时就是为了获得更多的信息和了解客户的需求，如果不提出问题，显然是无法得到客户的信息和需求的。所以，电话销售中提问的技巧非常重要，应把需要提出的问题在打电话前就写在纸上，将可以让步和不能让步的情况简要、清楚地描述出来。

（5）设想客户可能会提到的问题并做好准备。销售人员打电话过去时，客户也会提一些问题。如果对客户提的问题不是很清楚，要花时间找一些资料。客户很可能怕耽误自己的时间而把电话挂掉，这不利于信任关系的建立。所以，销售人员要明确客户可能提一些什么问题，而且应该事先准备好怎么回答。

（6）在打电话之前，保持良好的心情。

实际的电话销售可能包括如下步骤：开场白；接通真正主事者；有效询问；重新整理准客户的回答；推销会展情况表和利益表；尝试性成交；正式成交；客户疑问处理；有效结束电话；后续追踪电话。

电话销售业绩的好坏与销售人员的技巧密切相关，一般应掌握以下基本技巧：

（1）掌握客户的心理。这包括求实心理、求新心理、求美心理、求名心理、求廉心理、攀比心理等。

（2）有效结束通话的技巧。如果生意没成交，在结束电话时，一定要使用正面的结束语来结束电话。其理由有二：①现在虽没成交，但是未来当他们有需求时，如果当初对你留下了良好印象，双方仍然有机会做成生意；②让自己保持正面思考的态度，如果因为准客户这次没有购买就产生负面情绪，将会把这种负面情绪带到下一次通话中，影响自己的心情及下一位准客户的心情。

（3）记录通话内容。在电话旁摆放一些纸和笔，这样可以一边接听电话，一边随手将重点记录下来。通话结束后，应该将记录下来的重点内容妥善处理或上报。在合适的时候，清楚地向目标参展商复述他的观点或回答要点，使其清楚地感受到销售人员自始至终在认真聆听他的观点和需求。在对方愿意交易时，需要将价格、数量、时间、地址等信息记录下来，并向对方复述以确定无误。

成功的电话销售一般有三个阶段：第一阶段是引起客户兴趣，这个阶段销售人员需要不断总结自己的电话销售经验，提炼出客户最感兴趣的话题以及对话题的交谈方式；第二阶段是获得客户信任，在这一阶段需要能够迅速与客户交谈，获得对方的信任；第三阶段是达成初步合作的意向或进一步商谈的机会。

3. 客户拜访

客户拜访是销售人员到客户所在地直接与客户接触并开展推销工作的营销活动。其优点在于：①能实现立即反馈和双向沟通。②针对性强。③有利于发展客户关系。④有利于立即采取行动。

客户拜访的缺点是投入成本高，容易遭到抵制。

客户拜访需要注意以下事项：

（1）设计一个成功的开场白。在实际销售工作中，可以首先唤起客户的好奇心，引起客户的注意和兴趣，然后表明商品能带来的利益，迅速转入面谈阶段。

（2）销售工具。可以利用名片、客户名单、访问准备卡、价目表、电话本、身份证明书、产品说明书、笔记本、订货单、推销手册、优惠折扣资料、协议书等。有时为了进一步促进推销，可以准备样品、相关报刊或其他报道材料等。与此同时，还需要准备好款式大方、质地较好的皮包。销售人员需要准确、有条理、干净利落地处理好销售工作，不要给人形成拖沓、不职业、不严谨的感觉。

（3）善于倾听、分析和判断。拜访时不要自话自说，应注意倾听客户的想法，及时分析对方的问题，提出可行的应对策略。

（4）运用肢体语言，通过面部、眼睛、手势等肢体语言配合交谈，体现出对客户的关注、尊重和感兴趣。

（5）学会换位思考，善于将对方的利益与自己的利益相结合来形成有效解决问题的策略，避免过分销售。清楚让步和坚持的分寸。善于及时梳理双方的各种观点，通过梳理让对方明白哪些是有关的，哪些是无关的，哪些已形成共识，哪些是保留的或有分歧的。关于分歧，要了解哪些是对方的底线，对于不能改变的，应判断哪些是可以变通的。

（6）巧妙提问，巧妙回答。提问是拜访的重要手段，边听边问可以引起对方的注意，引导其思考的方向，从而获得自己不知道的信息。尽量让对方提供自己未掌握的资料，可以控制拜访的方向，使话题趋向结论。提问的方式包括：

1）选择型提问。给出两个或两个以上的答案或选择方案，供客户做出选择。这种方法多用于熟悉的客户，或融洽的商谈环境中。例如，询问客户："您觉得您更倾向于 A 展区还是 B 展区？"

2）婉转型提问。这是为了避免对方拒绝出现尴尬局面而采用的一种提问方式。例如，可以试探性地问："您觉得我们这个展位和价格是否合适？"如果对方有意，自然会评价；如果对方不满意，也不会断然拒绝。

3）限制性提问。在提问时向对方提示两个可选择答案，不论选哪一个，都是关于成交的肯定答案。例如，询问客户："这两个展区您都了解了，您选择 A 展区还是 B 展区？"

4）协商型提问。以征求对方意见的形式提问，诱导对方进行合作性的回答。例如："您看明天是否我们对策划方案进行一下交流？"

5）启发型提问。以先虚后实的形式提问，循循善诱，促使客户进行思考，也利于表达销售人员所要表达的感受，控制推销劝说的方向。例如，客户已经有预订展位的倾向，销售人员可以问："您需要的展位是人流密集的地方吗？"多数客户会回答："那当然，参展一次不容易，我们希望受到更多的关注。"销售人员可以顺水推舟地说："是的，位置好的展位带来的效益肯定不一样，不过价格要贵一些。"

6）求教式提问。在不太清楚对方意图的情况下，可以进行求教式提问。例如，询问客户："请问一下您对绿色会展有什么看法？"既试探对方的虚实，又能避免被对方拒绝造成被动局面。

在洽谈中，销售人员对客户提出的问题需要有所准备，讲究应答技巧。①有备而答。销售人员需要不断总结自己的营销经验，总结客户关注问题的类型和希望的答案。②投石问路。如果客户提出的问题比较模糊，可以通过证实性提问，让对方进一步引申、补充和举例说明，如"您的意思是说……"。③从容应答。回答问题之前应有短暂停顿，当客户提出自己的观点以后，销售人员不必急于作答，以显示出没有被他的问题所难住，可以稍作停顿，给自己一定时间考虑回答问题的恰当方式。如果问题很容易回答，也不要太匆忙，最好先思考一下再回答。但是，停顿不能太久，也不能置之不理。④表示理解。在对方提出质询时，一般情况下不要反驳，应避免与对方正面争论，要表现出尊重和理解，使对方觉得你很重视他提出的问题和感受，更加促使对方对你的信任。例如，多使用如下语句："很多人就是这么看的""我能理解您的想法（顾虑）""您提的这个问题很好""是的，我知道您的具体要求了"，等等。⑤应答有度。要准确把握应答的尺度，就问作答，对涉及价格底线、利润空间等问题适当有所保留。

（7）掌握说服技巧。主要有以下几种方式：

1）言证法。以语言形式向客户介绍产品，说服其购买。通常使用三段论法：第一步，介绍产品的事实状况。直接表述产品的原材料、设计、颜色、规格等可以直接观察到的事实表象和基本特征。第二步，进一步解释产品的性能，让客户了解产品的使用价值。第三步，阐述产品的利益。容易得到客户认同的利益或效益主要有产品功能利益、优良的服务体制、良好的企业信誉、高水准的认证资格、节省费用、享受会员优惠、避免错误等。

2）实证法。通过非语言的各种客观证据来证明产品的事实效果。

3）案例实证。以他人购买产品后的经验举例说明。

4. 电子邮件营销

例如，美国展会对使用电子邮件的规定如下：

（1）必须在电子邮件正文中声明展会或展会组织机构的身份和名称等。

（2）向收件人注明收到该电子邮件的原因及其感兴趣的相关内容。

（3）必须随电子邮件向收信人说明取消或退出邮件发送名单的方法。邮件地址可以从展览组织机构的数据库中提取，也可以从展会专用网站的邮件列表中整理，甚至可以从通过各种渠道收集的展会信息中精选。

五、招展招商进度计划

（一）招展进度计划

所谓招展进度计划，就是指在招展工作开始实施之前，就对招展工作及其要收到的效果进行统筹规划，事先安排好什么时候应该开展什么样的招展活动，采取什么样的招展措施，到什么阶段招展工作要收到什么样的效果，完成什么样的任务等。有了招展进度计划，就可以对会展招展工作进行总体控制和监督，及时对照检查，发现问题，调整策略，使招展工作能更顺利地完成，从而保证会展成功举办。

注意如下问题，对于制订招展进度计划非常有益：

（1）注意招展的启动时间。许多企业都是根据本行业产品的订货和销售时间特点，并结合自己的新产品开发和生产计划，提前制订下一年度的营销、产品推广和企业形象广告计划。因此，会展招展的启动时间最好安排在大多数企业制订类似计划之前。

（2）预留的招展时间要充足。对于一个新会展，从筹备到正式开幕往往需要 1～3 年甚至更长的时间，因此，举办方需要结合筹展进程安排具体的招展时间。对于已经举办过的会展来说，很多会展是一年一届甚至是一年两届，因此这类会展可利用的招展时间可能较短。一些会展在本届会展现场专门为下一届会展设立"招展办公室"。

（3）重点招展时间段要把握好。在实际操作中，刚创立的新会展的招展进度计划一般是：在会展开幕前 12 个月，招展工作就要开始，有针对性的招展宣传推广活动就要铺开；在会展开幕前 9 个月，招展营销推广活动大规模实施，招展宣传推广活动转为对招展活动的直接支持性宣传；在会展开幕前 6 个月，重点客户拜访工作基本结束，招展宣传推广活动范围缩小，目标更明确，会展招展任务完成大半；在会展开幕前 3 个月，会展招展基本完成，招展工作转为落实和巩固前期招展成果，实施各种客户跟踪服务，为会展顺利开幕做准备。新会展的招展"黄金时间"往往在会展招展工作的中后期。对于已经举办过的会展，"黄金时间"一般有两段：一段是在招展中后期；另一段是在上届会展现场和结束后的招展时期。

（4）密切监控招展进度。①按目标参展商招展效果进行监控。招展人员将有关目标参展商名单一一列举成表，将每次与各目标参展商的联系情况及对方的信息反馈情况记录在案，再结合会展的宣传推广等营销活动，定期或不定期地将招展效果与招展计划进行对比，分析招展任务的完成情况，并对暂时还没有参展的客户进行原因分析，以采取进一步措施吸引他们参展。实践中，招展人员可以用甘特图⊖标出和比较招展进度。②按展位划出数量进行监控。招展人员将展馆所有展位绘成"展位分布平面图"，将已经被有关参展商租用的展位用不同的颜色标出，并注明租用该展位的参展商名称。

招展进度与招展分工密切相关。会展的招展单位一般不止一个，因此需要对招展工作进行严格分工，以避免招展工作的混乱。首先是各招展单位之间的分工。对于由几个单位共同负责招展的情况，必须明确各招展单位负责的区域、目标客户、展位面积，并实施统一的招展价格政策，遵循统一的招展原则。对于各单位招展工作可能出现的分歧或纠纷，事先确定相应的处理机构和处理办法。其次是本单位内招展人员的分工安排。为此，要明确招展人员，各招展人员负责招展的区域范围和重点目标客户名单，以及各招展人员进行信息沟通和工作协调的方法，制定统一的招展政策。

（二）招商进度计划

制订招商进度计划需要注意以下问题：

（1）会展招商工作的启动时间。一般专门的招商工作可以在招展工作已经取得一些效果时才开始大规模进行。这样既有助于节省招商费用，又可以收到更好的效果。

（2）把握招商工作的"黄金时间"。黄金时间一般在会展筹备工作的中后期。

（3）要密切监控会展的招商进度。一是按既定的招商进度计划进行监控；二是按观众参观申请登记情况进行监控。

招商进度同样要与招商分工相结合。当会展是由几个单位联合举办时，要明确各单位招商数量、区域、重要目标观众的邀请和接待等，要有统一的招商原则、招商进度汇总和互通机制、明确的协调机制和补救预案。就招商单位内部而言，要明确招商人员名单，各招商人

⊖ 甘特图（Gantt chart）又称横道图、条状图（bar chart），以提出者亨利·L. 甘特（Henry L. Gantt）的名字命名，是以图示的方式通过活动列表和时间刻度形象地表示出任何特定项目的活动顺序与持续时间。

员负责招商的区域范围和重点目标观众，制定相应的信息沟通和协调机制，以及对重点目标观众确定接待级别、待遇和计划。

对于新创立的会展，招商进度计划一般是：在开幕前 12 个月，招商方案策划完毕，招商工作开始，主要进行一些显露性的和提示性的招商宣传推广活动，对一些国外或重量级嘉宾开始预约（有时更早）；在开幕前 9 个月，招商宣传推广转为对招商活动的直接支持性宣传，对一些重点目标观众开始发出邀请函；在会展开幕前 6 个月，各行业协会和商会、国际组织等机构的合作招商工作正式开始，招商宣传推广活动范围缩小，目标更明确，进一步确认重要嘉宾和目标观众；在会展开幕前 3 个月，会展招商工作大规模展开，对普通观众的宣传推广力度开始加强，对专业观众开始实施各种客户跟踪服务，进一步争取与确定一些重要嘉宾和目标观众；在会展开幕前 1 个月，对普通观众的宣传力度加强，尤其是对本地观众的宣传力度要加强，继续确定重要嘉宾和目标观众并开始安排接待工作；在会展开幕前后，大众媒体成为宣传推广的主要阵地。

第四节　会展相关活动策划

一、会展相关活动的类型、作用和组织

（一）会展相关活动的类型

会展相关活动是指相对于会展主营业务而言的配套活动。若主营为会议，则会中的展示活动是相关活动；若主营是展览，则会议是相关活动。按照相关活动表现形式，会展相关活动可以分为会议、表演、比赛、会展旅游、开幕式和闭幕式、群众参与性活动、酒会等。按照其配套功能作用，会展相关活动可以分为如下类型：

（1）政策解读类。通过引导包括政府组织在内的组织发布政策，通过权威人士解读、趋势研判等活动，为参展商和专业观众提供政策解读。以 2020 年 11 月举办的第三届中国国际进口博览会为例，共有 29 个政策解读类相关活动，部分活动如表 3-6 所示。

表 3-6　第三届中国国际进口博览会政策解读类相关活动

活动名称	主办方	举办日期	具体时段	举办场地
2020 跨境电商与贸易数字化发展论坛	联合国国际贸易中心、中国电子商会、上海虹桥商务区管理委员会、上海闵行区人民政府	11 月 6 日	14：00—18：00	国家会展中心-B 类会议室　C0-01
打击侵权假冒国际合作论坛	世界知识产权组织、国家市场监督管理总局、全国打击侵犯知识产权和制售假冒伪劣商品工作领导小组办公室	11 月 6 日	08：00—12：00	平行会场（4.2H）分隔场地　A1
中国国际公共采购论坛	财政部、上海市人民政府	11 月 6 日	14：00—18：00	平行会场（4.2H）全厅　D
中国汽车产业发展论坛	工业和信息化部	11 月 7 日	09：00—12：00	平行会场（4.2H）分隔场地　A1

（续）

活动名称	主办方	举办日期	具体时段	举办场地
中国药械化妆品监管政策交流会	国家药品监督管理局、中国国际进口博览局	11月6日	08:00—12:00	平行会场（4.2H）分隔场地 B2
公共卫生体系建设论坛	中国国际进口博览局	11月7日	08:30—10:30	平行会场（4.2H）分隔场地 A2
第三届中国国际进口博览会长三角G60科创走廊以一体化高质量发展促进国内国际双循环政策发布会	长三角G60科创走廊九城市人民政府	11月8日	14:00—17:00	会议中心-主会场 西厅
第三届全球汽车发展趋势论坛	中国欧洲经济技术合作协会	11月7日	14:00—18:00	平行会场（4.2H）分隔场地 D2
2020进博会进口商品贸易服务及关务研讨会	上海欧坚网络发展集团股份有限公司、中国报关协会	11月8日	14:00—16:00	国家会展中心-D类会议室 M1-04

（2）对接签约类。支持各交易团、采购商、参展商、招商招展合作单位、支持单位等举办需求发布、供需对接、签约仪式等活动。

（3）新品展示类。支持参展企业、行业龙头企业，举办新产品发布、新技术推广、新服务展示、品牌推介等活动。

（4）投资促进类。支持地方政府、产业园区、投资促进机构举办营商环境推介、政府间合作交流、产业对接研讨等活动。

（5）人文交流类。支持开展非物质文化遗产、中华老字号、文化旅游项目、综合形象等项目展示，举办具有地域或民族特色的文化公益演出；鼓励其他国家和地区展示本国或本地区的非物质文化遗产和人文交流等项目。

（6）研究发布类。支持行业协会、科研机构、各类智库和专业机构，举办方，举办与会展主题契合的年度报告发布、研究成果分享、科研主题论坛、官产学研对话等活动。

（7）其他类。如专题推介会、时装走秀、专业比赛、现场体验互动、餐会酒会等。

以第三届中国国际进口博览会为例，对接签约、研究发布等相关活动有72个，加上政策解读类相关活动29个，共有101个相关活动。部分对接签约、研究发布等相关活动如表3-7所示。

表3-7　第三届中国国际进口博览会对接签约、研究发布等相关活动

活动名称	主办方	举办日期	具体时段	举办场地
战略合作签约仪式	赛莱默	11月6日	09:00—11:00	会议中心-23层会议室南006

（续）

活动名称	主办方	举办日期	具体时段	举办场地
阿里＆施维雅战略合作签约仪式	法国施维雅研究实验室	11月7日	14:00—16:00	洲际酒店　多功能厅5+6
聚焦核能发展，实现合作共赢	中国核工业集团有限公司	11月6日	14:00—18:00	国家会展中心-C类会议室　M2-02
中国兵器工业集团有限公司现场采购签约仪式	中国兵器工业集团有限公司	11月6日	15:00—17:00	平行会场（4.2H）分隔场地　A2
中国海油全球采购签约活动	中国海洋石油集团有限公司	11月5日	14:00—17:00	国家会展中心-B类会议室　C0-05
"一带一路"沿线贸易洽谈会	中国工商银行股份有限公司、中国国际贸易促进委员会	1月6日	14:00—18:00	会议中心-主会场　西厅
江西省国际贸易投资合作推介会	江西省人民政府	11月6日	08:00—12:00	国家会展中心-A类会议室　B0-02
西藏自治区地球第三极品牌推介会	西藏自治区人民政府	11月7日	14:00—16:00	国家会展中心-B类会议室　C0-01
北欧可持续发展城市项目总结会暨中国—北欧可持续发展医疗产业合作研讨会	北欧创新署、丹麦科技创业中心	11月7日	14:00—18:00	国家会展中心-C类会议室　M8-01
影响力投资：重建更加美好的世界	联合国工业发展组织、中国国际贸易促进委员会	11月6日	09:00—12:00	平行会场（4.2H）分隔场地　A2

（二）会展相关活动的作用

（1）解读政策，丰富会展信息。通过权威分析、深度解读、趋势研判、行业论坛等活动深度解读政策，为行业内人员提供多元信息。从本质上来说，会展是为信息交流而进行的传播活动。会展的最大特点在于信息的集中。在会展期间举行的专业研讨会、经验交流会、行业发展趋势报告会等，将产业界、学界、政界等有影响力的人员汇集在一起，围绕探讨主题将各界关心的话题与信息汇集起来，大大丰富了会展的信息功能。一些有影响力的会展实际上在一定程度上具有界定行业内发展议题和发展方向的功能。不仅如此，会展期间，生产商和供应商、经营商之间可以面对面交流，有助于了解相互之间的需求信息。

（2）强化会展发布功能。会展不仅是产品展示的重要舞台，而且还是许多新产品、新流程和新服务形式的发布舞台。许多企业的新产品发布往往会将表演、比赛、体验等活动结合起来举办。

（3）扩展会展展示功能。对于举办方来说，通过一系列相关活动可以进一步展示会展主题和展示文化。举办方可以将自己和参展商的相关活动通过主题串联起来，以一种系列化、故事感的方式呈现出来，从而最大限度地丰富展示主题、文化，将单纯的技术与产品展示上升为一种文化展示。

（4）延伸会展交易与合作功能。通过一系列相关活动，参展商之间、参展商和经销商之间、参展商和供应商之间、供应商与供应商之间得以进一步沟通与了解，从而促进相互交易与合作。并且，会展期间举行的推介会、订货会、招标活动更进一步推动了各方的交易和合作。在大多数交易会、展览会和贸易洽谈会上都能签署一定金额的购销合同，以及投资、转让和合资意向书。因此可以说，会展是一个重要的贸易平台。举办会展相关活动能够延伸会展贸易的这种功能。

（5）活跃会展现场气氛。举办富有观赏性和趣味性的相关活动，能极大地调动现场观众的积极性。在设计相关活动时，策划者应当选取参与性强、互动效果好的项目，这样不仅能给观众留下深刻的印象，而且可以活跃会展现场气氛，为参展企业营造良好的现场气氛。

（三）相关活动组织

相关活动的主体可能包括组委会及其成员单位、组展机构、参展商、政府、招展招商合作单位、政府、主流媒体等。一般按照相关主体申办、分工收集、扎口汇总、统一排期、细化实施、优化服务的思路，统筹组织配套活动。举办方需要明确申办负责单位或机构，以及申办报名、审批和排期日期。申办主体按照要求和流程办理正式的申办手续。举办方按照配套相关活动是否促进会展功能定位、是否与主题契合、重点是否突出、是否高质量、安全是否可控等要求，进行总体评估和审批，并将活动总量控制在一定规模内。

二、活动策划的基本要素和趋势

（一）基本要素

活动策划包括五个基本要素，即时间、地点、人员、主题和流程。在时间和地点确定以后，活动参与人员相当重要。像表演、研讨会、部分赛事的最终效果就取决于参与这些活动的表演者、比赛者、演讲嘉宾等的能力、影响力以及这些人员组合后产生的组合效应。对于开幕式和闭幕式，特殊嘉宾的出席往往也需要认真策划。在会展过程中，在一个主题下，往往需要一系列子主题予以丰富和完善，它们往往构成许多研讨会、论坛等更为具体的主题。在有明确时间限制的情况下，活动自身往往有严格的流程限制。在整个流程中，一个细小环节出错，都有可能破坏整个活动的完整性。因此，策划人员需要事先做好时间规划，对人员活动的顺序和时间有一个严格的规定。

从会展信息聚集与生产功能的角度来看，相关活动策划需要注意以下几个方面：①要使信息产生聚集效应，需要按主题（theme）→子主题（sub-theme）→话题（topic）的顺序设计主题系列。会议主题必须能够吸引观众，而且是目标受众的关注重点，所以主题需要反映行业发展趋势，在人们的消费与生活理念上具有前瞻性，并在问题揭示上能够引起人们内心的认同、共鸣。在会展活动中，由于许多会展活动并不是由举办方策划和组织的，因此，这就需要举办方和参展商事先沟通，并需要举办方通过巧妙的方式引导和串联。②有价值的信息并不是由会展举办方自己提供的，而是来源于参展商及活动参与者，因此，对于活动策划者来说，特邀嘉宾的选择和组合非常重要。一般说来，特邀嘉宾往往是产业界、学术界、评论界、政界、舆论界有影响力的人物。因此，策划者需要确定一个参与者范围，再一个一个地确定其是否会参与，最后确定一份明确的人员清单。当然，对于活动来说，还有一个重要参与者来源，即目标受众。不同类型的活动，其目标受众也不同。例如，技术交流会的与会者就限定在负责技术的相关人员与企业管理人员的范围内；专业研讨会的与会对象就需要更广泛的受众，可以是管理人员、技术人员、一般工作人员，也可以是相关科学领域研究机构、学校和专业杂志的有关人员。③流程策划必须反映活动目标和与会者的特点。其中有各种事务需要策划者事先考虑，以确保确立的会议主题能够完美地传达给与会者。作为此类活动流程中必备的一部分，会议中必须安排权威的信息来源，对活动要传播的主题做现状阐述或表现，无论主角是行业领导或政府管理者，还是权威媒体或表演者。

从会展营销功能发掘的角度来看，策划的目的就是在举办会展之后立即获得利益。因此，产品推介会、产品发布会、顾客见面会、顾客答谢会、赠送礼品等活动较多。许多营销类会展的活动是由参展商而不是举办方策划和组织的。各参展商为了在竞争中获胜，往往会在策划上下功夫，以吸引观众注意。为了避免一些极端的活动形式和观众堵塞等情况的发生，主办机构要与相关企业或行业协会取得联系，了解它们的相关活动策划意图并评估其可能产生的影响，尤其是对其他参展商和会展秩序的影响。对于营销型会展，消费者往往会有很高的参展兴趣，因此在策划过程中，他们往往成为重要的参与者。为了吸引他们的关注，形成人气，策划者往往需要在活动策划上下功夫，如赠送礼品、互动体验、各种各样的表演、模特或明星助阵等均为吸引人气的常见措施。

（二）趋势

活动策划的整体发展趋势主要表现如下：

首先，活动策划越来越强调合作。一是与媒体合作；二是与赞助商合作。[一]例如，世界经济论坛考虑到腾讯在我国的影响力，在夏季达沃斯论坛上将其纳入官方网络合作伙伴。2010年9月，天津电视台与凤凰卫视联合担任世界经济论坛主播媒体，并举行电视辩论会，设置《达沃斯名人堂》《滨海沙龙》《探秘达沃斯》《先行一步》等板块。2012年9月12日，世界经济论坛与国家发改委城市和小城镇改革发展中心进行合作，共同开发并组织和城市发展相关的活动，共同研究、联合发行、共同起草和共同署名城市发展相关材料。又如，2004年杭州西湖国际博览会，娃哈哈作为"快乐杭州——2004中国杭州娃哈哈西湖狂欢节"的赞助商，策划了两天的狂欢活动。

其次，活动节庆化。许多参展商、举办方将游戏类、表演类活动拼凑在一起，形成庆典型的大型活动系列，并与媒体紧密合作。

再次，注意通过新技术、新媒介将相关活动的自身展示艺术化、体验化。

最后，展中有展，展中有会，展中有节庆活动。像中国—东盟博览会和中国—东盟商务和投资峰会实行"两会"合办。2010年，中国—东盟博览会的展览包括：①商品贸易专题。4、5、6、15号展厅分别是泰国、马来西亚、越南、印度尼西亚的独立商品展区，13号展厅是文莱、柬埔寨、菲律宾、新加坡4个国家的商品展区，14号展厅是老挝和缅甸的商品展区，7号展厅是机械设备展区，8、9号展厅是建筑材料和设置展区，10号展厅是电子电器展区，11号展厅是电子电器与新能源展区，12号展厅是新能源设备展区，16号展厅是珠宝首饰展区。室外展场是工程机械和运输设备展区。②服务贸易专题。主要展示中国和东盟金融服务、物流服务和文化教育，共使用160个展位，参展单位达49家，主要在2号展厅。

〇　陈欢. 会展活动策划模式的发展趋势［J］. 新闻界，2007（1）：102.

③投资合作专题。1号展厅是国际经济合作展区和会期一系列投资促进活动。国际经济合作展区共有170个展位、24家企业。东盟十国共举办各类推介会11场，中国国家部委及有关商/协会举办10场，国内有关省市举办7场，其他18场。④先进技术专题。先进农业适用技术暨高新技术展区设在3号展厅，共363家企业、411个农村先进适用技术及高新技术项目参加展示。⑤"魅力之城"专题。设在2号展厅，主要有吉隆坡、曼德勒、新加坡、甘蒙、梭罗等11个城市。此外，还在南宁举办了"魅力中国·钦州之夜"活动。同年11月，博览会还举办了首个与主办时间错开的独立专业展，即东盟博览会木材与木制品展；10月，举办了中国—东盟国际汽车接力赛；还举办了中国—印度尼西亚能源论坛、中国—东盟金融合作与发展领袖论坛、中国—东盟智库战略对话、中国—东盟社会发展和减贫论坛、中国—东盟电力合作与发展论坛、中国—东盟海事磋商机制第六次会议等高层论坛。

三、开幕式和闭幕式

（一）开幕式

并非所有的会展都有开幕式。例如，北京京正孕婴童产品博览会自从2003年创办以来，一直都没有举办过开幕式，只是2012年第十届才象征性地搞了一个简单的剪彩仪式。但这并不影响它的成功举办，展出面积从2000多 m² 发展到20多万 m²。一些专业会展也采取了不举办开幕式或开幕式非常简洁的做法。

对于多数举办方来说，还是习惯将开幕式视作一个会展成功举办的良好开端，重视其积极作用。由于开幕式邀请的人员多是政府官员、工商界名流和新闻记者，所以开幕式具有一定的新闻和商业价值。因此，对于参展企业来说，开幕式后的几小时是关键时刻，对参展企业最为重要。重要人物已到场，重要客户通常在展会开始时就进行参观。他们巡视展会，如果展台已安排妥当就绪，准备接待客人进行业务洽谈，那么这些重要的客户在巡视之后，就会把这样的展台列为接触对象。此外，开幕式往往还被赋予了更多的心理甚至文化层面的内容。在心理学上，气氛是弥漫在空间中能够影响人的行为过程的心理因素的总和。开幕式热烈的气氛，有助于会展参与者形成紧张、兴奋、期待、积极、友爱、团结等情绪。在多数情况下，会展开幕当天的参展、参会企业代表较多，人员较为集中，参会的各方面领导多，规格较高，气氛热烈，有助于提振参展商和观众的士气。像奥运会、世界杯等大型活动的开幕式已经被程序化为一种仪式，这些仪式又往往与这些活动所倡导的理念相联系，因此它实际上已经表征化。并且，在现代媒体的介入下，开幕式的展示功能得以放大。结果是，开幕式不仅成为一些组织展示自身势力的舞台，也成为政府组织传递某种信息的重要平台。例如，中国—东盟博览会、中国—东北亚博览会、中国—亚欧博览会等会展成为政府传递其战略意图的重要平台。

当然，开幕式自身也有成本，尤其是当其商业价值开发不足以弥补其成本时，开幕式就有可能会造成浪费。在现实中确实存在开幕式轰轰烈烈，领导致辞、剪彩热热闹闹，但会展现场交流冷冷清清，甚至专门邀请到的专业采购商和参展商对接活动都很难组织起来的情况。在这种情况下，不如将资金节省下来，用于会展服务。此外，一些会展开幕式被赋予了过度行政化的内容，甚至成为一种面子工程，即过度重视各级领导的接待与礼仪，过度重视主办单位的面子，而对会展自身应有的内容重视不够。例如，一些书画展的开幕式在宣读贺信、领导致辞、介绍展览以及剪彩流程之后几乎没有时间真正欣赏艺术本身。

因此，对开幕式是否必要、是否要简化、如何举行等问题，需要具体问题具体分析。一些会展开幕式可以简化。例如，中国北京国际科技产业博览会（简称北京科博会）以前叫中国北京高新技术产业国际周，在更名为科博会以后逐步取消了闭幕式，开幕式也做了改进和变革，不再专门举办开幕式。策划的科博会主题报告会在人民大会堂专门举行，邀请国际组织领袖、世界知名专家学者、政府官员和著名企业家发表演讲，分析发展趋势，阐述学术观点，发布政策信息。如果确实需要举行开幕式，尽量做到隆重、简洁、环保。

一般的开幕式包括如下流程：①引导开幕式领导进入主席台；②主持人宣布开幕式开始，介绍领导、贵宾、媒体；③主办方领导致开幕词；④支持单位、承办单位、参展企业、媒体代表致辞；⑤领导人宣布开幕；⑥开幕剪彩，放礼花、礼炮。

像奥运会这类大型活动，开幕式作为奥运文化的重要组成部分，一部分流程已经程序化。例如，北京奥运会的开幕式包括：①文艺表演前的仪式部分：欢迎仪式，展示奥运五环，中国国旗入场，升中华人民共和国国旗，奏中华人民共和国国歌等。②文艺表演：上篇名为《灿烂文明》，下篇名为《辉煌时代》。③文艺表演后的仪式部分，包括运动员入场式、北京奥组委主席致辞、国际奥委会主席致辞、中国国家主席宣布奥运会开幕、奥林匹克会旗入场、奏奥运会会歌、升奥林匹克会旗、运动员代表宣誓、裁判员代表宣誓、放飞和平鸽、场内火炬传递及最终的点火仪式等。

一个开幕式策划案主要包括如下内容：①名称、时间和地点；②主办单位；③参会人员；④主持人、致辞人、剪彩人身份与姓名；⑤流程安排；⑥嘉宾接待；⑦现场布置和物品准备；⑧工作人员职责分工与安排；⑨预算；⑩特殊情况预案。

由于开幕式涉及许多重要嘉宾，并且其自身也是一个正式的展示舞台，因此需要对其礼仪格外关注。主要包括：

（1）及早规划，及时通知参与人，避免多头指挥、多头对外，从而让嘉宾无所适从。

（2）开幕式时间和地点确定要考虑多种因素，一旦确定下来，尽量不要变动。如不得已非要变动，需要尽早通知参与者，不要有遗漏。

（3）主持人要适当说明自己的身份，对嘉宾的介绍不要出错，要恰当。

（4）发言不同于报告会，宜短不宜长。

（5）提醒出席者手机调至静音，保持现场秩序。

（6）注意嘉宾接待和座位安排礼仪。当领导人数是单数时，在安排主席台就座时，一般情况○是：1号领导居中，2号领导排在1号领导左手边，3号领导排在1号领导右手边，4号领导排在2号领导左手边，5号领导排在3号领导右手边，其他以此类推。当领导人数是双数时，在安排主席台就座时，1、2号领导同时居中，1号领导排在居中座位的右边，2号领导排在1号领导的左手边，其他同上。

主席台必须排座次、放名牌，以便对号入座，避免嘉宾上台后互相谦让。主持人位置有三种选择：一是居于前排正中央；二是居于前排两侧；三是按其具体身份就座，但还宜令其就座于后排。发言人位置一般是在主席台右前方，也可在主席台正前方。接待领导和来宾

○ 例如，对一些德高望重的老同志可适当往前排，而对一些较年轻的领导同志也可适当往后排。对于上级单位或兄弟单位的来宾，其实际职位略低于主方领导时，也可适当安排在主席台就座。在涉外时，遵循国际上以右为尊的原则。

时，一般在小型会议室，会议桌是长条形或椭圆形，主方和客方相向而坐，如图3-2所示。

会谈桌一侧朝向正门，则主方坐背门一侧，客方坐面向门一侧，即远离门口一方为上。如果会谈桌一端朝向正门，即纵向摆放，则以面向门方向为准，左侧为客方，右侧为主方，如图3-2所示。在签字时，一般主方在左边，客方在主方的右边。在邀请客方时，一般主陪在面对房门的位置，副主陪在主陪的对面，1号客人在主陪的右手位置，2号客人在主陪左手位置，3号客人在副主陪右手位置，4号客人在副主陪左手位置，其他可以随意。乘坐小轿车时，1号客人在驾驶员的右后边，2号客人在驾驶员的正后边，3号客人在驾驶员的旁边。若后排座可以坐3人，则3号客人坐在中间。若是中型轿车，驾驶员后第一排为主座，1号客人临窗就座。

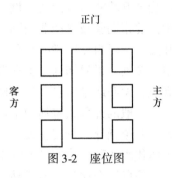

图3-2　座位图

（二）闭幕式

开幕式突出的是庄严、隆重，闭幕式则多了一些欢乐的气氛。闭幕式可以与颁奖、答谢宴会、表演等活动一起进行。闭幕式往往含有总结、点评、颁奖等内容。和开幕式一样，一些闭幕式也是仪式化的。例如，亚运会有降会旗、交接仪式、熄灭圣火仪式等。2010年广州亚运会的主要仪式包括升国旗唱国歌、文艺表演、运动员入场、亚奥理事会主席宣布闭幕、降会旗奏会歌、交接仪式、仁川文艺表演、熄灭圣火。

四、表演及其策划

表演包括文艺表演、武术表演、杂技表演、舞龙舞狮表演、模特表演等。由于表演的专业性很强，所以往往需要与相关表演公司合作。随着会展业的不断发展，开始出现了许多针对会展市场的表演公司。策划人员可根据预期效果，选择相应的公司进行合作。会展的表演策划主要包括以下内容：①落实组织机构。一般由举办方和受委托的表演方共同组织，需要通过合同的方式明确相互之间的权利、义务和责任。②明确主题和创意。与受委托方一起进一步明确表演主题和创意。③策划好表演的内容。④精心布置表演舞台和场地。⑤落实主持人、嘉宾和表演者。⑥组织好观众。由于表演是一项公众性的活动，因此在很多情况下需要事先报有关部门审批。一般说来，营业性演出需要文化部门审批，涉及宗教内容需要由宗教事务管理部门审批。除了对演出单位资质进行审批外，还要对演出名称、演员名单、时间、地点、场次、节目单及其视听资料、演出场所的备案证明（或场所容纳观众数量公安部门核准书及消防审批手续、安全保卫工作方案和灭火、应急疏散预案）、临时搭建舞台、看台的营业性演出⊖等进行审批。

对于策划人员来说，需要知道两种表演的区别，并在时间和地点的选择上区别对待。一种是与会展主体相关的表演，如产品的制作演示和操作演示等。这种表演活动，在地点的安排上必须是在会展现场，如果主办者是参展企业，应尽量把表演现场安排在企业展位上或其附近。这样可以与参展商的展出计划紧密配合，更能烘托会展的气氛和主题。如果主办者是

⊖　临时搭建舞台、看台的营业性演出还应当提供下列文件：①依法验收后取得的演出场所合格证明；②安全保卫工作方案和灭火、应急疏散预案；③依法取得的安全、消防批准文件。

会展主办机构，可以将表演现场安排在公共场所举行。另一种是与会展主体不相关的表演，如娱乐性表演活动等。这类活动一般应该安排在会展开幕阶段或者闭幕之前，并且一般会把表演地点安排在会展现场以外的另一个场所。小型表演可以穿插在会展现场、开幕式或者闭幕式上。

举办方在策划时需要注意，表演活动的举行不能够对参展商的展出效果产生不利影响，也不应该妨碍观众的参观。因此，策划者需要对表演所造成的影响进行充分的构想和评估。策划者需要格外注意以下几点：①表演应与会展整体氛围相协调。例如，一些气氛过于热烈的表演会破坏会展的整体效果，起到一种喧宾夺主的负面作用。②表演活动不能影响现场秩序，妨碍观众观看展品、向参展商询问。由于表演活动会把观众聚集到一起，热闹的表演现场可能突然出现意想不到的事故。在策划时，应提出现场的安全防范措施和现场秩序维持办法，准备好危机处理方案，如紧急疏散人群的方案、稳定观众情绪的方案等。一些小技巧也可以帮助疏散、控制密集的人群，例如，可以在表演现场的周围准备一些小奖品，帮助疏散原本密集的人群。③具有吸引力的表演同时会吸引非目标受众，但他们过多介入将会影响会展最终目标的实现。

五、会议

对于会展来说，"展中有会"几乎是一种常态。会议有大会、年会、专门会议、代表会议、研讨会、静修会、座谈会、发布会、行业会议等类型。其中，研讨会主要又可以分为：①讲座（lecture）。以专家单独讲授、示范为主，可由少数提问等互动环节。②论坛（forum）。其特点是对某个问题反复深入地讨论，一般由小组组长或者演讲者来主持，与会者的身份一般先被认可。其过程一般由主持人主持，听众参与其中，分别由小组组长和听众提出问题并讨论。两个或更多的发言人可以就各自的不同意见向听众，而不是向对方，进行阐述，再进行反复讨论，最后由主持人做出结论。③专题学术讨论会。由某一领域的专家构成，就某一特定主题请专家发表论文，共同就问题加以讨论并做出建议。发布会的一个重要特点是有媒体参加，包括新闻发布会、产品发布会、产品推介会等。ICCA 将行业会议分为科技会议、商贸会议和会员会议。下面重点介绍专业研讨会、技术交流会、投资洽谈会和新闻发布会。

1. 专业研讨会

对于会展，特别是专业性很强的会展，召开相应的研讨会将会为会展带来实质的东西。招展时，可以利用自身的优势，通过会议的重要性来带动企业参加会展。一般在专业研讨会中有一个大会，会请一些重要人员致辞，包括主办方领导、行业协会领导、主管部门领导。在大会后，再安排一系列互动会议，如座谈会、研讨会等。专业研讨会的逻辑流程一般为收集市场信息、确定会议主题、准备会议方案、邀请会议主讲人员、制定会议危机管理方案、会议经费与会议赞助、会议召开、会后总结。其中，会议方案包括名称、时间和规模；主题和议题、议程；议资料与证件准备；会议召开方式；会议预算；会议接待；等等。

专业研讨会所讨论的议题一般是偏重理论性的话题，如行业发展的特点、趋势、核心问题、经营与营销理念和解决思路等富有前瞻性和启发性的议题。因此，顶级会展甚至具有界定行业发展议题的功能。例如，2013 年上海国际车展举办高峰论坛活动。该论坛以"汇聚正能量推动合作创新"为主题，邀请中外顶级车企高管、著名经济学家以及外国使节、商协会代表共同探讨当前全球汽车产业发展的热点问题。本届论坛分为三大板块：专题互动"品牌创新能否采取合资机制"；头脑风暴"全球化世界的合作准则——全球车企如何共舞"；企业家峰会"对中国汽车产业全球新角色的期待"。专业研讨会的主讲人和听众一般都是专业人员。其中，主讲人往往是研究机构、大专院校、专业杂志、业界高层人员。例如，在2013（第三届）上海国际车展高峰论坛专题互动中，东风悦达起亚汽车有限公司销售本部副部长蒋玉滨以及依维柯中国业务董事总经理王宁、庞大汽贸集团股份有限公司董事长庞庆华、德勤中国汽车行业服务总监吴从坚等嘉宾从多方面、多角度探讨国内车企品牌创新之道；吉利控股集团副总裁张爱群，杰克控股公司创始人、董事长兼执行合伙人杰克·潘考夫斯基（Jack Perkowski），韩国汽车进口商与分销商协会执行总经理尹大成（Daesung Yoon），美国底特律电动汽车董事长林秀山，中国香港美银美林集团董事总经理帕特里克·史泰曼（Patrick P. Steinemann）等嘉宾在头脑风暴环节中就汽车产业在世界经济全球化发展的背景下如何建立新型国际合作准则进行热议；东风、长安、北汽、广汽的掌门人以及通用汽车的高管，在企业家峰会中就转型期中的中国汽车产业实施国际化以及全球化发展战略积极建言献策。而高峰论坛的主旨由国际权威杂志《经济学人》信息部主任编辑、全球首席经济学家毕若琳（Robin Bew）讲演。

2. 技术交流会

技术交流会是以技术的交流和传播为主要内容的会议。在议题上，技术交流会侧重于所在行业的最新技术发展状况和发展趋势、实用技术的发展状况等。因此，会议参与人员主要是企业研发人员、研究机构和高校的研究人员。因此，技术交流会相对来说获得赞助的机会要小一些。在会议中可能需要一些特殊的设备进行演示，有时也需要一些专业的翻译人员进行翻译。因此，对于这类会议，首先要确定好议题、主讲人，并与主讲人不断沟通，以了解其特殊要求，并在此基础上准备会议。

与研讨会一样，技术交流会也有丰富会展信息的功能，因此是许多举办方喜欢举行的相关活动。并且，为了更多元地呈现信息，往往围绕主题设计出系列会议。例如，2013（第三届）上海国际车展技术交流会讨论的题目包括：①零压迫感、防二次伤害智能安全带；②中国汽车安全技术的现状与展望；③设计工程工具与这些工具在 iShare 展示车开发过程中的应用：造型面设计；④iTORQ 项目中的 IDIADA 底盘开发；⑤城市移动创新概念车 iShare 的虚拟开发过程；⑥东风汽车公司新能源汽车发展：新能源研发历程、新能源汽车车型、新能源汽车关键零部件、新能源汽车发展方向；⑦车辆安全：美国与欧盟市场新要求；⑧先进的虚拟车辆验证 CAE 工具；⑨经纯电动工程改造后的轻型货车的 NVH（噪声、振动与声振粗糙度）性能；⑩2013 上海国际车展同期采购配对会；⑪11.9L 发动机性能开发与 GT 仿真；⑫2013AIAG（汽车工业行动小组）物流委员会季度会议；⑬巴中商会采购配对会；⑭SCR（选择性催化还原技术）管路的全球领袖；⑮分布于中国和全球的生产网络；⑯第五届国际汽车自动变速器技术研讨会。

尽管研讨会和技术交流会对参与者有特殊要求，但是由于这两类会议在业界有重大影响，因此对于举办方来说，可以通过授权或合作方式寻求这类会议的组织者。并且，这类会议往往可以在业界寻求到赞助商，还可以为设计人员举办类似的活动。例如，2013（第三届）上海国际车展成功地策划了"设计师之夜"活动。

3. 投资洽谈会

投资洽谈会主要是为了招商引资而举办的，很多时候是由政府举办的。近年来，它越来越多地与会展结合起来，有区域性的，也有行业性的。前者如津洽会、东北亚国际金融中心投资洽谈会等，后者如亚布力冬季运动暨休闲产业投资洽谈会、中国旅游投资洽谈会等。投资洽谈会要求举办单位事先对重点投资领域、项目要清楚明了，做好投资环境建设和投资政策设计，确定对投资方进行资质审定的单位和程序。

4. 新闻发布会

新闻发布会即社会组织在发生重大且具有积极影响的事件时，向新闻界公布信息，借助新闻提升该组织或者与该组织密切相关的人和物的形象。

新闻发布会的形式有主动与被动、正式与非正式之分。主动发布新闻，顾名思义就是主动对外发布消息；被动发布主要是指回答记者提问。

正式发布新闻[一]就是通过一种正规的方式传达信息。其形式主要有：①一般的新闻发布会。这是使用最多的一种新闻发布形式。一般的做法是：在一个大厅或专门的新闻发布厅内，主持人和发言人都在主席台上就座，先由主持人做开场白，然后发言人先发布新闻，再回答记者提问。被主持人允许提问的记者，一般要求先报明所代表的新闻机构。外交部新闻发布会过去采用这一形式。但现在流行一种新的做法，即不设主持人，发言人自己上台发布新闻，自己点记者来提问。不设座席而改为立式发布台。现在外交部新闻发布会和国台办新闻发布会都采用这一形式。②记者招待会。记者招待会是一种更正式的、更大范围的新闻发布形式，在新闻发布厅内或更大的大厅举行，一般要设主持人和主席台。先由主持人做开场白，简单介绍被邀请的回答记者问题的客人的身份和背景，然后由客人回答记者的提问。记者招待会上一般不先发布新闻。记者招待会的优点是，可以更正式、更权威、更大影响地对外传播信息。③网上发布新闻和网上在线交流。这是一种全新的新闻发布形式。随着网络的影响越来越大，通过网上发布新闻、网上论坛和在线交流等形式阐述政府政策和立场的做法越来越常见。外交部新闻司经常请部领导和各司局负责人与网友就热点问题和群众关心的问题交谈，回答提问。④冷餐会或酒会。这一形式可以单独使用，也可以与新闻发布会或记者招待会合并使用。这一形式可以轻松地将想发布的信息传达出去。⑤接受记者单独专访或多家联合采访。采用这种形式是为了透露重要信息，扩大影响，一般挑选影响比较大的媒体。另外，领导人出访前，为了营造声势，也常采用这一形式，接受往访国家重要媒体的采访。⑥发送新闻稿。在国外，向新闻机构发送新闻稿是政府部门和大公司为争得新闻界的支持、利用新闻界宣传自己的常见形式。一般做法是，把具有新闻性的信息，由专门人员写成新闻稿，以传真、电子邮件等方式，传递给新闻界，请新闻界发表或撰写新闻时参考。

非正式新闻发布会的形式主要包括：①公开场合交谈。作为发言人，经常会应邀作客许多场合，如开幕仪式、酒会等，而这些场合也常会邀请记者出席。一般而言，记者参与这一类场合，并非或并不完全是为了报道开幕式或酒会，而是去捕捉感兴趣的人物，并在交谈中挖掘新闻，或寻找新闻线索。在这种场合，发言人有权不谈论记者提出的话题。但作为发言人，从宣传本部门工作或从与记者建立良好关系的角度考虑，有时也有必要与记者交流。这

[一] 关于正式发布新闻与非正式发布新闻的形式，参见：邹建华. 外交部发言人揭秘［M］. 北京：中共中央党校出版社，2005.

样，发言人不仅有机会在记者面前树立良好的形象，而且能与记者建立良好的沟通关系，使他们在报道新闻时，掌握更多的知识和背景，在写新闻时能够更多地注意发言人的看法。②背景吹风会。背景吹风会是一种非正式发布新闻的渠道。一般在遇到不愿炒热，但又需在一定范围内传播的问题时，常采取背景吹风会形式。这种形式的气氛比较轻松，可邀请为数不多的记者，在一个小会议室或发言人办公室里，甚至在咖啡厅或者饭桌上举行。背景吹风会的优点是：因不如一般的新闻发布会正式，所以能表达一些在正式场合不宜表达的内容，从而与记者建立友好关系。背景吹风会内容的报道可以有以下两种分类：一是可以报道和不可以报道的内容。有的内容由于时机不成熟等原因，不供即时报道，只供报道时作为背景参考。二是可具名报道和不可具名报道的内容。有些内容是可以报道的，但不能讲出消息来源，如常见媒体报道称某高级官员说，即是这一种。是否可以报道、是否可具名，要事先声明。背景吹风会邀请的记者一般是小范围的，应邀者大多是一些具有代表性的媒体或与发言人关系融洽的记者。有时发言人只看中了电子传媒，那也可只邀请电子传媒的记者参加。③向个别记者提供重要信息。④请记者吃饭。通过请记者或有关人员吃饭的形式，传递或透露某些信息。

政府举办的新闻发布会需要遵循国务院印发《关于进一步改进和加强政府新闻发布制度建设意见的通知》（国办发〔2006〕19号）精神和各级地方政府新闻办的要求，完成相应的申报、审批和备案程序。

会展新闻发布会的策划主要包括以下内容：①新闻发布会的目的与风格。对于举办方来说，新闻发布会的目的包括发布展会信息、发布展会筹展重要举措、澄清事实或辟谣、发布展会成果信息等；对于参展商来说，新闻发布会的目的主要包括推广企业形象、发布新产品、发布企业重要举措、澄清事实或辟谣等。有时，新闻发布会可以以信息沟通会、媒体沟通会的形式举行。有些部门和企业有时并没有重大的新闻，但为了保持一定的影响力，也会不时地召开发布会。但这样做可能适得其反，会让媒体感到参加本来可以由其他形式代替的新闻发布会是浪费时间。②新闻发布会的时间和地点。新闻发布会选择的时间一般要注意如下问题：一是方便记者发稿；二是注意避开同类更为重要事件的影响。新闻发布会一般情况下时间不应过长，0.5h左右为宜，最好不要超过1h。一般来说，每次新闻发布会都有一个重点，有希望媒体多报道的，也有希望媒体少报道或不希望媒体炒作的内容，时间太长，易节外生枝，冲淡主题，影响预期目的。新闻发布会的地点可以在正式的新闻发布厅或新闻发布中心举行，也可以在酒店或其他场所举行。③组织分工。一般来说，决策层负责整个新闻发布会的策划、审批、组织与协调等工作。后勤组负责物品采购与安排、新闻发布会的安保及车辆引导、会场布置等方面的工作。公关组主要负责联系嘉宾、媒体和司仪等工作。对于特别重要人员的邀请，常常需要公关人员和组织高层人员一起完成。宣传组主要负责相关宣传材料的准备与内容的撰写。接待组主要负责接待。有时接待需要聘请或培训相关礼仪人员，礼仪人员的人数、位置等需要事先策划。④邀请嘉宾。嘉宾来源主要包括三个部分：一是主管领导、协会领导；二是合作单位及其他企业单位领导；三是媒体及其他人员。策划者需要明确具体嘉宾人员的姓名、职务、联系方式及联络负责人及联系时间。⑤新闻发布会流程。流程安排要具体到分钟，包括来宾签到（注意时间与背景音乐的安排）、与会人员引导、主持人宣布开始、主持人介绍嘉宾、领导或技术负责人发言、嘉宾发言、记者问答、揭牌或开香槟等。⑥新闻发布会其他筹备工作。这包括场地租赁、停车场评估、音响等测试、会场布置、主席台布置等工作。其中，会场布置要格外注意主题背景板的布置。其内容含主题、会议日期，有的会写上召开城市，颜色、字体应注意美观大方，颜色可以组织的 VI（视觉识别）为基准。应准备的常见物品包括：酒水、水果、点心等；礼品、宣传品、资料袋；签到笔、桌牌；嘉宾胸花、花篮；背景音乐、宣传片；背景板、条幅等。⑦预算策划。预算包括公关费用、临时人员及费用支出、辅助材料支出等。

六、比赛和评奖

展中有会，展中有奖，而有奖就有赛。设计比赛应注意：①与展台设计、会展参与等相关，目的是鼓励参展方积极参与。例如，评选最佳展台设计奖、文明参展单位等。②与会展参展产品的质量或设计相关。这类评奖既是对参展产品或设计的肯定，也会对产品或设计的营销产生重要影响。因此，这类评奖活动往往能够引起参展商的关注。但是，如果举办方在这类评奖活动中缺乏公信力、透明度和公正，也可能会产生负面影响。③对行业内企业影响力、发展潜力进行评奖。其目的是鼓励行业内企业创新与变革。④会展相关活动的评奖，如征文评奖、表演评奖等。其目的是鼓励参与活动。⑤针对志愿者、观众的评奖。其目的是鼓励志愿者、观众文明参与。⑥吸引人们对会展关注的评奖，如征文、知识问答等活动。其目的是扩大会展影响力。

组织策划比赛和评奖活动要注意以下要点：①成立评审委员会，指导评选工作，审定评选结果；②评审要有代表性，并且要向所有参赛者公开；③要先制定比赛、评奖范围和公平合理的规则，并且向所有参赛者公开发布活动方案；④发动参展商与专业观众参加；⑤邀请有关媒体参加报道，这样会更有影响力；⑥比赛和评奖结果的揭晓时间一般安排在会展结束的前一天；⑦比赛和评奖结果揭晓时，一般需要组织一个公开的颁奖仪式；⑧比赛和评奖的资金来自会展利润或企业赞助；⑨比赛和评奖是公众参与度较高的项目，策划时要做好所能预测的危机管理方案。

第五节　会展后勤服务策划

一般将招展、招商、宣传推广等视为会展的"一线工作"，而将布展、证件与会刊制作、展览样品运输、餐饮、旅游与酒店安排等工作看作会展的后勤工作。会展后勤服务包括两大部分：①为整个会展开展提供的服务，包括布展、证件与会刊制作、官方网站建设、会展清洁、会展安保、邮寄和快递等；②为参展商、嘉宾等提供的搭建、交通、餐饮、酒店、医疗保障、法律、保险等服务。对于策划人员来说，需要根据预算确定上述服务是由办展单位自己提供还是通过合同外包给专业公司。

一、会展布展和撤展策划

1. 布展策划

会展布展是会展开幕前的现场筹备工作。对于策划人员来说，需要知道如何到工商、消防、安保和海关等部门办理有关手续，在办理完有关手续后会展才能布展。在布展期间，主办方需要事先确定承建商和运输商，并督促和协调他们相互配合，以保证布展顺利进行。在参展商报到之前，主办方应督促主场搭建商（承建商）做好两项工作：①按图样做好展台区域地线划分工作，标明展台号；②按图样搭建好现场服务办公的场所。这些场所包括：

（1）广场。广场布置主要通过气球、彩带、横幅、花卉、造型等进行。策划人员需要在大气上档次、简洁而热烈等风格上予以取舍，前者需要更多的预算，而后者强调从简。如图3-3所示，2020年国庆节天安门广场中心花坛是主题为"祝福祖国"的巨型花果篮。篮体南侧书写"祝福祖国，1949—2020"字样，篮体北侧书写"万众一心，1949—2020"字样。篮内摆放有全国各省、自治区、直辖市、港澳台地区的代表花卉以及富有吉祥寓意的果实，仿真花果直径达 $1.5\sim3m^2$ ，体现了硕果累累、百花齐放。花坛底部则以鲜花构成10颗红心为主要特色，与花果篮共同寓意全国各族人民紧密团结在以习近平同志为核心的党中央周围，万众一心、攻坚克难，为实现中华民族伟大复兴的中国梦而努力奋斗，取得全面建成小康社会的伟大胜利，同时祝福中华儿女幸福安康，祝愿祖国更加繁荣昌盛。又如，在第十四届中国国际投资贸易洽谈会上，设计师巧妙地做出了名片式的广场造型，而且名片是被斜放在名片架上的，看上去令人亲切又印象深刻。名片代表的就是投洽会。这张名片由拼图版面构成，寓意着投资贸易洽谈会重新整合世界资源的磅礴气势，五大洲各国资源在此整合，重组出世界金融版图；同时，在这张世界名片上烫上了醒目的"9·8"金钥匙，喻为放之四海而皆准的投融资平台的金字招牌。

图3-3　2020年国庆节天安门广场中心花坛效果图

（2）开幕式现场。布置会展开幕式总的要求是庄严隆重，气氛营造要符合会展定位需要。在场馆之外举行的开幕式，现场布置需要有会展背板或会展横幅，背板上的主要内容有会展名称、时间，会展的主办、承办、支持、合作单位等办展机构名称。如有赞助单位，还可以在现场周边合适的位置布置空飘气球或其他广告牌等宣传用具；可以搭建或布置一个舞台，并布置麦克风和音响；还要有舞台主持、发言布置及鲜花、绿色植物等效果布置。在场馆之内举行的开幕式，同样需要布置会展背板或会展横幅、舞台发言布置及鲜花、绿色植物等效果布置等；同时，可以在场馆内布置会展宣传推广报道牌、会展相关活动告示牌、赞助商广告牌等。如果会展开幕式现场有表演，还要按表演的需要布置好表演的场地。隆重的开幕式还会安排鸣放礼炮、嘉宾剪彩、重要领导讲话等环节。此外，策划人员需要注意如下问题：①舞台搭建是否稳固、美观；②音响、视频配置是否到位，这就要求有专门人员对现场的音响、视频配置进行合理安置、调试，并全程提供服务；③人流控制要适当，为此要安排好人流进出的通道，在舞台与观看人群之间留有足够的空间，有时还须安排警力站于观礼人员前面，以防万一。

（3）展馆序幕大厅及各展馆。序幕大厅应布置好展馆、展区和展位分布平面图、各服务网点分布图、各参展企业及其展位号一览表及名录牌、会展简介牌、展区参观路线指示牌、会展宣传推广报道牌、会展相关活动告示牌等，以方便参展商或观众参展。序幕大厅的布置要与整个会展的气氛相协调，要醒目、容易辨认。布置好各展馆（展区）的主要展览内容提示牌、参观路线指示牌、本展区服务网点提示牌、至其他展馆（展区）的路线提示牌、本展区参展企业及其展位号一览表等。

（4）嘉宾的休息室或者会客室。除了配备茶水、咖啡和小点心等以外，还可以放一些有关会展的介绍资料。如果有必要，还可以为该休息室或会客室配备专门的服务人员或者翻译。

（5）"联络咨询服务中心"和"新闻中心"。为了方便参展商和观众，大会还可以在展馆大厅、展馆主通道或其他便利的地方设立"联络咨询服务中心"，安排专门人员在此负责接待和联系客户。一般说来，国内 1 万 m² 以上的会展都会设立"新闻中心"或"新闻办公室"，以方便主办方或参展商随时发布新闻以及媒体人员工作。其中需要配有计算机、纸笔、传真机、写字台等供记者写稿、发稿用的设施，以及供记者小憩的茶水、咖啡、点心等。而对于举办方来说，一般会安排专门的新闻主管，负责统一发布展览会的官方信息，并接受媒体采访。

上述工作一部分可以由举办方工作人员自己完成，另一部分需要由专业的承建商承担。这就需要选择承建商，并由专业人员负责监管。选择承建商需要考虑其技术是否全面、经验是否丰富、价格是否合理、是否提供展位维护和保养等工作。承建商包括三类：一是特装展位承建商；二是标准展位承建商；三是会展公共环境设计与布置的承建商；具体的布展工作一般在会展开幕式前几天开始，时间长短依会展的不同规模和主题而定。例如，大型航空展、汽车展、机械展往往需要将近一周甚至更长的时间完成布展，而消费品、珠宝展可能只需要一两天时间布展。

2. 撤展策划

对于举办方来说，要统一协调、安排好撤展工作，使其有序、安全地进行。为此需要制定有效的撤展策划安排，主要包括以下内容：

（1）撤展时间安排。例如，某届广交会的撤展时间安排为 4 月 19 日 18：00 至 4 月 20 日 10：00（一期），5 月 5 日 18：00 至 5 月 6 日 10：00（三期），4 月 19 日及 5 月 5 日晚展馆通宵开放。由于许多展馆日程安排紧密，所以往往留给撤馆的时间也比较紧张。

（2）对承运商、参展商的要求。具体要求如下：

1）一定要遵守具体的撤馆时间要求，以避免提前撤展、承运，从而影响其他参展商并造成会展秩序混乱。例如，某届广交会规定，4 月 19 日（一期）、5 月 5 日（三期）16：00 开始，进口展区展品承运商开始发放展品包装箱至各展位，展位内配置的电话机开始回收，各参展商应做好必要的撤展准备工作；但在 4 月 19 日（一期）、5 月 5 日（三期）18：00 前，参展商不得对展品进行打包，提前撤展；对提前打包、撤展又不听劝告的参展商，将其记入黑名单，下届广交会不受理其参展申请。任何迟于 4 月 20 日（一期）、5 月 6 日（三期）10：00 后的延迟撤展行为将会给广交会造成损失，广交会保留向参展商或其委托的特装布展施工单位追讨赔偿的权利。

2）对参展商办理相关手续做出规定。例如，广交会要求进口展区展品承运商将安排人员协助参展商对展品进行打包，展品打完包后应留在展位内，参展商应及时与进口展区展品承运商办理展品交付及委托回运出境等手续。参展商不得擅自将展品运出展馆，已办妥进口手续的展品，可以运出展馆，但应向进口展区展品承运商申请放行条，展馆门口保卫人员凭进口展区展品承运商签发的放行条验放。未办妥清关核销手续，需回运出境外、售出、赠送、放弃的进口展品应在 4 月 19 日（一期）、5 月 5 日（三期）20：00 前打包完毕并交付进口展区展品承运商，进口展区展品承运商应在 4 月 20 日（一期）、5 月 6 日（三期）6：00前将展品统一清运至海关认可的监管地点。

3）对展台撤除的要求。特殊装修和标摊改特装的搭建公司必须负责将展台拆除，并将由此产生的各类垃圾清运出展馆；撤展时要注意场地及人身安全；不得夹带、搬走展馆或其他展位的设施；不得损坏展馆的建筑及水、电、气设备。对于违反规定者，展馆与主场搭建商将根据各参展商垃圾的清运情况及对展馆的损坏程度予以处罚。特装拆卸范围不能超出展位的区域，不要把墙身推往相邻的展位，以免引起人员伤亡；不要随意将展品、装修材料、工具放置在通道上，以免堵塞通道而影响撤展。进口的特装材料若做弃置处理，参展商应预先委托进口展区展品承运商办理海关清关手续，否则也按放弃进口展品的方式处理，即运往海关认可的监管地点。

4）特装展位清场后要办理相关手续，包括现场签名手续、电箱回收的签名手续、电话机回收手续等。

5）押金退还手续。

（3）车辆进入要求。例如，某届广交会规定，接运特装材料的车辆，4 月 19 日（一期）、5 月 5 日（三期）23：00 后才允许按车证时间分批进入展馆，按规定线路行驶，按指定地点临时停放，并服从交通管理人员的指挥；进入展馆后应迅速装运特装材料，并迅速离馆。进入三层展馆布展通道的车辆长度不可以超过 10m（含 10m）；参展商用非货车及 1t 以下的货车运货的需要进入一层展馆的货车通道使用电梯装运。装卸展品期间，所有驾驶员请勿离开驾驶室，以便按时离场及应付临时的车辆调度。

二、会展证件、会刊制作

1. 会展证件

会展证件是控制无关人员进入展馆的有效手段，也是保证筹展撤展安全的重要保障。重大会展来宾多、部门多、车辆多，因此要使会展组织有序，需要对相关人员分门别类，制作不同的证件，以方便安保人员、组办方及其他人员识别。会展需要印制的证件有参展商证、筹（撤）展证、专业观众证、贵宾证、车证、工作人员证、媒体证等。例如，广交会内宾证件分为工作证、参展商证、临时代表证、国内采购商证、筹展证、撤展证、大会搬运证及车证八大类。其中，参展商证供参展单位业务人员进馆使用；临时代表证（分 1、2、3、4、

5、6天6种证件）供协助参展商从事参展、洽谈业务的人员使用（从第104届起暂停办理）；国内采购商证供国内采购商进馆使用；筹展证（分1、2、3、4、5、6天和全期7种证件）供参展单位或协助参展单位进入展馆进行布展的人员使用；撤展证供参展单位或协助参展单位从事撤展工作的人员使用；大会搬运证供大会样品搬运工人进馆使用；车证供商会、协会、交易团和有关服务单位的车辆进出、停放在广交会以及运输展览样品的车辆进出广州市和广交会使用，车证又分为内停证、外停证、通行证、停车证、筹展证、撤展证。

尽管证件制作一般委托专门制作公司进行，但是策划人员还是需要在以下方面予以控制：

（1）版面设计与会展风格一致。在设计时要考虑与活动主题及形象相匹配，通过证件的色彩、风格、图案即能知道所参加的会展。例如，党代会代表证的底色为鲜红色，与中国共产党党旗的颜色相同，与会议严肃、庄重的风格也较为一致。

（2）便于区别管理。国内的证件主要是采用以会展标志和色彩来区分不同的会展，用不同颜色的挂绳来区别会议参与者的身份。例如，第99届广交会上，紫色挂绳表示工作人员证，绿色挂绳表示参展商证，红色挂绳代表采购商证，咖啡色挂绳表示临时进馆证。

（3）证件发放要规范。必须对发放对象实行登记审核制度，以确保一人一证、人人有证、人证相符。为防止证件的借用、倒卖，在证件上要能反映证件使用者的基本信息，如姓名、照片[⊖]等；同时，在制作证件时，应利用计算机系统将更为详细的信息输入，一旦出现证件使用异常或其他突发事件，能立即通过系统将参与者资料调出；在证件上还需要简单注明活动参与者所需遵守的基本规则，起到提示作用。

（4）明确制定管理规范。包括证件的申办程序和资格审定要求、证件的种类和适用范围、证件的使用规定、证件被盗用后的处置规定等。对无证人员、人证不符的对象，按组委会制定的相关处罚法则进行处罚，以确保证件按规定有效使用，控制进入展馆的人员及其数量。要加强对证件的监管，对于一些重大的会展和节事活动，公安机关可介入组委会各类活动的证件的分类、制作、发放等各环节，加强监督，防止证件多发、滥发，使证件得到规范管理，防止各类证件向外流失。

（5）采用信息技术管理。证件从原来完全的纸片管理，逐渐发展到条码管理，条码读取也由原来的手工读码发展为机器读码。部分会展场馆甚至发展到采用"指纹证件"，即活动参与者在办理手续时将指纹录入计算机，之后在进入场馆时，只需将手指放在指纹识别机上便能通过检查。

门票是入场券、参观证的统称，会展门票是进入展馆的凭据。门票的设计、印刷和制作方式的发展大致经历过：简单的单色（彩色）纸单色（套色）印刷、铜版纸彩色印刷、美术摄影作品进入门票、烫金、烫银、过塑、激光图案；各种几何形状、联票、套票、凹凸纹图案；书签形式、邮票形式、金卡形式；条码、磁卡、电子卡等。

2. 会刊

会展会刊是会展信息的汇总，其形式有纸质与电子两种。后者在传统杂志的形式上融入

⊖　例如，广交会对工作证、参展商证、临时代表证、国内采购商证、筹展证、撤展证、大会搬运证均统一要求如下：办证人员须提供彩色蓝底2寸照片两张；照片必须是用照相馆相纸洗印出来的光面相片，不得使用生活照片，不得使用由普通打印纸打印出来的相片；证件专用彩色相片的五官必须清晰，头部占相片的2/3，不能太大，不能留有白边。

了声音、图像、动画、视频等手段,把平面杂志的交互性、可视性做得更完美、更具冲击力。会展会刊发布的内容主要包括:①相关领导题词讲话、政策解读、活动安排和会展介绍等;②翔实的参展商资料、项目内容等。一般的会展会固定留一定的版面给比较重要的客户。对其他普通的参展企业,一般取企业英文名称开头的第一个字母,按照26个英文字母的顺序排序;还有一种是先按地域分,然后在地域里再按照26个英文字母的顺序排序。会刊可由举办方自己制作,也可以授权与委托专业公司制作。例如,第三届中国(深圳)国际工业博览会独家授权深圳市取道广告有限公司为会刊制作单位。会刊制作首先需要拟订会刊内容框架,列出大概的内容以及每部分内容需要由谁协助。其次,列出会刊制作流程和计划完成时间,并由项目监督人具体监督执行。设计师排完版后,会刊总负责人需安排人员进行校对,具体落实到每个人负责校对的页码,并打印出来签名确认。校对的对照内容由项目总负责人提供,如因对照内容的错误导致没有检查出来的,责任由会刊总负责人承担。会刊总负责人在印刷前再把所有内容重新审核一遍,签名确认,然后再由总经理签名确认,最后送印刷厂进行打样。打样回来后,再由每页的负责人具体检查一次,在样刊负责的页面上签名确认,然后由项目总负责人核对全部内容,在样刊封面上签名确认,最后由总负责人(如总经理)签名确认,同意印刷后方可发出去印刷。如内容有改动,项目总负责人需知会该页的检查负责人哪里有改动,不得单独通知设计师进行修改,修改好后,需重新打印这页给该负责人签名。最后的成品需由各负责人抽10本对自己负责的页面再次进行核对,以确保印刷内容无误。

会刊按版面对客户收取费用,因此需要由参展商、赞助商等客户认刊,即确定会刊版面及位置。如表3-8所示,会刊按版面和位置收费。会刊一般为大16开四色彩印,印刷精美、图文并茂,具有较高的纪念价值,以便与会者珍藏。常见的做法是,在会展前夕由组委会办公室向相关领导、国内外嘉宾、与会参展商和采购商点对点赠阅,并于会议期间通过设在会展现场的数个会刊派发点发行,集中覆盖参加会议的相关行业和高端人群。

表3-8 第三届中国(深圳)国际工业博览会会刊认刊表

认刊项目	收费标准(元)	规格(cm×cm)	备 注
单位祝贺名片	2200	10×6.5	
内页整版	5000	21×28.5	
尾页整版	8800	21×28.5	唯一
内页跨版	10000	42×28.5	
扉页	12000	21×28.5	
目录前扉页	13800	21×28.5	唯一
扉页跨版	22000	42×28.5	
扉三	15000	21×28.5	唯一
扉二	16000	21×28.5	唯一
扉一	18000	21×28.5	唯一
封三	20000	21×28.5	唯一
封二	25000	21×28.5	唯一
封底	38000	21×28.5	唯一

三、运输代理

会展运输包括展品、展架、展具、布展用品和道具、维修工具、宣传资料和招待用品等的运输。会展运输往往专业性较强，因此需要指定一些专业的运输公司来负责。例如，第113届和第114届广交会指定的会展运输商共有53家。

展品运输是指安排适当的运输公司，在大会指定的时间内，将特定的展品安全、迅速地交付到特定的展台和展馆；当会展结束后，还需要保证展品回运的安全与完整。展品运输是一种将海、陆、空等运输方式结合在一起的综合多元化运输服务，由此也决定了这种运输的专业性和特殊性。

国际展览运输协会（International Exhibition Logistics Association，IELA）认为，展品运输工作的内容主要体现在以下六个方面：

（1）联络。这包括协会成员之间的联络、办展单位和参展商之间的联络、主办方和运输方之间的联络等。有效的联络需要配备懂英语、法语、德语和其他客户大部分人员所熟悉语言的工作人员，配备国际电话、传真和电传，提供详细、有效的邮政联系地址和有效的货物跟踪系统等。

（2）展前客户联系。出口代理对参展商的要求必须明确、具体、完整，不能有歧义。这些需要反复沟通，以确保双方在代理事项上不出问题，否则可能会给参展商带来麻烦。基本运输要求包括：①单证文件。世界各地的现场代理需要办理许多不同的单证文件。因为需要准确的单证说明，最好有样本，需要让参展商了解手续规定和时间。②包装要求和标准。让参展商了解举办方对包装的要求和标准，并确保所有包装有标记。③截止期要求。代理商必须在会展开幕前至少90天提出截止期要求。截止期包括空运、海运、陆运和铁路运输截止期。④其他情况。告诉参展商举办方有无特殊规定，如限制的物品、随身携带物品、进口特别要求或审查等。

（3）办理单证文件以及通知现场代理。货物启程时，必须将货物情况和搬运细节用电信方式通知现场代理，包括展出者、展台号、展品运输到展台的要求时间、箱数、尺寸、毛重、净重、体积、价格等。运输号包括航班号、提单号、集装箱号、铁路货车号、公路货车号等。获取形式发票/装箱单以及运输单证后，必须尽快用传真发给现场代理。

（4）最佳运输方式。考虑到货物的特殊性、预算和时间限制，代理商必须向参展商提出最佳运输方式。

（5）现场支持。确保参展获得协会的专业标准服务，帮助现场运输代理完成现场搬运工作。

（6）展后处理。将货物展后处理或回运的要求明确告诉现场运输代理，并监督其现场的搬运工作。

海外运输基本上都是国际联运，整个运输过程基本都要经过陆运、海运、陆运，或者是陆运、空运、陆运等环节。所需要的文件包括：

（1）展览文件。这是有关展品及相关物品的证明和文件，主要包括展品及相关物品清单、展品安排指示书、需送海关审查的特殊物品样本和清单、发票等。有些国家还可能要产地证书、商品检验证书等。

（2）运输单证。这主要包括装运委托书、装箱单、集装箱配装明细表、提单、运费结算单等。

（3）海关单证。这主要包括报送函、报关单、清册、进口许可证、发票等。

（4）保险单证。这是为展品安全运输所投保的保险险别的有关证明文件。

策划人员需要了解《中华人民共和国海关对进出口展览品监管办法》（简称《办法》）。《办法》第二条规定，进口展览品包括下列货物、物品：

（1）在展览会中展示或示范用的货物、物品。

（2）为示范展出的机器或器具所需用的物品。

（3）展览者设置临时展台的建筑材料及装饰材料。

（4）供展览品做示范宣传用的电影片、幻灯片、录像带、录音带、说明书、广告等。

所谓出口展览品，是指为了到国外举办经济、贸易、文化、科技等展览会或者参加外国博览会而运出的展览品，以及有关的宣传品、布置品、招待品、小卖品和其他公用物品。

会展展品进出境的手续包括以下内容：

（1）备案。来华举办会展的单位，应当将有关批准文件事先抄送展出地海关，并向展出地海关办理备案手续。

以第三届中国国际进出口博览会为例，要求的文件主要包括：①海运提单正本一份；②电放海运提单副本一份；③空运单副本一份；④熏蒸声明或非木包装声明正本一份；⑤展品清单一份（海关审核的法定文件），请详见《中国国际进口博览会进境物资清单》；⑥装箱单；⑦其他通关所需文件。举办方要提醒参展商文件和到货截止日期。例如，2020年中国国际进出口博览会海上至上海港口文件和到货截止日期分别为2020年9月30日、2020年10月15日—20日；空运至上海浦东机场文件和到货截止日期分别为2020年9月30日、2020年10月15日—20日；火车至上海站文件和到货截止日期分别为2020年10月5日、2020年10月15日—20日。

（2）担保。展品进境时，展览会主办单位、参展商或其代理人应向海关提供担保。担保形式可为相当于税款金额的保证金、银行或其他金融机构的担保书，以及经海关认可的其他方式的担保。在海关指定场所或海关派专人监管的场所举行展览会，可免于向海关提供担保。

（3）进口展品申报。展览会的主办单位或其代理人应在展出地海关办理展览进口申报手续。从非展出地海关进口的展品，应当在进境地海关办理转关手续。主办单位或其代理人申报进口展品时，应向海关提交展品清单，清单内容填写应完整、准确，并译成中文。

（4）查验。展览会主办单位或其代理人应当于展品开箱前通知海关，以备海关到场查验。海关对展品进行查验时，展品所有人或其代理人应当在场，并负责搬移、开拆、重新封货包装等协助查验的工作。展览会期间展出或使用的印刷品、音像制品及其他海关认为需要审查的物品，应经过海关审查同意后，方能展出或使用。

（5）驻地监管。海关派员进驻展览场所执行监管任务时，展览会的主办单位或承办单位应当提供办公场所和必需的办公设备。未经海关许可，展品不得移出展品监管场所，因故需要移出的，应当报经海关核准。

（6）核销。展览会闭幕后，展览会主办单位或其代理人应及时向展出地主管海关交验展品核销清单一份。对于未及时退运出境的展品，应存放在海关指定的监管场所或监管仓库，并接受海关监管。对于不复运出境的展品，海关按照有关规定办理进口手续，展览会主办单位应及时向海关办理展品进口结关手续，负责向海关缴纳参展商或其代理人拖欠未缴的各项税费。

（7）复出境。展览会结束后，展览会主办单位或其代理人应向展出地海关办理海关核销手续。展品实际复运出境时，展览会的主办单位或其代理人应向海关递交有关的核销清单和运输单据，办理展品出境手续。对需要运至其他设关地点的复运出境的展品，经海关同意后，按照海关对转关运输的有关规定办理转关手续。一般情况下，展品自进境之日起应在6个月内复运出境。如需延长复运出境期限的，应报经主管海关批准，延长期限最长不超过6个月。举办为期半年以上的展览会，应由主办单位或其代理事先报海关总署审核。

在指定会展运输代理及代理商时，需要注意以下问题：

（1）有关时间安排。展品及相关物品的运输时间要尽早安排好，并向会展所有的参展商公布。需要安排的运输时间主要有交箱日期、办理手续日期、发运日期、抵达目的地日期、到达展馆日期以及回运日期等。

（2）包装要求。参展商要对包装不妥善造成的后果承担责任。由于展品在运输中反复被装卸，震动和撞击是不可避免的。此外，展品被多次置于室外，包括展会前后在展馆露天放置，所以参展商必须提前注意防止损坏。承办单位不承担任何展品损毁责任，尤其是当回程展品可能被已经使用过的包装材料重新包装的时候（在有铝箔、塑料等包装的情况下，很多时候展品在取出的过程中已受损）。包装箱必须坚实到足以避免在运输和开箱时损坏，尤其是在展后的回程重装和销售。特别对于贵重和精密设备来说，硬纸盒包装并不适用于重复运输。为利于展品安全，易碎、温控、危险品等特殊包装必须在外侧做明显标记。要注意举办国对木质包装的要求。例如，我国政府要求，所有含木质包装⊖的入境货物，应当由输出国家或地区政府植物检疫机构认可的企业按中国确认的检疫除害处理方法处理。为保证所有入境货物的木质包装在输出国经过热处理（HT）或溴甲烷（MB）熏蒸，所有木质包装上必须加施政府植物检疫机构批准的IPPC专用标识。

（3）运输线路和运输方式。不同的运输线路和方式涉及不同费用、手续等方面的要求，需要参展商综合考虑，选出合适的运输商。

（4）费用问题。要与代理商谈妥陆运、水运和空运的基本费率，以及迟到附加费、早到存放费、码头/机场费等附加费，自选服务的费率，并将这些费率告知参展商。

（5）保险。会展一般不承担展出者的展品丢失、损坏等风险，因此要督促运输代理提醒参展商在安排运输时需要投保的险别。

（6）现场服务。运输代理要向各参展商明确可以提供哪些现场服务及其收费标准。

四、会展清洁与安保

（一）会展清洁

会展清洁包括布展和撤展时的垃圾清理、开幕后的会展清洁。由于在不同的阶段，垃圾的内容并不相同，因此举办方往往需要委托几家清洁服务商来负责会展的清洁工作。像航空展、精密仪器展这类特殊会展，由于对清洁有特殊要求，因此需要选择更为专业的清洁服务

　⊖　木质包装是指用于承载、包装、铺垫、支撑、加固货物的木质材料，如木板箱、木条箱、木托盘、木框、木桶、木轴、木楔、垫木、枕木、衬木等。

商。在选定清洁服务商后，需要就保洁范围、内容、价格等进行协商，形成双方认同的保洁计划，并签订合同。

（二）会展安保

（1）消防安全。消防安全一般由消防部门指导和监管，督促主办、承办、场地搭建单位落实全过程的消防安全措施。在会展开幕和布展之前，会展的消防安全计划以及特装展位的搭装计划还必须送交有关政府部门审批，只有得到批准后才可施工布展，并且要求主办、承办、施工单位签订各级消防责任书。主办单位要有消防安全疏散及灭火预案，并对相关安保人员进行消防安全培训教育，建立消防安全巡查、检查制度，加强对安保、义务消防人员、展馆物业人员等防火和灭火知识和技能的培训。

（2）人员安全。人员安全包括生命安全与财产安全。

（3）展品安全。避免展品损坏、破碎、丢失等问题。

（4）公共安全。举办方要负责会展的公共安全。

会展安保根据会展自身的规模、影响力有不同的安保级别。例如，北京奥运会涉及观众、运动员、官员、要人、媒体人员共计593万余人次，对所有人员实现绝对安全，要求的安全级别是国家最高级别的。规模较大的会展都会涉及公安、消防、武警、国家安全、组委会保卫部门、指定的安保公司、义务或民间安保力量等公共和私人部门。而像奥运会、世博会等超大型会展，除了上述力量外，还涉及军队、国家情报等部门的支持。一般来说，安保工作主要由警察、专业安保人员和志愿者承担，人民解放军主要负责应对来自非传统领域的安全威胁，重点是反核生化等恐怖袭击。据北京奥运会安全保卫整体方案，解放军陆海空军部队主要承担七个方面的任务：①各赛区的空中警戒；②濒海赛区及周边赛区的海上安全警戒；③协助公安和武警部队防范和打击恐怖活动；④各种灾害、灾难的抢险救援；⑤协助做好边境的管理和控制；⑥协助做好有关情报信息保障工作；⑦其他需要军队协助的临时性任务。

会展安保策划主要包括以下几个方面的内容：

（1）建立一个安保组织机构。其成员依安保级别和涉及部门而定。例如，2010年中国国际社会公共安全产品博览会"一组两队"的安保组织机构，完善了安保组的人员组成，并由北京振远护卫中心的保安员组成了安保队和安检队。而广交会则成立了大会保卫办公室，负责制定安全保卫方案和措施，协调各级公安部门行动，指导各交易团做好本团的安全保卫工作，维护展馆的防火安全，维护广交会大院及附近交通秩序等。其人员编制包括商务部人事司、广东省公安厅、广州市公安局、广州市国家安全局、武警广东总队、外贸中心保卫处等。场馆保卫部门一般设内保组、警卫组、消防组、消（监）控室、办公室等。而北京奥运会成立了国家级的北京奥运安全保卫工作协调小组，由15个政府部门和职能单位组成，协调小组下设奥运安保指挥中心和奥运安保情报中心，指挥中心内设6个综合部门、12个实战指挥部门，情报中心则内设5个职能部门，整个协调小组涉及公安部、总参、武警总部、外交部、海关总署等多个重要部门，力量极为强大。

（2）确定安全保护对象、侵害因素、保护力量、区域和职责等内容。保护对象包括人、事、物三类。侵害因素包括自然因素、失职行为、犯罪行为等。保护力量包括领导力量、专业力量和群众力量。根据不同的安保等级，会形成不同的安保网络。例如，在世博会期间，在园区内设置了两道全封闭的控制线，对入园人员和物品作严格安检，针对园区内可能发生的各类突发情况，制定了25项应急处置预案。在道路交通方面，实行"分区域差别化管理"，以世博园区为核心，将全市划分为交通引导区、缓冲区、管控区三个圈层，在不同圈层实施不同的交通管理措施。在世博园区外围，对进沪车辆、船舶分别实行通行证管理和安检签证制度，在长三角地区建立起紧密型的警务联勤机制，形成"环沪护城河"；为了维护"水上安全"，世博会期间，4条巡逻艇24h在黄浦江上巡逻，保证5min内到达核心区任何水域，并采用GIS（世博水上安保指挥系统）、"全球眼"、三维监控系统等高科技设备。另外，在以世博园区庆典广场为中心、半径50km所涉及的地区上空，除经批准，禁止低空慢速小目标飞行，以确保空中安全。上海市所有地铁车站都设置了安检点，安检人员有6000多人，已实行全覆盖安检。全市所有公交起始站和公交枢纽站也都要进行安检，重点线路公交车按照"一车一人"配备安检员。市内轮渡也有安保人员对乘客视情况做安全抽检，每一位进入上海的乘客必须携带身份证等。铁路部门安检力度也加大了，所有旅客的行李、随身物品都必须接受严格检查，严禁非法携带可能危害公共安全的物品进站乘车，管制刀具以外的利器、钝器一律放入行李中实行托运。除了国家安保力量，世博会还建立起了一支100万人的平安志愿者队伍，许多安保企业也发挥了关键性作用。

（3）制定各种安全防范、培训、危机处理等措施，并将布展和撤展阶段安全、开幕式警卫、突发情况处置方法等具体安保措施进行细化，分解任务，明确职责，细化流程，落实岗位。因此，既要有总体安保规划，也要有专项规划。例如，北京奥运会既有《奥运会安全保卫总体计划》，也有《安保专项规划》《奥运安保人员总体需求测算》《奥运安保干部配备及结构调整》《奥运场馆周边地区治安管理控制》《奥运场馆周边地区交通管理控制》和《奥运安保宣传》等重点工作方案作为补充。

（4）安保设备及其选择。现代安保设备不断升级，种类不断丰富，主要包括：

1）安全防范类，如可视对讲/电视监控、门禁系统，周围巡更/防卫系统，身份识别/认证系统，环境监控/防盗报警系统等。

2）消防监控类，如火灾报警系统、可燃气体/烟雾报警系统、紧密广播、灭火设备等。

3）食品安全检测设备。

4）信息集成系统。

5）展馆自动化系统。

需要说明的是，对于举办方来说，许多设备安保公司、展馆中心自身都有，有些特殊会展，参展商会自己提供一定的安保系统，因此举办方需要根据对展览题材特征、参展商要求和国家安全政策等综合考虑，并通过居中沟通与了解，掌握各方对安保设备的要求。当然，对于一些特殊会展，可能需要购买全新的设备，以应对不断变化的安保要求。例如，北京奥运会采用了许多先进的安保设备，如周界报警系统、车辆自动识别检测、人像对比以及定位技术、计算机信息应用指挥系统等。其中，人脸测定技术是往届奥运会从未使用过的。这种针对人脸进行扫描识别的办法，即便是对整过容的人，也能准确识别。对车辆的安全检查主要是利用先进的车底安全检查系统进行扫描，而车辆安检器材最小配备单元为一部自动车底检查系统、一条安检车道。禁带和限带的违禁物品包括枪支弹药等爆炸物品、剧毒放射性物品、有害生物制剂、毒品、自带的软硬包装饮料、横幅标语、大型箱包、超长旗帜和旗杆等。而对于"老弱病残孕"等有特殊需求的受检人员，则有专用的人身安检通道。场馆外安装红外监控系统，不管发生什么情况都可以在第一时间发现。"奥运食品工程"要求食品具有"电子身份证"。食品的生产、加工、流通和消费环节都必须记录在案，还需加贴电子标签，并建立数据库以便全程跟踪。所有选手在奥运村选取食物时，其胸前的就餐卡会自动读取该食物所附带的各种信息。

五、会展接待与注册

（一）接待

一部分接待可以由指定的礼仪公司、酒店、志愿者、参展商工作人员完成，还有一部分需要由承办组织的工作人员负责完成。接待方案主要包括以下内容：

（1）确定会展住宿酒店。

（2）确定接站客户或嘉宾名单及航班、车次等相关信息以及接站人员与交通工具。

（3）确定会展现场接待内容、流程、区域和人员及其职责。

（4）确定会展旅游（如果有这个项目）路线、行程及负责人员、交通工具。会展旅游一般基于自愿原则，因此需要提前做好登记，一般分为自费项目、免费项目和嘉宾考察项目。例如，某个在天津举办的会展，其自费项目的线路是天津市精品旅游线路，供参展商选择，免费项目是提供部分天津旅游景区门票参观券。嘉宾考察有两条线路：一条是市区到杨柳青；另一条是市区到滨海新区。

（5）确定接待供应商及其职责，包括礼仪公司、酒店、餐饮服务商、旅行社。通过向参展商、观众、嘉宾推荐酒店、餐饮和旅游服务，对举办方、服务供应商、参展商、观众、嘉宾等来说可能是一种多赢选择。对于举办方来说，由于可以利用接待方的资源，所以可以节省一部分接待成本，并能够提供一些举办方不能提供的特色服务，从而进一步提高服务质量。对于供应商来说，这就意味着有了稳定、大量的客源。对于策划人员来说，通过与供应商之间的良好合作，为参展商、观众争取一定的优惠服务非常重要。它有助于提升举办方的声誉，并有助于会展今后的发展。

（6）成立统一负责接待的领导人员与机构，制定统一的接待行为规范、礼仪要求。

（二）注册

注册有以下两种形式：

（1）预注册。预注册主要通过电话、网络等方式进行。传统的预注册服务主要是举办方与参展商或举办方与观众之间，但是现代的会展预注册服务已经拓展到举办方为参展商与观众之间交流进行预约的服务。例如，德国很多会展在会展网站开设了"在线预约"功能。它是举办方为参展商和观众提供的一种网上交流功能，观众可以通过此功能在会展开幕前通知参展商，准备在会展第几天大约几点参观该参展商展位。预注册可以减少现场服务的压力，因此大型会展基本上都会开通预注册服务。预注册一定要注明注册的起止时间。在上海举办的一次大型会展上，举办方没有明确注明截止时间，且在截止日期后仍没有关闭网上注册服务功能，导致许多专业观众在截止日期后仍然注册，产生了许多无效注册号。这些专业观众到现场领取注册号时，才发现是无效注册号，结果引发了现场争执与混乱。

（2）现场注册。尽管预注册可以减少现场注册的压力，但是它并不能完全代替现场注册。注册表可以在现场填写，也可以在预注册过程中填写。即使是事先进行了预注册，有时也需要现场签字确认。现场工作人员需要确定注册人员是否已经缴纳费用。如果涉及预收款项，应将其加以标注和记录，特别注明使用的是支票、信用卡、现金还是"以后支付"等方式。如果客户没有预付，还需要现场收取费用。现场收取费用一般由专业的财务人员收取，可以集中设立相应的收取点。在注册确认无误以后，一般会发放会展标识（证件）、收据、餐券等。

被选派进行现场注册的工作人员应该是经过培训并熟悉后勤和注册工作的人。注册组工作人员必须清楚活动日程表、活动场次、工作人员职责分配、场馆位置图和洗手间等主要场所位置。在决定为注册处配备适当的工作人员时，必须考虑前来注册人员的流动情况，如注册高峰期的时间预估，高峰期之前、期间和之后的工作人员安排，与会者是否成批到达或集中报到等。在注册高峰期，要按 1∶75 到 1∶100 的比例配备工作人员。选择的注册人员应性格外向、乐于助人、着装正式。会展工作人员需要注意一些基本的注册现场的礼仪，包括：

1）应该做的事：①遵守着装要求，尽量不佩戴首饰；②乐于为他人解答问题，富有耐心；③微笑服务，用语礼貌；④不与客户发生直接冲突；⑤记住应急电话，熟悉会展现场空间安排；⑥清楚处理问题的权限，遇到不能处理的问题，交接给具有权限的人处理。

2）不应该做的事：①工作时间聊天、看书、玩手机、吃东西等；②对与会者、参展商、举办方等评头论足。

选派一名具有经验的工作人员作为调停人员，每位工作人员都应配有联络工具、急用电话号码表、展馆方位图。展览现场应设置清晰明确的指示系统，以保证与会人员能找到注册地点。注册地点必须有清楚的人员与工作分流。注册地点的标记应该至少高出地面 2m，方便人群清晰地看到该标记。

会展注册包括对参展商、专业观众的注册，也包括一些会展相关活动的注册。注册要提前准备好注册表，选择好注册时间和地点。一部分注册可以安排在酒店，另一部分注册可以安排在会展现场。在会展现场的注册需要考虑到人员分流问题。在现代信息社会，许多注册工作事先已经登记，因此注册主要是为了确认、签到，一部分注册还涉及费用缴纳。因此，注册人员还需要配有财务人员，并准备好相关发票。注册处可放"请赐名片"牌，以获取参与者的基本信息，还可放一些会展指南、会刊等资料。

在会展期间设置一个服务柜台或留言中心是十分必要的，可以提供会展的基本资料和留言。

六、会展餐饮服务

大型国际会展一般会设多处中西餐餐饮服务区。区位要以方便参展人员为主，需要考虑场馆位置、人流等因素。例如，第十三届中国国际高新技术成果交易会（简称高交会）设立的咖啡休闲区共 7 处，分别设在 1 号馆东侧、中间、西侧平台下，3 号馆平台下，8 号馆二楼平台上及 1、2 和 1、9 号馆之间的消防通道上；中西式快餐区设在 1 号馆北侧餐饮广场；馆外中西式自助餐区设在 5 楼向日葵厅。对于举办方来说，选择合格的餐饮供应商非常重要。由于会展涉及的人员相当重要，因此对餐饮卫生和安全有相当高的要求。餐饮单位一般要经所在城市食品药品监督部门审定并接受有关部门严格的现场监督，确保其能够提供安全、卫生、快捷的餐饮服务。

食品监督部门一般会提前派遣执法人员至接待单位，进行现场检查和指导。对于现场检查过程中发现的问题当场下达监督意见书，责令其立即整改到位，排除餐饮服务环节中存在的隐患。监督部门一般会对供餐单位采取全过程监管模式，主要对加工操作中的各个环节进行全面监管，包括从业人员的个人卫生、食品原料、餐具消毒、操作规范等一系列监管要点，进行全天候全时段蹲点式监管，确保餐饮服务环节的食品安全万无一失。监督的重点包括：

（1）查看是否使用过期变质的食品原料。对有异味的肉类、变质的蔬菜，如发芽马铃薯等食品原料，或者过期变质的食品原料，坚决不准其使用。

（2）严查从业人员在操作中是否按照规范流程操作，是否持有有效健康证明。对于不按照规范进行操作的行为及时制止，防止发生交叉感染；无健康证的从业人员不准上岗。

（3）严查餐饮器具的清洗消毒是否彻底。严防从业人员粗心大意清洗不到位，残留污垢，留下安全隐患。

（4）严格执行晨检制度，严防病毒携带者进入加工操作场所。

（5）严格落实留样制度，每一道菜包括面点都必须留样。

七、会展知识产权服务

会展知识产权侵权问题是举办会展应关注的一个重要问题。举办会展存在知识产权侵权的风险。例如，第107届广交会共受理涉嫌侵权投诉639宗，被投诉企业829家，认定涉嫌侵权企业530家；第114届广交会知识产权投诉500宗，611家参展企业被投诉，最终认定288家被投诉企业构成涉嫌侵权。

会展过程中的知识产权侵权主要包括以下类型：

（1）商标、地理标志侵权。商标分为商品商标和服务商标两大类，证明商标和集体商标是这两大类商标中具有特殊作用的商标。商品商标是指自然人、法人或者其他组织对其生产、制造、加工、拣选或者经销的商品经申请注册后，在该种商品上使用的标志。服务商标是指自然人、法人或者其他组织对其提供的服务项目，经申请注册取得的一种标志。集体商标是指以团体、协会或者其他组织名义注册，供该组织成员在商事活动中使用，以表明使用者在该组织中的成员资格的标志。证明商标是指由对某种商品或者服务具有检测和监督能力的组织所控制，而由该组织以外的单位或者个人使用于其商品或者服务，用以证明该商品或者服务原产地、原料、制造方法、质量或者其他特定品质的标志。商标权保护法律法规主要包括《中华人民共和国商标法》（以下简称《商标法》）《中华人民共和国商标法实施条例》《关于对外贸易中商标管理的规定》《特殊标志管理条例》《奥林匹克标志保护条例》。我国《商标法》规定注册保护原则，是指商标专用权通过注册取得，不管该商标是否使用，只要符合《商标法》的规定，经商标主管机关核准注册之后，申请人即取得该商标的专用权，受到法律的保护。除注册保护原则外，《商标法》的另一重要原则是申请在先原则。根据《展会知识产权保护办法》第十九条规定，展会投诉机构需要地方工商行政管理部门○协助的，地方工商行政管理部门应当积极配合，参与展会知识产权保护工作。地方工商行政管理部门在展会期间的工作可以包括：①接受展会投诉机构移交的关于涉嫌侵犯商标权的投诉，依照商标法律法规的有关规定进行处理；②受理符合《商标法》第五十二条规定的侵犯商标专用权的投诉；③依职权查处商标违法案件。

○ 2018年国务院机构改革方案不再保留国家工商行政管理总局、国家质量监督检验检疫总局、国家食品药品监督管理总局，组建国家市场监督管理总局。类似地，地方也进行了改革。

我国《地理标志产品保护规定》定义的地理标志产品是：产自特定地域，所具有的质量、声誉或其他特性本质上取决于该产地的自然因素和人文因素，经审核批准以地理名称进行命名的产品。相关法律法规主要包括《地理标志产品保护规定》《农产品地理标志管理办法》《地理标志产品专用标志管理办法》。

（2）专利侵权。专利权是指国家主管专利的行政部门依法授予发明者在一定时期内对其发明创造拥有的一种专有权和独占权。所涉及的法律法规主要包括《中华人民共和国专利法》《中华人民共和国专利法实施细则》《专利代理条例》《专利审查指南》。我国遵循先申请原则，即两个或者两个以上的申请人分别就同样的发明创造申请专利，专利权授给最先申请的人。我国是《专利合作条约》（PCT）成员方，外国申请人可以通过 PCT 途径向我国递交专利申请。专利可以分为发明专利、实用新型专利和外观设计专利。其中，前两类属于技术类专利，后一类为装饰类专利。发明是指对产品和制造方法所提出的一种技术上的新解决方案，它是利用自然法则在技术思想上的高度创造。发明可以分为：①物的发明，如一件新的产品、机器、设备等；②方法的发明，如一种新的制造方法、测试方式等。实用新型是指对产品的形状、构成或其组合做出的革新设计。它只针对有形的实物而言，不包括制造方法和无形的物体。外观设计专利是指对产品的形状、图案、色彩或其结合所做出的具有美感并适于工业上应用的新设计的专利。根据《展会知识产权保护办法》第十六条规定，展会投诉机构需要地方知识产权局协助的，地方知识产权局应当积极配合，参与展会知识产权保护工作。地方知识产权局在展会期间的工作可以包括：①接受展会投诉机构移交的关于涉嫌侵犯专利权的投诉，依照专利法律法规的有关规定进行处理；②受理展出项目涉嫌侵犯专利权的专利侵权纠纷处理请求，依照《专利法》第五十七条的规定进行处理；③受理展出项目涉嫌假冒他人专利和冒充专利的举报，或者依职权查处展出项目中假冒他人专利和冒充专利的行为，依据《专利法》第五十八条和第五十九条的规定进行处罚。

（3）著作侵权。著作权是法律赋予公民、法人或者其他组织因文学、艺术和自然科学、社会科学、工程技术等作品，而在一定时期内所享有的专有权利。著作权包括发表权、署名权、修改权、保护作品完整权、使用权和获得报酬权。根据《展会知识产权保护办法》第二十二条规定，展会投诉机构需要地方著作权行政管理部门协助的，地方著作权行政管理部门应当积极配合，参与展会知识产权保护工作。地方著作权行政管理部门在展会期间的工作可以包括：①接受展会投诉机构移交的关于涉嫌侵犯著作权的投诉，依照著作权法律法规的有关规定进行处理；②受理符合《著作权法》第四十七条规定的侵犯著作权的投诉，根据《著作权法》的有关规定进行处罚。《展会知识产权保护办法》第二十三条规定，地方著作权行政管理部门在受理投诉或请求后，可以采取以下手段收集证据：①查阅、复制与涉嫌侵权行为有关的文件档案、账簿和其他书面材料；②对涉嫌侵权复制品进行抽样取证；③对涉嫌侵权复制品进行登记保存。

（4）不正当竞争侵权。参展企业在会展上，对产品功能、用途、技术特征等方面的宣传过分夸大，招致同行指控其虚假宣传、欺骗性销售，涉嫌构成不正当竞争行为。

（5）商业秘密得不到保护。我国对商业秘密的保护主要规定在《中华人民共和国反不正当竞争法》第九条：经营者不得实施下列侵犯商业秘密的行为：①以盗窃、利诱、胁迫或者其他不正当手段获取权利人的商业秘密；②披露、使用或者允许他人使用以前项手段获取的权利人的商业秘密；③违反保密义务或者违反权利人有关保守商业秘密的要求，披露、使用或者允许他人使用其所掌握的商业秘密；④教唆、引诱、帮助他人违反保密义务或者违反权利人有关保守商业秘密的要求，获取、披露、使用或者允许他人使用权利人的商业秘密，《关于禁止仿冒知名商品特有的名称、包装、装潢的不正当竞争行为的若干规定》也有对商业秘密权保护方面的规定。

会展行业在国际上的划分属于服务贸易。目前，涉及会展知识产权问题的国际法律文件主要有《服务贸易总协定》（GATS）、《与贸易有关的知识产权协定》（TRIPS）以及《成立世界知识产权组织公约》等。我国已经有《著作权法》《专利法》《商标法》《广告法》《反不正当竞争法》等相关法律。2006年1月10日，商务部、国家版权局、国家工商总局、国家知识产权局共同发布第一号令，公布了《展会知识产权保护办法》（以下简称《办法》）。该《办法》明确规定，展会管理部门应加强对展会期间知识产权保护的协调、监督、检查，维护展会的正常交易秩序。展会主办方应当依法维护知识产权权利人的合法权益。参展方应当合法参展，不得侵犯他人的知识产权，并应对知识产权行政管理部门或司法部门的调查予以配合。这样会展中的知识产权保护执法就有了法律基础。《办法》第二十四条规定，对涉嫌侵犯知识产权的投诉，地方知识产权行政管理部门认定侵权成立的，应会同展会管理部门依法对参展方进行处理。第二十五条规定，对涉嫌侵犯发明或者实用新型专利权的处理请求，地方知识产权局认定侵权成立的，应当依据《专利法》第十一条第一款关于禁止许诺销售行为的规定以及《专利法》第五十七条关于责令侵权人立即停止侵权行为的规定做出处理决定，责令被请求人从展会上撤出侵权展品，销毁介绍侵权展品的宣传材料，更换介绍侵权项目的展板。对涉嫌侵犯外观设计专利权的处理请求，被请求人在展会上销售其展品，地方知识产权局认定侵权成立的，应当依据《专利法》第十一条第二款关于禁止销售行为的规定以及第五十七条关于责令侵权人立即停止侵权行为的规定做出处理决定，责令被请求人从展会上撤出侵权展品。第二十六条规定，在展会期间假冒他人专利或以非专利产品冒充专利产品，以非专利方法冒充专利方法的，地方知识产权局应当依据《专利法》第五十八条和第五十九条规定进行处罚。第二十七条规定，对有关商标案件的处理请求，地方工商行政管理部门认定侵权成立的，应当根据《商标法》《商标法实施条例》等相关规定进行处罚。第二十八条规定，对侵犯著作权及相关权利的处理请求，地方著作权行政管理部门认定侵权成立的，应当根据《著作权法》第四十七条的规定进行处罚，没收、销毁侵权展品及介绍侵权展品的宣传材料，更换介绍展出项目的展板。第二十九条规定，经调查，被投诉或者被请求的展出项目已经由人民法院或者知识产权行政管理部门做出判定侵权成立的判决或者决定并发生法律效力的，地方知识产权行政管理部门可以直接做出第二十六条、第二十七条、第二十八条和第二十九条所述的处理决定。第三十条规定，请求人除请求制止被请求人的侵权展出行为之外，还请求制止同一被请求人的其他侵犯知识产权行为的，地方知识产权行政管理部门对发生在其管辖地域之内的涉嫌侵权行为，可以依照相关知识产权法律法规以及规章的规定进行处理。第三十一条规定，参展方侵权成立的，展会管理部门可依法对有关参展方予以公告；参展方连续两次以上侵权行为成立的，展会举办方应禁止有关参展方参加下一届展会。第三十二条规定，举办方对展会知识产权保护不力的，展会管理部门应对举办方给予警告，并视情节依法对其再次举办相关展会的申请不予批准。

由于会展侵权可能延续到会展之外的时间段，而这一点对会展举办方来说难以控制，因此对于会展侵权问题的解决实际上依赖于我国整体的法治环境。但是，这并非说举办方不需要制定出严格的措施杜绝或减少会展侵权。对于组办方来说，会展知识产权保护不利除了影响会展声誉，还可能要承担相应的法律责任。如果参加展出的商品侵害了他人的知识产权，不仅参展商要承担法律责任，而且组织会展的经营者也必须承担责任。

对于组办方来说，需要在以下方面策划出有效的措施：

（1）设立法律咨询办公室，建立投诉处理机构。自1997年起，中国国际贸促会纺织行业分会在其主办的家纺面料展上设立了法律咨询办公室，在展览会现场提供知识产权咨询服务，调解各种产权纠纷，并向企业广泛宣传知识产权的相关法律法规。广交会业务办设立大会知识产权投诉接待站，负责处理知识产权纠纷。投诉站内设统筹、专利、商标和版权等专职小组，各小组根据职能承担各自工作。义博会也设立了知识产权保护办公室，制定了知识产权保护方案和处理机制。

（2）制定保护规则。作为负责任的会展组织者，应当从严把关，从始至终都应重视知识产权的保护，在招展通知书中就对参展商提出有关知识产权保护的要求，并与参展商签订有关知识产权保护的合同。仅仅与参展商签订保护知识产权协议并不能使举办方完全免责，在法律上看来，合同只是必要的证据，但很难说是充分的证据，仅有合同是不够的，还要有保护知识产权的具体章程。例如，广交会制定了健全的知识产权保护制度，出台了《涉嫌侵犯知识产权的投诉及处理办法》和《涉嫌侵犯知识产权的投诉及处理办法实施细则》，并从第102届开始，将参展企业承诺遵守知识产权保护及其措施列入《广交会展位使用责任书》，以契约形式明确参展商维权的责任和义务。为了确保参展企业遵守规则，广交会根据涉嫌侵权企业情节轻重，明确了相应的会展处罚措施。针对侵权产品，规定了自撤、暂扣、没收销毁等处罚方式；对涉嫌侵权企业，建立"黑名单"制度，规定了组团单位通报、收缴参展证件、按比例扣减或取消下一届直至6届广交会展位并在整个广交会上进行通报等处罚措施。

（3）联合政府相关部门建立现场执法队伍。例如，高交会期间，深圳市知识产权局组织有关中介机构组成会展联合执法队伍，加强对会展期间知识产权保护的协调、监督、检查，维护会展的正常交易秩序，及时处理侵权投诉，依法查处知识产权违法行为。又如，在广交会投诉站，不仅活跃着由数十人组成的专利执法队伍，还有工商、版权执法人员，连同广交会自身的工作人员，有上百人为广交会的知识产权保护辛勤工作。

（4）签署保证书。与参展商签署保证书，让参展商保证其所有参展展品、产品样本和说明书及现场演示所使用的软、硬件不存在侵犯他人产品专利权和涉嫌侵权的问题，如有违反，将自愿承担一切法律责任和相应的经济损失。这份保证书必须由参展商签字并加盖企业印章，在规定日期内寄回。这种做法表明了会展举办方的严肃立场，可以加强参展商的法律意识，如果会展发生了侵权，也可以减轻举办方的侵权责任。

【名词和术语】

组委会　执委会　政府主导型会展　市场主导型会展　会展赞助　单项赞助　多项赞助
独家赞助　招展　招商　成本导向定价法　需求导向定价法、竞争导向定价法　心理定价法
招徕定价　尾数定价　声望定价　渗透定价　投标定价　成本加成定价　边际成本定价
目标利润定价　认知价值定价　需求差别定价　可销价值倒推法　虚拟会展　新媒体

会展宣传推广　硬广告　软广告　传统媒体　新媒体　参展指南　会展证件　会刊
招展函　招商函　会展注册　线上线下　相关活动　开幕式　闭幕式　讲座　论坛
代表大会　技术研讨会　专业研讨会　新闻发布会　投资洽谈会　表演　会展运输
会展清洁　会展安保　著作权　专利　商标

【思考题及案例分析】

一、思考题

1. 简述政府型会展与市场主导型会展组织机构设置的异同。

2. 简述赞助的基本形式与赞助方案的基本内容。

3. 简述会展宣传推广的基本渠道和策略。

4. 简述招展计划的时间进度。

5. 简述会展营销的7Ps营销组合。

6. 简述会展定价方法。

7. 简述不同类型会展的相关活动策划。

8. 简述展品进出境手续。

9. 简述布展策划的基本内容。

10. 简述撤展策划的基本内容。

11. 简述会展安保、清洁、餐饮服务的基本内容。

12. 简述会展接待的基本内容。

13. 简述会展知识产权侵权类型与法律责任。

14. 举办方在会展过程中如何保护知识产权？

二、案例分析

2020年6月1日，中共中央、国务院印发《海南自由贸易港建设总体方案》，提出举办中国国际消费品博览会，境外展品在展期内进口和销售享受免税政策。如图3-4所示，博览会规划面积8万 m²，分为时尚生活展区、珠宝展区、旅居生活展区、高端食品保健品展区、省市自治区展区、综合服务展区，邀请全球知名消费品品牌参与博览会，打造多业态、多品类高端的交易平台。其中，时尚生活展区包括高档消费品、香化产品、服务、鞋、箱包、钟表、时装、家居用品、手工艺品。珠宝展区包括：①黄金、铂金、白银及其饰品；②珠宝玉石镶嵌首饰；③钻石、珍珠、琥珀首饰及制品；④宝玉石原料及半成品；⑤玉石作品及工艺品。旅居生活展区包括游艇、汽车、房车、直升机、无人机、帆船、高尔夫、户外运动装备、餐厨用具、智能家电、音频产品、视频及高清设备、电子游戏。高端食品保健品区包括酒类、软饮料、甜食及休闲食品、罐头、方便食品、茶叶、咖啡、乳制品、冰淇淋、火腿、肉制品、水产品、果蔬、燕窝、保健品、宠物用品。省市自治区展区包括各类特优消费精品、中华老字号、旅游风光。综合服务区包括物流、金融、法律咨询、商业零售、商业地产、跨境电商、检测服务。

问题：该会展展区的划分方法具有哪些特色？

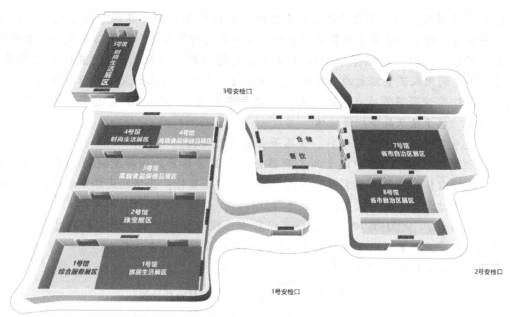

图 3-4　中国国际消费品博览会场馆展区划分图

三、材料分析

材料分析一

下列材料是某组学生为题为"第××届北方饮料展"做的宣传推广计划。

宣传推广目标：①介绍北方饮料的口味、形式，以及营养饮料的开发；②展示北方各品牌的饮料产品，提高知名度，吸引目标客户；③在我国各地区推广具有营养价值的饮料产品，打破人们对传统饮料的观念，提高人们的健康意识，同时扩大北方饮料展的知名度。

宣传推广流程：

（1）建立相关专业会展网站。

（2）召开会展相关的新闻发布会。

（3）会前尽可能与会展相关的行业媒体网站、报纸杂志、电台等合作、拍广告或建立友情链接等。

（4）印刷会展相关介绍的彩色资料，如展会邀请函、展会门票等。

（5）会前给相关专业客户寄、发、送会展相关彩色邀请函。

（6）会前，在会展开展的所在地区包括地、市、县等派人发放展会门票最少三次，包括展会开展中期一次、后期两次。

（7）会前一周之内，以电话、邮件、短信、微信、电台、报刊、条幅等各种有效推广形式，尽可能发布会展即将开幕的通知。

宣传推广方式：

（1）新闻发布。①电视媒体报道。天津电视台、天津汽车频道、天津广播电台、天津广播电台发布新闻和展会预告。②新闻报纸报道。《今晚报》《天津广播电视报》《中国技术市场报》《每日新报》《城市快报》《今晚经济周报》《求知报》《滨海时报》《天津日报》等主流媒体对会展做了详细现场报道。

（2）专业媒体宣传。①网站媒体杂志报道。环保节能协会、环保节能杂志、中国展会网、外会展网、新华会展等专业展览网站对本次会展进行了全方位、立体化宣传。②网络平台宣传。微信、微博、贴吧等新媒体宣传（如发起话题讨论），同时设置会展抢票系统。③户外广告。利用人流量较大的公共场所，如机场、车站、商业街道和广场、专业市场、市内主要街道与展馆周围等地点，通过路牌、墙体、灯箱、海报、升空气球、大型布幔、条幅、吉祥物、电子显示屏等广泛宣传。

（3）会展宣传。借助其他饮料、食品等会展进行宣传。

（4）机构宣传。①借助中国食品工业协会、中国营养产业国际交流协会等相关行业协会、组织进行宣传；②借助北京市饮料商会等相关商会宣传；③借助天津市政府的经济政策进行宣传，通过天津市政府的支持政策进行宣传。

（5）人员推广。①拜访相关饮料公司以及专业观众，进行面对面宣传；②把饮料会展的相关通告邮寄或以发送电子邮件的形式给相关饮料公司以及专业观众。

第××届北方饮料展的宣传推广计划如表3-9所示。

表3-9 第××届北方饮料展的媒体宣传计划

日 期	版 位	规 格	形 式	内 容	价格（元）
6月（前期）	后1/2版	1页	硬广告	活动宣传一稿：形象	15000
	首页顶部通过栏	960像素×60像素	硬广告	活动宣传一稿：形象	5000
	首页文字链	600字	新闻	首届北方饮料展点亮营养价值饮料	4000
	文字图片展示	10min 1200台	硬广告	活动宣传一稿：形象	80000
7月（中期）	后1/2版	1页	硬广告	活动宣传一稿：形象	15000
	资讯	半页	新闻	诸多品牌加入北方饮料展	12000
	内页	2页	专题	合适品牌的品牌故事宣传	25000
	经济新闻专刊	600字	新闻	首届北方饮料展点亮营养价值饮料	58000
	经济新闻专刊	半版	硬广告	活动宣传二稿：品牌参与、嘉宾参与方式	90000
8月（后期）	后1/2版	1页	硬广告	活动宣传三稿	15000
	经济新闻周刊	600字	新闻	开幕式启动报道	58000
	经济新闻周刊	600字	新闻	开幕式启动报道	50000
	数据库	35000条	彩信	定向邀约客户	5000
	经济新闻周刊	600字	新闻	北方饮料展成功闭幕	58000
	首页顶部通过栏+专题页	960像素×60像素	硬广告	专题页全面报道	50000
	微博	持续	信息	活动跟踪报道	10000
	内页	4页	新闻	整体报道	60000

问题：请评价该宣传推广方案。如何进一步完善该方案？

材料分析二

下列材料为某组学生为题为"第××届北方饮料展"所做的招展营销方式和进度安排。

招展营销方式：

（1）网络营销（负责人：×××）。利用会展相关网站宣传，如中国会展网、北京会展网、中国国际会展网；在行业网站上营销，如中国食品饮料网、饮料信息网、中国饮料工业协会。

（2）合作营销（负责人：×××）。与饮料行业协会和商会、招商代理、饮料行业知名企业合作；与网络媒体合作，如新华网、搜狐网、网易、腾讯、新浪网等。

（3）关系营销（负责人：×××）。成立客户关系管理机构，通过协会收集成员信息，筛选目标参展商，制订接触计划，拜访重要客户。

（4）公共关系营销（负责人：×××）。如通过发布会、社会交往营销。

招展进度安排如表 3-10 所示。

表 3-10　第××届北方饮料展招展进度安排

时间	目标进度	负责人	工作重点
招展准备工作	招展工作开始，并完成招展计划的 25%	×××	有针对性地在业内宣传，提高会展知名度，开展首轮招展攻势
招展前期工作	招展推广大规模实施，并完成招展计划的 60%	×××	进行大范围、直接支持性宣传，并与重点的潜在参展商进行接触
招展中期工作	重点客户完成招展，并完成招展计划的 90%	×××	目标明确、缩小范围，同时开始收取展位费用
招展后期工作	完成所有展位的销售	×××	催缴应收款，进行展前商家信息确认，巩固前期招展成果，实施客户跟踪服务

问题：请评价该招展营销方式和进度安排。如何进一步完善？

第四章

会展定位与品牌策划

第一节　会展定位策划

所谓会展定位，就是指对会展市场、功能、品牌等的定位，要清晰地向社会尤其是参展企业和观众表明会展"是什么"和"有什么"。

会展市场定位往往与会展功能定位相结合。从功能上看，首先要对会展是公益性还是商业性功能进行定位，由此形成公益性会展、商业性会展和两者兼有的会展。在这个基础上，可以将展览功能进一步区分为展览与展销。展览的目标顾客是业内客商，所交易的是订单，而展销的目标顾客是消费者。当然，将两者综合可以形成综合性展览。从专业展览的角度来说，可以进一步进行市场区分，包括地理细分、人口细分、行为细分、受益细分、题材细分等。例如，服装展已细分出女装展、男装展、童装展等；五金展已细分出建筑五金展、日用五金展、锁具展、装饰五金展等。即便是综合性展览，也可以在会展宗旨、主题及相关活动定位等方面形成自己的特色。例如，德国法兰克福车展打造世界"汽车奥运会"，法国巴黎车展倾向于"新概念、新技术"，瑞士日内瓦车展追求"汽车时尚、汽车潮流"，美国底特律车展注重"娱乐和舒适"，日本东京车展提倡"环保、节能"。

会展一旦定位，需要通过多年经营打造品牌。反过来，一旦形成品牌，社会对其会展定位实际上就形成了很高的认同度，从而会展定位会上升到一个更高的层次，并在激烈的市场竞争中形成较为稳定的位置。例如，在世界电影节市场中，目前已经形成被业界广泛认同的四大电影节，分别是法国的戛纳国际电影节、德国的柏林国际电影节、意大利的威尼斯国际电影节与美国的奥斯卡金像奖。尽管这些电影节都以艺术性作为其最高指标，但是在定位上各具特色。奥斯卡金像奖的正式名称是"电影艺术与科学学院奖"。美国电影界知名人士于1927年5月在好莱坞发起了一个非营利组织，后定名为电影艺术与科学学院。它的宗旨是促进电影艺术和技术的进步。学院决定对优秀电影工作者的显著成就给予表彰，并设立了"电影艺术与科学学院奖"。因此，它实际上是由一个非营利的专业组织设立的美国本土奖项，类似于我国的"华表奖"。然而，由于美国好莱坞在世界电影市场中的独特地位，所以其影响又是世界性的。威尼斯国际电影节创办于1932年，是世界上第一个国际电影节。该电影节的宗旨是"电影为严肃的艺术服务"，每年都提出不同的口号，而评判标准很纯粹：艺术性。威尼斯电影节逐渐形成了自己独特的传统：它聚焦于各国的电影实验者，鼓励他们拍摄形式新颖、手法独特的影片，哪怕有一些缺陷，只要有创新，就能够被电影节所接纳。戛纳国际电影节创立于1939年，最高奖是"金棕榈奖"。戛纳国际电影节举办初期，是各国选送自己的电影来参赛。1972年，总代表莫里斯·贝西（Maurice Bessy）、电影节主席法伍尔·勒·布埃（Favre le Bret）和董事会毅然决定戛纳国际电影节自此将是参赛影片提名的唯一决策者，自行在全球范围内提名参赛影片。除了评奖，戛纳国际电影节在电影论坛、电影展、音乐会等方面也具有特色。柏林国际电影节于1951年由阿尔弗雷德·鲍尔（Alfred Bauer）发起筹划创立。柏林国际电影节最重要的部分是由全世界范围电影参与的竞赛单元，在竞赛结束后，由国际性的评委会颁发电影节主要奖项。其中，主奖有"金熊奖"和"银熊奖"。"金熊奖"授予最佳故事片、纪录片、科教片、美术片；"银熊奖"授予最佳导演、男女演员、编剧、音乐、摄影、美工、青年作品或有特别成就的故事片等。主奖之外，还有国际评论奖、评委会特别奖等。

会展定位往往可以与国家发展战略相结合，尤其是与国家区域发展战略相结合。这种结合不仅拓展了会展的社会价值与功能，而且还会得到国家的支持。例如，中国—东盟博览会是迄今为止在我国举办的唯一以中国—东盟自由贸易区为主题的国际经贸盛会，也是唯一由多国政府共办且长期在我国举办的盛会。每年在广西南宁举办，以"促进中国—东盟自由贸易区建设，共享合作与发展机遇"为宗旨。这种定位给中国—东盟博览会的发展提供了坚实基础。又如，中国吉林·东北亚投资贸易博览会（简称东北亚博览会）的定位具有如下特色：①东北亚博览会是国家级大型会展，是东北地区唯一由国务院批准、以东北亚区域合作为品牌、展示振兴东北地区等老工业基地商机的盛会；②东北亚博览会是国际性区域会展，立足东北亚，面向全世界，以东北亚区域为基础，紧紧围绕东北地区现代制造业、农产品深加工、现代中药和生物制药、光电子信息等产业，突出经贸特征，突出东北亚区域特色，突出东北产业特点，使参与者通过博览会寻得商机，获得发展，实现共同繁荣；③东北亚博览会是集商品展示、投资洽谈、专业会议、文体活动为一体的综合性会展。从这些特色可以看出，东北亚博览会的定位与国家振兴东北和促进东北亚发展的战略相一致。

第二节　会展品牌和品牌会展

一、会展品牌

会展品牌是一种用于识别某项会展产品和服务，并使之与竞争者形成差异的名字、规则、标记、符号、样式等要素的综合体。品牌不仅仅是一种名称、术语、标记、符号或设计，还代表了产品属性与功能、企业理念与文化、顾客期望与情感。具体说来，会展品牌具有以下内涵：

（1）以会展服务品质为基础，构成会展品牌属性。

（2）以会展定位为基础，构成会展品牌个性。

（3）以满足参展商、观众等需求为基础，构成会展品牌价值。

（4）体现了会展主办方的经营理念、社会价值与责任，体现了会展主办方与会展自身的风格、精神与情感，体现了品牌背后的会展文化。因此，会展品牌是在由会展活动者、会展项目和会展环境构成的场景中形成的。

会展品牌既需要以会展自身的内涵为基础，也需要以会展口号、形象标志、符号、网站等形象化的载体为表征。会展品牌定位包括：

（1）特色定位。它是根据会展所具有的某一项或几项鲜明的特色来定位的。例如，某西部农产品展的特色定位为两个方面：一是定位为西部特色农产品展销会，其特色是主要展销现代农业各种特色农产品、高科技农业设备设施产品等；二是将会展品牌形象定位为特色高科技生态绿色农产品。

（2）利益定位。它是直接将会展能够带给参展商和观众的主要利益作为会展定位的主要内容。

（3）功能定位。会展具有成交、信息、发布和展示四大功能。如果四大功能中的一项或几项特别突出，可以用来定位。

（4）竞争定位。它是参考本题材会展中某一与本会展具有竞争关系的会展的品牌形象来定位本会展的品牌形象。

（5）品质价格定位。很多时候，价格是品质好坏的反映，因此可以根据会展的"性价比"来定位。比如，将会展品牌定位为"高品质高价格"，或者定位为"高品质普通价格"等。

（6）类别定位。将本会展与某个特定类别的会展联系起来，将会展市场分成若干细分市场，如出口型会展、国内成交型会展、地区型会展等。

会展品牌定位策略主要有：

（1）首席定位策略。这是使本会展品牌处在同类会展的"第一"或者"霸主"地位，强调权威性、专业性、新产品与新技术的集聚性以及产业发展的代表性。

（2）比附定位策略。这是攀附名牌的定位策略，即办展机构通过各种方法同某个知名品牌会展建立一种内在联系，使本会展品牌在某一领域内迅速进入消费者的视野，占领一个牢固的位置，借名牌之光使自己的品牌生辉。

（3）市场空当定位策略。这是办展机构寻求市场上尚无人重视或未被竞争对手控制的位置或者领域，使自己的会展品牌能适应这一潜在目标市场的需要。

（4）功能定位策略。这是通过向消费者强调会展的功能来进行定位。

（5）品质价格定位策略。这是将会展的品质和价格结合起来定位会展品牌。

（6）档次定位策略。这是按照品牌在消费者心目中的等级层次，将会展品牌分成高、中、低不同档次，不同档次的会展品牌可以给参展商和观众带来不同的心理感受和体验。

（7）利益定位策略。这是致力于满足参展商和观众的某种利益，通过向他们承诺利益点上的诉求，以突出会展品牌的个性和价值。

（8）竞争定位策略。这是针对现有竞争者的品牌定位来进行本会展的品牌定位。

二、品牌会展

品牌会展是指具有一定规模，能代表行业的发展动态，能反映行业的发展趋势，对行业具有指导意义并有较大影响力的会展。

1. 品牌会展的特征

（1）具有较高的知名度。品牌会展应该在一定区域内具有较高的知名度、美誉度、忠诚度和较大的影响力，能得到业界的普遍肯定和认可。

（2）具有较大的规模与较好的结构。判断标准包括会展面积、参展商和观众数量及构成等。

（3）具有较强的权威性。品牌会展在同类会展中，在推动产业发展、展示信息提供、产业界议程界定等方面具有很高的权威性，能够代表行业发展方向。

（4）具有规范的服务和完善的功能。在服务流程、服务质量的规范化、标准化方面经得起业界标准的考验，甚至具有引领业界标准规范化发展的地位。

2．品牌会展的标准

（1）有行业协会和政府主管机构的支持。

（2）代表该行业的发展方向。

（3）提供专业的展览服务。

（4）有行业媒体及大众媒体的强力参与。

（5）获得国际展览业组织的认证，如 UFI 认证。

（6）具有先进的品牌营销策略和品牌管理技术，并坚持长期品牌发展战略。

3．品牌会展的建立

建立品牌会展包括两个阶段：一是品牌塑造阶段，即打造和形成品牌展览会的过程；二是品牌维护阶段，即维持、巩固和发展品牌展览会的过程。

在第一个阶段，即品牌塑造阶段，需要做的工作包括：

（1）促使会展活动与产业发展紧密结合，建立品牌塑造的产业基础。将会展展示重点、相关活动策划与产业发展趋势、政策支持等相联系，寻找产业发展的核心问题，通过鲜明的会展主题设计，努力将会展打造成产业议程形成的中心。

（2）寻求行业协会、政府相关机构等权威机构的支持。

（3）大力吸引行业内知名企业参与。会展知名企业的参与程度将决定一个会展的参加者质量，决定会展的市场影响力。

（4）加强专业观众的组织。与贸易商、采购商、批发商、科研教育人士等围绕会展形成相互信任的合作网络。

（5）选择有竞争力的会展供应商并形成相互信任、互惠互利的合作网络。这些供应商包括场馆、物流、安保、礼仪、旅游、搭建、赞助商等。

（6）开展强势的媒体宣传，提升品牌的知名度。知名度是指某一会展品牌被参展商和观众知晓的程度，反映会展品牌能被潜在客户认出或记起的程度。知名度程度包括无知名度、提示知名度、未提示知名度、第一提及知名度。

（7）强化会展现场服务，提升会展品牌认知度。认知度就是参展商和观众对会展整体品质或优越性的感知程度，也就是目标客户对会展品牌内涵的全面、深入理解的程度。

（8）强化会展形象识别系统设计与管理，塑造良好的品牌形象。

在第二阶段，即品牌维护阶段，需要做的工作包括：

（1）培养客户的品牌忠诚度。①不断根据客户变化的需要，满足客户需求；②对会展质量常抓不懈，保证会展质量不变；③信守企业承诺，塑造良好的企业形象；④通过各种方式密切与老客户的关系，发掘潜在客户。

（2）在保持会展核心特色的基础上，不断丰富会展特色，在服务、主题、相关活动、营销、展示技术、知识产权保护等方面不断创新，形成有特色的会展文化。

（3）加强品牌保护意识。①注重对会展名称、商标、标志等的注册和保护；②培育核心竞争力，创造不可模仿的品牌价值；③用法律手段保护会展品牌，打击假冒会展，并培养知识产权保护方面的专门人才。

（4）升级会展认证层次，规范会展过程标准。争取业界最有信服力的认证，争取在会展过程标准方面成为业界最高标准。

第三节　会展品牌形象策划

一、会展品牌形象

所谓会展品牌形象，是指在会展服务过程中在目标客户心目中形成的对会展独特的有价值的形象。这包括会展外在形象、会展企业形象、会展宣传形象等。它本质上是人们对会展及其企业、人员等形成的一种认知。作为一种认知，它反映了人们的体验、记忆和联想。在现代社会，这种形象可以通过沟通与传播来扩散。这种传播与扩散可以将对会展个性化的体验升华。

品牌的性质是创立会展品牌形象策略的出发点。而品牌形象自身具有依附性、异化性和延伸性。品牌形象的依附性是指它要依附于会展或会展举办方。因此，会展品牌形象的声誉来自会展品质与会展举办方的声誉与势力。例如，在德国，存在许多会展品牌公司，这些公司举办的品牌会展有的有几十个。品牌形象的异化性是指品牌一旦被参展商和观众所接受，品牌所代表的会展声誉就转化为品牌声誉，品牌形象就成为会展品质、价值和文化的象征。品牌形象的延伸性就是它会延伸到同一举办方举办的其他会展。

对于同时举办多种会展的会展组织来说，在处理会展品牌形象时可采用以下策略：

（1）个别名称品牌策略。给一个会展创立一个独有的品牌名称，并给予它们不同的市场定位和营销宣传策略。

（2）产品线品牌策略。给同一类题材中密切相关的一些会展以相同或相似的市场定位，采用相同或相似的营销和宣传策略，服务于一些彼此有密切联系的目标市场。

（3）分类品牌策略。给处于相同水平和层次的一些会展以同一个品牌，使所有会展都使用不同类别的家族品牌，是一种不同类别的家族品牌策略。

（4）伞状品牌策略。给不同题材的会展冠以同一个品牌，是一种统一类别的家族品牌策略。

（5）双重品牌策略。将所有会展置于同一个母品牌下，再给每个会展一个子品牌，形成每个会展都同时拥有两个品牌的双重品牌结构。

（6）担保品牌策略。与双重品牌类似，但是在担保品牌策略下，在市场上起主要作用的是子品牌，母品牌只是对所有子品牌起担保作用。

二、会展品牌形象识别

会展形象识别（CI）是指那些能在形象上区别于其他会展的理念、行业、标志等表征系统。这一表征系统具有两个最基本的功能：一是联想功能，即将某一标志、行业等与特定会展相联系；二是区分功能，即通过表征系统区分会展。具体包括以下系统：

（1）理念识别（MI）。它是会展宗旨、办展理念、会展定位与发展战略、会展服务理念、主办方的经营哲学等观念系统的对外展示。例如，人们听到"真诚到永远"就想到海尔，听到"让我们做得更好"就想起飞利浦。

（2）行为识别（BI）。它是会展办展行为的对外展示，主要由会展招展招商行为、营销行为、现场服务行为等构成。

（3）视觉识别（VI）。它是通过一种视觉化的符号、图案、色彩和文字等来展示会展特征的一种方式。它主要包括会展的现场布置、会展 logo、会展标准色、会展标准字、会展标准信封、会展吉祥物、会展广告设计等。它强调设计上的规范性、目标性、视辨性、美观性和合法性。一方面，要求在设计会展名称、品牌标志、标准字体、印刷字体、标准图形、标准色彩、宣传口号、经营报告书和产品说明书等时刻围绕此次会展的理念、宗旨展开；另一方面，要求招展参展产品及其包装、生产环境和设备符合此次会展品牌的理念。另外，展示场所和器具、交通运输工具、办公设备和用品、工作服及其饰物、广告设施和视听资料、公关用品和礼物、厂旗和厂徽、指示标识和路牌等应用系统也应符合此次会展的宗旨，加强会展品牌展示。

（4）听觉识别（AI）。它是通过声音及以声音为主要传播手段的媒介来展示会展的一种方式，包括主题歌曲、宣传传播、会展标志音乐等。例如，某西部农业品展览邀请陕西省著名作曲家谱写独属于中国西部特色农产品展销会的会歌，并在整个会展过程中播放。

会展的 MI、BI、VI 和 AI 作为会展 CI 的四个有机组成部分，它们相互联系、相互影响，在精神、内容、形式、色彩上要和谐与统一。

有时候，会展品牌识别系统还包括客户满意度（CS）。要求在会展前期、中期和后期专门做客户满意度问卷市场调查工作，并根据调查提供有针对性、高质量、高标准的服务来提高客户满意度，通过满意度认同识别会展。这就需要：①让办展工作人员和服务委托商树立客户满意理念；②充分发挥会展功能，提升会展品质；③既重视新客户，更要设法留住老客户；④建立专门机构，征询客户意见，不断丰富与更新客户数据库，并有针对性地提供相应服务；⑤围绕会展举办一些公益或公关活动，这有助于获得客户认同。CI 和 CS 的区别如表 4-1 所示。

表 4-1　CI 和 CS 的区别

对 比 项 目	CI	CS
导向	会展导向：由内而外	客户导向：由外而内
目标	会展形象展示	由客户满意而对形象认同
策划基点	识别	认同
特点	形象	体验与情感
操作	单向传播	双向沟通
关注点	客户注意	注意客户
系统	相对封闭系统	动态开放

三、会展品牌形象宣传

会展品牌形象需要通过宣传传播给目标受众。在宣传过程中需要注意：

（1）忠于会展品牌个性。会展品牌个性是在会展品牌定位的基础上对会展品牌形象定位的深化，是会展品牌所具有的稳定特征，也是最能体现会展品牌形象差异性的内容。会展品牌个性包括直接相关因素与间接相关因素。前者包括会展类别、会展服务、会展价格、会展品质和功能等；后者包括办展单位形象、参展商来源与构成、会展 logo 等。会展宣传要忠于会展品牌个性，并贯穿于会展宣传过程中。

（2）尽量提供有形线索。会展品牌和个性都是无形的，需要通过会展品牌识别系统有形地展示出来。因此，在会展宣传过程中，需要合理地提供这些有形线索，将会展品牌和个性展示出来。从这个角度来说，宣传的过程也是一个展示的过程。

（3）只承诺会展品牌能够提供给客户的服务。宣传的过程也是一个会展内容与服务的承诺过程，因此，宣传推广需要注意宣传内容的可行性、可操作性、可实现性。这就需要对宣传内容进行评估，通过评估来确定宣传内容。

（4）重视口碑传播。口碑传播需要在会展过程中通过高质量的服务让客户有较深的认同。在此基础上，通过对参展商、观众的访谈，通过对会展意见领袖的培育等方式，推广会展口碑。

（5）注意对内宣传推广。会展宣传内容不仅要对外，也要对内。如果内部员工对宣传内容或会展品牌不予认同，其负面言行将对会展品牌形象造成严重影响，有时甚至是致命影响。因为这种言行往往具有内幕信息的特征，对于外部人员来说具有较高的可信度。

（6）保持宣传推广的连续性和一贯性。要避免宣传内容不一致、不连续的情况。宣传不一致会大大降低品牌的可信度，而不连续会降低宣传的效果。

（7）综合利用多种宣传媒体。品牌形象宣传包括传统媒体与新媒体、人员推广与公关推广等多种渠道，因此需要进行整体策划。

第四节　会展品牌保护

常见的侵权行为包括：①侵权会展标志的行为。如出售未经授权的纪念品、门票等，擅自将会展标志用于商业目的、借助成功会展标志给自己企业、网站命名。[⊖]②品牌展会名称被侵权。

从法律的角度来说，我国关于会展品牌保护的法律主要涉及《中华人民共和国商标法》（简称《商标法》）《中华人民共和国反不正当竞争法》（简称《反不正当竞争法》）《特殊标志管理条例》《展会知识产权保护办法》等。其中，《展会知识产权保护办法》于2006年通过，2011年进行了修订。不过，《展会知识产权保护办法》主要是针对展会举办期间侵权行为的规范，对会展自身品牌方面仍缺乏相应规范。《商标法》和《反不正当竞争法》主要是从会展名称和标识方面进行保护。《特殊标志管理条例》是针对国务院批准举办的全国性和国际性的文化、体育、科学研究及其他社会公益活动所使用的，由文字、图形组成的名称及缩写、会徽、吉祥物等标志。也就是说，一般性、商业性会展的标志不在该条例的保护范围之内。《反不正当竞争法》第六条规定，经营者不得实施下列混淆行为，引人误认为是他人商品或者与他人存在特定联系：①擅自使用与他人有一定影响的商品名称、包装、装潢等相同或者近似的标识；②擅自使用他人有一定影响的企业名称（包括简称、字号等）、社会组织名称（包括简称等）、姓名（包括笔名、艺名、译名等）；③擅自使用他人有一定影响的域名主体部分、网站名称、网页等；④其他足以引人误认为是他人商品或者与他人存在特定联系的混淆行为。

⊖ 刘秋芷. 会展标识权侵权表现与法律保护探析［J］. 广西民族大学学报，2014（7）：161.

《商标法》第十条规定，下列标志不得作为商标使用：①同中华人民共和国的国家名称、国旗、国徽、国歌、军旗、军徽、军歌、勋章等相同或者近似的，以及同中央国家机关的名称、标志、所在地特定地点的名称或者标志性建筑物的名称、图形相同的；②同外国的国家名称、国旗、国徽、军旗等相同或者近似的，但经该国政府同意的除外；③同政府间国际组织的名称、旗帜、徽记等相同或者近似的，但经该组织同意或者不易误导公众的除外；④与表明实施控制、予以保证的官方标志、检验印记相同或者近似的，但经授权的除外；⑤同"红十字""红新月"的名称、标志相同或者近似的；⑥带有民族歧视性的；⑦带有欺骗性，容易使公众对商品的质量等特点或者产地产生误认的；⑧有害于社会主义道德风尚或者有其他不良影响的。县级以上行政区划的地名或者公众知晓的外国地名，不得作为商标。但是，地名具有其他含义或者作为集体商标、证明商标组成部分的除外；已经注册的使用地名的商标继续有效。因此，在注册会展商标时，名称和标识不要违反这些规定。《商标法》第二十二条规定，商标注册申请人应当按规定的商品分类表填报使用商标的商品类别和商品名称，提出注册申请。《商标法》第二十八条规定，对申请注册的商标，商标局应当自收到商标注册申请文件之日起九个月内审查完毕，符合《商标法》有关规定的，予以初步审定公告。《商标法》第二十五条规定，商标注册申请人自其商标在外国第一次提出商标注册申请之日起六个月内，又在中国就相同商品以同一商标提出商标注册申请的，依照该外国同中国签订的协议或者共同参加的国际条约，或者按照相互承认优先权的原则，可以享有优先权。

一般说来，可以通过如下途径寻求法律保护：

（1）商标注册。与会展密切相关的商标分类一般集中在第 35 类（即"广告、商业经营、商业管理、办公事务"类）、第 41 类（即"组织和安排教育、文化、娱乐等活动"类）。以 2019 年商标分类表为例，第 35 类主要与展览、交易会相关，主要在"工商管理辅助业"目录下，包括组织商业或广告展览（350064）、组织商品交易会（350082）等。以 2019 年商标分类表为例，第 41 类主要与会议、培训、表演、赛事活动相关，包括组织教育或娱乐竞赛（410010）、安排和组织学术讨论（410044）、安排和组织会议（410045）、安排和组织大会（410046）、组织文化或教育展（410051）、安排和组织专家讨论会（410070）、安排和组织专题研讨会（410072）、安排和组织培训班（410076）、组织表演（演出）（410083）等。将会展名作为商标注册，主要包括：①会展名称中加字号。例如，"珠海凌云航空港"。由此可以将字号部分作为商标申请或将地名以外的部分会展名称注册为商标（字号以外的部分放弃专用权）。②用地域别名来命名会展。例如，有人将"关东文化旅游节"作为商标注册并获得了成功。③将具有独创性和显著性的会展名称注册为商标。○

（2）企业名称保护。根据《企业名称登记管理规定》和《企业名称登记管理实施办法》，企业名称经核准登记注册，在规定的范围内享有专用权。因此，举办者可以考虑将特定的会展名称作为项目公司的名称予以注册，从而获得名称权。例如，通过注册"浙江五金工具展览会有限公司"获得"浙江五金工具展览会"的名称权。○

除了法律保护，政府还可以行政手段扶植和保护会展品牌。政府可以采取以下措施扶植会展品牌：①建立政府办展退出机制和向市场化运作转变机制，改变运营环境，依托市场力

○ 陈新农．会展品牌识别标志的法律保护［J］．中国会展，2007（21）：59.
○ 陈新农．会展品牌识别标志的法律保护［J］．中国会展，2007（21）：59.

量发展区域会展行业。②推进国际合作，主导融入国际会展市场和行业标准。一是推进区域内会展企业与全球展览业协会（UFI）、国际大会及会议协会（ICCA）交流合作，搭建国际化交流平台，引进国际品牌企业、展览会、国际性会议，促进有条件的企业进入国际中高端展览市场；二是学习国际品牌会展评估指标体系，推动行业评价和融入国际化因素。③通过多元融资、重组、合并、参股等方式，培育一批具有竞争力会展企业，扶植一批具有竞争力品牌会展项目。④优化会展场馆和产业空间布局，推动会展产业和其他产业融合，提升区域内会展产业的集聚效应，提升区域内会展整体品牌效应。⑤建立健全相关财政金融保障机制、统计监测机制、公共服务保障机制等，为品牌会展发展提供良好的政府服务环境。从会展品牌保护的机制来看，为了避免重复办展，需要建立良好的会展业协调机制、合理的档期规避机制等。

【名词和术语】

会展定位　会展品牌　品牌会展　品牌形象　MI　CI　BI　VI　AI　CS　UFI　ICCA　会场标志

【思考题及案例分析】

一、思考题

1. 如何进行会展定位？
2. 简述会展品牌与品牌会展的含义。
3. 简述会展品牌形象识别系统的构成。
4. 简述会展品牌形象宣传的注意事项。
5. 如何进行会展品牌保护？

二、案例分析

案例一　中国义乌国际小商品博览会

历史上的义乌，是一个典型的穷乡僻壤、人多地少、资源贫乏的地区。为了生计，当地人利用仅有的资源优势——甘蔗与大枣，制糖并加工成糖块。一些人挑起装有各种各样糖块的担子，摇着"拨浪鼓"，远走他乡，以糖换物。20世纪六七十年代，计划经济条件下的供求差距成全了义乌"敲糖帮"的生存空间，也丰裕了小商品市场自发形成的土壤。1982年，义乌市政府提出了"以商兴市"的发展战略，推出了"四个允许"的政策：允许农民进城经商、允许开放城乡市场、允许农民经销工业品、允许长途贩运。这种制度为以后小商品市场的发展奠定了基础。当时的义乌小商品市场形态还是一种沿街设摊式的马路市场。1984年以后，政府采取管办结合，筹资建设了第二代市场，同时政府直接进行市场微观管理，并深化"兴商建市"的内涵，进一步提出了"以商兴工、以商转工"的政策。随着市场的发展，为了适应经济发展的要求，政府实行了管办分离，建立了股份有限公司（商城集团），使市场的运作模式进入企业化经营管理阶段；在市场管理中推行"划行归市、分类经营"的措施，按商品类别划分经营区域，同类商品在同一经营区经营；并且市场管理部门开展了打击制假贩假活动，不遗余力打造信用市场，从传统买卖发展到现代网上交易，"买全国货，卖全国货"的商业模式逐步形成。这样，义乌小商品市场发展成了全国性的大市场。1999 年，国家放开了对私营企业的进出口权的管制，我国的进出口贸易进入了一个崭新的阶段。在这样的形势下，义乌市政府开始实施"外贸带动"策略，大力发展外向型经济。同时，政府依托小商品专业批发市场的优势，有意识地发展会展业，走"以贸兴展、以展促贸"的新路子，举办了中国小商品博览会和各类专业性展会，吸引了来自全球的商人甚至世界 500 强企业来义乌小商品市场采购。义乌小商品市场正式走上了国际化的道路。

义博会最初源自义乌市场管理层提议搞一个中国小商品城名优新商品展示会，活跃一下气氛。这一提议得到了市政府大力支持，并出台了《关于组织举办中国小商品城名优新商品博览会的通知》（义政办发〔1995〕5 号文件）。之后成立了由政府官员构成的组委会，下设办公室、招展组、宣传组、后勤组、市容保卫组。组委会成立以后，负责人南下东莞招展，最终招得境外 16 家企业，广东、福建、上海三地 124 家企业，以及义乌当地 40 家企业，共 348 个展位。第一届达到了预期效果，为了进一步扩大影响，经政府努力争取，与内贸部流通司、市场司达成共识，积极筹办第二届义博会。义乌市政府在场地建设方面以土地成本价出让相关土地，以政府贴息方式提供建设贷款，大力建设周边配套设施，并将展场按经营性资产进行运作。从 1998 年第四届义博会起，义乌市政府退居为协办单位。不过，后来义乌市政府和浙江省商务厅一起成为承办单位，主办单位也升格为中华人民共和国商务部、浙江省人民政府、中国国际贸易促进委员会、中国轻工业联合会、中国商业联合会。组委会下设综合业务部、展览事务部、环境卫生部、后勤接待部、安全保卫部、对外联络部。展务实际执行由义乌小商品城展览有限公司（简称商城展览公司）负责。该公司是浙江中国小商品城集团股份有限公司（简称商城集团）旗下控股企业，是国际展览联盟（UFI）、国际展览与项目协会（IAEE）会员企业。商城展览公司自 1998 年创办以来，历经多年精心打造，现已发展成为集国内组展、海外出展、展览配套服务于一体，业务范围一条龙的专业展览企业，走出了一条"以贸兴展、以展促贸"的会展业新路子。2016 年 3 月，为深化企业机制改革，优化会展业资源配置，增强公司竞争力，商城集团将原义乌国际博览中心、义乌国际小商品博览会有限公司、商城展览的经营业务统一整合为一家公司即商城展览公司，主要承办中国义乌国际小商品博览会（UFI）、中国义乌进口商品博览会（UFI）、中国义乌国际森林产品博览会（UFI）、中国国际五金电器博览会、海外展等展会，并从事展馆租赁和各类会展服务。

到 2001 年，中国小商品城会展中心在博览会上启用时，参展企业首次超过了 1000 家，来自国内外 7 万多名贸易代表参会，其中专业采购团多达 40 余个，5 天共实现成交额 43.68 亿元。2003 年，义博会成交额更是达到了创纪录的 62.2 亿元。

义博会为展示义乌本地企业形象搭建了舞台。2001 年，浙江新光饰品有限公司一举以 10 个展位的规模，成为该届展会上与会客商关注的焦点。2002 年，中国袜业首个驰名商标"浪莎"把内衣秀现场设在了义博会的展馆，浙江华鸿以绿色的设计基调展现了其"绿色工艺品"经营理念。2003 年，梦娜、宝娜斯、双童、银尔、河马等一大批义乌企业预订多个展位，投入布展费用 10 余万元，以脱颖而出的气势展示了其形象和实力。从 1995 年仅 40 家义乌企业参展到 2003 年近 1000 家企业到会，即使义博会大幅提高了参展门槛，当地企业仍然依靠产业升级昂首进入。2004 年义博会围绕"面向世界、服务全国"的目标，突出展会的"国际化、专业化、品牌化"，取得了显著成效。国内外媒体广泛关注，吸引了70余家国内外媒体、120余名记者的目光，首次创办了英文会刊，在线义博会点击率大幅攀升，访问量达20多万人次；首次设立了电子商务区，共有40个展位，中国国际电子商务网、新加坡环讯等23家知名电子商务网站参展，对促进成交发挥了积极作用；首次设立了定点采购区，麦德龙、欧尚、乐购、上海联华4家连锁超市分别组织了阵容强大的采购队伍，在定点采购区与参展商面对面洽谈，与1200多家企业实现了贸易配对。

2011年，义乌工商部门通过编制《品牌规范法律法规选编》、制作《易侵权商标目录》、开展外向型企业品牌备案、建立品牌指导站等方式，为企业提供靠前、便捷、高效的品牌指导服务，帮助企业育牌、创牌、用牌、护牌。为适应新的发展形势，义乌市工商局制定了《义乌市实施商标战略促进经济发展的若干意见》并上报义乌市政府，进一步明确了今后的商标发展目标和采取的具体措施。而作为2011年工商部门推进国际贸易综合改革试点的一项重点工作，义乌市工商局还积极推动义乌争创"国家商标战略实施示范城市"。2015年通过了《义乌市人民政府关于促进"浙江制造"品牌建设的实施意见》。2016年年底，义乌市政府正式下发《义乌市促进会展业发展联席会议制度》。《义乌市会展业发展"十三五"规划》作为市重点规划，于2017年9月经义乌市政府审核批复下发全市各相关单位；12月1日，义乌市政府办公室下发《关于进一步促进会展业改革发展的实施意见》《义乌市会展业发展专项资金使用管理办法》和《义乌市展览活动管理办法》。

2019年中国义乌国际小商品（标准）博览会名称中加了"标准"两个字，成为"第25届中国义乌国际小商品（标准）博览会"。其中，高大上的D1主题馆最具代表性，首设的"标准创新（家用电器）主题展"和"品字标"义乌展区都值得一看，尤其是汇聚了苏泊尔、格力、松下、科沃斯、老板、海尔等国内外家电领域34家主流企业的标准创新展区，各种智能家电令人大开眼界。主题馆内的"品字标浙江制造"展区已连续4年在义博会上亮相，2019年共有42家企业参展，其中专设的"品字标"义乌展区是"义乌制造"的"门面担当"，分设健康时尚、家居生活、美丽装扮和先进制造四大区块，共有25家企业参展，汇聚了双童、华灿光电、长江制笔、宝娜斯等名企。

（资料来源：王勇. 多角度透视义乌国际小商品博览会的历史沿革与发展 [J]. 生产力研究，2007（13）：58-59.

义乌品牌建设2011成为"丰收年"，中国经济网，http://news.10jqka.com.cn/20120109/c525429584.shtml.

中国义乌国际小商品（标准）博览会官网资料，http://www.yiwufair.com/about/znjg/.）

问题：义博会品牌化成功的经验是什么？进一步查找相关资料，策划出一个义博会品牌提升与延伸方案。

案例二　中国国际日用消费品博览会与中国义乌国际小商品（标准）博览会的品牌形象要素

一、中国国际日用消费品博览会（消博会）的品牌形象要素

1. 会徽

消博会会徽（见图4-1）以五个人的形体组合为基本造型，五种基本元素及五种颜色代

表五大洲，突出消博会的国际化及日用消费品的丰富多彩。整体形象有如一项皇冠，又似盛开的莲花，蕴含着消博会的档次和水平。

图4-1 消博会会徽

2. 吉祥物

图4-2从左到右依次为第三届至第六届消博会吉祥物"小拨郎"，取材于我国传统民间生活的促销器物"拨浪鼓"，取材本土化、民俗化，设计时尚化和卡通化。展会拥有吉祥物不稀奇，但把吉祥物图案注册成商标，消博会是较早做到的展会之一。

图4-2 消博会吉祥物

3. 展区基本色调

消博会在展区布置上色调统一，包括布幔、摊位、地毯、立柱、广告牌以及小小的导视标志。例如，2004年，消博会各大展区形成六种统一的色调，分别为粉色、绿色、蓝色、灰色、紫色、黄色，主通道的色调为银灰色。

二、中国义乌国际小商品（标准）博览会（义博会）会标

义博会会标（见图4-3）含义解释：①从构图上看，整个图案为"义"字变形，又是"CIF"造型，"CIF"是"中国国际博览会"的英文缩写。②三条飘带代表三只凤凰往东方飞来，象征义博会的吸引力很大，能吸引外商像凤凰一样翩翩飞来义乌投资、置业、安家。③会徽上方的圆球表示皇冠，代表地球，象征义博会的国际性。④会标采用了我国传统"玉如意"造型，象征经营者吉祥如意。⑤"飘带"选用蓝色，象征义乌市场的商品如蔚蓝的海洋一样丰富、浩瀚无边、一浪高过一浪。

图4-3 中国义乌国际小商品（标准）博览会会标

问题：材料反映了消博会在会展形象识别（CI）策划哪些方面表现出色？请查找资料说明消博会在其他方面的做法。

第五章

参展策划

一个完整的参展策划方案应包括如下内容：①前言；②会展基本情况；③会展客户与背景分析；④参展目标；⑤参展组织与人员安排；⑥参展安排；⑦参展预算；⑧注意事项。

第一节　确定参展目标与选择合适的会展

一、确定参展目标

目标设立要与衡量指标相联系，这样可以更好地对预期效果进行评估以及明确参展任务。常见的参展目标包括：

（1）介绍新产品。相关指标包括访问展位的人数、样品的订货数量、媒体报道的次数、产品演示的次数等。

（2）建立销售模式。相关指标包括有效模式的数量、每个有效模式的成本。

（3）提高企业知名度、宣传企业理念。相关指标包括访问展位的人数、演示次数、宣传资料发放的数量、展位人员流动量、新闻报道的次数等。

（4）发掘新客户。相关指标包括新客户的数量、每个新客户的联系成本、与新客户的订单或意向书数量等。

（5）密切老客户。相关指标包括会见老客户的数量、与老客户的订单数量等。

（6）进入新市场。相关指标包括新市场客户吸引量、成交量、留下联系方式的客户数量等。

（7）获取相关信息。相关指标包括市场调查次数、竞争者数量、竞争者的新产品目录及相关信息、参与研讨会次数、参与技术与经验交流会次数、调查报告数量、有无会展信息统计分析报告等。

（8）行业协会支持。相关指标包括支持协会活动的数量与投入、协会职能部门的参与数量等。

二、选择合适的会展

1. 选择会展要考虑的因素

选择合适的会展除了要考虑参展目标外，还要考虑以下因素：

（1）观众。显然，一个会展能否吸引有效的观众相当重要。如果观众的数量和构成符合参展企业的要求，那么有 80% 的把握可以确定该企业会决定参展。可以从会展管理者、独立评价机构、展馆工作人员、参加会展的参展商那里获得观众信息。这些信息包括观众数量、来源、购买力、特征等。不同会展观众的兴趣点可能不同，因此需要了解这种区别。

（2）会展举办方的背景、举办能力和水平、信誉等因素。应选择有影响力、富有经验及对行业认知度高的组织者。对于新办会展，需要从举办方的资质和背景以及会展推广、专业观众的邀请、行业活动的组织安排到客户服务等一系列工作中对举办方的能力、可行性进行评估，尤其是要对会展的宣传推广力度进行评估。

（3）会展的历史和影响。例如，在过去的几年中，参展商有哪些、会展的效果如何等。企业应选择有影响力、知名度高、参展商多且参展商影响力大的会展。

（4）会展的时间和地点。企业通过参加会展拓展新市场，可以起到事半功倍的效果：①可以了解同行信息；②可以考察当地的市场需求和潜力；③可以通过参展期间与当地代理经销商的广泛接触，物色合适的合作伙伴。所以，参展企业需要将会展的地点和时间与自己的市场拓展计划结合起来考虑。

（5）了解业界对会展的认同程度。企业在计划参展时，应多向业内企业和人士了解参与兴趣和参展态度以及评价，判断会展品牌在业界的认同情况，从而确认该会展可能的规模与影响。

（6）参展后跟踪客户信息。参展后跟踪客户，将使参展商知道哪些会展是高回报的，哪些会展可以不参加。如果参展商有一次没有追踪客户信息，那么下次可能要花几年的时间恢复这个信息，并要多投入较多资金。

（7）会展的类型和规模。参展商根据自己的需要选择合适的会展类型和规模非常重要。

2. 参展商在选择会展过程中经常遇到的问题

（1）因为邀请而参展。对于这种情况，参展商需要学会拒绝，而不要因为面子或其他因素影响自己的合理选择。

（2）因为费用低而参展。尽管展位费、参展费低，但是参展商一旦决定参展，其他费用并不会降低。因此，如果会展所在地的市场潜力不大、会展不符合企业自身发展需要、会展质量不高，那么仅仅因为费用低而选择参展的决定可能不是一个合理选择。

（3）因为评价好而参展。会展评价主体多元，一些评价源于公关宣传效应、评价者不是专业人士，因此参展商要客观、理性地分析一些评价，有一套自己的评价标准。

（4）因为竞争对手而参展。如果会展不符合自己的参展需求，没必要因为竞争对手而参展。

参展商选择某个会展后，应与举办方取得联系，对方会传真或邮寄给报展文件。填好参展表格，返回给举办方并得以确认后，往往还需要支付全部或部分参展费用作为定金至举办方。

3. 组团参展

由于组团参展既便于管理，也有助于降低参展成本，减少参展手续，因此越来越受到举办方和参展商的青睐。此外，组团参展也有助于发挥区域或产业聚集效应，产生整体营销的效果。例如，在 2011 年郑州举办的全国药品交易会（简称药交会）上，在珠海市人民政府的推动下，珠海市医药商会组织珠海地区 15 家涵盖药品及保健品和化妆品（药妆）研发、生产、经营的企业齐聚郑州。新疆展团坚持以"新疆药、亚克西"为宗旨输出新疆制药行业的优势和资源，以"民族药、生态药、放心药"为理念输出新疆民族药有悠久的历史和神奇的功效。新疆组团由新疆银朵兰维药股份有限公司（现新疆银朵兰药业股份有限公司）牵头主办，新疆西域药业有限公司、新疆奇康哈博维药有限公司（现新疆奇康哈博维药股份有限公司）、新疆华世丹药业有限公司、新疆华世丹药业股份有限公司、新疆古纳斯维药科技有限公司、新疆南京同仁堂健康药业有限公司（现新疆金鹿药业有限公司）携手参加。又如，广西医药工商展团由广西医药工商联盟组织牵头，由其联采分销的配送单位——广西合山和煦医药有限责任公司（现广西和煦阳光医药有限公司），率广西几十家医药工商企业组团参展药交会，统一安排招商招展。

大多数组团参展由行业协会、商会、政府、龙头企业组织，也有由几个龙头企业或专业的会展公司自己组织的情况。例如，在2008年的宁波购物节上，宁波七家老字号自行组团参展。

第二节 展台设计策划

一、展台位置、类型和选择

（一）展台位置

在一般情况下，展台位置由会展组织者根据参展企业的性质、展出内容、展位面积大小以及场地申请的先后顺序统一安排划分，参展企业可以接受也可以要求更换。对于参展商来说，展台位置的选择是基于多种因素的，包括：

（1）目标因素。参展企业根据自己的参展目标选择位置。如果展出目的主要是宣传、建立品牌形象，追求尽可能高的曝光率，应该选择展馆的醒目位置和人流最多的地方。

（2）观众因素。参展企业要综合考虑参观者的流向和流量，以吸引尽可能多的目标观众。

（3）环境因素。在选择时，小的参展企业可以考虑借助大的参展企业，包括大的竞争对手吸引人流；大的参展企业可以考虑选择在小的参展企业之中，显得鹤立鸡群。如果无法选择展台位置，就要在陈列设计上下功夫，积极竞争或者避免竞争。

（4）场馆限制因素。例如，展馆的空间和高度限制，制冷、供暖、通风设施以及光线情况等，都要事先了解清楚，以及时应对或避免这些条件的限制。

（5）价格因素。好的位置收费高，差的位置收费低。如果经费有限，参展企业可能需要将收费标准列入考虑范围。

尽管对理想的位置存在一定的争议，但以下位置可供参展商选择：

（1）临近入口或出口。理论上讲，参观者势必通过这些地方，因此这些地方有绝对的人流优势，成为许多知名企业的首选之地。

（2）入口的右侧。人们习惯进门后右转。

（3）展厅中央。人流容易在此汇集，这里是有经验的参展商喜欢选择的位置。

（4）临近餐饮店。这些地方的人流量也较大。

（5）靠近竞争对手。如果相较竞争对手，参展商有明显的优势或特色，则这里也是一个可以考虑的位置，它有利于吸引有效人流。如果没有特色，并在实力上远逊于竞争对手，则远离对手的位置是一个不错的选择。

（二）展台类型

参展商预订展位时，主办单位只提供光地，不提供任何展具。所以称作光地展位；又因为参展商需自行或委托特装施工单位（也称搭建服务商或承建商）在光地展位上搭建自行设计的展台，所以又称作特装展位。标准展位一般由展会主办方统一搭建、统一配置。

（1）展台的一般分类。

1）标准展台。该类型展台成一排，面向通道，两边与其他展台相连，背部是幕布或墙。它的优点是经济实惠、简单省事；其缺点是单调统一、缺乏特色。

2）环岛型。该类型展台四面敞开，一般位于展厅的中央位置，通常都是以空地的形式提供给参展商。它的优点是展示面积最大，造型尺度、规模可以相对较大，给人宽松、自由之感；其缺点是没有可供布置的墙面。

3）半岛型。该类型展台的展位空间三面向通道敞开。它的优点是设计安排上有很大的灵活性，视野开阔，容易构成某种舞台景观，成为视觉中心；其缺点是不宜使用标准展具，可利用的展墙更少。

4）内角型。该类型展台一般位于场馆的墙角处。它的优点是两个通道的观众均可注意到展位，容易吸引观众；其缺点是需要三个展位才能达到展出效果。

5）双向通道型。该类型展台的两端是敞开的。它的优点是有良好的展示面，两边可摆放展品，观众在通道中可以边走边看，展示效果好。

6）双开面型。该类型展台一般位于走道拐弯处或十字形、丁字形通道交叉处，有相邻两面向两边观众通道敞开。它的优点是人流量比较大，视野广，比较适宜重点展品与精品的展示；其缺点是用于展示的墙面少，需要更多地使用独立展具。

（2）单独展台和集体展台。

1）单独展台。企业单独占据一块场地展出，称为单独展台。大企业的单独展台一般比较大，设计布局不会有太多困难；小企业的展台一般比较小，设计布局就有困难。最常见的问题是展台内过于拥挤，堆满了道具、展品，参观者甚至展出人员本身都很难移动。这类展台不容易吸引参观者走进展台，尤其是小企业的单独展台，需要通过设计解决场地布局使用问题。

2）集体展台。集体展台是由两家以上的企业共同占据一块场地展出，规模大的集体展台也称作展馆。集体展台在如何设计、使用场地上最费脑筋，也最具挑战性，需要协调好整体和个体的关系。集体展台的安排形式有分散型、结合型、集中型，不论采用哪一种形式，都必须统一制作企业标志板，对展台的色调、道具、布置、企业说明、文字、照片等制定统一的规定或进行统一安排。

① 分散型集体展台。分散型集体展台安排的参展者有较大的自主权。整个展馆以个体参展者为主，每一展台面积相同，每个参展企业都有自己的展示区、洽谈区、储存区。这一类展台较务实，设计比较简单，但是效果也较差，缺乏整体形象，另外，每个展台由于需要安排展示、洽谈等区域，会显得拥挤。采用这种场地安排形式，要向参展企业提出设计、布置要求和标准，争取达到较好的整体效果。这种设计比较普遍，但它不是一种值得推荐的形式。

② 结合型集体展台。结合型集体展台由参展商安排展示，组织者统一安排洽谈、储存

区域。这一类展台容易建立明显的集体形象，有利于宣传。由于统一安排了洽谈和储存区域，因此，虽然每个展示区较小，但是不显得拥挤。

③ 集中型集体展台。集中型集体展台安排的展示、宣传、洽谈、接待、办公、储存等区域全部由组织者统一设计布局，也可以设计成开放式或封闭式的。集中型的展台内不设展台小间，展品根据重要性、尺寸、数量分配面积，可以不设走道，参观者可以多方向自由走动。这种设计的优势是参观者会很想走进展台内。

（3）展台设计可以是封闭式的，也可以是敞开式的，不同的设计可以满足不同的展出需要。在消费性质的会展上，如果是展示大众产品，展台需要设计得比较开放、宽敞，以便接待大量的观众；但是如果展示的是贵重产品，展台可能需要设计得封闭一些。在贸易展览会上，如果希望树立形象、扩大影响，也需要设计比较开放、突出的展台；如果希望集中精力接待客户、洽谈贸易，则展台可以设计得比较隐蔽，以免受到外部干扰，可以比较清静、安心地进行贸易洽谈。

（三）展台选择

展台如果一年要使用 3~4 次及以上时，可以选择购买；如果计划参加几个会展，但长远目标不够明确，可以选择租买结合；如果偶尔参加，可以选择租赁；如果已经购买了展台，经常需要增加空间，可以租借所需要部件；如果需要特装展台，可以选择相关设计与搭建公司进行搭建，选择的材料最好是环保、耐火且可循环利用的。展台有铝型材结构、轻量化模块结构、桁架结构、木结构等。铝型材结构型材多样化，以铝方柱为主。其优点是环保、经济、可拆卸、可回收；缺点是结构组合有限，很多造型设计无法用铝型材搭建。轻量化模块结构以轻材料构成的材料体系为主，可用于构造不同的尺寸和空间特征。其优点是组合方式更加灵活多变，还可以与布木结构组合，视觉上更加国际化、简约时尚，具有模块化特点；其缺点是价格较高。桁架结构一般由两端连杆用铰链连接形成结构。其优点是结构简单、成本低；缺点是难以形成档次。木结构具有结构多样化、一体化，不易断裂、施工周期短等特点；缺点是不利于环保。

从节省费用的角度来说，建议如下：

（1）通过竞标的方式选择有竞争力的会展服务公司、运输公司进行设计、制作和运输。

（2）选择模块式展台，而不是定制展台，这样可以节省运输、运送和安装等费用。

（3）购买和翻新二手展台。

（4）通过缩小展品的选择范围缩小展台空间。

（5）通过与其他生意伙伴合作减少费用。

二、展台设计

展台设计包括展台外观、展台空间划分、展示手段、展台基本色、灯光等设计。

一些特殊展台设计需要由专业的设计公司进行，但是，参展商也需要根据自己展示的目的参与设计。尤其是展台设计方案与文字脚本，需要委托方与设计方多次沟通，并最终由委托方确定。文字脚本的撰写，实际上是展示设计的真正开端。一般文字总脚本的内容包括展示的目的、展示的主题、展示的主要内容、展示的重点、展品与资料范围、展示地点和时间，以及对展示设计的艺术形式、表现手法和环境氛围的要求等；细目脚本则包括每个部分的主标题、副标题、文字内容、实物和图片、图表统计等。

例如，某企业在某次展览上的展台设计脚本主要内容包括：

（1）整体设计构思。本方案应设计成具有力度的板块式来营造空间的大气感，并通过吸光和折射来体现豪气与现代化，体制展台的高贵与气派。

（2）设计理念。主基调用白、红色进行装潢，再通过灯光衬托。

（3）功能区设计要求。接待区：灯光温暖、柔和，前台打光（明亮）吸引过往眼球，前台背景用冷极光，比较柔和地展示 logo 和接待人员的笑容。洽谈区：灯光要温馨。展示区：用运动光线和静止光线表现全部产品。采用暖光源与地面相映，突出温暖气氛，用白色的吊灯采用非直接照明使整体展位显得简单但高贵。

对于策划人员来说，需要把握以下基本要求：

（1）要简洁，不要复杂。一般人在瞬间只能接收有限的信息，观众行走匆忙，若不能在瞬间获得明确的信息，就不会产生兴趣。另外，展台复杂也容易降低展台人员的工作效率。展品要选择有代表性的摆设，必须有选择，必有所舍弃。简洁、明快是吸引观众的最好办法。因此，照片、图表、文字说明应当明确、简洁。

（2）要和谐，不要杂乱无章。展台有很多因素，包括布局、照明、色彩、图表、展品、展架、展具等。好的设计是将这些因素组合成一体，帮助参展企业达到展出目的。

（3）要明确表达主题，明确传达信息。主题是参展企业希望传达给参观者的基本信息和印象，通常是参展企业本身或产品。明确的主题从一方面看是焦点，从另一方面看就是使用合适的色彩、图表和布置，用协调一致的方式给观众留下统一的印象。

（4）要突出、有焦点。展示应有中心、有焦点。展台的焦点能够吸引参展者的注意力。焦点选择应服务于展出目的，一般是特别的产品、新产品、最重要的产品或者被看重的产品。可以通过位置、布置、灯光等手段突出重点展品。

（5）要有醒目的标志。展台与众不同能吸引更多的参观者，且更便于参观者识别寻找，给走进展台的参观者留下较深的印象，并在会后触及其回忆。设计要独特，但是不要脱离企业的展出目标和商业形象。

（6）要从目标观众的角度做设计。会展设计要考虑人，主要是目标观众的目的、情绪、兴趣、观点、反应等因素。从目标观众的角度进行设计，容易引起目标观众的注意和共鸣，并给目标观众留下比较深的印象。

（7）要考虑人流安排。

（8）要考虑空间合理划分。

（9）展台要易建易拆，材料要环保、耐火。

展台设计要注意遵循以下原则：

（1）目的性原则。会展设计策划起始于展览目标的选择，落实于展览目标的实现，体现在每一个设计的细节上。需要处理如下关系：

1）处理好艺术和展览的关系。不论使用何种设计技术、技巧，不论采用何种背景（包括展架、道具、装饰），主角是展台和展品，不能喧宾夺主。展览内容不能受制于表现手法，不能突出设计而忽略展台、展品。设计好坏不在于花钱多少，不在于是否符合艺术标准，而在于展台能否体现参展企业的形象和意图，能否吸引参观者的注意，以及展品能否反映出其特征和优势。

2）处理好参展企业和设计者的关系。会展设计要求设计人员不是按自己的思路创造出一件艺术品，而是使用技术和创造性反映、表现参展企业的意图、风格和形象，达到参展企业所希望的目的。

3）处理好会展设计与会展其他工作的关系。设计人员必须明白通过设计为参展企业提供其达到展出目的的环境和条件，而且可能还需要协调与宣传人员、广告人员的工作。

（2）艺术性原则。这要求做到以下几点：

1）展台富有吸引力，令人赏心悦目，给人以良好的感觉，使人留下深刻的印象。展台设计有很多因素，需要用艺术手法去组合这些因素，使其产生最佳的视觉效果和良好的心理效应。这是会展设计的基本要求。

2）展台反映参展企业的形象、传达参展企业的意图。如果参展企业是一家大公司，就不能将其设计成摊贩形象；如果参展企业想显示其在航空领域的霸主地位，就不能将其设计成航模玩具厂的感觉。

3）展台能吸引参观者的注意。

（3）功能性原则。展台不仅要展览产品、吸引客户，还要有利于展台人员推销、宣传、调研，与观众交流、与客户洽谈。这就要求展台的功能区划分合理。

第三节　参展安排策划

一、展前、展中、展后参展安排策划的主要内容

（一）展前安排策划

（1）产品目录以及重点推荐产品。产品目录是指参展商需要运输到参展地进行展示的产品名单。重点推荐产品可能不止一件，可能是一个系列甚至几个系列。

（2）展位及面积选择。确保室内和室外展位面积、展位方位与价格等的选择与确认。

（3）展台设计与搭建。

（4）根据参展指南与主办方沟通与协调，确定展品运输事项。具体包括运输企业的选择、相关运输手续办理、运输各时间点的选择、展品保险等事项。

（5）代理商邀请。由渠道人员提前通过发送邀请函的方法约好意向代理商参加会展。可以准备一些可以一分为二的礼品，把其中之一在展前随邀请函寄给代理商，让他们必须到展位后才能凑成一份完整的礼品。制作印有企业标志和名称的挂绳在现场免费派发给参观者，由于这些挂绳通常制作精美，所以大部分参观者得到挂绳后都很乐意挂在自己的入场证上，而参观者佩戴着这些醒目的挂绳在场内走动，就等于许多流动的广告牌在免费为企业做宣传。在展前还需要准备一系列参展物资，包括宣传资料、代理商邀请函、企业简报、宣传手册、参展工作人员的服装、海报、赠品、名片、客户填写表格、展台指南等。

（6）参展物流计划。主要内容包括现场地图、日程表、紧急事件计划、分包商细节（包括所有时间约束），以及运输方式、路线、日程、费用、运输公司和代理等。展品运输需要重点注意以下事项：

1）报关单证及填写。各参展企业在准备完参展展品以后，需要向货运商提供准确的报

关单证，以保证展品的报关及运输事宜。这主要包括展品清单[⊖]、清单价格、商品编号、唛头[⊜]等。准确齐全的清单资料务必准时送达货运商。

2）运输时间。为保证展品顺利参加展出，所有参展企业需要严格遵守货运商的运输时间安排，否则将影响展品的及时运出。货物送进仓库都必须有一个进仓编号。送货进仓库时，一定要告知仓库进仓编号，否则仓库将会拒收。

3）包装。展品要使用结实的新纸箱或新木箱包装，能经得起长途多次转运、反复装卸。包装箱内禁用稻草、废报纸等作为包装衬垫物。严禁使用旧纸箱或旧木箱或已遭虫蚀或腐朽的木箱。所有木箱里外均不可有树皮。所有物品必须有防水防潮内包装，因为整个运输、参展过程中可能会在室外存放。机器接口及容易生锈的地方要预先加油。如果机器事先调试过，需要将机器中所加的水放干净，以免生锈。如果展品有油箱和蓄电池，必须将油箱清空、电解液排放干净，否则船运公司可能不提供运输服务。机器包装最好用较厚的木板包装，包装箱必须用较厚的木板材料（避免使用针叶木、胶合板或刨花板），并用螺钉组合固定的方法包装，螺钉最好位于包装箱的上面。避免用铁钉或螺钉钉箱。包装箱最好安装吊索或底托。如展品不能倒置的，请在包装箱外面特别注明向上放置方向（↑）、"机器正面"（FACE），在重量超过 500kg 的包装箱的外面注明"重心（The Center of Gravity）位置"。如果展品是机器，则各参展企业需要根据自己的展位图，提供机器在展位摆放的图样。图样要求机器距离摊位前后左右的具体尺寸及机器正面的朝向。最好对机器包装箱的里面和外面进行拍照，并将照片寄给货运商，以便货运商安排机器的拆箱、进馆和就位等事宜。

4）保险。建议各参展企业将自己的贵重展品进行投保，根据惯例，货运商的保险责任赔偿金额很低。

5）其他注意事项。常见注意事项包括：①各参展单位千万不要在展品中夹带食品、饮料、危险品，否则海关可能会扣押、没收，严重的会导致耽误参加会展。②参展单位务必在运单"发货人"一栏或其他显著位置填写会展及参展单位的名称，否则货运公司将难以辨别展品的归属，并可能导致货物延误出运。③运单上"提货方"不要填写具体人名，以防止提货困难。展品发出后，要立即书面通知货运商发运方式，并将正本提货单寄至货运商，否则因此造成的货物延误、损坏或丢失，货运商概不负责。④货运商运输服务自仓库接货时起，如参展商未将货物直接送至指定仓库，货运商将收取有关提货费用，建议参展商将展品直接运送至指定仓库。⑤各单位填报展品包装箱尺码，重量一定要准确。例如，参展展品单件包装箱尺码超过长 5m、宽 2.2m、高 2.2m，或重量超过 2t，要提前通知搬运公司，货运商将视船期情况，考虑是否可以安排特种箱发运。⑥展品在我国海关所需任何特殊文件，请参展企业提前通知货运商。

⊖ 展品清单是向国内外海关报关、办理各种证明的重要单证。因此，必须本着如实申报的原则，填写时要认真仔细、字迹清楚、内容完整，机电产品须注明型号，展板展台等布展物品应注明以何种材料制成；英文翻译准确，要求做到单货相符，即清单上的展品内容和数量与实际包装箱内装的内容及数量要相同，以免产生不必要的麻烦和损失。

⊜ 唛头又称运输标记（shipping mark），也叫"唛"，是货物包装的重要组成部分，是运输包装件上的图形、文字、数字、字母的总称。其主要作用是使货物在装卸、运输、仓储过程中容易识别，以防错发错运，也是商检、海关查检、监管的依据，此外还是商品身份的证明。其主要内容有主标志、件号、批号、重量标志、体积标志、原产国标志、警告标志等。

（7）做好参展商知识产权保护相关工作。①明确会展期间的知识产权保护人员与相关职责，准备好相关证明或文件。②与展会举办方订立知识产权保护合同。通过合同形式，约定会展举办方对涉嫌侵权的参展商要暂停其展出，移交相关知识产权行政管理部门处理，对确定侵权的，应要求侵权人撤展；约定会展举办方应当对参展商的身份、参展项目和内容进行备案，当参展商提出合理要求时，为其出具相关事实证明；约定对涉嫌侵权的参展项目，会展举办方应协助权利人进行证据保全等。③提前熟悉举办方设立的知识产权投诉机构、投诉和处理程序等规定，提前检索举办方公布的本届备案的知识产权保护目录，看有无可能存在的知识产权侵权的相关产品或企业。④确立重点保护产品名单。一般情况下，未上市的新产品和未申请专利的产品不参展或不公开展示。对不得已需要参展的产品，需要向展会举办方实施备案并出具新产品参展证明，在展示时禁止拍摄、摄像。对已申请专利的产品，需要在产品、产品包装、说明书、宣传资料上标明专利标记和专利号，对已注册商标的，需要在产品、包装、说明书、宣传资料上印制商标且标明"注册商标"或注册标记，对已经享有著作权的作品，可以标明著作权人名称、著作权登记编号。核对备案的知识产权保护目录排查自己的产品，以免展会期间陷入不必要的知识产权纠纷中。对于出国参展，需要了解国外会展知识产权保护的相关法律法规，做好相关预案。

（二）展中安排策划

在展中，需要事先策划如下事项：

（1）展台业务工作策划。

（2）展台清洁与展品保护策划。

（3）展中宣传推广策划。

（4）展中活动策划。

参展商宣传推广的方式包括：将有关本企业参展的新闻稿提交给举办方发给相关媒体；在举办方的网站、会展快讯或门票上打广告，介绍企业概况、展位面积、位置和将展示的产品情况；在展前预订会展现场的广告位，在展场入口处利用醒目的广告牌吸引更多的观众到企业展位参观和洽谈；向举办方询问是否有其他展前宣传推广机会等；如果有足够的展览和宣传经费，在会刊上刊登广告，其效果更加明显；注意媒体报道。

策划的展中活动包括：

（1）在展示大厅的入口处，雇用专门人员散发传单，并且引导观众到本企业的展位。

（2）产品展示。可以进行实物演示或仿真操作，提供用手触摸和检验产品的机会；对于无形产品，需要把握服务特性，将其转化成有形的、顾客能够体会到的产品。

（3）新产品上市促销活动。常见形式包括：①免费派发或作为促销品。免费赠送样品，让消费者亲身体验到新产品的妙处，是最生动有力的促销方式之一；也可以将展品作为此次会展中的促销品进行交易。②培训。通过培训来改变消费者的消费习惯和引导消费潮流。③销售现场开展买赠活动。

（4）发布会。发布会是以新产品信息为主要内容的会议活动，可采用新闻发布会、情况通报会、技术和产品推介会以及成果发布会等形式。参加人员包括本企业领导、行业协会领导、媒体记者等。发布会的一般流程为：主持人开场，介绍嘉宾及发布会内容安排；企业领导讲话；行业协会领导与嘉宾讲话；产品亮相（此环节可有剪彩仪式）；专家点评、鉴赏与交流；媒体访谈、记者问答；餐饮会及小型娱乐活动；致答谢词及欢送嘉宾。

在发布会的过程中，应注意如下事项：①发布的信息应该准确无误，若发现不当应立即更正；②不要随便打断或阻止记者的发言和提问；③对于不愿发布和透露的内容，会议发言人应委婉地向记者们做出合理解释；④主持人和发言人应相互配合，主持人需要巧妙地将话题引向主题，发言人通过回答问题将话题引到发布会主题。

在发布会后，需要：①收集记者在报刊、电台上的报道，并进行归类分析，检查是否实现了举办新闻发布会的预定目标，或是否由于工作失误造成了消极影响；②对照会议签到簿，看与会记者是否都发了稿件，并对稿件的内容及倾向做出分析，以此作为以后举行新闻发布会时选定与会者的参考依据；③收集与会记者及其他代表对会议的反应，检查新闻发布会在接待、安排、提供方便等方面的工作是否有欠妥之处，以利于改进今后工作；④整理出会议的记录材料，对新闻发布会的组织、布置、主持和回答等方面的工作做出总结，从中认真吸取教训，并将总结材料归档备查。

（5）活动影像。例如，在一个农博会上，一个农资展厅前的一组由参展企业拍摄的以各地菜农为主演的视频引起了很多参观者的注意。

（6）现场表演。例如，在某个车展上，大众汽车利用其奥运会合作伙伴的身份，使用一面长长的巨型 MiPIX＋LED 背景墙，在视觉上极具冲击力。来自德国的专业演员就在这面背景墙前，借助虚拟场景，在空中表演了短跑、艺术体操、剑术等体育内容。

（7）代言人签字或广告活动。例如，在一个家具展上，一些有实力的参展商聘请一线明星或名模代言。

（8）体验式销售。例如，一家销售按摩器的展台可实行免费体验活动。

（9）卡通、脸谱。例如，某家具展上，在某儿童套房家具品牌的营销中，参展商使用了深受小朋友喜欢的卡通人物和脸谱。

（10）模特表演。例如，在车展上，车模表演是一项常见的活动。

（11）借力媒体与公共事件。每一次大型车展，除了吸引大量潜在汽车消费者参观之外，许多媒体都会用大量篇幅进行免费报道，使车展成为传播汽车品牌的最佳场所。

（12）新老顾客见面会。地点可以选择在酒店或其他有意思的地方，因为在这些活动中往往会涉及餐饮。

一顿标准的中式大餐，通常先上冷盘，接下来是热炒，随后是主菜，然后上点心和汤，餐后可以点一些甜品，最后是果盘。在菜的安排上有"三优四忌"。"三优"是中餐特色优先、本地特色优先、本餐馆特色优先。"四忌"是宗教禁忌、地方禁忌、个人禁忌和职业或工作禁忌。

西式早餐包括英式早餐和欧陆式早餐。前者包括：咖啡、茶或可可；果汁、番茄汁或蔬菜汁；各式面包；黄油、果酱、蜂蜜；冷或热的谷物食品、鸡蛋及鱼类；肉类，如香肠、熏肉等。后者包括：咖啡、茶或可可；果汁、番茄汁或蔬菜汁；面包片、牛角面包或小圆面包（其中一种）；黄油、果酱（限量）。西式主餐一般包括：①头盘。头盘又叫开胃菜，是指正式开餐前的第一道菜，通常由水果、蔬菜、肉类、禽类和海鲜等构成，一般数量较少。②汤。汤有热汤和冷汤之分。热汤又包括清汤和浓汤。常见的西式清汤是利用动物原料（如牛骨）煮成的汤底临时加上配料制成，加以蛋白使之产生澄清透明的效果。浓汤有忌廉汤、菜汤等多种。忌廉汤就是在汤里放奶油；菜汤的汤底则以茄膏煎香后，放进汤里煮融，配以各种蔬菜、香料。③色拉。所谓色拉，就是指凉拌菜，包括水果色拉、蔬菜色拉和荤菜色拉。④主菜。主菜包括鱼类和肉类。前者主要由各种水产品制成，后者主要由畜类、禽类制成。另外，主菜还有蜗牛、蛙腿等。⑤甜点。甜点包括奶酪、蛋糕、布丁等。另外，正餐在上菜之前还要提供开餐面包，在餐后提供茶、咖啡和餐后酒。有时在正式宴会开始前一个小时会安排鸡尾酒⊖招待会。当然，也可以只举办鸡尾酒招待会，而正餐由客人自己解决。在这种情况下，鸡尾酒招待会可能会持续两个半小时，这时提供的冷盘小吃要丰盛一些。

（13）作为会展合作伙伴，承办研讨会。

（14）开展比赛活动。给比赛的合格者颁发奖品，如一次免费试用或延长保修时间等。

不仅如此，参展商的活动营销竞争还常常拓展到展馆之外。其主要方式包括：①街头巷尾临时植入广告。为吸引过路行人的注意力，此类广告已经从开始的寥寥几块牌子，延伸到几千米或更长。②举办地厂商基地举办的参观与接待活动。③自创个馆长年对峙会展。例如，某品牌家具生产厂商在某品牌家具展展馆附近长年开设自己的独立馆，不仅在每年的会展中可以以逸待劳，节省大笔费用，而且效果也相当不错。④车身静止广告。此法有别于公交车身的移动广告。参展商可以把接送客户的汽车车身包装一下，如上书"××公司 VIP接送车"等，也便于让客户能够在浩如烟海的人流车流中迅速地找到自己。

在一些超大型会展中，有时会设置一个主宾国、主题省。例如，法兰克福书展，每年设置一个国家作为主宾国；在香港书展中，设置一个省作为主题省。在这种情况下，主宾国和主题省的参展商除了可以获得较大的参展面积外，还可以获得更多展示自己的机会。围绕主题策划一系列的相关活动必不可少。2009 年我国第一次以主宾国的身份参加法兰克福书展，策划了大小活动共 600 余场，其中作家活动 150 多场，出版社交流活动 300 多场，出版专业活动近 30 场，展览活动 10 多场，各种文艺演出 10 多场，非物质文化遗产表演活动 50多场。

（三）展后安排策划

（1）会展效果评估。

（2）代理商追踪跟进。

（3）发致谢信。

（4）进行后续报道。

二、参展工作时间进度

制定一个详细的参展工作时间进度表，有助于减少错误或遗漏。主要包括：⊜

（一）展前 10~12 个月

主要工作包括：①调查和选择会展；②设定目标和指标；③确定目标观众；④组建参展团队；⑤做预算；⑥预订展位，参展登记；⑦预订酒店和航班；⑧制定展位策略。

（二）展前 6~10 个月

主要工作包括：①取得会展资料；②评价现有的产品陈列：再使用、修复再用、换新产

⊖ 鸡尾酒是一种量少而冰镇的酒。它是以朗姆酒（rum）、琴酒（gin）、龙舌兰（tequila）、伏特加（vodka）、威士忌（whisky）等烈酒或葡萄酒作为基酒，配以果汁、蛋清、苦精（bitters）、牛奶、咖啡、可可、糖等其他辅助材料，加以搅拌或摇晃而制成的一种饮料，最后还可用柠檬片、其他水果或薄荷叶作为装饰物。

⊜ STEVENS R P. 展会的组织管理和营销 [M]. 孙小珂，陈崴，译. 沈阳：辽宁科学技术出版社，2007.

品；③搭建展位前先学习商业展览有关规章制度；④设计展位规格；⑤选择员工；⑥宣传计划与促销；⑦订购标识；⑧计划招待活动；⑨选择展台搭建工作。

（三）展前 3～6 个月

主要工作包括：①决定即将展示哪种产品；②安排运输；③最后确定展示产品并知道如何安装，即便是会展工人以前曾经做过的；④预订相关器材设备，包括检索系统、视听设备、计算机、办公设备等；⑤学习参展商手册；⑥预订展览服务项目，尤其是一些给予优惠的服务项目，包括地毯、供电、水暖设备、展台清洁、电话、安全保卫等；⑦继续履行目标市场的邮件发送清单，设计展前邮寄广告性印刷品和展位广告性印刷品；⑧对所有展位人员进行登记；⑨与搭建公司确定各项细节，签订合同。

（四）展前 2～3 个月

主要工作包括：①印制展前邮寄广告性印刷品；②制作参展手册，设计宣传资料袋；③递送新闻稿；④计划追踪服务；⑤预订赠品或奖品；⑥设计主要形式；⑦开始展前营销和派送广告；⑧培训展位工作人员；⑨确认所有旅行预约；⑩为员工和会展招待活动预约餐厅；⑪派人视察安装与拆卸工作；⑫派人管理货品的打包和运输。

（五）展前 1 个月

主要工作包括：①核实所有会展服务项目；②装配好展示品的内部装置，进行最后的测试；③确认产品样品和印刷品；④继续展前促销，为招待活动进行预约和邀请；⑤最后敲定展位工作人员的工作时间安排；⑥运输演示器材和产品，包括演示的图表、产品、印刷品、赠品或奖品；⑦演练展位示范；⑧展台人员培训。

（六）展前 3 周

主要工作包括：①邮寄最后的展前宣传材料；②向媒体发最后的通知。

（七）展前 1 周

主要工作包括：①抵达饭店登记、检查展览场地；②询问运输商，确保所有参展物品送抵（最好是展前 3 天或 2 天）；③联络所有服务承包商；④把相关物品拿到展览馆，主要物品包括工具箱、所有合同副本、会展管理服务部门的联系姓名与电话、紧急装备；⑤与员工进行角色演习，包括接洽、产品介绍与展示、应急处理等演练内容；⑥了解进场程序；⑦监督和验收展台搭建；⑧展前一两天检查所有设备是否正常，在展前一两周以内需要先开一个检查会，主要是检查准备工作是否完成，做最后补救和调整，详细说明展览准备工作的安排；⑨在开幕式前一天下午或晚上开动员会，最晚在开幕式当天的早晨召开动员会。

（八）展览期间

主要工作包括：①每天召开团队例会，保证员工接到最新通知和遵循工作进程；②制作参展新闻稿或简报；③保持展位整洁；④详细地记录每一位到访客户的情况和要求；⑤预订下一年的场地。

（九）展后

主要工作包括：①监督展台的拆卸与搬运；②召开团队会议评价会展结果；③安排员工立即展开展后追踪服务；④发送追踪服务材料；⑤通报会展结果；⑥开始计划下一年的商业会展；⑦发致谢信。

第四节　参展预算

参展商制定会展预算，一方面需要全面考虑开支项目；另一方面要对会展费用进行有效控制，在保证参展效果的基础上，使预算费用得到最大限度的利用。常见的参展预算包括以下方面：

（1）联络、差旅、工作人员的食宿及补贴。在决定参展后，进行实地考察，有利于做好设计、宣传、运输工作。展台人员的食宿要尽早与组织者联系，以争取折扣。因为在会展期间，参展企业和参观者很多，客房、餐费都可能上涨，提前预订可能有折扣，可以降低成本，且避免出现问题。

（2）展位租赁费、展位搭建费、水电费、设备租赁费、参展费等。展架、展具可以租用，经常参展的企业也可以自己购买。地毯最好租用，因为地毯虽然不贵，但自己购买并反复使用的麻烦很多。一些会展不铺地毯，如果企业觉得使用地毯效果好，建议购买价格便宜的，会展结束以后就丢弃。如果企业经常参展，可以考虑自己购买展示设备，但是增加了运输费，且仍需要支付安装费和电费。设备操作示范可能需要使用水、煤气、压缩空气等，要事先了解清楚有无供应，并弄清楚价格。

（3）广告宣传费、资料印制费、礼品制作费等。会展资料中包括企业介绍、产品介绍、报价单等内容，有的项目可能印在整个会展的会刊上，但详细的产品信息和报价，企业应该专门印制。企业需要为展台专门制作文字、图表，这是必要的开支。企业演示用的道具及办公用具，由于租用价格贵，自备为佳。如果企业经常参展，部分可以反复使用。

（4）展品运输和保险、工作人员交通费、食宿费等。参展企业可以自己运输展品，但如果展品多，最好由专业物流公司安排。展品运输的时间要计算好，太早或太迟都会导致额外开支，保证开幕时展品到齐是最根本的要求。展品要包装好、小心搬运，尤其是反复使用的展具、办公用品更要注意，参展企业都必须办理保险。有的公司只需要办理手续，将保险从正常经营范围扩大到展览项目、参展人员和展品上，不需另外付费。如果保险费需要另付，可以从举办方推荐的保险公司中选择。

（5）相关活动和接待客户费用。为促销、联系客户等而举行相关活动的费用，可以根据活动自身的情况做出预算。

（6）展台清洁。一般清洁费包含在场地租金内，如果不包含，清洁费也不会太高。如果展台面积不大，可以在晚上闭幕以后自己清扫，不要等到来日开展前再清扫。有经验的管理者会要求清洁工人在展位刚搭建好的时候来打扫一次，而不是每天由专人打扫。因为过了第一天之后，展位的清洁工作往往就很少了。无论是自己清扫或雇用他人，都不要忘记展品的清洁和保养。

（7）不可预见费用。通常将总预算的10%作为不可预见费用。

在上述费用中，要判断费用支出是否合理并非易事。一是需要经验；二是可以从展后效果评价中分析经费是否合理；三是可以行业基准作为参考。行业基准往往是一定时期会展业研究中心提出的产业平均数。例如，美国展览协会曾经提出如表5-1所示的展览资金的产业平均数。

表 5-1　展览资金的产业平均数

支 出 项 目	支出百分比	支出总额（亿美元）
展览场地	28%	5.8
展览设计	12%	2.5
展览服务	19%	3.9
运输	9%	1.9
旅行与招待费	21%	4.4
促销	6%	1.1
其他	5%	0.9

采用以下方式可以对预算费用进行更为科学的控制：

（1）提前计划。合理地选择会展，会让参展商的参展整体预算更为有效。一旦确定了参加会展，就需要提前计划，并尽早预订会展，这样可能获得包括展位、酒店等在内的相应价格折扣。

（2）集体参展。集体参展可以在展品运输、交通、住宿等方面获得相应的优惠价格，尤其是参加国外会展。

（3）考虑标准展位套餐。许多会展举办机构都会向有一定展位装修要求的参展商提供多种标准展位解决方案，其中涉及从家具、地毯到电力及能源供应等大多数展位设施，能帮助参展商简化展位搭建预算过程，因此是一种非常有效的成本控制手段。

（4）制定详细的预算表。根据参展商的参展目标，进行任务细分，然后估算各项成本。其中，应尽量缩减预算规模，但务必确保涵盖所有可能的支出项目，同时应对各支出项目增加约10%的预算余量。在项目开始阶段，明确规定企业将负担哪些开支。除按参展项目期限向员工预付一定标准的餐费及业务交际费补贴外，所有正当超支部分应由当事人按规定进行事后报销。此外，每日会展闭馆后应将展位上的酒水及电话等物品及设施妥善锁存。

（5）记录支出。根据预算持续记录各项开支，并集中记录所有采购订单及发票。随时检讨造成超支的原因，不断提高将来计划及预算的效率及效力。

（6）雇用一部分志愿者或当地的工作人员。

（7）选择可靠的展位设计公司。如果参展商决定不采用标准展位方案，应选择确实有能力按时、按预算完成任务的设计公司。为此，参展商可以联系相关会展工程承包商协会索取设计公司名单，并向候选公司的过往客户了解该设计公司的服务记录。

（8）直接联系展位搭建承包商。参展商直接与展位搭建承包商联系通常能节省更多成本，尤其是在模块化展位设计中。因为许多承包商都会在整体展位搭建服务中免费提供设计咨询服务。

（9）利用免费宣传机会。在展会中往往存在各种媒体主动报道的机会，争取正面的媒体报道是参展商需要考虑的一种宣传方式。为此，需要主动与媒体保持联系，并积极撰写相关材料，争取在适当的时机向媒体传达。

（10）珍惜宣传与销售资料。许多宣传与销售资料可以反复使用，因此珍惜这些资料可以提高其使用率。不宜在展位向所有观众发放昂贵的销售资料，应制作简装版本资料来进行普通发放，而将精装版本资料专门发放给那些有真正购买意向的观众。

【名词和术语】

参展目标　展台　展品　单独展台　集体展台　展台设计　组团参展　环岛型展台　半岛型展台　内角型展台　双向通道型展台　双面开型展台　唛头　参展预算

【思考题及案例分析】

一、思考题

1. 如何根据参展目标选择合适的会展？
2. 简述展台类型。如何选择合适的展台？
3. 展台空间如何划分？展台设计应遵循哪些原则？
4. 简述参展安排策划的基本内容。
5. 简述参展预算的基本内容。

二、案例分析

第 128 届广交会线上展会

2020 年第 128 届广交会线上展会继续发挥贸易展的优势，主要包括线上展示对接平台、跨境电商专区和直播营销服务三部分内容，使展示对接、洽谈、交易融为一体。

主办方将推动 2.5 万家广交会线上展会参展企业全部上线展示，并按照人们熟悉的原实体展设置，分为出口展和进口展，分别设立相应展区。其中，出口展按照电子家电类、日用消费品类、纺织服装类、医药保健类区分 16 大类商品，分别设置 50 个展区；进口展将设置电子家电、建材五金等六大题材，所有展品同时上线。同时，加强供采对接服务，在线举办专场对接活动，加大线上撮合力度，提升办展成效。

以"同步广交会、环球享商机"为主题的活动也将同步举办，通过建立交换链接，在统一时间开展线上经营活动。主要包括两部分：一是设立跨境电商综试区专题，宣传各综试区工作，推介一批跨境电商品牌企业；二是择优遴选一批跨境电商平台，突出"企业对企业"的贸易展特色，鼓励平台组织符合品质标准的各类企业踊跃参与海外营销，扩大受惠企业面。

此外，还将建立网上直播专栏与链接，为每一家参展企业单独设立 10×24h 全天候网上直播间。直播间不受时间和空间的限制，企业既可以与客商在网上进行单独的面对面洽谈，也可以通过网络直播同时面向大量客商进行宣传和推广。网上平台还将提供回看点播、视频上传、互动交流、分享等功能，借以丰富展会的表现形式。

广交会线上展会加强线上撮合，为交易双方提供诚信背景信息，尽可能地提供双方互信的贸易洽谈环境；为对接平台提供多语言翻译支持，方便采购商与参展商沟通；为每一家参展企业开设全天候网上直播间，既可以面对面洽谈，也可以进行宣传推广。

广交会线上展会"进得去、找得到、谈得起来"三大目标之下的优化，参展商对"谈得起来"方面的优化动作感受或许是最为深刻的，对他们来说也至关重要。比较第 127 届和第 128 届官网平台的设计，不难看出，第 128 届广交会线上展会赋予了参展商更多的主动权。

第127届广交会线上展会上，为了保护采购商的隐私，采购商可以自行查看参展商的联系方式，但参展商无法自行查看采购商的联系方式，只能被动地等待采购商发起即时沟通或者预约洽谈。第128届广交会线上展会新增了电子名片功能，采购商在发起即时沟通、预约洽谈、观看直播或者提交意向订单时，都可以选择给参展商发送名片。参展商拿到采购商的电子名片，就可以主动通过名片上的联系方式联系采购商。

采购商如果提交了意向订单，说明对产品非常感兴趣，第128届广交会线上展会上的参展商可向提交意向订单的采购商发起即时沟通。这看起来是顺理成章的事情，但在第127届广交会线上展会上，是没有这个展会营销功能的。

第128届广交会最有用的新增功能是：在直播间中，参展商终于可以向采购商发起私聊。直播间是广交会线上展会参展商吸引客流的最关键的武器。在第127届广交会线上展会上，在直播间里采购商可以向参展商发起私聊，为保障私密性，观众看不到其他观众的评论或与参展商的聊天信息，但参展商不可以向直播间的采购商发起私聊或者群聊，只能眼看着有些采购商被直播吸引进来，看了一会直播，退出，从而失去潜在客户。这种只能等待对方先"说话"、无法主动出击的感觉让人心急又无奈。第128届广交会线上展会上，参展商在直播间中，不仅能主动向采购商发起私聊，也能发起群聊。不过希望后续能进一步完善直播间参展商"发起私聊"的功能，目前这个功能只能发送文字。

预约洽谈通常出现在采购商对产品或参展商有较深厚的兴趣、想进一步深入交流时，这对于参展商来说也是一项很重要的功能。在第127届上广交会上，参展商可以预先设置预约洽谈的时段供采购商选择，采购商发起预约洽谈后，参展商主账号需先确定由公司的哪个账号接受本次洽谈邀约，确定完毕，供采双方根据系统发送的洽谈通知进入会议上的虚拟房间进行洽谈。

第127届广交会线上展会期间，未到洽谈时间，参展商就无法联系采购商，很被动。这种被动在本届广交会线上展会上或许能有所缓解。第128届广交会线上展会上，采购商在发起预约洽谈时可以顺带发送电子名片，参展商在管理预约洽谈功能板块中也可以给采购商发送电子名片，即使未到洽谈时间，双方也可先行掌握对方更多的联系方式。

相较第127届广交会线上展会，第128届的广交会的一些优化是微小的。回头看第127届广交会，可能会感觉首届广交会线上展会的一些设置太不合理，需要时间去体验、改善，后续会越做越好。首届广交会线上展会的官网平台搭建时间紧迫，主办方也是新手上路，在后续的改动中，考虑到先前的使用习惯，不太可能推倒重来，否则又要花大量的时间对使用者进行培训，因此是"小步快走"地优化。

除了官网平台这个门面的优化外，第128届广交会线上展会也在招商模式上做了创新。第128届广交会在法国、乌克兰、阿拉伯联合酋长国、坦桑尼亚等国家探索云对接模式，为广交会品牌参展企业和境外专业采购商群体搭建线上沟通平台，助力企业海外营销。

第128届广交会的直播主要有三点提高：一是在第127届广交会面对亚太、欧洲、北美、拉美地区开设专场直播的基础上，发力小语种市场，不仅有能讲英语的主播，还有能讲俄语、日语、韩语、德语、意大利语、阿拉伯语等语言的主播；二是直播场景更具个性化，全新打造的多媒体直播中心在第128届广交会线上展会投入使用，除了根据全球多个国家风土人情定制不同风格的场景外，尝试实时绿幕直播，能够根据直播选品实时适配沉浸式场景，更有科技感；三是更多外贸人员参与直播。第 127 届广交会线上展会是在上百名外贸精英中挑选人员成为主播，直播的方式是团队式的，一场直播有工程师、主播加上摄影师、后台工作人员；第 128 届广交会鼓励所有外贸精英做直播，下发全套自助直播设备，在保留团队式直播的情况下，一个人也可以做直播，并针对战略合作伙伴定制一对一直播。

第 127 届广交会上公司的成交额相对往届线下广交会大概降低了 40%，但是如果从成本效率的角度考虑，广交会线上展会有其优势，既节省了公司的展位费用、业务员的差旅费用，也节省了客户的差旅费用。

未来的广交会应该是线上线下融合的贸易平台，实体展在固定的时间，线上展全天候、365 天进行展示，给广大企业提供更多的国际贸易合作机会。

（资料来源：https://www.coolgua.com/gjh/1272.html。）

问题：结合案例和所学知识，谈谈线上参展和线下参展的区别，以及参展商应如何组织好线上参展。

第六章

展示设计、陈列和展台管理策划

第一节　展示设计策划

一、展示空间

（一）展示功能空间

1. 外围与导入空间

外围与导入空间包括展区上部空间和展区周围地域空间两部分；前者是展馆建筑形象的延伸与扩展，夜间的照明与灯光设计也是其组成部分；后者主要是展馆前后广场、门头、入口、标示等所占据的空间。

2. 陈列空间

陈列空间是展品陈列实际所占用的空间，是展示空间的关键部分。陈列空间是使用电子、网络、影视、音响、灯光等现代化信息手段，通过实物、模型、图片、资料的展示向观众传达展示信息的场所。

3. 公共空间

公共空间是供参观者在参观过程中或参观后使用和活动的空间。公共空间主要包括通道空间和休息空间，商业展示还应包括销售空间和洽谈空间。通道空间要考虑到参观者的流量、流速，以方便参观者进出、来回观看。休息空间一般设在展示空间内和各功能区域衔接的地方，以方便参观者小憩和进行短时间交流。销售空间有的设在展示的结尾部分，有的设在展示空间观众相对少的区域以活跃气氛。洽谈空间是参观者与参展商进行交流的地方。在展销会、贸易洽谈会等商业展示活动中，洽谈空间的设置十分重要，是商业展示达到目的的关键。洽谈空间应尽可能避开人流，营造温馨、和谐的气氛。

4. 表演空间

有些会展或展台设有表演空间。

5. 辅助空间

辅助空间包括工作人员空间、储藏空间、维修空间。辅助空间一般设在较隐蔽的地方，以不破坏展示的整体视觉效果和安全、实用为原则。

（二）VMD 和三大陈列空间

1944 年，美国展示从业者提出了视觉商品展示（visual merchandise display，VMD）概念。到 20 世纪 70 年代，视觉商品展示在服装业已成为企业必不可少的日常经营活动，企业开始专门设立视觉商品展示部门和聘用相应的视觉商品展示设计师。到 20 世纪八九十年代,随着电子商务的发展和营销理念的转变,视觉商品展示慢慢地从一种展示商品的手段提升为视觉战略和视觉营销体系,并成为当前众多企业经营与管理的日常工作。它强调以下方面:

(1) 通过空间立体视觉效果营造品牌氛围。

(2) 通过平面视觉以及海报等作为一种视觉效应。

(3) 通过现代传媒推广形式来表达视觉营销的概念。

(4) 通过现代声、光、电等方式丰富陈列空间与结构。

(5) 通过各种造型、道具、实物相结合的方式,形成艺术化的陈列效果。

在具体的视觉商品展示过程中,有三种陈列方式或空间,即视觉陈列(VP)、要点陈列(PP)和单品陈列(IP)。其中,视觉陈列的功能是通过视觉形式的创意吸引目光和注意力。要点陈列是传达该陈列区域附近陈列品的使用方法和搭配效果等信息。单品陈列是让顾客易于挑选对比、达成销售的区域。视觉陈列不仅要求从美和艺术的观点出发进行展品陈列,而且强调通过不同区域陈列功能和效果的实现来吸引顾客并促进销售的目的。而要达到吸引顾客的目的,就不能单纯让顾客浏览商品,而要让他们在某种故事和情境中感受展品所特有的主题、文化和信息。

1. 视觉陈列

视觉陈列(visual presentation, VP)区域是吸引第一视线的重要空间。在这一区域主要用来表现展示主题、流行趋势,并通过借助造型、道具等辅助,展示企业文化、产品理念、品牌特征、商业战略等理念要素。视觉陈列空间往往设在展区、展台的入口处,因此在选择陈列商品时,要以流行趋势强、色彩对比度强、强调季节性的商品为宜。可以通过橱窗、模特、配件道具等强化这一区域。

2. 要点陈列

要点陈列(point of sales presentation, PP)也称焦点陈列,讲究搭配。它一般是展示空间内部局部区域的"展示窗口",是协调和促进相关销售的魅力空间,是商品陈列设计的重点。因此,要点陈列区域不止一处,与其陈列空间的内部区域划分相关。理论上在每一区域都可以找出一个要点陈列区域。当然,在顾客进入展示空间以后,视线主要集中的区域是展示空间最为主要的展示区域,这一区域是顾客视线自然落到的地方,如墙面上段的中心部分、货架上部、隔板上、支柱周围等。在要点陈列局部一般将展品陈列进行搭配组合;在组合多件展品和装饰物时,通常采用的陈列构成方法有三角构成、对称构成、反复构成等。

3. 单品陈列

单品陈列(item presentation, IP)区域是使用展台、货柜、货架等道具陈列实际展品的区域,它占据了展示空间的大部分。

理想的情况是,顾客看到展台被视觉陈列吸引,继而进入展台内看到要点陈列并产生共鸣,最后到达单品陈列区域形成驻足参观意向。

(三) 封闭空间和开放空间

封闭空间和开放空间具有相对性,区别在于有无侧界面、侧界面的围合程度以及开孔的大小等。由此,也有半封闭空间和半开放空间。

1. 封闭空间

封闭空间常被限定性较高的围护实体严实地包围,在视觉、听觉等方面具有较强的隔离性，其流动性也相对较弱，因而具有内向型特征。在心理上，封闭空间给人以领域感、安全感和私密性，如果运用得好，有时会增加某种神秘感和诱惑力。

2．开放空间

开放空间没有明确的隔断与划分，只是借助一些象征性的形或色来构筑不同的功能空间，具有外向型特征。在心理上，开放空间给人以开朗、活跃、包容等感觉。

（四）静态空间和动态空间

这是一种以人的心理感受和暗示划分的空间类型。动态空间具有空间的开放性和视觉的导向性，界面组织具有连续性和节奏性，内部元素相对丰富。采用以下方式可以营造这种动态感：

（1）运用多元的光影效果或轻快动感的背景音乐可以营造动态感。

（2）采用强烈对比的形态和具有动感性的线形可以营造动态感。

（3）利用地面的高低错落、曲线线形、道具大小、线性错觉等可以营造动态感。

静态空间在形式上表现得相对稳定、安静，常采用对称式的陈列和垂直、水平界面的空间处理来营造这种空间感觉。

（五）虚空间和虚拟空间

这是相对实体空间而言的空间类型。虚空间是指在界定的空间内，通过界面的局部变化而再次限定的空间。例如，利用不同角度镜面玻璃的反射反映的虚像，把人们的视线转向由镜面所形成的虚幻空间。除了玻璃和镜子，水面、抛光处理的不锈钢和塑料等也可以用作虚空间营造。

虚拟空间是通过投影、多媒体和虚拟技术营造的空间。现代会展多运用虚拟现实技术，这种技术是以沉浸性、交互性和构想性为基本特征的计算机高级人机界面。这种空间形式借助不断演进的视觉技术，在带给观众极大视觉震撼的同时，从视觉、听觉、触觉等方面带来全方位的感受。例如，虚拟电子书会随着参观者手的动作自觉翻页。对于虚拟空间来说，设计时要注重以下几个方面：

（1）展馆展厅需要有醒目的标志。它吸引参观者，便于参观者更容易地识别、寻找，给进入展馆展厅的参观者留下较深印象。

（2）要有主题。参展商要有明确的展示主题、展示主产品，要有品牌意义。

（3）要充分利用实体美景、人造环境，实现实体空间和虚拟空间的完美融合。例如，在杭州 G20 国际峰会文艺表演场景设计中，策划者利用西湖美景，在户外的水上舞台上打造大型晚会，所有的表演都是在水面上完成的，取得了很好的视觉效果。策划者在室外使用了全息投影技术，给观众呈现了一种 3D 效果，实现了人和影、人和自然的完美融合。

（4）充分利用虚拟技术体验优势，实现虚拟空间的动态感，实现时空融合。例如，策划者将展品制作、使用、复制等过程通过虚拟技术模拟出来，让参与者参与和享受这一过程。策划者也可以将某些活动过程通过虚拟技术模拟出来，让参与者参与和学习这一过程。例如，一些博物馆开始利用虚拟技术让参观者参与文物的虚拟发掘，参与文物的虚拟复制、维修，以及纪念品的虚拟制作。

在计算系统中，可以实现硬件抽象层上的虚拟化、操作系统层上的虚拟化、编程语言层上的虚拟化等。按照实现方式，可以分为仿真、完全虚拟、类虚拟化等。虚拟现实技术（virtual reality，VR），又称灵境技术，是 20 世纪发展起来的一项全新的实用技术。根据用户参与虚拟现实形式的不同以及沉浸程度的不同，可以分为以下几种类型：

（1）桌面式虚拟现实。桌面式虚拟现实是应用最为方便灵活的一种虚拟现实系统，也称窗口虚拟现实。它是利用个人计算机或初级图形工作站，以计算机屏幕作为用户观察虚拟世界的一个窗口，采用立体图形、自然交互等技术，产生三维立体空间的交互场景，通过包括键盘、鼠标和力矩球等各种输入设备操纵虚拟世界，实现与虚拟世界的交互。

（2）沉浸式虚拟现实。沉浸式虚拟现实提供了一种完全沉浸的体验，使用户有一种仿佛置身于真实世界之中的感觉，是一种高级的、较理想的虚拟现实系统。它需要通过洞穴式立体显示装置（CAVE系统）或头盔式显示器（HMD）等设备来实现。这一技术目前被运用在很多展示中。

（3）增强式虚拟现实。增强式虚拟现实是把真实环境和虚拟环境组合在一起的一种系统。它既允许用户看到真实世界，同时也可以看到叠加在真实世界的虚拟对象。例如，游客沿着一条街扫视过去，就能看见这一区域每家餐厅的评价。它利用无线网络、持续追踪手持装置的全球定位系统（GPS）接收器、扫描和图像技术等，可以将现实世界和计算机接口对接。

（4）分布式虚拟现实。分布式虚拟现实将地理上分布的多个用户或多个虚拟现实世界通过网络连接在一起，使每个用户同时参与到一个虚拟空间，通过联网的计算机与其他用户进行交互，共同体验虚拟经历，使协同工作达到一个更高的境界。它往往由图形显示器、通信和控制设备、处理系统和数据网络等构成。在会展活动中，它可以运用于实境展示、虚拟会场、实境式电子商务等领域。

二、展示空间分隔手段

空间分隔的元素可分为三大类：视线阻断的遮挡、通透的分隔及可视但不可通的隔断。

（1）视觉阻断的遮挡。它是指利用实墙、板壁、屏风或背板的高展柜等作为空间分隔的元素，被分开的两边自成体系、相对独立，两边互相看不见，隔断不能被穿越，只有用曲径通道将这两部分联系起来。在大中型展览会或博物馆陈列中，这类分隔很常见。

（2）通透的分隔。它一般是用矮展台或独立式透明玻璃柜、花格墙、带门洞的隔墙等来划分展示空间，被分隔的空间彼此视线通透，有的隔断还可以穿过，使观众感到空间富有层次感和变化，可以增加参观的兴致，引人入胜。在较小的展示空间里，采用这类通透的分隔，可以做到小中见大、隔而不堵；在超大空间的展示艺术设计中，通透的分隔还有水体、楼梯踏步、坡道、草坪与花坛、桥梁、廊道、花架、树墙、休息区的板凳和地坪的高差铺装等。

（3）可视但不可通的隔断。它是指使用透明有机玻璃或钢化玻璃、金属纱网、镂空花墙等元素，将两个展区（或展厅）分隔开来，从这个厅能看到那个厅的陈列及观众情况，但不能直接通达，各有单独的出入口和参观路线。例如，大型展览会上相邻的两个展馆或展厅，虽然不能相互通达，但却有吸引观众的作用。

三、展示色彩设计策划

（一）展示色彩构成

人类所能看到的一切视觉现象都是由光线和色彩共同作用产生的。人们在现实生活中所看到的色彩实际上是一定光源下的色彩，由色相、明度和纯度三要素构成。色相是指色彩的相貌。色相明度（亮度）是指色彩之间的明暗程度和浓度差别。色相纯度（饱和度）是指某一种色彩所含原色成分的多少。

许多颜色都是由红、黄、蓝这三种颜色混合变化而来的，而这三种颜色是任何颜色都调不出来的，是最基本的颜色，也称第一次色。间色由两种原色混合而成，也称第二次色：①红＋蓝＝紫；②黄＋蓝＝绿；③红＋黄＝橙。复色是把原色与间色或两种间色混合而成的颜色，也称第三次色，包括红橙、黄橙、黄绿、蓝绿、蓝紫和红紫。12 色相环是由第一次色、第二次色和第三次色组合而成的。色相环中的三原色是红色、黄色、蓝色，彼此"势均力敌"，在环中形成一个等边三角形。无彩色即黑色、白色、灰色。除黑、白、灰以外的色彩都称有彩色。在不同的纯色中加入不同量的白色、黑色、灰色，就可以得到千变万化的色彩。

当一种色彩与其他色彩组合在一起使用时，视觉效果往往会发生变化。色彩的构成形式主要包括对比和和谐。其中，色彩对比包括色相对比、纯度对比、明度对比、冷暖对比、平衡对比、互补色对比、同时对比与即时对比。色彩对比以和谐为前提，在构图中，所有的色彩要相互关联并在统一的整体中产生应有的效果，就必须形成比较和谐的视觉系统。要达到色彩的和谐有以下手法：

（1）追求色彩要素的一致性，比如在明度、色相、纯度上的近似。

（2）不依赖某种元素的一致或相似，而是通过色相、明度、纯度的不同组合，形成一种视觉上的有序性。

（3）通过色彩的面积、色块的位置来改变每一个色块在画面中的视觉作用，实现色彩在视觉感受上的和谐。

（二）色彩的心理感受与情感表达

人们可以通过视觉感受对色彩产生一系列的生理、心理和情绪反应。色彩心理学认为，形是理智的体现，而色则是感情的象征。

（1）红色。红色是纯度最高的色彩，使人产生兴奋、刺激感、炙热感。它一般作为强调色，而很少作为大面积的基本背景色。当然，为了吸引注意力或者调动人的兴奋情绪，用大量的红色往往能够达到目的。例如，我国国旗的背景色就是红色，这与革命时期的背景相关。而在元旦或者春节时，红色也是一种经常被使用的色彩。

（2）橙色。橙色给人适度的温暖感，它常常代表秋季、收获和成果，是一种很有食欲感和舒适感的色彩。

（3）黄色。黄色与红色一样，也非常惹眼并且容易造成视觉震撼感。黄色在我国古代是一种皇家颜色，有一种高贵的感觉。黄色有年轻、活泼的特点，所以也是一种属于儿童的颜色，在婴儿和儿童用品的陈列中经常使用。黄色的明度较高，又有一定的纯度，因此与较为暗淡的陈列墙相搭配，能产生主次分明的层次感。

（4）蓝色。蓝色明度适中，能够创造一种恬静和放松的感觉。较深的蓝色极具理性特征，常被用于高科技产品的陈列。纯蓝给人以冷的感觉，而鲜艳的蓝有命令、强势的意味。

（5）绿色。绿色令人感受到生命、生机，在旅游展和保健品陈列中经常被使用。淡绿色的大量使用显示了青春、时尚的气息。

（6）紫色。紫色给人以高贵感，但在使用时要谨慎。明亮的紫色有高雅感；偏灰暗的紫色却令人不安，产生不祥的恐惧感。紫色和白色的组合能产生优雅感；紫色和黄色的搭配，由于两者在明度上的强烈反差，能产生个性鲜明的视觉效果。

（7）黑色。黑色是神秘的，也是一种安全的百搭色，一般以线型或小面积作为点缀色和调和色。黑色也给人以沉稳、庄重感。大面积使用黑色要小心，它既可能给人以神秘感、严谨感，但也会给心理造成一定的压抑。

（8）白色。白色代表纯净和圣洁，给人以清洁、安宁、精确的感觉，在医药行业、精密仪器、制冷设备等陈列中常被用到。

（9）灰色。灰色具有"高级灰"的称谓，它或许使人伤感、压抑，但也是一种朴素且复杂的颜色。灰色和其他色调配成各种倾向性的灰色调，给人以高雅、精致、含蓄的感觉。不同明暗层次的灰色给人以层次感，耐人寻味。

1. 色彩组合的视觉感受

色彩可以让人产生以下感受：①温度感。蓝色、绿色、灰色等冷色调让人感觉寒冷，而红色、橙色、黄色等暖色调让人感觉热。②重量感。明度高的色彩让人感觉轻巧，而明度低的色彩让人感觉沉重。③体量感。明度高加暖色调让人感觉膨胀、体量大；而明度低加冷色调让人感觉收缩、体量小。④远近感。暖色让人靠近，而冷色让人散开与远离。暖色由红色调构成，如红色、橙色和黄色。这种颜色选择给人以温暖、舒适、有活力的感觉，产生的视觉效果使其更贴近观众，并在页面上更显突出。冷色来自蓝色调，如蓝色、青色和绿色。这些颜色使配色方案显得稳定和清爽，还有远离观众的效果，所以适合做页面背景。

具体说来，色彩组合的视觉感受包括：①高级感：金色、银色、白色、黑色、灰色；②华丽感：橙色、黄色、红色、紫色；③寂寞感：灰色、绿灰色、蓝灰色；④开朗感：黄色与亮绿色的组合；⑤重量感：明度低的色彩组合；⑥轻飘感：明度高的色彩组合；⑦时尚感：灰色和鲜艳的高纯度色的组合；⑧积极感：红色与黄色、黄色与黑色的配色；⑨稳重感：茶色与橘色的配色、深蓝与灰色的搭配；⑩年轻感：白色与大红色的搭配、黄色和绿色的组合；⑪朴素感：纯度低、色环距离较低的色彩组合；⑫清凉感：冷色系或高明度色；⑬豁达感：白色与青绿色的配色；⑭平凡感：灰绿色与浅褐色的组合。○

2. 色彩的象征性和国际文化差异性

色彩不仅具有审美性和心理暗示性，而且还具有象征或符号意义。例如，绿色象征希望、和平、环保；白色象征纯洁；红色代表喜庆、吉祥；黑色象征死亡与邪恶；黄色代表权力、富贵。

当然，色彩的象征性因国家或地区的文化差异而有所不同。在亚洲，中国、韩国、印度、马来西亚、巴基斯坦、泰国等国在一些场合对黑色有禁忌；日本不喜欢绿色；而叙利亚、伊拉克、科威特、伊朗、也门在一些场合不喜欢黄色。美国对颜色没有特别偏好，也无特别的禁忌。

（三）展示空间色彩设计

展示空间色彩设计要注意以下原则：

（1）要有主色调。主色调是指展示空间中整体色彩的总倾向。主色调所选色彩的面积一般占据展示空间的大部分。所占比例越大，主色调倾向越明显；反之则越不明确。主色调要根据展品色彩风格、展览或陈列主题、时间以及色彩自身的象征和心理影响等多种因素确

○ 胡以萍．展示陈列与视觉设计［M］．北京：清华大学出版社，2012.

定。例如，对于历史题材，应以厚重、沉稳为主；对于展销活动，应设以高色调，刺激消费者的欲望，活跃气氛；对于展示性展览，以中性、柔和、灰色调为主，以突出展品。又如，天冷宜以暖色为主，天热宜以冷色为主。主色调可以是一种色彩，也可以是多种色彩的组合。色彩少，可能显得单一，但是有利于保持色彩的整体与统一；色彩多，陈列空间显得丰富、生动，但是若处理不好，则可能显得凌乱。

（2）要有展览标志色。墙面海报、旗帜、指示牌一般使用统一的标志色。

（3）要有助于展示内容表达，表现某种情调与气氛。

（4）有助于突出展品，或互补，或鲜明对比。色彩对比包括色相对比、明度对比、纯度对比、面积对比等方式。色相对比可以按照色环上的角度来划分，角度越大，色相对比越强，视觉效果就越刺激；角度越小，色相对比越弱，视觉效果就越柔和。

（5）要符合观众的感觉与欣赏习惯。

（6）展区间的色彩既有统一性又有变化，变化要有渐变、顺承的关系。

展示空间色彩包括：

（1）环境色。墙、地、顶棚等对整个展览起主导作用，是基本色。环境色的处理通常对会展空间的主色调起主导作用。它往往选择明度偏高、纯度偏低的色彩，因为它的作用还是衬托和突出展品的色彩。

（2）展位色。展位色即展品、道具以及工作人员的着装等色彩，它是色彩设计的关键，其他一切色彩都是为了体现它。道具外表色彩宜采用中性色或单纯色，宜对展品起衬托作用，不能与展品色彩太近，应有鲜明的对比，并且注意与展示空间的界面色彩既要协调又要有对比。

（3）光照色。利用光照色是强化展场内、展位内色彩关系的基本方法。

（4）绿化色。入口、通道布置植物有助于放松心情，有点缀、活跃气氛的作用。

四、展示照明设计

趋光心理是人的本能，明亮的环境能够给人带来安全感。在大多数情况下，照度高的环境或者亮度高的物体，更容易引起参观者的注意。更重要的是，随着照明技术的不断发展，灯光具有色温和色度，有助于营造展厅、展台内部的审美环境，有助于提升展示效果。总体而言，策划者、设计师要注意内部的整体光源效果，在封闭的空间内合理布局，同时也注意避免展厅空间之外的光源与内部光源形成互扰。

（一）照度、色温、显色性、眩光和灯

1. 照度、色温、显色性、眩光

（1）照度。照度即照明强度，用来说明被照物体上被照射的程度，通常用单位面积内所接受的光通量来表示，单位为 lx（勒［克斯］）。在一般商业店面中，顾客流通区的照度为 80~150lx，货架和柜台的照度为 100~200lx，橱窗或展柜等重点展品的陈列照明，照度为 200~500lx。将一标准黑体加热，温度升高到某一程度时，其颜色开始由红—浅红—橙黄—白—蓝白—蓝逐渐变化。

（2）色温。色温是指表示光源光色的尺度，单位为 K（开尔文）。当色温大于 6500K 时，产生清凉或清冷的感觉，光色呈偏蓝的白；当色温为 3300~6500K 时，则光色接近自然光，呈中性，无明显心理效果；当色温小于 3300K 时，产生温暖感，光色呈偏橘黄的白。

（3）显色性。显色性是指不同光谱的光源照射在同一颜色的物体上时，所呈现不同颜色的特性。通常用显色指数（R_a）来表示光源的显色性。光源的显色指数越高，其显色性能越好。显色性高的光源对颜色的再现较好，人们看到的颜色也就接近物体本色；显色性低的光源对颜色的再现较差，人们看到的颜色与物体本色偏差也较大。一般说来：

1）$R_a > 90$，显色性极好，用于对色彩鉴别要求极高的场所，如印刷、印染品检验或对焦点展品的重点照明。

2）R_a 为 $80 \sim 90$，显色性很好，用于需要对色彩正确判断的场所，如陈列展品的照明。

3）R_a 为 $65 \sim 80$，显色性较好，用于陈列空间的基础照明。

4）R_a 为 $50 \sim 65$，显色性中等，常用于室外照明。

5）$R_a < 50$，显色性较差，用于对色彩要求不高的场所，如储藏间、仓库等。

（4）眩光。眩光是指视野中由于不适宜亮度分布，或在空间或时间上存在极端的亮度对比，以致引起视觉不舒适和降低物体可见度的视觉条件。在陈列中，可以通过选择合适的照明角度、灯具以及使用灯罩来避免眩光。

2. 灯的类型与光源方向

（1）荧光灯。荧光灯是利用低压汞蒸气放电产生的紫外线激发涂在灯管内壁的荧光粉而发光的电光源，有暖色调系列、中间色调系列、冷色调系列。

（2）白炽灯。白炽灯是将灯丝通电加热到白炽状态，利用热辐射发出可见光的电光源。白炽灯的光效虽低，但光色和集光性能好，是产量最大、应用最广泛的一种电光源。

（3）筒灯。筒灯一般是有一个螺口灯头，可以直接装上白炽灯或节能灯的灯具。筒灯是一种嵌入顶棚内光线下射式的照明灯具。其最大特点就是能保持建筑装饰的整体统一与完美，不会因为灯具的设置而破坏吊顶艺术的完美统一。这种嵌装于顶棚内部的隐置性灯具，所有光线都向下投射，属于直接配光，可以用不同的反射器、镜片、百叶窗、灯泡，来取得不同的光线效果。筒灯不占据空间，可增加空间的柔和气氛。如果想营造温馨的感觉，可试着装设多盏筒灯，来减轻空间压迫感。

（4）射灯。射灯是典型的无主灯、无定规模的现代流派照明，能营造室内照明气氛。若将一排小射灯组合起来，光线能变幻出奇妙的图案。由于小射灯可以自由变换角度，组合照明的效果也千变万化。射灯光线柔和、雍容华贵，也可局部采光，烘托气氛。

（5）霓虹灯。霓虹灯是一种特殊的低气压冷阴极辉光放电发光的电光源。它不同于其他诸如荧光灯、高压钠灯、金属卤化物灯、水银灯、白炽灯等弧光灯。霓虹灯是靠充入玻璃管内的低压惰性气体，在高压电场下冷阴极辉光放电而发光的。

（6）发光二极管（light emitting diode，LED）。它是由镓（Ga）与砷（As）、磷（P）、氮（N）、铟（In）的化合物制成的二极管，当电子与空穴复合时能辐射出可见光，因而可以用来制成发光二极管。LED显示屏（LED display 或 LED screen）又叫电子显示屏或者飘字屏幕，是由LED点阵和LED PC面板组成的，通过红色、蓝色、白色、绿色LED灯的亮灭来显示文字、图片、动画、视频等。可以根据不同场合的需要做出不同的调节。例如，一般的广告牌上那些流动的字画，就是通过Flash制作一个动画，储存在显示屏的一张内存卡里，再通过技术手法显示出来的，可以根据不同的需要随时更换，各部分组件都是模块化结构的显示器件。传统LED显示屏通常由显示模块、控制系统及电源系统组成。LED显示屏可以分为以下类型：

1）室内、户外和半户外显示屏。室内显示屏的面积一般从不到 $1m^2$ 到十几平方米，在室内环境下使用，此类显示屏亮度适中、视角大、混色距离近、重量轻、密度高，适合较近距离观看。户外显示屏的面积一般从几平方米到几十甚至上百平方米，点密度较稀，可在阳光直射条件下使用，观看距离在几十米以外，屏体具有良好的防风抗雨及防雷能力。半户外显示屏介于户外及室内显示屏两者之间，具有较高的发光亮度，可在非阳光直射户外条件下使用，屏体有一定的密封性，一般装在屋檐下或橱窗内。

2）按颜色分为单色、双基色、三基色显示屏。单色显示屏是指显示屏只有一种颜色的发光材料，多为单红色，在某些特殊场合也可用黄绿色（如殡仪馆）。双基色显示屏由红色和绿色 LED 灯组成，256 级灰度的双基色显示屏可显示 65536 种颜色。三基色显示屏由红色、绿色和蓝色 LED 灯组成，可显示白平衡和 16777216 种颜色。

3）按控制或使用方式分为同步显示屏和异步显示屏。同步方式是指 LED 显示屏的工作方式基本等同于计算机的监视器，它以至少 30 场/s 的更新速率点点对应地实时映射计算机监视器上的图像，通常具有多灰度的颜色显示能力，可达到多媒体的宣传广告效果。异步方式是指 LED 显示屏具有存储及自动播放的能力，在计算机上编辑好的文字及无灰度图片通过串口或其他网络接口传入 LED 显示屏，然后由 LED 显示屏脱机自动播放，一般没有多灰度显示能力，主要用于显示文字信息，可以多屏联网。

灯具还可以分为以下五类：①直管型荧光灯，用在展柜内或展厅顶棚；②紧凑型节能荧光灯，主要用在展柜内和展厅顶棚；③混光型射灯，主要用来照亮展板、展墙和凸显某件展品；④可调式地灯，主要用来照射背景和后面的展品；⑤装饰性照明，如霓虹灯、光导纤维、激光灯、霓虹胶管、塑管灯带和隐形幻彩映画等。

除了灯光外，自然采光也是展示过程中经常采用的光源。自然采光必须避免阳光直射，应选取比较稳定的北窗天光。而由于受天气变换、时间段等因素影响，自然光的强弱和均匀度难以控制，所以一般展示设计都以人工照明为主。

从光源方向上看，主要包括：①正面光：整体感觉好，适合大面积照明，亮部面积大，细节清楚，但是立体感一般。②斜侧面光：这种光线照射面积适中，立体感较强。③正侧面光：照射面积较小，细节不清楚，但是立体效果好。④顶光：照射面积较大，细节清楚，立体感强。⑤正下方光：有立体感，但顶部看不到。一般不适合用在服装陈列的模特上，因为正下方的光线会使模特的面部产生阴森的感觉。⊖

（二）照明方式与灯具布置策划

1. 整体照明

整体照明也称基础照明、环境照明，主要是展示场所的照明。它由对称排列在展台上的若干灯具组成，使展品可获得较好的亮度分布和照明均匀度，所采用的光源功率较大，而且有较高的照明效率。利用参观者的趋光心理，有时为了节约成本，在展厅内可以不做吊顶，或者将吊顶做得较暗，从而使参观者把注意力集中于展品本身。

2. 局部照明

局部照明也称重点照明，它是为满足某些展示区域、展品某些部位的特殊需要，在一定范围内设置照明灯具的照明方式。局部照明通常使用有方向的、光束较窄的高亮度灯具。例

⊖ 胡以萍．展示陈列与视觉设计［M］．北京：清华大学出版社，2012.

如，采用集束灯光照射某些特殊展品（如珠宝、高级包）等，以凸显其高贵、醒目，以射灯和背景灯显示展品轮廓线条等。局部照明包括：

（1）展台、展柜照明。多采用射灯、聚光灯等聚光性较强的照明方式。

（2）版面照明。对于墙体、展板和摄影作品，多采用垂直照明方式。例如，在展板上安置射灯，照射角度保持在 30°左右，或采用可调节灯具位置的角度的滑轨。

3. 气氛照明

气氛照明即用照明的手法来渲染环境气氛，营造特定的情调，多采用泛光灯、激光发生器、霓虹灯、电子显示屏等设施来装饰和点缀空间。

此外，根据光通量的空间分布状况，照明还可分为直接照明、半直接照明、间接照明、半间接照明以及漫射照明五种类型。光线通过灯具射出，其中 90%～100%的光线到达假定的工作面上，这种照明方式称作直接照明。半直接照明方式是由半透明灯罩材料造成的，使 60%～90%的光源以扩散的方式照射到假定的工作面上，而 10%～40%的光源由半透明灯罩向上漫射，其光线比较柔和，因而能产生较高的空间感。间接照明是将光源遮蔽而产生的间接的照明方式，其中 90%～100%的光线通过顶棚或墙面反射作用于假定的工作面上，10%以下的光线则直接照射到假定的工作面上。半间接照明是指有 60%～90%的光线是经过反射照射在物体上的，10%～40%的光线则直接照射于物体上的照明方式。这种照明方式能产生比较特殊的照明效果，使较矮的展厅或室内有增高的感觉。漫射照明类型是利用灯具的折射功能来控制眩光，使 40%～60%的光线向四周扩散漫射，而还有 40%～60%的光线是反射后再投射在被照物体上的照明方式。这种照明方式光线柔和、视觉舒适，但光线亮度较差。

在展示陈列照明设计中，对于立体的展品，应表现其立体感。立体感可通过定向照明和漫射照明的结合来实现。对于展示交通区域的照明，荧光灯和白炽灯是最普遍采用的人工照明光源。这是因为白炽灯能使展品生动鲜明，而且它的紫外线含量极低，而荧光灯的亮度低、发光效率高，而且紫外线含量也远比天然光低得多，并且这两种灯的品种、规格都很多，便于设计人员选择。

在灯具布置上要求：

（1）整个工作面照度分布均匀，灯具间隔和行距保持一致，均匀布灯。

（2）局部有足够亮度的选择性布灯。

（3）灯具的悬挂以不产生眩光为限，且注意防止碰撞和触电危险，垂度一般为 0.3～1.5m，通常取 0.7m。吸顶灯具的垂度为 0。表面亮度大、保护角小的灯具可以悬挂得高些。为防止眩光，保证照明质量，照明灯具距地面的最低悬挂高度由设计所用的灯具决定。

（4）灯具选择不要对展品有损害。

1）紫外辐射是引起展品变色、褪色的主要原因。红外辐射可能使展品的温度上升，从而产生干化、变形、裂纹等。利用能吸收紫外线的材料就很容易吸收从光源来的紫外辐射，可以根据具体情况采取相应的做法。对红外辐射，可以采用红外辐射少的光源（如荧光灯）或冷光束卤钨灯等，或在灯前面安装能吸收红外辐射的滤光器。

2）因为光对展品损害作用的大小与展品上的曝光量（照度与时间的乘积）成正比，所以对于敏感和特别敏感的材料，应设法减少曝光时间。例如，可以采取以下措施：只在有人参观时才开灯，展品上加盖子，利用复制品，放录像，定期更换展品，在非展出时间让展品处于黑暗的环境之中。当利用复制品时，则其照度不受本标准的限制，可根据实际情况确定。

3）把对光特别敏感而且属于特别珍贵的文物保存在特制的展柜或特别设置的展室里，有利于保护这些文物，也便于管理。

第二节　展示陈列策划

一、展示手段

展示手段包括文字、实物、模型、标准展具、音频、触觉、视频、印刷物、纪念品、摄影、喷画、插图、色彩、光、灯光、人的表演与演示等。在进行展示时，需要一些展示道具。按功能区分，展示道具可分为16类：展柜、展板、展墙、展台、展架、屏风、花槽、展品标牌、方向指示标牌、护栏、照明器具、小型陈列架、沙盘与模型、视听设备、零配件和装饰器物。展柜是陈列小型贵重展品的重要展示道具，主要职能是保护和突出展品。展柜类型通常有高低柜、布景箱、幻灯箱、嵌入墙体或柱体的展柜。

展板是荷载图片和说明文字的展示设备，其造型以平面为主，主要用来张贴平面展品（照片、图表、图样、文字和绘画作品）。展板的尺寸分为三类：①小型展板，二维尺寸有600mm×900mm、900mm×1200mm、600mm×600mm、900mm×900mm等，厚15～25mm；②大型展板，二维尺寸有900mm×1800mm、600mm×1800mm、1200mm×2400mm、1800mm×1800mm、2400mm×2400mm等规格，厚40～50mm；③与拆装式展架配套的展板，二维尺寸有960mm×2260mm、960mm×240mm等规格，厚16mm。展示所用的展板通常兼有两种基本功能：①围合空间的界面。呈垂直状态的展板与系列展架相配合，可构成隔断、屏风以及展墙，具有分割空间的作用。②背景版面。

展墙又称假墙、隔板，主要用于展示空间的垂直分割。在展览中，展墙大多是由展架和展板组合而成的。展墙比展板的尺寸大，宽度一般为150～250cm，高度为240～360cm不等。这些展墙既可以在其表面粘贴纸张、照片、不干胶等，也可以悬挂轻质的展板。

展架是作为吊挂、承托展板，或拼联组成展台、展柜及其他形式的一种支撑性框架设备，也是一种可以用作隔断、顶棚等复杂立体造型的设备。展架是展出用的主要的、基本的道具。目前展架的造型呈现标准化、系列化、通用化的趋势，它们大量采用轻质铝合金、不锈钢型材，工程塑料、玻璃钢等新型材料。这类展架一般有拆装式和折叠式两种结构形式。它们可以根据展位的实际情况任意组合变化，方便地搭建成所需要的各种形状。因此，这类展架具有科学合理、安全耐用、拆装便捷、造型丰富的特点。展架还可以分为落地式展架、台式展架、挂式展架、堆台展架、异形展架。

二、展品陈列的基本方式、基本结构和陈列方法

（一）展品陈列的基本方式

（1）吊挂陈列。这是一种将展品悬空吊挂的陈列方式，具有灵活、轻快的视觉感受。纺织品和服装类展品多以这种方式展现出相应的姿态与造型，以展示展品式样的独特性和使用时的形态。

（2）置放陈列。这是一种将展品平稳地摆放于平面（如柜台、展台等）上的陈列方式。这种陈列方式充分展现了物品的立体结构与造型，具有强烈的体积感。许多大型、重型产品均为置放陈列。

（3）张贴陈列。这是一种将展品平展或折叠平贴壁面、柱面的张贴陈列方式。这种陈列方式充分展现了物品的结构、质地、花纹等，便于观众触摸和欣赏。

（二）展品陈列的基本结构

（1）"—"水平结构。水平结构是一种将展品呈"—"字形水平排列的陈列结构形式。它具有安适、平静的视觉感受。

（2）"｜"垂直结构。垂直结构是一种将展品呈"｜"字形垂直排列的陈列结构形式。它具有挺拔、向上和有力的视觉感受。

（3）"十"字结构。这一结构是一种将展品呈交叉状排列的陈列结构形式。它是上述两种结构的混合形式，具有安全性的视觉感受。

（4）"＊"放射结构。放射结构是一种将展品呈向内或向外发射状排列的陈列结构形式。这一结构包含了中心和发射线两个基本因素。它让人有阳刚、开放、扩张、欢快的感受。若放射线有足够的长度，且各线段的长度相等，给人以安全感；反之，放射线短而参差，则给人以动感和轻快感。

（5）"／"倾斜结构。倾斜结构是水平结构或垂直结构的变体形式。它具有动感和较高的注目性。

（6）"～"弯曲结构。弯曲结构也是水平结构或垂直结构的变体形式。它具有轻柔、流畅的动感和女性化的柔美感受。编织物、服饰品、儿童用品等展品的陈列多采用此类结构。

（7）"○"圆形结构。圆形结构是一种将展品呈环形状排列的陈列结构形式。它给人以丰满感和整体美。

（8）"△"三角形结构。三角形结构是一种将展品呈三角形排列的陈列结构形式。三角形结构有多种变化形式，相应地也有多种不同的视觉心理感受。例如，正三角形构成和等腰型三角形构成，给人以安定感、稳定感；直角三角形构成，给人安定中的不定动感；倒三角形构成，给人以不安定的、紧张的动感。

（9）阶梯结构。阶梯结构是一种将展品做高低、前后依次排列的陈列结构形式。这也是水平结构或垂直结构的变体形式。这种陈列结构扩大了展示空间，容纳了更多的展品，有利于展示系列化展品和配套展品。

（10）无结构。严格地说，上述九种展品陈列结构是一种有机性陈列结构，目的是在各种各样的展品之中清晰地展现出一条互相联系的纽带，使观众易于了解和接受。而无结构是一种将展品随意摆放的展品陈列形式，展品之间不存在逻辑上的联系。这是一种极度混合陈列的结构形式，甚至毫无结构可言，是陈列结构的一种特殊形式。

（三）展品陈列方法

1. 目标陈列法

目标陈列法即将重点展品或需要突出的展览内容放置在展位或陈列空间的中心位置，其他展品则可按类别陈列于主要展品的周围展柜或展架上。同时，在墙体、廊柱上等配以相应的广告版面，并利用照明效果和声光电的配合，形成一个和谐统一又主次分明的展览环境，使观众一进场就看到被突出的主体展品，这对会展主题的表达具有突出、鲜明的作用。

2．特写陈列法

特写陈列法即根据会展目的的要求，将重点展品和细小展品放大为数倍的模型或扩大为数倍的广告摄影照片，形成富有冲击力的空间视觉效果。适用于这种方法的产品包括化妆品、电池、小手工艺品等。

3．场景陈列法

场景陈列法即根据特定的会展环境，结合某种消费需求和相关的生活场景、生产活动、学习空间、劳动空间以及自然环境等，将展品恰当地组合在这一空间环境中，使其成为其中的角色。这种会展的特点是将展品通过适当的场景，充分展示其在使用中的情形，显示其功能和外观特点。同时，场景化的展示场面容易引起参观者的联想和亲切感，激发消费者的购买欲。像家电类会展经常用这种方法陈列展品。

4．开放式陈列法

开放式陈列法即在会展中，顾客、参观者与展品直接接触，参观者参与演示、操作等活动来切身体验，其观摩、交流、推销和购买等活动均在活泼、融洽、亲切自然的气氛中进行。这是一种具有较高实效性和展示功能的陈列设计，常见于汽车类会展。

5．连带式陈列法

连带式陈列法是将相关的展品放在一起进行陈列。例如，西装和衬衣、领带、皮带以及其他相关的饰品，可以作为成套的系列展品进行连带式陈列。其特点是可以有效地激发顾客的联想，启发顾客进行配套选购的需要，方便顾客进行对比和选择，从而产生成套购买的想法。进行连带式陈列时，要使展品在款式、色彩、风格、质量、价位等方面务必做到协调、有序，可以方便地进行组合、搭配，并且要在位置、方法上体现展品的主次，兼顾整体性、协调性和层次性。

6．层次式陈列法

层次式陈列法是将同一卖点的不同展品，或同一品牌的不同展品，按照一定的分类方法，划分层次依次摆放。例如，可以分为时尚展品、畅销展品和长销展品，也可以分为高档展品、中档展品和低档展品，又可以分为系列展品、成套展品和单件展品，还可以分为主要展品、配套展品和配件展品等。层次式陈列法是按顾客消费需要的不同，划分层次进行摆放，使顾客能迅速确定自己的购买目标，从而方便快捷地进行选择和购买。陈列时应注意突出价格标签、品牌标志等说明性标识。其特点是分类清晰、主次鲜明、表示突出，可以吸引不同类型的顾客，方便顾客比较和选购，容易营造热烈的气氛。

7．重复式陈列法

重复式陈列法是指同样的展品、装饰等陈列主题或标识、广告等，在一定的范围内或在不同的陈列面上重复出现，通过反复强调和暗示手段，加强顾客对展品或品牌的视觉感受、加深其印象的一种陈列方法。这种方法既可以使观众印象深刻、过目不忘，又可以使所有陈列面和谐统一、主题突出。其特点是使顾客受到反复的视觉冲击，从而在感觉和印象上得到多次强化，并且有"该产品是唯一选择"的暗示作用，可给顾客留下十分深刻的印象。

8．对比式陈列法

对比式陈列法是指在展品的色彩、质感和款式上，或是在设计构图、灯光、装饰、道具、展柜、展台的运用上，采用对比式设计，形成展示物体间的反差，达到主次分明、互相衬托的展示效果，从而实现突出新产品、独特产品、促销产品或专利产品等主要产品的目的。其特点是对比强烈、中心突出、视觉效果明显，使陈列展品的表现力和感染力大大增强。

第三节　展台管理策划

一、展台工作人员的选择

围绕展台服务的工作人员包括：

（1）统筹负责人。统筹负责人负责全面工作，不是事必躬亲，看到事情就去做，想到哪里不合适了就去改，而应有全局观，富有经验，具有很强的协调工作能力。

（2）展台搭建负责人。展台的搭建是一项紧迫而艰巨的任务，现在一般都是由相关公司进行设计、施工的。展台搭建负责人的工作职责就是配合施工公司的工作，监理施工和设计的质量差异，协调本企业展位搭建工作与场馆制度的统一。

（3）安装调试人员。演示产品的安装和展台的搭建是同步的工作，因此参展企业的相关人员应该提前到位，并了解展台的布置，把企业的产品性能展示、外观展示调试和安装至最佳。安装完毕后，根据实际情况，可以考虑留下一部分安装人员作为技术支持，其余人员合理安排或者直接返回企业。

（4）演示产品的讲解人员，资料、礼品的发放人员，以及相关的业务洽谈人员。

（5）会展后勤负责人员。会展是一项很辛苦的工作，参展工作人员的食宿必须做到位，所以很有必要配备这样的专职工作人员。

（6）资料收集与市场调研人员。会展同时也是企业之间进行信息沟通、技术交流、互相学习交流的场所。别人已经把自己最好的产品和形象拿出来展示，如果企业不主动去观摩、收集相关资料、进行彼此之间的必要沟通，那么参展的目的也就大打折扣了。

对于参展企业来说，需要根据自己的参展目标确定上述人员构成，最终形成一份工作人员名单。一般说来，业务洽谈人员在整个工作人员中所占比例要高一些。一般要选择相对外向、有礼貌、具有与陌生人打交道能力的人员担任，其中一部分人员可以在当地招聘。

不论是临时雇用人员还是固定工作人员，包括企业高层人员都应当接受培训。培训的目的是使展台工作人员了解展出目的，掌握展台工作技巧，培养合作及集体精神。培训工作可以在选定展台工作人员后即着手进行。比较正规的培训形式包括筹备会和培训班。培训内容包括产品知识、企业情况、展台销售内容和技巧、预期客户特征和行为分析、与媒体接触行为指导、会展流程与注意事项、工作人员职责、工作人员礼仪和纪律、如何设定每天可销售的量化目标等。由于展台销售与传统的面对面销售并不相同，所以可以聘请专业的展台销售培训师参与到培训内容的设计和教学中来。要尽量使用教学辅助工具，如投影仪、讲义等。可以利用聚餐或外出活动的机会加强团队的交流合作。培训内容要有系统，培训材料应编印成套，发放给接受培训的人员。欧美一些国家的会展行业协会、会展研究机构、会展咨询公司会安排专门的会展培训，提供专门的展台工作培训教材、录像等。

展台工作人员的数量要依据展台的规模、安排的活动、时间等因素确定。理想的安排是每天工作4h，2h换一次班。这样可以保证人员精力充沛，处于最佳工作状态。下面是所需

工作人员数量的计算公式：[一]

$$所需工作人员数量 = \frac{每小时接待的买家数量}{每小时每个工作人员洽谈的买家数量}$$

$$每小时接待的买家数量 = \frac{买家数量}{会展有效时间（减去诸如大会发言之类的时间）}$$

例如，某公司展台所需工作人员数量如下：

$$\frac{375 \text{ 个买家}}{25\text{h}} = 每小时接待 15 \text{ 个买家}$$

$$\frac{每小时 15 \text{ 个买家}}{每小时每个工作人员可以洽谈 4 \text{ 个买家}} \approx 4 \text{ 个工作人员}$$

二、展台工作的主要内容

1. 接待工作

接待工作的主要任务是密切老客户和发掘新客户。接待可以是预约的，也可以是随意的。最好将预约安排在人数相对少的时候。可以将客户分为重要客户、现有客户、潜在客户、普通观众等。重要客户无论是现有的还是潜在的，都应列出名单，事先告诉展台工作人员。当然，工作人员也可以现场识别与确定名单以外的重要客户。对重要客户要予以特别的接待。对重要客户、现有客户和潜在客户，可以在闭馆之后安排相关活动进一步保持密切关系；对普通观众，不要耗费太多时间，但是要注意礼貌，可以客气地打招呼，简要地回答问题，尽快结束交谈。

2. 洽谈工作

洽谈工作往往与接待工作紧密相连。一旦客户对企业或产品有进一步接触的兴趣和意向，工作人员可以进入洽谈阶段。对老客户，可以当场签订意向书或订单；对新客户的大宗买卖或投资，则不宜当场签约。

3. 记录工作

记录工作对于会展评估与后续工作非常重要。常见的方式包括收名片、使用登记簿、记录表格、电子记录设备等。需要事先确定好用哪种方式。记录表格最好使用复写式。为了鼓励客户留下信息，可以赠送小礼品。最好每天对记录做统计，包括每天观众与客户接待数、询问问题数、观众与客户洽谈数、成交金额或成交意向数等。

4. 联络、公关工作

这是指客户邀请、接待、送礼等工作。联络工作可以安排在现场，也可以安排在现场以外。后者主要是展台工作以外的时间或闭馆以后的联络。礼品要分档次，主要包括贵宾礼品和工作用礼品。礼品送出后要有记录。

5. 调研

会展参观者集中，非常适合调研。调研的目的是：①了解参观者对产品及服务的需求和建议。可以通过发放调查问卷、直接询问等方式获得这方面的信息。②了解竞争对手的新产品、新技术、新销售手段、价格、包装等信息。可以派专人收集这方面的信息，如到竞争对手展台参观、参加对方新产品的发布会。③了解产业发展趋势与行业经营方面的信息。可以通过参见各种研讨会、技术交流会等获取一手信息。此外，通过会展新闻报道、刊物、官方

[一] STEVENS R P. 展会的组织管理和营销 [M]. 孙小珂，陈崴，译. 沈阳：辽宁科学技术出版社，2007.

报告等也可以获取一些有用的信息。

三、展台工作行为注意事项

展台工作对企业参展效果会产生重要影响，一个微小的行为失范，都可能给企业形象产生不良影响。下面的注意事项被证明是有效的：

1. 可做的

提前15min甚至更早到场；保持展台干净整洁；穿着得体；避免饮酒，避免食大蒜、辛辣食品；做好谈话记录；保持警惕；与每个路过展台的人打招呼；遵守展台工作日程；等等。

2. 不可做的

读书看报；双手交叉在胸前；把手放在口袋里；不搭理参展人员；坐着；懒散、无所事事和抽烟；与同事聊天；背对客户；打电话聊天；玩计算机或手机游戏；随便离开展台，使展台无人；勉强客户；打听对方的隐私；等等。

四、展台销售

由于展台销售方式主要包括一系列的开放式谈话，成功的秘诀是能够巧妙地控制谈话内容和节奏，有效地利用与买家交谈的每一分钟。以下五个步骤有助于展台销售：①进入话题；②资格判断；③交谈或展示；④捕捉信息；⑤脱离话题。如果买家不具备购买资格和意向，就需要很快进入第五步，即脱离话题。[○]还有一种情况也需要迅速进入脱离话题环节，即判断出对方属于竞争对手派来了解信息的人员。

1. 进入话题

在这一阶段需要站得笔直，保持坦率、专注和感兴趣的状态。工作人员站在走道边，与每一位路过的人进行眼神交流，通过看他们的出席证，加上称呼向他们问好。可事先设计好开场白。开场白有以下几种方式：

（1）问好式。主动向代理商或参观者问好，进而推荐产品。例如，"您好，请看看××的全国独家产品。""您好，请看看我们公司的最新××款产品。""您好，您了解我们公司吗？"

（2）插入式。在有很多代理商或观众同时参观时，需要在接待好先前的客户，又要不让后来者受到冷落。当正在接待客户时，可以用一个手势、一个微笑或一句话（如"请等一会儿"）表示欢迎。发现后来者，要有人主动接待，如"对不起，让您久等了，这是我们的全国独家产品××。"

（3）应答式。例如，对方说："这就是××产品吗？"工作人员应立即应答："是的，这就是××产品，看来您对我们的产品很了解呀。"

（4）迂回式。例如，"老板，经常在会展上看到您，这次准备找哪类产品？"采用迂回式，需要事先对可能回答的问题进行设想，并有相应回答的预案。例如，见到女士，常见的一种话题是香水。如先问对方用什么牌子的香水，然后她说××牌，接着工作人员可以说："这个星期天我也给我女朋友买一瓶！"这样就可以继续话题了。

○ STEVENS R P. 展会的组织管理和营销 [M]. 孙小珂，陈崴，译. 沈阳：辽宁科学技术出版社，2007.

2．资格判断

资格判断是谈话的关键阶段。工作人员需要确定顾客是否值得自己花费时间。通过了解对方的预算范围、决定权、需求（产品有多大的吸引力）、期限（什么时候买）、潜在销售量（需要多少产品，需求频率多高）、客户特征（企业规模、员工数量、盈利情况、行业类型等），迅速了解顾客的情况。如下问题样本有助于礼貌地获取信息：您在哪里高就？您公司的目标是什么？您目前在使用哪些产品和服务？您有什么疑惑？您考虑过其他产品吗？您需要多少数量？等等。

3．交谈或展示

在第三个阶段的主要目标是传达销售产品的信息，了解客户需求，打消客户的疑惑，逐步建立联系。如果需要展示产品，应事前多练习。如果客户对产品非常感兴趣，建议换一个地方继续深入交谈，这有利于腾出地方接待新客户。

4．捕捉信息

在本阶段，对重要客户，需要将谈话中的重要信息记录下来，并收集对方的联系方式，以及确定进一步交谈的时间与地点。

5．脱离话题

脱离话题要礼貌，充分利用肢体语言和口头表达。应注视客户的眼睛，与客户握手，并运用结束语。例如，"谢谢您的到访，祝您愉快。""这是我们的宣传资料，请您带上。"

有时会面对生气的客户，需要做到：把客户带离现场，去过道或咖啡厅，耐心聆听；不要以牙还牙；设身处地地表达想解决问题的诚意；向生气的客户解释，解决问题；承诺一定会继续采取的行动；等等。

五、侵权投诉与交易风险规避

（一）侵权投诉

参展商一旦遭到侵权，首先需要选择维权方式。具体包括：①行政机关投诉；②展会举办投诉；③通过法院走司法途径。著作权、商标案件一般由指定的基层法院进行一审审理，专利和不正当竞争案件一般由指定的中级人民法院进行一审审理，基层法院无管辖权。我国法院依据案件诉讼金额的大小不同，由不同级别的法院进行级别管辖。除被告所在地法院外，侵权行为的实施地、侵权结果发生地的法院对知识产权侵权案件也有管辖权。因此，很多企业都是在异地购买侵权产品，然后在产品购买地法院起诉销售商和制造商，就实现了改变管辖、异地起诉的目的。对于会展，如果进行了相关展销证据公证，也可以在会展举办地法院提起诉讼，也可以实现改变管辖、异地起诉的目的。

投诉需要递交投诉材料以及证明材料，包括：

（1）书面的投诉文件。内容包括侵权行为描述、投诉要求、投诉人基本信息、有侵权行为参展商的基本情况等。

（2）提交证明自己享有知识产权的证据。涉及专利权的，应当提交专利证书、专利公告文本、专利权人的身份证明、授权委托书、专利法律状态证明、被投诉的参展者及其参展展位号；涉及商标的，应当提交商标权利人身份证明、授权委托书、被投诉的参展者及其参展展位号；涉及著作权的，应当提交著作权登记证书或相关证明、著作权人身份证明。

（3）递交侵权人的侵权证据。

（4）递交其他材料，包括企业的营业执照复印件、授权委托书等。如果在参展前发现侵权行为，可以向组办方发律师函，告知某参展商侵犯自己的知识产权，希望制止其参展；或向会展所在地的知识产权管理部门发律师函，告知某参展商可能将侵犯自己知识产权的产品在会展上展出，希望制止，并及时查处；或向本企业所在地的知识产权管理部门发律师函；或向侵权者单位所在地的知识产权管理部门发律师函。针对个体维权存在种种困难的情况，越来越多的参展商选择组成联盟保护知识产权。例如，在深圳举办的国际礼品展上，众多企业组建了深圳工艺礼品知识产权维权委员会实行集体维权，最终 13 家参展企业被依法处理。

第二项工作是收集证据。这一工作实际上是在展会举办之前和之中进行的。一旦发现侵权，由律师联络公证员，请公证员对展览行为（展台布置、侵权产品陈列状态等）以拍照、摄像等形式固定下来。展会公证时，一定要在公证员面前设法从展台上购买至少一个侵权产品，并请公证员对购买的侵权产品、销售发票等一并公证，这对后续的管辖法院、赔偿损失都将影响巨大。因为展览行为在法律上只是一个要约销售行为，只有购买到了侵权产品才能证明有实际销售行为发生，这是两种不同性质的侵权行为。

第三项工作是保全工作。原告可以申请法院对被告的账户进行冻结、保全，也可以申请法院对被告生产的侵权产品、生产设备，甚至销售发票、账册等进行证据保全。

参展商也可能被投诉侵犯其他参展商知识产权。一旦被投诉，需要做到：

（1）配合调查和收集对方知识产权权属资料。当参展企业遇到涉嫌侵犯他人知识产权指控时，有关部门在通知参展企业时，可以即行调查取证，查阅、复制与案件有关的文件，询问当事人，采用拍照、摄像等方式进行现场勘验，也可以抽样取证。有关部门收集证据应当制作笔录，由承办人员、被调查取证的当事人签名盖章。参展企业的当事人在签名前，应该仔细阅读笔录，只有在与事实符合时才能签名，当笔录与现场调查事实不符时，应该向办案人员反映。

（2）合理抗辩。在有关部门做出决定前，参展企业应该及时提交答辩书，以便有关部门及时、准确地认定事实、适用法律。准备好合法有效的知识产权权属证明、委托书、抗辩书等，进行合理抗辩。一旦投诉人属于无效请求的，被调查企业可以以此拒绝权利人的投诉。⊖

（二）交易风险规避

对于参展商来说，除了可能涉及知识产权侵权分权外，还往往会涉及其他商事纠纷的法律风险。尤其是涉及国际贸易时，更是存在诸多交易风险。我国涉及对外贸易的法律法规主要有《中华人民共和国对外贸易法》《中华人民共和国民法典》《中华人民共和国海商法》《中华人民共和国票据法》《中华人民共和国进出口商品检验法》《中华人民共和国仲裁法》

⊖ 其中，涉及专利的法律条款主要包括：《专利法》第四十二条规定，发明专利权的期限为 20 年，实用新型专利权和外观设计专利权的期限为 10 年，均自申请日起计算。第四十四条规定，有下列情形之一的，专利权在期限届满前终止：①没有按照规定缴纳年费的；②专利权人以书面声明放弃其专利权的。《展会知识产权保护条例》第十七条规定，有下列情形之一的，地方知识产权局对侵犯专利权的投诉或者处理请求不予受理：①投诉人或者请求人已经向人民法院提起专利侵权诉讼的；②专利权正处于无效宣告请求程序之中的；③专利权存在权属纠纷，正处于人民法院的审理程序或者管理专利工作的部门的调解程序之中的；④专利权已经终止，专利权人正在办理权利恢复的。对于商标，《展会知识产权保护条例》第二十条规定，有下列情形之一的，地方工商行政管理部门对侵犯商标专用权的投诉或者处理请求不予受理：①投诉人或者请求人已经向人民法院提起商标侵权诉讼的；②商标权已经无效或者被撤销的。

等。涉及的国际公约主要包括《联合国国际货物销售合同公约》《联合国海上货物运输公约》《联合国国际货物多式联运公约》《关于承认和执行外国仲裁裁决的公约》等。《国际贸易术语解释通则》（International Rules for the Interpretation of Trade Terms，INCOTERMS），是由国际商会制定的国际贸易的基础性国际通行规则。要防范交易中存在的法律风险，参展商和采购商需要注意通过完善的合同条款来规避可能存在的法律风险，需要熟知举办方提供的法律服务内容（尤其是投诉和处理程序），参展商和采购商需要注意合同履行过程中各种书面证据材料的留存（包括双方往来的函件、会议纪要、传真或电子邮件等）以便为可能投诉、仲裁和司法诉讼提供证据。

在国际贸易中，一般而言，当事人如选择了仲裁方式解决相互之间的争议，则不可以再将争议提交诉讼解决。相比诉讼，仲裁是被更多使用的一种解决国际商事争议的方式。仲裁的优势主要在于：①充分尊重当事人意思自治。当事人享有选定仲裁员、仲裁地、仲裁语言以及适用法律的自由。②一裁终局。仲裁裁决一经做出即对双方当事人发生法律效力，一方不履行的，另一方可向有管辖权的法院申请强制执行。③裁决的境外可执行性。仲裁裁决可以通过联合国《承认及执行外国仲裁裁决公约》在世界上 159 个国家和地区得到承认与执行。我国已于 1987 年加入该公约。④保密性。仲裁不公开进行，有利于保护当事人的商业秘密以及商业信誉。

在会展过程中，参展单位和采购商在协商达成交易意向及订立、履行合同时，应当遵循公平、自愿、平等和诚实信用原则。展会方建议，参展单位与采购商达成交易意向后应签订书面合同，明确合同标的、数量、质量、价款或报酬、履行期限、地点和方式、违约责任以及争议解决方法等条款内容。合同内容应明确、具体、完整，以防范风险，及时解决纠纷。

参展商和采购商签订的合同应覆盖双方交易的各个环节和全过程，一般来讲，合同应包括以下主要条款：①合同主体条款，包括双方当事人名称、地址及相关联系信息等；②合同标的条款，包括双方交易标的名称、品牌、规格、数量、包装要求等；③价格条款，包括单价、总价款、计价货币等；④价款支付条款，包括支付方式、支付时间等；⑤质量和检验条款，包括适用的质量标准、检验时间、检验方法、检验机构、质量保证期等；⑥标的交付条款，包括标的交付的时间以及地点和方式等；⑦运输和保险条款，包括标的运输和保险责任的承担等；⑧违约责任条款，包括迟延付款、质量瑕疵等的救济和责任承担等；⑨争议品解决条款及法律适用条款，包括合同适用的法律，发生纠纷时的争议解决方式、地点等。根据交易的具体需要，双方还可以约定安装条款、不可抗力条款、合同生效条款及交易双方的具体联系方式等内容。

参展商和采购商在签订合同时，应关注对方资质以及实际签约主体的基本信息，尤其是在交易方为集团公司或有多个关联企业的情况下。交易双方在签署合同之前应针对签约主体的注册地、实际经营地、实际管理机构等相关信息有所了解和分析，确认签约主体名称与注册信息一致，注意中外当事人在合同签署或盖章上的差异。

为便于合同履行和保障交易安全，交易双方应在合同中指定专门的联系人员，明确双方联系文件送达的具体地址、电话和电邮等其他联系信息，并对联系信息的变更通知提出明确要求。

在国际贸易中，就同一标的，进口国和出口国的质量标准往往存在差异。双方在合同中明确约定合同标的适用的质量标准，尤其要关注进口国对合同标的的特殊要求，包括涉及动植物产品的检验检疫要求，避免因不符合进口国强制性质量要求而导致合同目的不能实现的情况。当选择我国的质量标准时，还要注意国家标准、部门标准和企业标准的区别。对于需要凭样品成交的合同，还应注意封存并妥善保管样品，以作为验收货物的最终依据。参展商和采购商应按合同检验条款的约定及时组织对合同标的的检验或验收，以确定合同标的是否质量相符。当发生质量问题而合同未就检验做出约定时，双方应尽快协商确定检验机构，不能达成一致的，各方应及时委托相关专业领域内权威的第三方检验机构进行检验。

电汇因具有手续简便、收汇快捷等特点，在国际贸易中被广泛采用。为有效控制交易双方在货款收付方面的风险，双方可根据合同履行的进程，结合合同标的的性质、价格条款、质量和检验条款等，确定合同签订、货物装运、货物接收及货物验收等不同时间节点的付款比例。参展商和采购商如选用信用证方式支付，采购商应按合同约定的时间和要求如期开立信用证，否则对方有权推迟交货，并将由采购商承担相应的违约责任或推迟交货可能带来的损失。如开立信用证有困难，需要更改开证时间等，采购商应及时与对方协商解决。

参展商和采购商可在了解国际商会公布的《国际贸易术语解释通则》（INCOTERMS）的基础上，结合合同标的的性质，选择适合的术语。如果不希望术语的使用影响到合同标的的质量或验收，应就质量或验收问题做出明确的特别约定。

第四节 展后参展商的后续工作

会展上的展出只是企业经营、营销工作的开始，在展出之后，往往还有更多的工作需要做。这些工作对于参展商而言，可以称作后续工作。

一、致谢

会展结束后，需要立即向提供帮助的单位和人员致谢。对重要的客户，可以登门致谢甚至通过宴请表示谢意。如果没有时间亲自向每一个有关人员致谢，至少要向单位致谢。其他致谢的方式包括电话致谢、信函、电子邮件和电话传真等。除了向提供帮助的人进行致谢外，无论是对现有客户还是潜在客户，都要发函致谢。这是一项庞大的工作，并且需要在会展结束后就尽快进行。

二、宣传

对于报道了企业或者参观了企业展台的记者也需要表示感谢。与记者保持良好的关系有利于会展后的进一步宣传。当记者进一步询问产品信息时，要迅速地把资料发给他们。记住会展期间答应给记者的资料，在展后立即寄出。对在会展期间没有联系的记者，会展后继续与他们联系，提出会谈要求，或者发给他们一些信息。如果需要专门发布参展效果方面的信息，也可以专门举行新闻发布会。记者根据企业参展过程和参展效果撰写会展新闻稿，并发给相关媒体，这非常必要。或者联系媒体，通过采访企业高管的方式制造相关新闻，也是常见的展后宣传手段。当然，更多的宣传可以发表在举办方网站和参展企业自己的网站上。参展商应争取将企业信息发布在举办方的后续报道之中，这相当重要。在一些大型会展中，即便是一个镜头、一个名字等瞬间信息，如果在举办方的后续报道中体现出来，其宣传效果也可能是全国层面的，因为这些报道可能出现在主流媒体上。

三、潜在客户跟踪与培养

（一）潜在客户跟踪

所谓潜在客户，是指对参展企业的产品、服务或者对企业本身表现出兴趣的潜在购买者或合作者。对于参展企业来说，参展能够带来多少潜在客户，其质量如何，是大多数企业关心的问题。如果潜在客户已经在会展期间参观了展品，与展台工作人员见了面，留下了相关信息，这些联系对于企业来说就意味着销售程序已经开始。但是，客户可能在会展期间也与其他参展企业建立联系，并且也可能流入其他参展企业，因此，展后需要对潜在客户及时进行追踪分析。

1. 获取客户信息的方式

在会展之后，指望参观者主动联系公司或者凭借展台工作人员的记忆去联络参观者，这两种方式都难以起效。因此，在会展之前就需要精心策划，并在会展之中获取足够的客户信息。获取客户信息的方式包括：

（1）文件方式。设计一张联络人表格，其主要内容包括姓名、联系方式、企业名称、联系地址、是否有××类产品购买计划、在多长时间内将审核购买计划、购买计划的负责人是谁（如执行总裁、副总裁、市场主管等）。为了便于展后归档，尽可能使用标准问题。尽管文件方式在当今信息时代已被各种电子系统所取代，但是对规模小的展览或会议来说，这种方式仍然可行。

（2）电子"潜在客户搜寻系统"。这个系统通过扫描参观者的胸卡等方式获得参观者的信息。

（3）名片扫描系统。

（4）网络系统。会展中许多会员注册和管理是通过网络系统进行的，因此从中可以获得大量客户信息。

（5）在展台当场收集。

（6）会展期间展台工作人员在其他场合收集。

速度对于潜在客户追踪非常重要。在理想的情况下，跟踪活动要在24h内开展。而对潜在客户进行评估，确定出一个分类的客户跟踪名单的时间，则需要更早完成。展后一个星期内进行即时追踪也是合理的。但是，如果超过了一个月，许多客户可能会对参展企业的工作效率和专业性产生不信任。迅速建立客户信息数据库，对于有效的客户跟踪非常重要。此外，还要注意客户的宗教信仰。在不同宗教中有不同的礼仪和禁忌，以及节日、风俗、饮食习惯等，掌握这些信息有助于联系和接待客户。展台工作人员需要及时将获取的信息发给数据库分析人员。数据库分析人员需要通过网络或其他渠道，进一步补充潜在客户的信息。

2. 客户跟踪的常见手段

客户跟踪的常见手段包括：

（1）发致谢信。

（2）安排拜访。如果条件允许，参展人员展后可在当地多逗留几天，顺访重要客户，通过参观考察，进一步与客户交流，加深了解。对特别重要的大客户，应尽可能安排企业高层专访，以示重视和尊敬。对有价值的潜在客户，参展人员也可代表企业邀请其来国内访问。除了顺访，以后贸易小组出访时也可安排拜访，再见客户时，不要忘了提及双方是在会展上建立的良好关系。

（3）兑现承诺。会展期间接待来访客户，因受客观条件限制，不能现场满足客户的所有要求，此时展台工作人员会对客户做出一些具体承诺，如答应展后及时解决问题，或补充材料，或邮寄样品，或回答问题，或核对报价。回到总部后，工作人员应认真履约，及时兑现承诺，不能言而无信。这些后续工作如按照分工必须请专职部门或其他员工来承担的，参展人员应做好移交、督办工作。

（4）邮寄资料。会展结束之后，参展企业应考虑向客户，特别是潜在客户定期寄送企业介绍、样本、样品、报价等资料，加深客户对本企业的了解，对成交起催化作用。邮寄资料的频率要适当，既不能太频繁，也不能相隔太久；邮寄资料的内容要个性化，根据不同客户的需要，有针对性地寄发；邮寄资料时如能附一封有署名的信函，效果会更好。

（5）业务跟踪。参观会展带来的实际成交大部分是在展会结束的 11 ~ 24 个月之内达成的，因此，做好各项跟踪服务有助于企业实现参展目标，最终促成贸易合同的签订。尽管在会展期间可能会签订一些合同，但是这些合同大多数是意向书，因此签过合同的客户并不代表一定会下订单。客户签订合同后，可能在其他的供应商那里获得了价格更合适或品质更好的产品，因此也会把单下给别人，或者决定取消订单等。此外，即便是签订了明确订单合同的客户，仍有可能违约，因此对这部分客户，需要提高注意力和跟踪频率。对寄送了样品的客户，可以根据样品跟踪号码了解样品进程，然后在样品到达一周内询问客户的意见。在会展期间或展后跟踪过程中，需要从沟通中迅速判断客户意向。一般客户对产品问得越详细，条款谈得越仔细，成交机会就越大。对这些客户，参展回来后要及时联系，把所有资料和涉及问题的答复全部标明发给对方。如果遇到寄送样品后就没了消息的客户，不要断然放弃，要保持联系，及时向其推荐新产品，日后还有合作的可能。如果因某个条款或价格与客户谈不来，先发邮件或打电话再沟通，看情况再做决定；如果客户已有一定让步的意向，那就接近成功了。

在客户跟踪过程中，需要有科学的时间安排。第一次跟进应在会展结束后的一周之内。可以先发邮件，时间最好是在星期二至星期四，星期一和星期五效果欠佳。如果面对某些情况不紧急的客户，需耐心等待，隔几天再发邮件。邮件主题很重要，标题要简略、醒目，例如使用"展览会名称 + 产品名称 + 公司名称"格式。如果发过邮件后客户没有回应，可以打电话进一步确认。电话跟踪往往比较有效，不管客户是否合作，都要问清楚原因，这样就可以及时调整应对策略，也许因为策略调整到位而促成成交，尤其是在会展期间有过多次沟通、彼此已形成印象的客户。当然，对于老客户，也可以直接打电话。

（二）客户培养

客户培养过程包含一系列交流过程，目的在于建立信任，并与客户形成密切的情感联系，增加客户忠诚度。其主要方式包括：

（1）发致谢信或产品评价建议。

（2）邀请参加讨论会、网上沙龙。

（3）邀请参加公司举办的活动。

（4）邀请参加公司的产品发布会。

（5）及时邮寄最新的产品目录和宣传资料。

（6）邀请参加下次会展。

（7）对于客户的各种庆典活动，发出贺函或礼品。

（8）在节日向客户及其负责人和联系人寄送贺卡或小礼物。贺卡可以广泛寄发，成本低且取得的效果较好。

与客户联系尽可能采用一些个性化的方法。比如，对客户所提供的信息，由企业高层亲笔回信表示感谢，除了对他们提出的意见和建议表示感谢外，还应告知接受和整改的方法。区分由企业不同部门邮寄的信件，如总裁、客户服务部、工程部或者执行经理等。与客户的联系要主动和经常，态度要诚恳和守信，这样就能与客户保持密切的关系，不断推动业务开展，发现和获得新的商机。在客户跟踪服务上应该注意细节，追求人性化和个性化的统一。

【名词和术语】

展示空间　导入空间　陈列空间　辅助空间　公共空间　视觉陈列空间　要点陈列空间
单品陈列　VMD　VP　PP　IP　静态空间　动态空间　虚空间　虚拟空间　展示色彩
整体照明　局部照明　气氛照明　LED 显示屏　展墙　展板　展架　展具　展柜　吊挂陈列
置放陈列　张贴陈列　目标陈列法　特写陈列法　场景陈列法　开放式陈列法　层次式陈列法
重复陈列法　对比式陈列法　展台工作　展台销售　潜在客户　客户培养

【思考题及案例分析】

一、思考题

1. 简述展示空间划分类型与分隔手段。
2. 简述现实虚拟技术及其在会展中的运用。
3. 简述展示色彩构成。
4. 简述展示色彩的心理感受和情感表达。
5. 简述展示陈列的基本方式和结构。
6. 简述展示照明的方式。
7. 简述展台工作的基本内容。
8. 简述展后参展商后续工作的基本内容。
9. 参展商会遇到哪些知识产权问题？如何处理？

二、案例分析

家具展参展

材料一：

2009 年 3 月，我们深圳谢金杏策划机构承接了王太子家居 7 月成都展会。为了打造出展会的亮点，在系统地调研诊断后，我们发现：随着消费者层次和消费需求的提高，整体家居模式和家居文化风情导入已经成为行业的重要特征之一。因此，我们建议王太子现代休闲客厅家居在设计上重视色调的搭配，以现代休闲气息为主要搭配原则；设计风格简约，创造情景体验的感知，体现出家居品位和消费者认知。在坐感测试上，结合各种体型特征的人群测试达到坐感最大的舒适度。同时，推广现代休闲整体客厅系列概念，以欧洲现代客厅家居生活风情为发展风格，以时尚现代设计理念为指导，打造精致客厅生活文化，将精致、经典的现代休闲整体客厅模式推向市场。在展会活动和礼品的设置上选择有欧式古典骑士味的"王太子勋章"形象。最终王太子家居在成都展会上一亮相就被广泛引为经典。

我们的工作就是为家具企业参展进行策划和设计，大致可以概括为：家具企业参展品牌宣传推广和招商加盟总体方案策划；家具参展展位整体策划设计方案；家具参展宣传工具的策划、设计与制作；招商团队工作专项培训。

材料二：

2009年1月，我们深圳谢金杏策划机构承接了深圳雅仕华龙家具休闲系列的参展上市推广整体策划。在细致地调研和诊断后，我们发现：现阶段软体家具企业的产品制造水平越来越高，但是与消费者的"沟通"却没有达到一定的高度。因此，我们建议雅仕华龙家具走整体客厅的体验营销道路，对休闲客厅系列"欧尚家"通过合理组合沙发、茶几、餐边柜、板柜等产品，移植经典意大利生活风情，体现艺术的美感，让消费者体验到梦想中客厅的样子。让消费者真实地感受客厅氛围是"欧尚家"体验营销的最终诉求。为此，邀请著名模特代言演绎客厅生活方式，使整个客厅文化更加具有家庭的温馨和时尚的气息。目前，"欧尚家"系列已面向全国推广现代休闲整体客厅体验模式专卖店。

材料三：

记者：我们这次参展带来了哪些新品？

白剑锋（猫王家具董事长）：白色系列的鸟巢，针对的是"80后"时尚人群，产品还是我们猫王独有的钢木组合，能够让小居室敞亮、显大。

记者：消费者什么时候可以看到这些产品？什么时候可以购买得到？

白剑锋：应该在"五一"之前就可以了。因为它经过过去一年的市场测试，反响很好。我们也很关注现在的小户型用什么样的家具布置会更温馨、更纯净、更有跃动感。

记者：我们这次参展的目标是什么？

白剑锋：还是倡导一种低碳的、环保的、让居室敞亮、显大的，能为顾客在购买新家具时提供更多有价值的品牌文化。比如钢木家具的组合小巧轻薄、开放通透，能让居室更有空气感。

我们参展的目标还是围绕着我们的主件，这是由年轻的德国设计师设计的。

记者：本届广州家具展的一个主题就是大家居，不知道猫王是不是也带来了可以满足消费者所有需求的系列产品？

白剑锋：系统家具通常都是居家化的，可以为客厅、主卧、餐厅和书房等提供空间解决方案。关键是，这个系统家具如何能够在小居室里实现功能化，为消费者的学习、娱乐、休息提供解决方案。这很重要。

记者：猫王今年的增长目标是什么？

白剑锋：这个全新的系列在网销市场上还是要占据领导地位，在我们的实体店面也经过了20年的成长，在这个品类里我们要做老大。

材料四：丰台草莓香 游人采摘忙——丰台成功参展第七届世界草莓大会后续报道

2012年2月25日、26日是极为普通的双休日，但是对于丰台区长辛店镇李家峪、太子峪的三个草莓种植基地却是丰收、喜庆的日子，因为这是第七届世界草莓大会结束后的第一个双休日，草莓基地迎来了春节后的又一个采摘高峰。

在第七届世界草莓大会上，丰台区农业技术推广站和北京金滩多有限责任公司共同组团代表丰台区进行了强势宣传，"树立丰台设施农业典范、推动李家峪观光农业发展""引领行业标准化发展、推动丰台区设施农业发展"醒目的横幅以及草莓现场品尝等活动吸引了广大的参观者，"李家峪"成为参展团的代名词。随后中央电视台农业频道聚焦三农节目《第七届世界草莓大会纪实》在电视台进行了多次播放，对李家峪金滩多实验基地生产的草莓给予了相关报道。成功的展示和宣传在第七届世界草莓大会结束后的第一个双休日取得了成效，引来了市区的游人前往李家峪、太子峪草莓基地进行观光采摘。

第七届世界草莓大会结束后，在农业技术推广站和基地统一安排下，在行车路线、停车场地、游人接待、实际品尝、现场采摘、采摘结算、信息反馈等方面都做了认真的准备，顺利地完成了双休日的接待工作。初步统计，三个草莓基地仅双休日共接待游人1250余人，采摘果实1080多千克，创丰台区草莓采摘人数和采摘数量的历史纪录。采摘的游人通过现场参观、品尝果实，对基地草莓生产和果实品质赞不绝口。一位来自装甲兵学院的离休干部讲："希望丰台区多发展草莓生产，满足北京西、南城市民观光采摘的需求。"

问题：结合材料一和材料二，说明为参展商进行参展策划的基本要素。结合材料三，说明如何策划一个媒体采访。结合材料四，说明一篇展会新闻稿的基本结构以及展会后续报道的作用。

第七章

会展评估策划

第一节 会展评估概述

一、会展评估的含义

会展评估是指评估主体依据一定的标准和程序，对会展的方案、过程和结果的效果、影响、价值等进行定量和定性分析与评估的过程，目的在于取得相关信息，作为调整与完善会展的依据。

会展评估主体包括项目举办方、上级主管部门、第三方、参展商。项目举办方自己组织会展评估的目的主要有：①向上级主管部门汇报；②自评估以完善会展自身与管理；③为申报资质与认证而举行自评估。上级主管部门组织会展评估的目主要有：①作为主管项目，属于主管单位政绩，向社会交代；②通过会展评估完善会展，推动相关会展在地方或城市发展中的品牌效应；③支持举办方申报相关资质与认证。第三方评估可能是基于委托方进行的相对独立且专业的评估，也可能是自己组织的独立评估，还有可能是第三方自身作为相关品牌展认证管理方而组织的评估。此外，还有行业协会组织的评估，这种评估往往是基于确定行业标准或推动整个行业发展的目的。这种情况往往是对整个会展行业发展进行的评估，而不是对某个会展项目进行的评估。参展商自身往往也需要对自己的参展效果、工作等进行评估。

会展评估具体包括以下含义：

（1）会展评估既是对会展投入的评估，也是对会展过程与会展结果的评估。会展评估经常使用经济、效果、效率、效益、满意度等指标。根据会展评估在会展过程中的应用，可以将其分为预评估、过程评估和效果评估。预评估主要是对会展立项方案的评估，主要评估会展未来可能收到的效果、会展可行性，为会展项目的最终确立提供决策依据。过程评估是对会展过程自身的评估，尤其是对会展项目实施过程自身的评估，主要是为监督与完善会展实施过程提供依据。而效果评估是对会展最终产生的经济、社会与政治效果进行的评估，既是对会展效果的总结，也是对会展在业界地位的评估，还能为会展品牌未来发展提供决策依据。

（2）会展评估必须采用多元的科学研究方法，一类为量化方法（如回归分析、时间序列分析等），另一类为定性方法（如专家评断法、主观评鉴法等）。

（3）会展评估自身是一个行为过程，这个过程在于确定评估的范围与内容，选择适当的评估组织和程序，收集相关的信息，分析这些信息并形成有用的判断结果。

（4）会展评估主要对会展有效性、观众质量及活动参与有效性等指标予以关注，也对会展社会性评价、社会效益等指标予以关注。

（5）会展评估既可以采用定量方法，也可以采用专家、观众和参展商判断与描述等定性方法。

二、会展评估的作用与驱动因素

从最基本的作用来看，会展评估首先作为评估会展成功或失败的基本工具；其次，对既有会展成功或失败方面的评价与总结有助于制定下一次会展决策。会展管理者需要对许多利益相关者负责，这就使得会展评估对打造会展及其管理团队的声誉非常关键。由于利益相关者的需求会发生变化，因此会展管理者需要通过会展评估报告或相关文件来强调他们为满足各利益相关者需求所做的努力。从会展评估驱动力来看，存在以下两大类因素：

1. 内部驱动因素

内部驱动因素即由会展组织内部需求驱动的因素。内部驱动因素的作用包括：

（1）产生责任，即通过评估对会展组织者产生内部责任。

（2）决定会展组织者的目标是否实现。

（3）界定和处理问题和挑战。

（4）判断会展管理功能是否达到既定结果。

（5）分析参与者的效果如何或还有谁可以参加。

（6）决定会展对其工作人员及志愿者的价值。

（7）决定会展是否以及如何保持活力和可持续发展。

2. 外部驱动因素

外部驱动因素即会展运作的外部环境驱动因素。例如，许多会展管理者进行评估不仅是看会展的规划、物流、收入等是否实现了预期目标，还要看会展是否满足了投资人、赞助方、利益相关者的要求与期望。外部驱动因素的作用包括：

（1）决定会展能否满足投资方的资金要求。

（2）决定会展对赞助方的影响程度。

（3）决定会展引起媒体兴趣或报道的程度。

（4）决定会展对会展旅游的影响水平。

（5）决定会展对其他相关产业和商业的影响水平。

（6）决定会展能否满足利益相关者的需求。

（7）决定会展满足其顾客价值的水平。

当然，会展评估也需要资源。因此，在决定是否需要进行新的评估时，需要考虑以下问题：

（1）是否有足够的资源进行评估？

（2）过去是否有过评估？如果有，有过多少次评估？是什么样的评估？

（3）评估报告有什么作用？

（4）会展经营环境的本质是什么？

（5）会展评估方案能够实施吗？

（6）是否有足够的信息进行评估？

三、举办方评估

举办方评估的目的有以下两方面：

（1）基于会展自身的考虑，即改善会展过程与质量、提高会展竞争力、打造品牌会展。基于这种目的评价，评估内容主要包括会展管理过程、会展结果、参展商满意度，以及观众、专家和新闻媒体评价等。举办方评估往往与绩效管理或考核结合起来进行，以提高会展的实际管理效果。例如，在展前评估阶段，将这种评估与对相关工作人员、部门的招展招商、宣传推广等工作绩效评估结合起来进行，或者说，将评估本身内化于工作流程、标准、考核和激励之中；在展中评估阶段，将评估与现场服务、供应商、志愿者评估结合起来进行，从而提高会展整体服务效果；在展后评估阶段，将评估与参展商、观众有效性参与结合起来进行，从而提高参展质量。

（2）基于行业认同的考虑。按照行业协会标准，依托行业评估，成为行业认定的会展。为此，举办方需要根据行业标准实施自评，从而找到差距，进一步完善相关指标。评估报告包括会展进程报告、专题报告和最终报告。进程报告往往是为了满足有关方面对展出结果急切需求而制作的情况简报，包括会展过程中就每一阶段进行的总结报告、展览会结束后写的小结报告；专题报告包括会展财务总结报告、参展报告、观众参与报告、赞助工作总结报告等；最终报告往往需要在会展闭幕6个月甚至1年才能完成，这是因为会展的效果往往是长期的，因此需要在一段时期以后，贸易效果和效益显露得更充分，再进行总结。

第二节　行业评估与认证

一、国外行业评估与认证

1. 国际展览协会评估

国际展览协会（UFI）前身为国际博览会联盟，2003年10月改为现名。该组织于1925年4月15日在意大利米兰成立，总部现设于巴黎。UFI对申请加入的展览项目和主办单位有严格的要求和详细的审查程序。

（1）申请单位的会展活动必须举办过两次以上，且国外参展商必须占全部参展商的10%以上，国外买主也必须占全部参观者的5%以上。

（2）主办会展活动的单位可以不是UFI的会员，但必须在国际上有一定名气，认证并通过审核后，才能在会展中使用认可的标记。因此，取得UFI的资质认可并使用UFI标记成为名牌会展的重要标志。

（3）UFI评价会展成功与否的定量标准包括会展收入、租用面积、售出票数、售出目录数、服务收入、参展商数量、参观者人数；定性标准包括参展商类型、观众类型、媒体的评论、展览期间的现场气氛。其中，对观众类型的分析在会展期间进行，主要通过对观众进行抽样调查来了解观众的地区来源、职位、所属行业、参观时间、参观频率。此外，还可以选择一些参观者面谈，以调查他们对会展的意见、愿望和感受。

（4）所有的调查结果都会对外公布，以衡量会展是否成功。如果某些目标未实现，举办方就需要客观分析原因，避免下届会展出现同样的情况。

2. 德国会展评估机构

德国博览会和展览会统计自愿审核学会隶属于德国展览会与博览会协会（AUMA），德语简称为 FKM，总部设在柏林。该机构于 1965 年由 6 家德国会展公司共同创建，创建的目的就是制定统一的展览会相关指标统计审核标准，实现会展数据的透明性和真实性。

FKM 的任务是制定展览会数据统计的标准和规则，并聘请专业经济审计机构对会展主办者填报的展览会统计数据进行审核。FKM 的成员按照 FKM 的规则和标准申报会展统计数据，授权的经济审计机构通过随机抽查的方式对各成员申报的会展数据开展审计，包括派人到会展现场了解情况、会展结束后对会展财务进行审计或者通过问卷调查的方式进行审计，然后出具审计报告。

FKM 主要进行三个指标的量化分析和横向对比，包括展览面积、参展商数量和观众数量。展览面积包括净展览面积和毛展览面积。其中，净展览面积主要是指国内外厂商所租用的展台面积，另外还包括被称为特殊区的与展览主题有关的图片陈列区和表演区；毛展览面积则再加上公共通道及服务区面积。参展商是指带有产品或服务的公司及组织，由其职员租用场地参展，如果公司的产品或服务由代理商参展，则该公司不列为参展商。观众数量一般由电子入场系统统计，或统计每天售出的参观券数量。此外，FKM 还分析观众结构，是专业观众还是普通观众，以及对观众的来源地、职业、所属行业、职务、年龄、参观频率等各个指标进行细化分析。

经过 50 多年的实践，FKM 已经成为德国会展品牌和质量的象征，受到参展商和会展举办方的青睐。FKM 的审核不是通过行政审批的方式进行的，而是以其公正性、透明性、权威性来吸引会展举办者自愿参加，用市场手段对会展市场进行规范和监督。越来越多的德国以外的会展举办者申请成为 FKM 的海外会员。

3. 法国会展评估机构

法国综合性和专业性展览会统计审计办公室（OJS）是法国主要的会展评估机构。该机构于 1967 年由法国 16 个专业展览会和 23 个大众性质的博览会共同发起成立，并在 1970 年得到法国财政部的支持，成为政府认可的展览统计数据认证机构。

OJS 成立的目的是对会展的统计数据进行来自外部的、公正的认证，建立公平的竞争环境，保证会展的透明性，为参展商和参观者提供可靠的会展质量信息。OJS 对自愿参加这一统计系统的商业性会展进行统计认证。主要认证数据有三种，即会展销售面积、参展企业数量和观众数量。为完成这一工作，OJS 在全国组织了 12 个独立的会计师事务所，每一届展览会均由 OJS 指定的会计师事务所对三项指标进行统计复查和认证，拟出正式报告，并在网站上公布。

二、我国会展业评估与认证

2002 年，国家经贸委制定了国内会展行业的第一个专业性展览会等级划分和评定标准，即《专业性展览会等级的划分及评定》，2012 年进行了修订。2007 年，我国会展业就会展评估陆续开展工作，包括中国国际贸易促进委员会（简称中国贸促会）展览部组织业内专家座谈讨论会展行业标准，商务部委托中国会展经济研究会起草国际会展评估标准。2008 年 6 月，全国会展业标准化技术委员会在北京中国大饭店正式成立，第一届全国会展业标准化技术委员会由 29 名委员组成。委员会主要负责会展术语、条件、环境、等级、评价、分级、管理领域的标准化工作，涉及会展业的策划、组展、搭建、运输、展馆租赁及服务等会展业的各个环节。商务部条法司 2008 年公布了《中国境内对外经济技术展览会评估标准和认证办法（试行）》。商务部成立商务部展览会评估认证委员会（简称评估委），负责评估认证工作。评估委由相关政府部门、会展行业中介组织和会展研究机构组成。评估委办公室（简称评估办）是评估委的常设执行机构，设在商务部对外贸易司。

根据《专业性展览会等级的划分及评定》（2012 修订版），专业性展览会的等级评定分为三个级别，由高到低依次为 AAA 级、AA 级、A 级。等级的划分以专业性展览会的主要构成要素为依据，包括展览面积、参展商、观众、展览的连续性、参展商满意率和相关活动等方面。专业性展览会的等级由专业机构依据统一的评定标准及方法评定产生，其评定结果表示该专业性展览会当前的等级状况，有效期为 3 年。具体的评定方式按专业性展览会评定机构制定的评审程序和评定实施细则执行。专业性展览会等级的评定采取自愿的原则，主办（承办）方按有关程序向评定机构提出申请，由评定机构予以评定。专业性展览会举办场馆的建筑、附属设施和管理应符合现行的国家、行业和地方的消防、安全、卫生、环境保护等有关法规和标准。

其中，AAA 级要求如下：

（1）展览面积。展出净面积不少于 10000m²。特殊装修展位面积比至少达到 50%。

（2）参展商。行业内骨干企业参展展位面积与展出净面积之比不低于 20%。

（3）观众。展览期间专业观众人次与观众总人次之比不低于 60%。

（4）展览的连续性。同一个专业性展览会连续举办不少于 6 次。

（5）参展商满意率。参展商满意率的评价按"参展商满意率调查表"的调查结果进行，其中总体评价结论为"很满意"和"满意"的数量总和，应不低于参展商总数的 80%。

（6）相关活动。专业性展览会期间组织与专业性展览会主题相关的活动。

AA 级要求如下：

（1）展览面积。展出净面积不少于 8000m²。特殊装修展位面积比至少达到 40%。

（2）参展商。行业内骨干企业参展展位面积与展出净面积之比不低于 10%。

（3）观众。展览期间专业观众人次与观众总人次之比不低于 50%。

（4）展览的连续性。同一个专业性展览会连续举办不少于 4 次。

（5）参展商满意率。参展商满意率的评价按"参展商满意率调查表"的调查结果进行，其中总体评价结论为"很满意"和"满意"的数量总和，应不低于参展商总数的 75%。

（6）相关活动。专业性展览会期间组织与专业性展览会主题相关的活动。

A 级要求如下：

（1）展览面积。展出净面积不少于 5000m²。特殊装修展位面积比至少达到 30%。

（2）参展商。行业内骨干企业参展展位面积与展出净面积之比不低于 30%。

（3）观众。展览期间专业观众人次与观众总人次之比不低于 40%。

（4）展览的连续性。同一个专业性展览会连续举办不少于 3 次。

（5）参展商满意率。参展商满意率的评价按"参展商满意率调查表"的调查结果进行，其中总体评价结论为"很满意"和"满意"的数量总和，应不低于参展商总数的 70%。

第三节　会展评估模式及定性和定量分析

一、会展评估模式

一般说来，在进行会展评估时，存在四种评估模式，即影响评估、成本收益、三重底线○和民族志法○。

1．影响评估

影响评估模式重点在于衡量会展的经济、社会、文化影响，因此，可以进一步分为经济影响、环境影响、社会影响和旅游影响分析。表7-1列出了影响评估的典型指标。

表 7-1　影响评估的典型指标

指　　标	经 济 影 响	环 境 影 响	社 会 影 响	旅 游 影 响
会展团体数	√	√	√	√
会展主题	√√	√	√	√
会展目标	√√	√	√	√
持续时间	√√	√	√	√
会展组织结构	√			
参展商规模	√	√	√	
参展商开支	√			
观众数量	√		√	√
参展商地理分布	√			√
观众地理分布	√			√
观众目的	√			√
观众开支	√			√
参展动机			√	√
会展信息来源				√
参加会展交通方式	√	√	√	√
会展产生的税收	√			
增加的就业机会	√		√	
资助来源	√			
会展收入	√			√
会展开支	√			√

○　三重底线（the triple bottom line）是由英国学者约翰·埃尔金顿（John Elkington）提出的，就是指经济底线、环境底线和社会底线、意即企业必须履行最基本的经济责任、环境责任和社会责任。

○　民族志（ethnography）旨在描述和解释一个文化或社会群体。民族志法要求研究者长时期待在"田野"进行详尽的观察，强调对共享文化全体行为模式的研究，概括出文化群体的全貌，展现研究对象的各个方面以及其行为的复杂性。

（续）

指　标	经济影响	环境影响	社会影响	旅游影响
会展顾客环境倡议的意义		√		
噪声污染		√		
绿色能源使用		√		
会展组织者环保倡议和政策意识		√		
再回收措施		√		
新设施、设备建设	√	√	√	√
媒体价值	√		√	√
举办地社区、居民参与水平			√	
会展主题识别			√	
社区归属感			√	
交通拥堵水平			√	
人员拥堵水平			√	
犯罪水平	√		√	√

由于会展影响评估通常由举办方或资助方支持进行，因此影响评估也可能会产生对会展有利的评价。这些评估常常将评估与会展合法性相联系。一些学者主张会展影响评估应该在会展举办数年以后进行，因为这样能更准确地反映会展的正面和负面影响。

2. 成本收益

成本收益分析是通过比较项目的全部成本和收益来评估项目价值的一种评估模式。成本收益评估可以通过定量方式进行，也可以通过定性方式进行。前者需要将成本和收益进行货币量化表述。这种方式也需要考虑会展对举办地形成的成本和收益影响，即要考虑到会展的溢出效应。这种评估模式中的收益和成本也可能难以量化为货币。尽管不能完全量化为货币，但是评估者可以通过利用收益与成本这两大基本框架，将收益与成本各自一一列出，以方便比较，并从宏观上对收益与成本进行整体判断。

3. 三重底线

三重底线评估模式要求从经济、社会和环境三个方面综合评估会展。只有当会展组织开始衡量会展的社会和环境影响时，才能称其为对社会和环境负责的组织。对于会展来说，经济责任已经不是定义会展成功与否的唯一要素，越来越多的会展开始认识到，会展需要注重三重底线中的社会责任和环境责任，而不是单纯的经济利润。只有这样，会展才有可能真正获得社会认同与支持，进而走上可持续发展的道路。

4. 民族志法

民族志法是运用田野工作来提供对人类社会的描述研究模式。田野工作要求评估者通过参与者观察、访谈、原始档案分析等来获得有价值和有效的数据，尤其是具有体验性的数据。自20世纪60年代以来，民族志模式开始运用于旅游项目分析，后来也被运用于许多文化类会展、节事活动，如奥运会、世界杯、狂欢节等。民族志法要求具有田野工作训练经验的人作为评估人员，因此常常由专业评估机构或学界进行。这种模式从一个观众或体验者的角度观察会展的社会、经济和环境影响，并且能够获得许多体验性的第一手资料；评估者同时也是会展的参与者或体验者，能够获得许多无形但是有价值的观察资料。

二、会展数据收集与定性和定量分析

(一) 会展数据收集

参展商的数据可以通过"参展商登记表""参展商调查表"等收集；而观众的数据可以通过身份识别信息系统、网络注册登记、观众调查表、名片等收集。

(二) 定性分析和定量分析

定性分析是根据社会现象或事物所具有的属性和在运动中的矛盾变化，从事物的内在规定性来研究事物的一种方法或角度。定量分析是对社会现象的数量特征、数量关系与数量变化进行分析的一种方法。两者的区别如表7-2所示。

表7-2 定性分析与定量分析的区别

项 目	定 性 分 析	定 量 分 析
目的	对潜在的理由和动机求得定性的理解	将数据定量表示，并将结果从样本推广到所研究的总体
样本	由无代表性的个案组成的小样本	由有代表性的个案组成的大样本
数据收集	无结构的	有结构的
数据分析	非统计的方法	统计的方法

1. 定性分析

常见的定性分析包括以下几种：

(1) 专题组讨论。从特定的人群中，将筛选出的一组（一般为6~10人）具有某些共同特征或共同经历的人，并将他们召集在一起，在主持人的引导下，围绕评估人员事先设计好的提纲展开自由讨论。

(2) 参与性观察或体验。参与性观察是指调查人员（专业的评估者）作为第三者在旁边观看和聆听。参与性体验是指调查人员（专业评估人员）作为参展商或专业观众参展体验。参与性观察和体验要求评估者从客户的身份和角度来评价客户的经历和感受。一些评估者为了使观察或体验更为真实，采用直接购买或直接体验的方式来隐藏自己的身份。

(3) 个案调查。这是对某个特殊的参展商、展台或专业观众做深入细致的调查研究。

(4) 重要客户或关键潜在客户分析。这一评估既适用于举办方，也适用于参展商。以参展商为例，可以采取以下步骤：①列一份重要客户名单，标出哪些客户需由销售团队提前邀请参观展台或参加商务活动。②将名单发给所有参加展会的企业代表，包括展台员工和其他人员。让他们核对哪些客户已与他们进行了交谈，并详细记录有关信息，如客户身份、打算、竞争影响力、人员或产品变动、对新产品或升级产品的兴趣等。③在员工会议上进行每日回顾。列出每天与客户联系的名单进展，并整理出一份更短的名单让所有员工了解还有哪些重要客户需要进一步联系、需要特别留意。④将这些结果作为会展后报告的一部分。⊖

(5) 会展资源的"三三六"评价法。"三三六"即三大价值（历史文化价值、展示观

⊖ STEVENS R P. 展会的组织管理和营销 [M]. 孙小珂，陈崴，译. 沈阳：辽宁科学技术出版社，2007.

赏价值和休闲体验价值)、三大效益(经济效益、社会效益和生态效益)、六大条件(地理位置条件、会展旅游及相关活动区域组合条件、环境容量条件、客源市场条件、投资条件和物流条件)。

(6)竞争力调查。通过会展指南了解竞争对手的参展、代言或赞助等情况。让员工追踪竞争对手的以下情况:①展台规模、位置、人流、接待和客户评价与感受等;②产品和服务的特点、样品数量等;③促销手段和媒体曝光率。

2. 定量分析

在定量分析中,除了通过对收集的大数据进行定量分析以外,问卷调查是最为常见的一种定量分析方法。有以下三种调查方式:

(1)会展前后对比问卷调查。需要在会展开始时选定一组人,然后在会展结束之前,选定另一组即将离开的人。主要评估参展者态度和认知的变化,常见的变量包括品牌认知度、品牌可记忆度、态度或形象、信息、新产品认知度等。

(2)离场调查。在参观者离开展会或展位的途中进行问卷调查。

(3)展后问卷调查。

第四节 会展评估指标

一、展览评估指标

(一)展览面积

该类指标包括室内面积、室外面积、净展览面积、毛展览面积、特别展览面积、租用展览面积、闲置展览面积等。

(二)参展商

该类指标包括国内参展商、国外参展商、国内外参展商数之比、国外参展商占总参展商之比、展期各天参展商数、参展商来自国家总数、参展商来自国家构成、参展商满意度、参展企业交易额等。

(三)观众

1. 观众质量指标

(1)观众数量指标。它包括总数量指标和分类指标。其中,分类指标包括性别、年龄、专业与普通、国别等。基于分类及分类与总量指标之间的关系,还可以进一步产生观众结构性指标。

(2)净购买影响。这即最终声称购买、确定购买或推荐购买一种或多种展出产品的观众比例。

(3)总的购买计划。这即在参展后接下来的12个月内计划购买一种或多种展出产品的观众比例。

(4)观众兴趣因素值。这即在被选择的参展企业中,10个中至少有2个以上被参观的观众比例,即至少参观20%感兴趣展位的观众在总的观众中所占的比例。

(5)观众停留时间。

(6)展期各天观众数。

（7）观众来源。

（8）外国或境外观众比重。

2．观众活动指标

（1）在每个展位花费的平均时间。该指标表示为总的参观时间除以平均参观的展位数。

（2）交通密度。它被定义为每 $100ft^2$ ⊖ 展览面积上的观众平均人数。一般交通密度为 3～5 时表明展览是成功的和活跃的。

（3）参加展示与参加相关活动的时间。

3．观众满意度指标

该类指标包括专业观众与普通观众满意度、下次参展意愿等。

（四）展览有效性

（1）潜在客户。该指标表示在参观中对企业产品很感兴趣的观众比例。

（2）展览的效率。该指标表示在企业的展览中，与企业一对一接触过的潜在客户的比例。

（3）人员绩效。该指标描述在展位上工作的参展人员的质量和数量。

（4）产品的吸引程度。该指标表示对企业参展产品感兴趣的观众比例。

（5）记忆度。该指标是指参观过产品并在 8～10 周后仍记得产品者占参观人数的比例。

（6）每个参观者到达的费用。统计值表示为总的展览费用除以到达展位的参观者人数。

（7）表现优秀的参展公司数。

（8）产生的潜在客户数。该指标是指统计在会展中产生的潜在客户数。

（9）潜在顾客产生的销售。该指标可以直接确定（在会展中实现销售），或者通过在展后几个月内的销售跟踪确定。

（10）每个潜在客户产生的成本。

（五）展览连续性

展览连续性具体体现为同一展览连续举办的次数。

（六）相关活动

相关活动指标体现为相关活动数量、相关活动与主题的联系程度、相关活动影响力、相关活动满意度等。

（七）举办方

举办方指标体现为举办方的资质、声誉、资金实力、专业能力、经验、有无固定场馆、合作伙伴关系等。

二、参展商参展效果评估指标

（一）观众与促销效果

一般来说，企业参展是为了识别潜在客户，因此参展商需要了解与观众相关的情况。具体包括：

（1）观众质量指标。例如，净购买影响、总的购买计划和观众兴趣因素值。

（2）观众活动指标。例如，在每个展位花费的平均时间、交通密度。

⊖　$1ft^2 = 0.0929030m^2$。

（3）展览有效性指标。例如，每个潜在客户产生的成本、记忆度和潜在客户产生的销售。

（二）相关活动效果衡量

参展商举办的许多相关活动的效果衡量，主要包括：

（1）活动参与情况。例如，登记的人数、证实的参与者。

（2）赞助商和合作商的数量、增长情况。

（3）产生的潜在客户、导致的收入。

（4）参与者态度的改变。

（5）媒体曝光率。

（6）对主要演讲者的看法。

（7）参与者对活动的评价。

（三）宣传公关效果衡量

宣传公关效果衡量主要包括：

（1）媒体见面会的次数。

（2）联络的媒体数量。

（3）产生的文章数量。

（4）文章中提到企业的次数。

（5）被提及的质量，即这些文章、报道提到了相关参展商企业产品的质量、特点等。

（6）喜欢、不喜欢和中立态度的提及。

（四）参展工作评估

参展工作评估主要包括：

（1）有关参展目标的评估。根据参展企业的经营方针、战略、品牌策略等结合参与效果评估参展目标的实现程度。

（2）参展工作人员态度、工作效果、团队精神等方面的评估。这种评估为相关内部激励提供依据。

（3）参展效率的评估。测算展台接待效果，测算展台收益与成本。

（4）有关管理工作的评估。

三、会议评估指标

会议评估指标包括：①会议接待工作如何；②会议是否准时开始；③会议人员是否准时到会；④是否有会议秘书做记录；⑤会场自然环境如何，是否存在外界干扰；⑥会场人文环境如何，与会者之间是否有交头接耳的现象；⑦主持人是否紧扣议题进行主持（是否离题）；⑧会议是否由少数人垄断；⑨与会者发言及讨论是否紧扣议题（是否离题）；⑩与会者是否能表明真正的感受或意见；⑪与会者之间是否有争论不休的现象；⑫与会者是否与会议主席有争论，情况如何；⑬视听设备是否正常（是否发生故障）；⑭与会者是否热心于会议；⑮会场气氛是否热烈；⑯会议决策是否正确（是否符合实际，是否有偏颇之处）；⑰会议议程是否按预定时间完成（会议是否按预定时间结束）；⑱参会人数与人员构成；⑲会议成本与收益指标；⑳与会人员满意度；等等。

【名词和术语】

会展评估　行业评估　行业认证　成本收益法　影响评估　民族志法　展览评估指标
观众满意度　会议评估指标

【思考题及案例分析】

一、思考题

1. 简述会展评估的含义。
2. 简述会展评估的作用和驱动因素。
3. 分析、比较国外和我国会展认证现状。
4. 比较四种会展评估模式。
5. 简述展览评估指标。
6. 简述参展商参展效果评估的常见指标。

二、案例分析

案例一　第二十一届中国国际高新技术成果交易会第三方评估报告

1. 展会概况

2019 年 11 月 13 日—17 日，第二十一届中国国际高新技术成果交易会（简称高交会）在深圳举行。高交会由商务部、科技部、工信部、国家发改委、农业农村部、国家知识产权局、中国科学院、中国工程院和深圳市人民政府共同举办，每年 11 月在深圳举行，是我国乃至世界颇具影响力的品牌展会，也是深圳市一张亮丽的名片。本届高交会以"共建活力湾区，携手开放创新"为主题，展览总面积达 14.2 万 m^2，共有 3315 家展商参展，展示的高新技术项目达 10216 项，涵盖了人工智能、智能家居、智能制造、物联网、智能驾驶、智能＋、车联网、5G 商用、8K 超高清、区块链技术、新一代信息技术、大数据、云计算、应急安全等领域。参展商 3315 家，参观人次 57.6 万人。

2. 参展商分析

境内参展商占 84%，境外参展商占 16%，超过八成的参展商所属性质为企业。参展商主要分布于加拿大、日本、韩国、美国、印度、阿根廷、澳大利亚、奥地利、巴林、比利时、文莱、保加利亚、智利、捷克、埃及、法国、芬兰、德国、希腊、匈牙利、冰岛、伊朗、爱尔兰、意大利、拉脱维亚、立陶宛、马来西亚、荷兰、挪威、巴基斯坦、摩洛哥、波兰、罗马尼亚、俄罗斯、塞尔维亚、新加坡、瑞典、瑞士、阿联酋、英国、泰国、印度尼西亚、欧盟、中国等 44 个国家和地区。148 个团组参展（含清华大学、北京大学、新加坡国立大学、香港城市大学等 29 个高校团组），其中境外团组 68 个（北欧创新展团、大韩贸易投资振兴公社等），境内团组 80 个（北京、上海、广东等展团）。参展商投入工作人员情况如下：5 人及以下占 42.06%，5～10 人占 37.10%，10～20 人占 13.34%，20人以上占 7.50%。参展商中，中高层管理者占比近四成，职位类别以企业管理、销售、产品开发、品牌管理人员为主。参展商行业分布广泛，主要为节能环保/新材料、先进制造/高端装备、IT/通信、电子信息和生物/医药及医疗器械。产品或项目推广、品牌与形象宣传、寻找合作伙伴是参展商参展的三大目的。96%的参展商认为本次展会基本与预期一致，99.12%的参展商对本次参展的效果感到满意，90%的参展商计划参加2020年高交会。

匈牙利创新与科技部部长Balkovic Laszlo表示："我们非常重视人工智能、无人驾驶、5G、工业4.0等新技术的发展。就深圳而言，比亚迪和华为都是我们的合作伙伴，我们将加强与深圳的合作。"北欧—中国创业论坛创始人兼总裁欢龙表示："我们汇集了来自北欧的五个国家的大约70个企业家、40家公司，高交会让我们彼此的市场进一步互通有无。"德国慕尼黑市副市长克雷门斯·伯姆戈腾纳表示："希望与深圳进一步密切交流交往，尤其是加强青年企业家、青年创业者之间的互动，通过发挥双方互补优势，拓展合作领域，提升合作水平，实现互利共赢。"俄罗斯某参展商表示："中国的高交会对于我们来说是很重要的展会，我们已经连续多年来参展了。一方面，我们通过这个展会紧跟高科技潮流；另一方面，也加强了中国和俄罗斯参展商的合作。高交会不仅是亚洲的重要展会，对于世界来说也有重要意义。"

3. 专业观众分析

境内专业观众占86.63%；境外专业观众占13.37%。境外观众主要分布于韩国、日本、俄罗斯、美国、新加坡、德国、英国、加拿大、法国、芬兰、荷兰、波兰、捷克、瑞士、瑞典、匈牙利、丹麦、挪威、比利时、保加利亚、葡萄牙、爱尔兰、乌克兰、西班牙、印度、伊朗、泰国、印度尼西亚、越南、巴西、智利、摩洛哥、埃及、加纳、南非、尼日利亚、几内亚、肯尼亚、墨西哥、哥伦比亚等。境外团体主要分布于日本、阿拉伯联合酋长国、加拿大、匈牙利、荷兰、爱尔兰、塞尔维亚、俄罗斯、乌拉圭、阿根廷、波兰、以色列、韩国、伊朗等。专业观众主要为采购商（专业采购人员）、生产厂商/制造商、贸易/代理/经销商、研发机构、供应商。专业观众行业分布广泛，主要为IT通信、节能环保/新材料、电子信息、新能源、生物/医药及医疗器械、先进制造/高端装备。

寻找合作伙伴和获取行业信息是专业观众参展的两大目的。其中65.36%的专业观众重复参展，98.6%的专业观众对本次参展的效果感到满意，87.82%的专业观众计划参加2020年高交会，87.4%的专业观众会向他人推荐高交会。

光电产业从业者罗先生表示："这是我首次参加高交会，这次参会让我看到了高交会与其他行业展会的不同。高交会为企业家的交流、科技型企业的互动提供了平台，在这里可以与其他企业交流，激发更多的灵感，甚至实现跨领域的合作。"英国买家玛吉（Maggie）表示："看到很多的高新企业来参加展会，来自多个国家，这是实力的充分证明。不愧是中国最具影响力的科技类展会。无人驾驶、人脸识别、虹膜识别、3D打印、AR/VR这些都让我激动不已，我也试着与几家参展商沟通了解，打算回去再好好考虑一下。这次来了收获很多，我非常满意。"美国买家西蒙（Simon）表示："人工智能、无人驾驶、AI芯片、智慧城市和5G等新兴科技产业快速兴起和布局；在'一带一路'倡议下，发展潜力巨大的高交会能使更多资源和新技术、更多中小创新企业'走出去'，从而推动高交会进入良性循环健康发展。"美国买家辛迪（Cindy）表示："我参加过多次高交会，高交会的形象与规模越来越成熟，专业化和国际化程度越来越高，影响力也越来越大。这次参展让我看到技术与生活更加贴近，每次都会期待下一届的高交会。"

4. 同期活动分析

本次高交会共举办各种高层次论坛、专业技术论坛、行业沙龙、技术会议等活动256场。其中专业沙龙及活动90场、新产品新技术发布活动68场。论坛活动的评价满意度为99.54%，专业沙龙及活动的评价满意度为100%，新产品新技术发布活动的评价满意度为98.92%。

5. 媒体宣传

本次高交会有306家海内外媒体、1253名记者，媒体满意率达98.18%。其中有代表性的媒体如下：

（1）中央媒体，如人民日报、新华社、光明日报、经济日报、中央人民广播电台、中央电视台、中国日报、中新社、科技日报、工人日报、中国改革报、消费日报等。

（2）省市媒体，如北京、上海、重庆、安徽、山西、广西、浙江、四川、陕西、山东、哈尔滨、吉林、贵州、江西、湖南、河北、内蒙古等地的媒体，以及深圳报业集团和深圳广电集团下属媒体。

（3）我国港澳台地区媒体，如中外新闻社、文汇报、大公报、香港商报、香港卫视、凤凰卫视、南华早报、香港经济导报、香港有线电视、联合报等。

（4）海外媒体，如路透社、《亚太时报》《亚洲时报》、日本广播协会（NHK）、欧洲新闻图片社、日本读卖新闻、日本东京电视台上海支局、英国《金融时报》、俄罗斯Ruptly国际视频通讯社等。

（5）专业媒体，如《中国科学报》《科技日报》、太平洋电脑网、中关村在线、电脑之家、头条网、硅谷动力、雷锋网、赛迪网、《电脑报》、IT之家、通信世界网、LED先锋网、中国能源网、中国环保在线、51CTO、手机之家、IT168、小熊在线、比特网、千龙网、至顶网、天极网、硅谷网、北青网、万维家电网、OFweek 3D打印网、OFweek 3D节能环保网、绿色节能网、SOLARZOOM光储亿家、CIO时代网、A5站长网、中国家电、中国电力电子产业网、物联中国网、中国软件资讯网、亿邦动力、《互联网周刊》、中国IDC圈、睿商在线、中国电池网、全球节能环保网、北极星节能环保网、绿建之家等。

（6）自媒体。新浪、腾讯、凤凰网等分别在电脑端和移动手机端开设了网络专题。官方微信阅读量95万次，粉丝量27万。官方微博阅读量226万次，粉丝量32万。"今日头条"号阅读量23万次。官方网站在展会期间页面浏览量超过110万PV，全年页面浏览量超过270万PV。

（资料来源：中国国际高新技术成果交易会官网，www.chtf.com。）

问题：评价展览会的核心指标有哪些？如何收集相关信息？

案例二　北京奥运会的成本收益分析

材料一：

从北京的立场来看，北京奥运会的成本包括：

（1）北京奥组委的支出。根据北京奥运会财务收支审计结果，按国际奥委会开支范围的有关规定，北京奥组委共支出202.06（193.43＋8.63）亿元。支出按性质和用途划分为八个方面：①场馆改造补贴以及赛时使用的帐篷、活动板房、围栏、隔断、管线等临时设施投入和租赁支出39.62亿元；②安排赛时计时计分系统、通信等技术支出32.98亿元；③用于竞赛、训练场馆等场地所需的体育器材购置、租赁支出，举办"好运北京"测试赛的支出以及赛时对各场馆的能源消耗、运行保障等补助支出19.65亿元；④根据主办城市合同及往届奥运会惯例，安排的赛时电视转播、住宿、交通、医疗、餐饮等服务支出50.92亿元。其中，电视转播运行费用为17.23亿元，运动员、官员及贵宾住宿餐饮、车辆租赁、兴奋剂检测、医疗设备购置、定点医院补助等支出33.69亿元；⑤用于开闭幕式的创意、组织、实施，火炬的境内外传递、奥运宣传和主题活动支出12.72亿元（其中开闭幕式支出8.31亿元，火炬传递共支出3.32亿元）；⑥用于支付工作人员工资和用于工作人员、志愿者的招募、培训、激励、制服等人力资源支出14.24亿元（其中志愿者开支1.71亿元）；⑦北京奥组委行政办公、法律咨询，以及涵盖运动员和各类工作人员的人身保险和财产保险、收费卡等运行支出18.46亿元；⑧奥运会对残奥会的补助支出4.84亿元，残奥会支出8.63亿元。

（2）北京市改善环境及基础设施等方面的投入，主要包括：①建设场馆设施的投入：北京市新建场馆12个、改扩建场馆11个、建设临时性场馆8个、改造独立训练馆45个，总投资约130亿元（北京奥组委的支出只包括了部分场馆改扩建的投入）。在这些场馆建设中，中央和地方财政投入约占一半，另一半资金来自社会融资，包括港澳台同胞、海外侨胞的捐赠。②建设相关配套设施投入。例如，奥林匹克森林公园、国家会议中心、奥运村、媒体村六处相关配套设施（由企业自筹资金，赛后利用也由企业自行决定）。③改善城市运行的城市总体建设投入。将"十一五"末期，即2010年实现的目标提前到2008年实现，2001年—2007年用于基础设施、能源交通、水资源和城市环境建设、人民生活基本设施建设的总投资额大约2800亿元人民币。

（3）隐性的成本和未来潜在的成本压力，主要包括：①奥运会本身保障的"外部性"。因改善城市基础设施和保障奥运会成功举办而给企业、居民生产、生活带来的影响和成本：因场馆等基础设施建设而搬迁的居民的成本；因实施环境治理工程而搬迁停工的数百家工厂的成本和损失；因实施交通限行措施影响市民出行等带来的成本；招募的志愿者和其他义务参与奥运服务人员的时间成本；因配合奥运会举办而给当地机关、企事业单位和个人带来的效率损失和成本。②"挤出效应"。除了奥运投资"挤出"了其他生产性投资，奥运会的"眼球效应"也给其他替代性行业带来了影响。③社会环境治理和改善的成本。这即配合奥运会召开而持续开展的社会治安综合治理及文明建设、文明礼仪、市民素质提升活动带来的成本。

材料二：

从全国的角度来看，北京奥运会的成本包括：

（1）货币化成本，包括：①奥运会、残奥会直接运营成本202.06亿元；②中央专项彩票公益金拨款27.03亿元；③全国奥运基本建设投资2800亿～3000亿元带来的"挤出效应"。

（2）隐性成本，包括：①全国各地给予的大量人力、物力、财力支援；奥运会后场馆和接待设施的经营维护压力；②北京市自身及全国因配合保障奥运会举办而造成影响产生的生产、生活成本及效率损失（如交通出行等）；③周边地区配合北京市环境治理带来的成本和损失；④各地为保障奥运维稳的成本；全国民众观看奥运赛事带来的对其他替代性行业的"挤出效应"等。

材料三：

北京市举办奥运会的收益主要包括：

（1）北京奥组委的收入（直接来自奥运会的收入）。根据北京奥运会财务收支审计结果，北京奥组委收入达到213.63（205+8.63）亿元，收入的主要构成包括：①国际奥委会开发的市场收入和电视转播权收入中按协议分配给主办城市的部分，此部分收入约占组委会收入总额的40%；②北京奥组委根据主办城市合同，在国际奥委会授权下实施的市场开发收入98.7亿元，主要包括合作伙伴、赞助商、供应商等不同级别的赞助收入以及特许经营收入；③门票、住宿、收费卡、利息、资产处置等其他收入19.6亿元，其中门票收入12.8亿元，财产处置收入2.4亿元；④残奥会收入8.63亿元。

（2）经济效益。统计部门报告显示，在"奥运投入期"（2001年—2008年），北京市GDP的年均增速达到11.8.%，其中一个百分点是奥运会贡献的，人均GDP翻了一倍多。承办奥运会带动了首都建筑、交通、环保、信息技术等产业的发展。奥运经济的"溢出效应"直接辐射、拉动北京市旅游、商业、会展三产（因举办奥运会而新增的社会消费需求总额大约为1000亿元，消费市场总量超过15000亿元，提供约200万个就业岗位）。

（3）社会效益。经过奥运会的洗礼，市民文明和健康素养、民众和民族凝聚力、公民社会的成长、和谐社会的建设等都得到了提升和促进。

（4）城市建设。城市环境和基础设施质量实现巨大跨越，人居环境质量提升，现代化进程提速。

（5）品牌效应。北京作为我国政治、文化中心的地位和国际知名度进一步提升，展示了北京市悠久的文化、市民良好的精神风貌。

材料四：

从全国的角度来看，北京奥运会的收益包括：

（1）从可货币化的成本收益看，据普遍比较认可的统计数据，全国举办奥运会的成本在2800亿~3000亿元，带来了约6000亿元的奥运"蛋糕"。

（2）政治效应。我国的国家形象、政治影响力、国家动员能力和整体服务能力等得到了国际认同和提升。

（3）文化效应。中国文化得到了交流和传播。

（4）社会效应。北京奥运会得到了204个国家和地区的2万多名运动员、裁判员、官员，3万多名境外记者，几十万名外国游客，以及全球数十亿名电视观众的见证，获得了良好的社会效应。

问题： 运用成本收益，分别从北京与全国的立场给北京奥运会算算小账和大账。所谓算"小账"，是指分析其直接成本与收益；所谓算"大账"，是指在直接成本与收益的基础上，再比较其隐性、潜在成本和无形收益。

第八章

会展合同管理策划

第一节　合同概述

一、合同的含义

《中华人民共和国民法典》（以下简称《民法典》）第四百六十四条规定，合同是民事主体之间设立、变更、终止民事法律关系的协议。第四百六十九规定，当事人订立合同，可以采用书面形式、口头形式或者其他形式。书面形式是合同书、信件、电报、电传、传真等可以有形地表现所载内容的形式。以电子数据交换、电子邮件等方式能够有形地表现所载内容，并可以随时调取查用的数据电文，视为书面形式。合同的内容由当事人约定，一般包括当事人的姓名或者名称和住所、标的、数量、质量、价款或者报酬、履行期限、履行地点、履行方式、违约责任、解决争议的方法。

其中，标的是合同权利义务执行的对象。合同不规定标的，就失去了目的，失去了意义。可见，标的是一切合同的主要条款。所谓标的，主要是指标的物，因而规定有所谓标的的质量、标的的数量。所以，对于《民法典》及有关司法解释所说的标的，时常需要按标的物理解。

质量与数量是确定合同标的（物）的具体条件，是这一标的（物）区别于同类另一标的（物）的具体特征。标的（物）的质量条款需订得详细具体，如标的（物）的技术指标、质量要求、规格、型号等要明确。能够按照国家质量标准的，则按国家质量标准进行约定；没有国家质量标准进行约定的，也可按"凭样品"来规定质量条款。当事人可以约定质量检验的方法、质量责任的期限和条件、对质量提出异议的条件和期限等。标的（物）的数量要确切。首先应选择双方共同接受的计量单位；其次要确定双方认可的计量方法；最后应允许规定合理的磅差或尾差。

价款是取得标的物所应支付的代价，报酬是获得服务所应支付的代价。价款通常是指标的物本身的价款，但因商业上的大宗买卖一般是异地交货，便产生了运费、保险费、装卸费、保管费、报关费等一系列额外费用。它们由哪一方支付，需在价款条款中写明。

履行期限直接关系到合同义务完成的时间，涉及当事人的期限利益，也是确定违约与否的因素之一，十分重要。履行期限可以规定为及时履行，也可以规定为定时履行，还可以规定为在一定期限内履行。如果是分期履行，还应写明每期的准确时间。

履行地点是确定验收地点的依据，是确定运输费用由谁负担、风险由谁承受的依据，有时是确定标的物所有权是否转移、何时转移的依据，还是确定诉讼管辖的依据之一。对于涉外合同纠纷，它是确定法律适用的一项依据，十分重要。

履行方式，例如是一次交付还是分期分批交付，是交付实物还是交付标的物的所有权凭证，是铁路运输还是空运、水运等，同样事关当事人的物质利益，应在合同中写明。

违约责任是指违反合同义务应当承担的民事责任，可以在合同中明确规定违约责任条款，如约定定金或违约金、约定赔偿金额以及赔偿金的计算方法等。应明确规定违约致损的计算方法、赔偿范围等。

解决争议的方法，是指有关解决争议运用什么程序、适用何种法律、选择哪家检验或者鉴定机构等内容。当事人双方在合同中约定的仲裁条款、选择诉讼法院的条款、选择检验或者鉴定机构的条款、涉外合同中的法律适用条款、协商解决争议的条款等，均属解决争议的方法的条款。

《民法典》第四百九十六条规定，格式条款是当事人为了重复使用而预先拟定，并在订立合同时未与对方协商的条款。采用格式条款订立合同的，提供格式条款的一方应当遵循公平原则确定当事人之间的权利和义务，并采取合理的方式提示对方注意免除或者减轻其责任等与对方有重大利害关系的条款，按照对方的要求，对该条款予以说明。提供格式条款的一方未履行提示或者说明义务，致使对方没有注意或者理解与其有重大利害关系的条款的，对方可以主张该条款不成为合同的内容。第四百九十七条规定，有下列情形之一的，该格式条款无效：①具有本法第一编第六章第三节和本法第五百零六条规定的无效情形；②提供格式条款一方不合理地免除或者减轻其责任、加重对方责任、限制对方主要权利；③提供格式条款一方排除对方主要权利。第四百九十八条规定，对格式条款的理解发生争议的，应当按照通常理解予以解释。对格式条款有两种以上解释的，应当做出不利于提供格式条款一方的解释。格式条款和非格式条款不一致的，应当采用非格式条款。

二、典型合同

典型合同一般指有名合同。有名合同是指法律上或者经济生活习惯上按其类型已确定了一定名称的合同。主要包括：

（1）买卖合同。买卖合同是出卖人转移标的物的所有权于买受人，买受人支付价款的合同。

（2）供用电、水、气、热力合同。供用电合同是供电人向用电人供电，用电人支付电费的合同。《民法典》对供电合同做出了多条规定，并规定供用水、供用气、供用热力合同参照适用供用电合同的有关规定。

（3）赠与合同。赠与合同是赠与人将自己的财产无偿给予受赠人，受赠人表示接受赠与的合同。

（4）借款合同。借款合同是借款人向贷款人借款，到期返还借款并支付利息的合同。

（5）保证合同。保证合同是为保障债权的实现，保证人和债权人约定，当债务人不履行到期债务或者发生当事人约定的情形时，保证人履行债务或者承担责任的合同。

（6）租赁合同。租赁合同是出租人将租赁物交付承租人使用、收益，承租人支付租金的合同。

（7）融资租赁。融资租赁合同是出租人根据承租人对出卖人、租赁物的选择，向出卖人购买租赁物，提供给承租人使用，承租人支付租金的合同。

（8）保理合同。保理合同是应收账款债权人将现有的或者将有的应收账款转让给保理人，保理人提供资金融通、应收账款管理或者催收、应收账款债务人付款担保等服务的合同。

（9）承揽合同。承揽合同是承揽人按照定做人的要求完成工作，交付工作成果，定做人支付报酬的合同。

（10）建设工程合同。建设工程合同是承包人进行工程建设，发包人支付价款的合同。

（11）运输合同。运输合同是承运人将旅客或者货物从起运地点运输到约定地点，旅客、托运人或者收货人支付票款或者运输费用的合同。会展活动离不开人、展品、设施等的运输，因此会涉及运输合同。

（12）技术合同。技术合同是当事人就技术开发、转让、许可、咨询或者服务订立的确立相互之间权利和义务的合同。

（13）保管合同。保管合同是保管人保管寄存人交付的保管物，并返还该物的合同。

（14）仓储合同。仓储合同是保管人储存存货人交付的仓储物，存货人支付仓储费的合同。

（15）委托合同。委托合同是委托人和受托人约定，由受托人处理委托人事务的合同。

（16）物业服务合同。物业服务合同是物业服务人在物业服务区域内，为业主提供建筑物及其附属设施的维修养护、环境卫生和相关秩序的管理维护等物业服务，业主支付物业费的合同。

（17）行纪合同。行纪合同是行纪人以自己的名义为委托人从事贸易活动，委托人支付报酬的合同。

（18）中介合同。中介合同是中介人向委托人报告订立合同的机会或者提供订立合同的媒介服务，委托人支付报酬的合同。

（19）合伙合同。合伙合同是两个以上合伙人为了共同的事业目的，订立的共享利益、共担风险的协议。

三、合同的订立

当事人订立合同，可以采取要约、承诺或者其他方式。

《民法典》第四百七十二条~第四百七十八条是关于要约的规定。要约是希望与他人订立合同的意思表示，该意思表示应当符合下列条件：①内容具体确定；②表明经受要约人承诺，要约人即受该意思表示约束。要约邀请是希望他人向自己发出要约的表示。拍卖公告、招标公告、招股说明书、债券募集办法、基金招募说明书、商业广告和宣传、寄送的价目表等为要约邀请。商业广告和宣传的内容符合要约条件的，构成要约。要素可以撤回，撤回意思表示的通知应当在意思表示到达相对人前或者与意思表示同时到达相对人。要约可以撤销，但是有下列情形之一的除外：①要约人以确定承诺期限或者其他形式明示要约不可撤销；②受要约人有理由认为要约是不可撤销的，并已经为履行合同做了合理准备工作。撤销要约的意思表示以对话方式做出的，该意思表示的内容应当在受要约人做出承诺之前为受要约人所知道；撤销要约的意思表示以非对话方式做出的，应当在受要约人做出承诺之前到达受要约人。有下列情形之一的，要约失效：①要约被拒绝；②要约被依法撤销；③承诺期限届满，受要约人未做出承诺；④受要约人对要约的内容做出实质性变更。

《民法典》第四百七十九条～第四百八十八条是关于承诺的规定。承诺是受要约人同意要约的意思表示。承诺应当以通知的方式做出；但是，根据交易习惯或者要约表明可以通过行为做出承诺的除外。承诺应当在要约确定的期限内到达要约人。要约没有确定承诺期限的，承诺应当依照下列规定到达：①要约以对话方式做出的，应当即时做出承诺；②要约以非对话方式做出的，承诺应当在合理期限内到达。

要约以信件或者电报做出的，承诺期限自信件载明的日期或者电报交发之日开始计算。信件未载明日期的，自投寄该信件的邮戳日期开始计算。要约以电话、传真、电子邮件等快速通讯方式做出的，承诺期限自要约到达受要约人时开始计算。以通知方式做出的承诺，生效的时间适用本法第一百三十七条的规定⊖。承诺不需要通知的，根据交易习惯或者要约的要求做出承诺的行为时生效。

受要约人超过承诺期限发出承诺，或者在承诺期限内发出承诺，按照通常情形不能及时到达要约人的，为新要约；但是，要约人及时通知受要约人该承诺有效的除外。受要约人在承诺期限内发出承诺，按照通常情形能够及时到达要约人，但是因其他原因致使承诺到达要约人时超过承诺期限的，除要约人及时通知受要约人因承诺超过期限不接受该承诺外，该承诺有效。承诺的内容应当与要约的内容一致。受要约人对要约的内容做出实质性变更的，为新要约。有关合同标的、数量、质量、价款或者报酬、履行期限、履行地点和方式、违约责任和解决争议方法等的变更，是对要约内容的实质性变更。

承诺对要约的内容做出非实质性变更的，除要约人及时表示反对或者要约表明承诺不得对要约的内容做出任何变更外，该承诺有效，合同的内容以承诺的内容为准。

《民法典》第四百九十条规定，当事人采用合同书形式订立合同的，自当事人均签名、盖章或者按指印时合同成立。在签名、盖章或者按指印之前，当事人一方已经履行主要义务，对方接受时，该合同成立。法律、行政法规规定或者当事人约定合同应当采用书面形式订立，当事人未采用书面形式但是一方已经履行主要义务，对方接受时，该合同成立。第四百九十一条规定，当事人采用信件、数据电文等形式订立合同要求签订确认书的，签订确认书时合同成立。当事人一方通过互联网等信息网络发布的商品或者服务信息符合要约条件的，对方选择该商品或者服务并提交订单成功时合同成立，但是当事人另有约定的除外。

四、合同的效力

合同效力是指已经成立的合同在当事人之间产生的法律拘束力，即法律效力。合同效力是法律赋予依法成立的合同所产生的约束力。合同效力可分为四大类，即有效合同，无效合同，效力待定合同，可变更、可撤销合同。

1. 有效合同

所谓有效合同，是指依照法律的规定成立并在当事人之间产生法律约束力的合同。合同生效的形式要件包括合同依法成立、合同形式符合法律规定、合同依法办理登记等。

⊖ 第一百三十七条规定，以对话方式做出的意思表示，相对人知道其内容时生效。以非对话方式做出的意思表示，到达相对人时生效。以非对话方式做出的采用数据电文形式的意思表示，相对人指定特定系统接收数据电文的，该数据电文进入该特定系统时生效；未指定特定系统的，相对人知道或者应当知道该数据电文进入其系统时生效。当事人对采用数据电文形式的意思表示的生效时间另有约定的，按照其约定。

《民法典》第四百六十九条对合同订立形式进行了规定，第五百零二条对合同生效时间进行了规定。合同生效的实质要件包括行为人在缔约时具有相应的民事行为能力、意思表示真实、不违反法律或公序良俗。《民法典》第一百四十三条规定，具备下列条件的民事法律行为有效：①行为人具有相应的民事行为能力；②意思表示真实；③不违反法律、行政法规的强制性规定，不违背公序良俗。

2. 无效合同

《民法典》第一百四十四条规定，无民事行为能力人实施的民事法律行为无效。民法典第二十条、第二十一条规定，不能辨认自己行为的8周岁以上未成年人、成年人和不满8周岁的人为无民事行为能力人，由其法定代理人代理实施民事法律行为。根据民法典的上述规定，前述人员实施的诸如订立合同等民事行为无效。第一百四十六条规定，行为人与相对人以虚假的意思表示实施的民事法律行为无效。第一百五十三条规定，违反法律、行政法规的强制性规定的民事法律行为无效。但是，该强制性规定不导致该民事法律行为无效的除外。违背公序良俗的民事法律行为无效。第一百五十四条规定，行为人与相对人恶意串通，损害他人合法权益的民事法律行为无效。

第五百零六条规定，合同中的下列免责条款无效：①造成对方人身损害的；②因故意或者重大过失造成对方财产损失的。

3. 效力待定合同

所谓效力待定合同，是指合同虽然已经成立，但因其不完全符合法律有关生效要件的规定，因此其发生效力与否尚未确定，一般须经有权人表示承认或追认才能生效。《民法典》第十九条规定，八周岁以上的未成年人为限制民事行为能力人，实施民事法律行为由其法定代理人代理或者经其法定代理人同意、追认；但是，可以独立实施纯获利益的民事法律行为或者与其年龄、智力相适应的民事法律行为。第一百四十五条规定，限制民事行为能力人实施的纯获利益的民事法律行为或者与其年龄、智力、精神健康状况相适应的民事法律行为有效；实施的其他民事法律行为经法定代理人同意或者追认后有效。第一百七十一条规定，行为人没有代理权、超越代理权或者代理权终止后，仍然实施代理行为，未经被代理人追认的，对被代理人不发生效力。相对人可以催告被代理人自收到通知之日起30日内予以追认。被代理人未做表示的，视为拒绝追认。行为人实施的行为被追认前，善意相对人有撤销的权利。撤销应当以通知的方式做出。行为人实施的行为未被追认的，善意相对人有权请求行为人履行债务或者就其受到的损害请求行为人赔偿。但是，赔偿的范围不得超过被代理人追认时相对人所能获得的利益。相对人知道或者应当知道行为人无权代理的，相对人和行为人按照各自的过错承担责任。

4. 可变更、可撤销合同

《民法典》规定，当事人协商一致的情况下，可以变更合同；而合同如果是基于欺诈、重大误解、显失公平等情形签订的，当事人可以申请撤销合同。

《民法典》第一百五十五条规定，无效的或者被撤销的民事法律行为自始没有法律约束力。第一百四十七条规定，基于重大误解实施的民事法律行为，行为人有权请求人民法院或者仲裁机构予以撤销。第一百四十八条规定，一方以欺诈手段，使对方在违背真实意思的情况下实施的民事法律行为，受欺诈方有权请求人民法院或者仲裁机构予以撤销。第一百四十九条规定，第三人实施欺诈行为，使一方在违背真实意思的情况下实施的民事法律行为，对方知道或者应当知道该欺诈行为的，受欺诈方有权请求人民法院或者仲裁机构予以撤销。第一百五十条规定，一方或者第三人以胁迫手段，使对方在违背真实意思的情况下实施的民事法律行为，受胁迫方有权请求人民法院或者仲裁机构予以撤销。第一百五十一条规定，一方利用对方处于危困状态、缺乏判断能力等情形，致使民事法律行为成立时显失公平的，受损害方有权请求人民法院或者仲裁机构予以撤销。

《民法典》第一百五十二条规定，有下列情形之一的，撤销权消灭：①当事人自知道或者应当知道撤销事由之日起 1 年内、重大误解的当事人自知道或者应当知道撤销事由之日起 90 日内没有行使撤销权；②当事人受胁迫，自胁迫行为终止之日起 1 年内没有行使撤销权；③当事人知道撤销事由后明确表示或者以自己的行为表明放弃撤销权。当事人自民事法律行为发生之日起 5 年内没有行使撤销权的，撤销权消灭。也就是说，具有撤销权的当事人应在自知道或者应该知道撤销事由之日起上述法定期限内行使撤销权，当事人在这期间没有行使撤销权的，撤销权消灭。具有撤销权的当事人知道撤销事由后明确表示或者以自己的行为放弃撤销权的，撤销权也随之消灭。

五、合同履行

合同履行是指合同生效后，双方当事人按照合同规定的各项条款，完成各自承担的义务和实现各自享有的权利，使双方当事人的合同目的得以实现的行为。《民法典》第五百三十二条规定，合同生效后，当事人不得因姓名、名称的变更或者法定代表人、负责人、承办人的变动而不履行合同义务。

《民法典》第五百零九条涉及对合同履行原则的规定，当事人应当按照约定全面履行自己的义务。当事人应当遵循诚信原则，根据合同的性质、目的和交易习惯履行通知、协助、保密等义务。当事人在履行合同过程中，应当避免浪费资源、污染环境和破坏生态。

合同履行主体不仅包括债务人，也包括债权人。合同全面适当地履行的实现，不仅主要依赖于债务人履行债务的行为，同时还要依赖于债权人受领履行的行为。除法律规定、当事人约定、性质上必须由债务人本人履行的债务以外，履行也可以由债务人的代理人进行，但是代理只有在履行行为是法律行为时方可适用。同样，在上述情况下，债权人的代理人也可以代为受领。在某些情况下，合同也可以由第三人代替履行，只要不违反法律的规定或者当事人的约定，或者符合合同的性质，第三人也是正确的履行主体。不过，由第三人代替履行时，该第三人并不取得合同当事人的地位，仅仅只是居于债务人的履行辅助人的地位。

对于履行约定不明，《民法典》有多条条款予以规定。第五百一十条规定，合同生效后，当事人就质量、价款或者报酬、履行地点等内容没有约定或者约定不明确的，可以协议补充；不能达成补充协议的，按照合同相关条款或者交易习惯确定。第五百一十一条规定，当事人就有关合同内容约定不明确，依据前条规定仍不能确定的，适用下列规定：①质量要求不明确的，按照强制性国家标准履行；没有强制性国家标准的，按照推荐性国家标准履行；没有推荐性国家标准的，按照行业标准履行；没有国家标准、行业标准的，按照通常标准或者符合合同目的的特定标准履行。②价款或者报酬不明确的，按照订立合同时履行地的市场价格履行；依法应当执行政府定价或者政府指导价的，依照规定履行。③履行地点不明确，给付货币的，在接受货币一方所在地履行；交付不动产的，在不动产所在地履行；其他标的，在履行义务一方所在地履行。④履行期限不明确的，债务人可以随时履行，债权人也可以随时请求履行，但是应当给对方必要的准备时间。⑤履行方式不明确的，按照有利于实现合同目的的方式履行。⑥履行费用的负担不明确的，由履行义务一方负担；因债权人原因增加的履行费用，由债权人负担。

《民法典》第五百一十二条涉及电子合同履行时间规定，通过互联网等信息网络订立的电子合同的标的为交付商品并采用快递物流方式交付的，收货人的签收时间为交付时间。电子合同的标的为提供服务的，生成的电子凭证或者实物凭证中载明的时间为提供服务时间；前述凭证没有载明时间或者载明时间与实际提供服务时间不一致的，以实际提供服务的时间为准。电子合同的标的物为采用在线传输方式交付的，合同标的物进入对方当事人指定的特定系统且能够检索识别的时间为交付时间。电子合同当事人对交付商品或者提供服务的方式、时间另有约定的，按照其约定。

第五百一十四条规定，以支付金钱为内容的债，除法律另有规定或者当事人另有约定外，债权人可以请求债务人以实际履行地的法定货币履行。第五百一十五条规定，标的有多项而债务人只需履行其中一项的，债务人享有选择权；但是，法律另有规定、当事人另有约定或者另有交易习惯的除外。享有选择权的当事人在约定期限内或者履行期限届满未做选择，经催告后在合理期限内仍未选择的，选择权转移至对方。第五百一十六条规定，当事人行使选择权应当及时通知对方，通知到达对方时，标的确定。标的确定后不得变更，但是经对方同意的除外。可选择的标的发生不能履行情形的，享有选择权的当事人不得选择不能履行的标的，但是该不能履行的情形是由对方造成的除外。

第五百一十七条和五百一十八条对债权人为二人以上债务履行情况进行规定，第五百二十一条涉及连带债权人。第五百一十七条规定，债权人为二人以上，标的可分，按照份额各自享有债权的，为按份债权；债务人为二人以上，标的可分，按照份额各自负担债务的，为按份债务。按份债权人或者按份债务人的份额难以确定的，视为份额相同。第五百一十八条规定，债权人为二人以上，部分或者全部债权人均可以请求债务人履行债务的，为连带债权；债务人为二人以上，债权人可以请求部分或者全部债务人履行全部债务的，为连带债务。连带债权或者连带债务，由法律规定或者当事人约定。第五百二十一条规定，连带债权人之间的份额难以确定的，视为份额相同。实际受领债权的连带债权人，应当按比例向其他连带债权人返还。

第五百一十九条和五百二十条涉及连带债务人方面的规定。第五百一十九条规定，连带债务人之间的份额难以确定的，视为份额相同。实际承担债务超过自己份额的连带债务人，有权就超出部分在其他连带债务人未履行的份额范围内向其追偿，并相应地享有债权人的权利，但是不得损害债权人的利益。其他连带债务人对债权人的抗辩，可以向该债务人主张。被追偿的连带债务人不能履行其应分担份额的，其他连带债务人应当在相应范围内按比例分担。第五百二十条规定，部分连带债务人履行、抵销债务或者提存标的物的，其他债务人对债权人的债务在相应范围内消灭；该债务人可以依据前条规定向其他债务人追偿。部分连带债务人的债务被债权人免除的，在该连带债务人应当承担的份额范围内，其他债务人对债权人的债务消灭。部分连带债务人的债务与债权人的债权同归于一人的，在扣除该债务人应当承担的份额后，债权人对其他债务人的债权继续存在。债权人对部分连带债务人的给付受领迟延的，对其他连带债务人发生效力。

第五百二十三条和五百二十四条是关于履行债务当中涉及第三人方面的规定，第五百二十五条和五百二十六条是关于互负债务方面的规定。第五百二十二条规定，当事人约定由债务人向第三人履行债务，债务人未向第三人履行债务或者履行债务不符合约定的，应当向债权人承担违约责任。法律规定或者当事人约定第三人可以直接请求债务人向其履行债务，第三人未在合理期限内明确拒绝，债务人未向第三人履行债务或者履行债务不符合约定的，第三人可以请求债务人承担违约责任；债务人对债权人的抗辩，可以向第三人主张。第五百二十三条规定，当事人约定由第三人向债权人履行债务，第三人不履行债务或者履行债务不符合约定的，债务人应当向债权人承担违约责任。第五百二十四条规定，债务人不履行债务，第三人对履行该债务具有合法利益的，第三人有权向债权人代为履行；但是，根据债务性质、按照当事人约定或者依照法律规定只能由债务人履行的除外。债权人接受第三人履行后，其对债务人的债权转让给第三人，但是债务人和第三人另有约定的除外。

第五百二十五条规定，当事人互负债务，没有先后履行顺序的，应当同时履行。一方在对方履行之前有权拒绝其履行请求。一方在对方履行债务不符合约定时，有权拒绝其相应的履行请求。第五百二十六条规定，当事人互负债务，有先后履行顺序，应当先履行债务一方未履行的，后履行一方有权拒绝其履行请求。先履行一方履行债务不符合约定的，后履行一方有权拒绝其相应的履行请求。

第五百二十七条和五百二十八条是关于债务当事人中止履行方面的规定。第五百二十七条规定，应当先履行债务的当事人，有确切证据证明对方有下列情形之一的，可以中止履行：①经营状况严重恶化；②转移财产、抽逃资金，以逃避债务；③丧失商业信誉；④有丧失或者可能丧失履行债务能力的其他情形。当事人没有确切证据中止履行的，应当承担违约责任。第五百二十八条规定，当事人依据前条规定中止履行的，应当及时通知对方。对方提供适当担保的，应当恢复履行。中止履行后，对方在合理期限内未恢复履行能力且未提供适当担保的，视为以自己的行为表明不履行主要债务，中止履行的一方可以解除合同并可以请求对方承担违约责任。

对于会展合同来说，《民法典》第五百三十三条规定涉及的情况很可能发生。第五百三十三条规定，合同成立后，合同的基础条件发生了当事人在订立合同时无法预见的、不属于商业风险的重大变化，继续履行合同对于当事人一方明显不公平的，受不利影响的当事人可以与对方重新协商；在合理期限内协商不成的，当事人可以请求人民法院或者仲裁机构变更或者解除合同。人民法院或者仲裁机构应当结合案件的实际情况，根据公平原则变更或者解除合同。

六、合同保全

合同保全是指法律为防止因债务人财产的不当减少致使债权人债权的实现受到危害，而设置的保全债务人责任财产的法律制度。根据合同相对性原则，合同仅对缔约双方具有约束力。但债务人财产的多少及变动，在一定程度上会直接影响债权人债权的实现。如果任由债务人完全自由地处分其财产，并导致其偿债能力明显降低，势必对一般债权人造成损害。债的保全，包括当债务人怠于行使其债权时，债权人通过代位行使债务人对第三人的债权，即债权人代位权，抑或当债务人对其财产不当处分时，债权人突破合同的相对性撤销债务人的该不当处分行为，即债权人撤销权，以实现债务人责任财产的恢复，从而获得相应救济，形成债的保全制度。

《民法典》第五百三十五条规定，因债务人怠于行使其债权或者与该债权有关的从权利，影响债权人的到期债权实现的，债权人可以向人民法院请求以自己的名义代位行使债务人对相对人的权利，但是该权利专属于债务人自身的除外。代位权的行使范围以债权人的到期债权为限。债权人行使代位权的必要费用，由债务人负担。相对人对债务人的抗辩，可以向债权人主张。第五百三十六条规定，债权人的债权到期前，债务人的债权或者与该债权有关的从权利存在诉讼时效期间即将届满或者未及时申报破产债权等情形，影响债权人的债权实现的，债权人可以代位向债务人的相对人请求其向债务人履行、向破产管理人申报或者做出其他必要的行为。

《民法典》第五百三十七条规定，人民法院认定代位权成立的，由债务人的相对人向债权人履行义务，债权人接受履行后，债权人与债务人、债务人与相对人之间相应的权利义务终止。债务人对相对人的债权或者与该债权有关的从权利被采取保全、执行措施，或者债务人破产的，依照相关法律的规定处理。

《民法典》第五百三十八条规定，债务人以放弃其债权、放弃债权担保、无偿转让财产等方式无偿处分财产权益，或者恶意延长其到期债权的履行期限，影响债权人的债权实现的，债权人可以请求人民法院撤销债务人的行为。第五百三十九条规定，债务人以明显不合理的低价转让财产、以明显不合理的高价受让他人财产或者为他人的债务提供担保，影响债权人的债权实现，债务人的相对人知道或者应当知道该情形的，债权人可以请求人民法院撤销债务人的行为。第五百四十条规定，撤销权的行使范围以债权人的债权为限。债权人行使撤销权的必要费用，由债务人负担。第五百四十一条规定，撤销权自债权人知道或者应当知道撤销事由之日起1年内行使。自债务人的行为发生之日起5年内没有行使撤销权的，该撤销权消灭。

七、合同变更和转让

合同变更是在不改变主体而使权利义务发生变化的现象。《民法典》第五百四十三条规定，当事人协商一致，可以变更合同。这一条规定了合同变更的条件，即当事人协商一致。第五百四十四条规定，当事人对合同变更的内容约定不明确的，推定为未变更。

合同转让是指当事人一方将其合同权利、合同义务或者合同权利义务，全部或者部分转让给第三人。

合同权利的转让（即债权转让）是指合同债权人通过协议将其债权全部或者部分转让给第三人的行为。

《民法典》第五百四十五~第五百四十七条对债权人权利转让进行了规定。第五百四十五条规定，债权人可以将债权的全部或者部分转让给第三人，但是有下列情形之一的除外：①根据债权性质不得转让；②按照当事人约定不得转让；③依照法律规定不得转让。当事人约定非金钱债权不得转让的，不得对抗善意第三人。当事人约定金钱债权不得转让的，不得对抗第三人。第五百四十六条规定，债权人转让债权，未通知债务人的，该转让对债务人不发生效力。债权转让的通知不得撤销，但是经受让人同意的除外。第五百四十七条规定，债权人转让债权的，受让人取得与债权有关的从权利，但是该从权利专属于债权人自身的除外。受让人取得从权利不因该从权利未办理转移登记手续或者未转移占有而受到影响。

第五百四十八条规定，债务人接到债权转让通知后，债务人对让与人的抗辩，可以向受让人主张。第五百四十九条规定，有下列情形之一的，债务人可以向受让人主张抵销：①债务人接到债权转让通知时，债务人对让与人享有债权，且债务人的债权先于转让的债权到期或者同时到期；②债务人的债权与转让的债权是基于同一合同产生。第五百五十条规定，因债权转让增加的履行费用，由让与人负担。第五百五十一条规定，债务人将债务的全部或者部分转移给第三人的，应当经债权人同意。债务人或者第三人可以催告债权人在合理期限内予以同意，债权人未做表示的，视为不同意。第五百五十二条规定，第三人与债务人约定加入债务并通知债权人，或者第三人向债权人表示愿意加入债务，债权人未在合理期限内明确拒绝的，债权人可以请求第三人在其愿意承担的债务范围内和债务人承担连带债务。第五百五十三条规定，债务人转移债务的，新债务人可以主张原债务人对债权人的抗辩；原债务人对债权人享有债权的，新债务人不得向债权人主张抵销。第五百五十四条规定，债务人转移债务的，新债务人应当承担与主债务有关的从债务，但是该从债务专属于原债务人自身的除外。

《民法典》第五百五十五条规定，当事人一方经对方同意，可以将自己在合同中的权利和义务一并转让给第三人。第五百五十六条规定，合同的权利和义务一并转让的，适用债权转让、债务转移的有关规定。

八、合同终止

合同终止是指合同当事人双方在合同关系建立以后，因一定的法律事实的出现，使合同确立的权利义务关系消灭。《民法典》第五百五十七条规定，有下列情形之一的，债权债务终止：①债务已经履行；②债务相互抵销；③债务人依法将标的物提存；④债权人免除债务；⑤债权债务同归于一人；⑥法律规定或者当事人约定终止的其他情形。合同解除的，该合同的权利义务关系终止。

在合同成立以后，可以因解除而使合同终止。《民法典》第五百六十二条规定，当事人协商一致，可以解除合同。当事人可以约定一方解除合同的事由。解除合同的事由发生时，解除权人可以解除合同。第五百六十三条规定，有下列情形之一的，当事人可以解除合同：①因不可抗力致使不能实现合同目的；②在履行期限届满前，当事人一方明确表示或者以自己的行为表明不履行主要债务；③当事人一方迟延履行主要债务，经催告后在合理期限内仍未履行；④当事人一方迟延履行债务或者有其他违约行为致使不能实现合同目的；⑤法律规定的其他情形。第五百六十五条规定，当事人一方依法主张解除合同的，应当通知对方。合同自通知到达对方时解除；通知载明债务人在一定期限内不履行债务则合同自动解除，债务人在该期限内未履行债务的，合同自通知载明的期限届满时解除。对方对解除合同有异议的，任何一方当事人均可以请求人民法院或者仲裁机构确认解除行为的效力。当事人一方未通知对方，直接以提起诉讼或者申请仲裁的方式依法主张解除合同，人民法院或者仲裁机构确认该主张的，合同自起诉状副本或者仲裁申请书副本送达对方时解除。

《民法典》第五百六十六条规定，合同解除后，尚未履行的，终止履行；已经履行的，根据履行情况和合同性质，当事人可以请求恢复原状或者采取其他补救措施，并有权请求赔偿损失。合同因违约解除的，解除权人可以请求违约方承担违约责任，但是当事人另有约定的除外。主合同解除后，担保人对债务人应当承担的民事责任仍应当承担担保责任，但是担保合同另有约定的除外。第五百六十七条规定，合同的权利义务关系终止，不影响合同中结算和清理条款的效力。

合同债务抵销有法定抵销和约定抵销。法定抵销是指当事人互负到期债务，该债务的标的物种类、品质相同，任何一方可以将自己的债务与对方的债务抵销，但依照法律规定或者按照合同性质不得抵销的除外。抵销不得附条件或者附期限，因为附条件或者附期限将使抵销的效力不确定，有损对方当事人的利益。抵销权人只要通知对方，抵销即发生效力。约定抵销是因当事人双方协商一致而发生，即若当事人互负债务，标的物种类、品质不相同的，经双方协商一致，也可以抵销。《民法典》第五百六十八条规定，当事人互负债务，该债务的标的物种类、品质相同的，任何一方可以将自己的债务与对方的到期债务抵销；但是，根据债务性质、按照当事人约定或者依照法律规定不得抵销的除外。当事人主张抵销的，应当通知对方。通知自到达对方时生效。抵销不得附条件或者附期限。第五百六十九条规定，当事人互负债务，标的物种类、品质不相同的，经协商一致，也可以抵销。

合同提存是指债务人将无法清偿的标的物交有关部门保存以消灭合同关系的行为。《民法典》第五百七十条规定，有下列情形之一，难以履行债务的，债务人可以将标的物提存：①债权人无正当理由拒绝受领；②债权人下落不明；③债权人死亡未确定继承人、遗产管理人，或者丧失民事行为能力未确定监护人；④法律规定的其他情形。标的物不适于提存或者提存费用过高的，债务人依法可以拍卖或者变卖标的物，提存所得的价款。第五百七十一条规定，债务人将标的物或者将标的物依法拍卖、变卖所得价款交付提存部门时，提存成立。提存成立的，视为债务人在其提存范围内已经交付标的物。第五百七十二条规定，标的物提存后，债务人应当及时通知债权人或者债权人的继承人、遗产管理人、监护人、财产代管人。第五百七十三条规定，标的物提存后，毁损、灭失的风险由债权人承担。提存期间，标的物的孳息归债权人所有。提存费用由债权人负担。第五百七十四条规定，债权人可以随时领取提存物。但是，债权人对债务人负有到期债务的，在债权人未履行债务或者提供担保之前，提存部门根据债务人的要求应当拒绝其领取提存物。债权人领取提存物的权利，自提存之日起5年内不行使而消灭，提存物扣除提存费用后归国家所有。但是，债权人未履行对债务人的到期债务，或者债权人向提存部门书面表示放弃领取提存物权利的，债务人负担提存费用后有权取回提存物。

第二节　会展合同类型及示例

一、会展合同的含义

会展合同是指会展举办方与承办方、会展举办方与会展参展方或服务供应商之间订立的约定双方权利和义务的协议。它具有以下特征：

（1）会展合同往往是无名合同。所谓无名合同，又称非典型合同，是指法律上尚未确定一定名称和规则的合同。我国《民法典》中还没有将会展合同单列，会展合同在我国还属于无名合同。不过，在会展活动中，必然涉及场地租赁、展会交易、委托代理、展品和人员运输等，因此在实践中也常常涉及典型合同。

（2）会展合同往往是双务有偿合同。双务合同是当事人双方互负对等给付义务的合同，即一方当事人愿意负担履行义务，旨在使他方当事人因此负有对等履行的义务，或者说，一方当事人所享有的权利即为他方当事人所负担的义务。会展合同中，约定会展组织者为参展商提供服务，包括寻找场地，划分展台，展品运输、保管，招徕观众等，参展商因此给付会展组织者参展费、展台租赁费等报酬。

（3）会展合同往往是要式合同。所谓要式合同，是指必须依据法律规定的方式而成立的合同。对于一些重要的交易，法律常常要求当事人必须采取特定的方式订立合同。我国对举办会展活动的管理采取审批制，需要主办者提交相关的申请文件，批准后对该会展予以登记，主办单位对参展商的资格审核情况还需报登记机关备案。可见，会展合同并非只要双方当事人达成了合意，即可成为有效的合同。会展合同是涉及面很广的合同，其参与主体也非常多，相互之间的关系十分复杂，订立书面合同还是很必要的。

二、会展场地租赁合同

（一）场地租赁合同

《民法典》第七百零四条规定，租赁合同的内容一般包括租赁物的名称、数量、用途、租赁期限、租金及其支付期限和方式、租赁物维修等条款。第七百一十条规定，承租人按照约定的方法或者根据租赁物的性质使用租赁物，致使租赁物受到损耗的，不承担赔偿责任。第七百一十一条规定，承租人未按照约定的方法或者未根据租赁物的性质使用租赁物，致使租赁物受到损失的，出租人可以解除合同并请求赔偿损失。

《民法典》对租赁过程中的维修义务做出了规定。第七百一十二条规定，出租人应当履行租赁物的维修义务，但是当事人另有约定的除外。第七百一十三条规定，承租人在租赁物需要维修时可以请求出租人在合理期限内维修。出租人未履行维修义务的，承租人可以自行维修，维修费用由出租人负担。因维修租赁物影响承租人使用的，应当相应减少租金或者延长租期。因承租人的过错致使租赁物需要维修的，出租人不承担前款规定的维修义务。

《民法典》第七百零八条规定，出租人应当按照约定将租赁物交付承租人，并在租赁期限内保持租赁物符合约定的用途。第七百一十四条规定，承租人应当妥善保管租赁物，因保管不善造成租赁物毁损、灭失的，应当承担赔偿责任。第七百一十五条规定，承租人经出租人同意，可以对租赁物进行改善或者增设他物。承租人未经出租人同意，对租赁物进行改善或者增设他物的，出租人可以请求承租人恢复原状或者赔偿损失。第七百一十六条规定，承租人经出租人同意，可以将租赁物转租给第三人。承租人转租的，承租人与出租人之间的租赁合同继续有效；第三人造成租赁物损失的，承租人应当赔偿损失。承租人未经出租人同意转租的，出租人可以解除合同。第七百一十七条规定，承租人经出租人同意将租赁物转租给第三人，转租期限超过承租人剩余租赁期限的，超过部分的约定对出租人不具有法律约束力，但是出租人与承租人另有约定的除外。第七百一十八条规定，出租人知道或者应当知道承租人转租，但是在6个月内未提出异议的，视为出租人同意转租。第七百二十一条规定，承租人应当按照约定的期限支付租金。对支付租金的期限没有约定或者约定不明确，依据本法第五百一十条的规定仍不能确定，租赁期限不满1年的，应当在租赁期限届满时支付；租赁期限1年以上的，应当在每届满1年时支付，剩余期限不满1年的，应当在租赁期限届满时支付。第七百二十二条规定，承租人无正当理由未支付或者迟延支付租金的，出租人可以请求承租人在合理期限内支付；承租人逾期不支付的，出租人可以解除合同。

（二）展览场地租赁合同范例

展场经营单位（下称"甲方"）：＿＿＿＿＿＿＿＿＿

地址：＿＿＿＿＿＿＿＿＿＿＿＿＿＿＿＿＿

身份证号：＿＿＿＿＿＿＿＿＿＿＿＿＿＿＿

电话：＿＿＿＿＿＿＿＿＿＿＿＿＿＿＿＿＿

传真：＿＿＿＿＿＿＿＿＿＿＿＿＿＿＿＿＿

承租展场单位（下称"乙方"）：＿＿＿＿＿＿

注册地址：＿＿＿＿＿＿＿＿＿＿＿＿＿＿＿

办公地址：＿＿＿＿＿＿＿＿＿＿＿＿＿＿＿

身份证号：＿＿＿＿＿＿＿＿＿＿＿＿＿＿＿

电话：＿＿＿＿＿＿＿＿＿＿＿＿＿＿＿＿＿

传真：＿＿＿＿＿＿＿＿＿＿＿＿＿＿＿＿＿

根据中华人民共和国有关法律、法规和本市有关规定，甲、乙双方遵循自愿、公平和诚实信用原则，经协商一致订立本合同，以资共同遵守。

第一条　合同主体

1. 甲方系依法取得坐落于＿＿＿＿＿展览场地租赁经营权的法人。

2. 乙方系本合同约定的会展的主办单位。

第二条　生效条件

本合同经双方签署生效。对依法需经政府部门审查的会展，本合同应自会展取得政府部门审查批准后生效。

第三条　租赁场地

甲方同意乙方租用位于＿＿＿＿＿＿、总面积为＿＿＿＿＿＿m² 的场地（下称"租赁场地"），用于乙方举办＿＿＿＿＿＿（会展全称）。

第四条　租赁期限

1. 租赁期限为＿＿＿年＿＿＿月＿＿＿日至＿＿＿年＿＿＿月＿＿＿日，共＿＿＿天。其中：进场日期自＿＿＿年＿＿＿月＿＿＿日至＿＿＿年＿＿＿月＿＿＿日。展览日期为自＿＿＿年＿＿＿月＿＿＿日至＿＿＿年＿＿＿月＿＿＿日。撤离场地日期为＿＿＿年＿＿＿月＿＿＿日。

2. 乙方每日使用租赁场地的时间为上午＿＿＿＿＿至下午＿＿＿＿＿。乙方和参展商可以在前述时间之前＿＿＿＿＿小时内进入展馆，在前述时间之后＿＿＿＿＿小时内撤离展馆。

3. 乙方需在上述时间之外使用租赁场地，应提前通知甲方。乙方超时使用租赁场地的，应向甲方支付超时使用费用。双方应就具体使用与收费标准协商约定，并作为合同附件。

第五条　展览服务

1. 租赁期间，双方可就以下方面选择约定租赁费用范围内的基本服务：

（1）照明服务：＿＿＿＿＿＿＿＿＿＿＿＿＿＿＿

（2）清洁服务：＿＿＿＿＿＿＿＿＿＿＿＿＿＿＿

（3）验证检票：＿＿＿＿＿＿＿＿＿＿＿＿＿＿＿

（4）安保服务：＿＿＿＿＿＿＿＿＿＿＿＿＿＿＿

（5）监控服务：＿＿＿＿＿＿＿＿＿＿＿＿＿＿＿

（6）咨询服务：_____

（7）其他服务：_____

2．乙方如需甲方提供除上述基本服务之外的服务或向甲方租赁各项设备，应与甲方协商，并由乙方向甲方支付费用，具体内容和收费标准应列明清单，作为合同附件。

第六条　租赁费用

1．租金的计算如下：

场地类型	租　　金	面积/m²	天数（天）	共　　计
展览室内场地	___元人民币/（m²·天） 或___美元/（m²·天）			___元人民币或___美元
展览室外场地	___元人民币/（m²·天） 或___美元/（m²·天）			___元人民币或___美元
总计	___元人民币或___美元			

2．如果租赁场地实际使用面积大于合同约定面积，则租金根据实际使用的总面积做相应的调整。结算方式可由双方另行协商，签订补充协议。

3．乙方按如下方式支付租金：

支付日期	签订本合同之日起___天内	___年___月___日 （进场日期前___天）	___年___月___日 （进场日期前___天）
展场租费比例			
应付款	___元人民币或___美元	___元人民币或___美元	___元人民币或___美元

4．所有支付款项汇至如下账户：

以人民币支付：

银行账号：_____

银行名称：_____

银行地址：_____

开户名称：_____

以美元支付：（按支付当日中国人民银行公布的外汇汇率中间价）

银行账号：_____

银行名称：_____

银行地址：_____

开户名称：_____

SWIFT Code[⊖]：_____

5．对依法须经政府部门审查的会展因无法获得政府部门批准导致本合同无法生效的，乙方应通知甲方解除本合同，并按照下列规定向甲方支付补偿金。甲方在扣除补偿金后如有剩余租金，应返还给乙方。

[⊖] SWIFT Code（银行国际代码）一般用于发电汇、信用证电报，每个银行都有，用于快速处理银行间的电报往来。像工商银行和建设银行这样的大银行，也会对自己内部的分支机构分配后缀不同的 SWIFT Code。

解除合同时间	补 偿 金
租赁期限前____个月以上	已付租金的____%
租赁期限前____个月至____个月	已付租金的____%
租赁期限前____个月至____个月	已付租金的____%
租赁期限前____个月至____个月	已付租金的____%

第七条　场地、设施使用

1. 乙方应在租赁期开始前_____天向甲方提供经双方共同选择约定的下列文件：

（1）一式_____份的设计平面图。该平面图至少应包括下列内容：

a. 电力及照明的用量，每个区域容量的布置图及分布供应点位置。

b. 电话位置分布图。

c. 用水区域或用水点。

d. 压缩空气的要求和位置。

e. 卫星电视/Internet 设置图。

f. 甲方展馆内部及其周围红线范围内的其他布置设计。

（2）一份与展览有关的活动时间表，包括展览会、开幕式、进馆、撤馆、货运以及设备使用等的时间。

（3）一份参展企业名录和工作人员数，并请注明国内和国外参展商。

（4）一份使用公共设施的内容，包括设备、家具、礼仪设施、贵宾室和其他服务。

（5）货运单位和装修单位名录及营业执照复印件。

（6）所有参展的展品清单，特别需要注明的是有关大型设备、大电流操作的展品及会产生震动、噪声的展品清单。

（7）_____

2. 为展览进行的搭建、安装、拆卸、运输及善后工作及费用由乙方自行承担。乙方进行上述活动时不得影响其他承租人、展览者在公共区域的活动。

3. 乙方不得变动或修改甲方展馆的布局、建筑结构和基础设施，或对其他影响上述事项的任何部分进行变动或修改。在租赁场地的租赁期限内，乙方如需在甲方展馆内的柱子、墙面或廊道等建筑物上进行装修、设计或张贴，须事先得到甲方书面许可。

4. 租赁期间，双方应保持租赁场地和公共区域的清洁和畅通。乙方负责对其自身财产进行保管。

5. 甲方有权使用或许可第三方使用甲方场地中没有租借给乙方的场地，但不得影响乙方正常使用租赁场地。

6. 乙方对租赁期限内由乙方造成的对租赁场地、设施和公共区域的任何损害承担责任。

7. 如果两个或两个以上的展览同期举办，登记大厅、广告阵地、货运通道等公共区域将由有关各方根据实际的租赁场地按比例共享。

第八条　保证与承诺

1. 甲方保证与承诺：

（1）确保乙方在租赁期内正常使用租赁场地。

（2）按本合同约定的服务内容和标准提供服务。

（3）在甲方人员因工作需要进入租赁场地时，保证进入人员持有甲方出具的现行有效证件，并在进入前向乙方出示。

（4）协调乙方与同期举办的其他展览单位之间对公共区域的使用。

（5）配合乙方或有关部门维护会展秩序。

（6）_____

2. 乙方保证与承诺：

（1）在租赁期前_____天取得举办会展所需的工商、消防、治安等政府部门的批准文件并交于甲方备案。

（2）在进场日期前_____天向甲方提供_____份展位平面图。

（3）不阻碍甲方人员因工作需要持有甲方现行有效证件进入乙方租赁场地。

（4）租赁期限届满，在撤离场地日期内将租赁场地恢复原状，返还向甲方租赁的物品并使其保持租赁前的状况。

（5）未经甲方书面同意，不得在甲方建筑物内进行广告发布。发布广告如果涉及需要有关政府部门批准的，则负责申请办理相关审批并承担相关费用。若不能获得政府部门批准而导致展览无法如期举办，则承担相应的法律后果。

（6）对乙方雇员或其参展者在租赁期内对甲方实施的侵权行为承担连带赔偿责任。

（7）_____

第九条　责任保证

1. 乙方应妥善处理与参展商之间的争议。在乙方与参展商发生争议，且双方无法协商解决时，争议双方可共同提请甲方出面进行调解。甲方无正当理由不得拒绝主持调解。调解期间任何一方明确表示不愿继续接受调解，甲方应立即终止调解。甲方的调解不是争议解决的必经程序。调解不成的，调解中任何一方的承诺与保证均不作为确认争议事实的证据。在调解中，甲方应维护会展秩序，乙方应配合甲方维护会展秩序。

2. 乙方应于租赁期开始前30天按照本合同规定的租金总额的30%向××市会展行业协会支付责任保证金，以保证乙方在与参展商发生争议并出现下列情况时承担相应责任：

（1）争议双方经和解达成协议，乙方承诺承担相应的赔偿或补偿责任。

（2）经审判或仲裁机关调解，争议双方达成调解，乙方承诺承担相应的赔偿或补偿责任。

（3）审判或仲裁机关对争议做出终审或终局裁决，乙方被裁决构成对参展商合法权益的侵害，应当承担相应的赔偿责任。

3. 乙方在支付责任保证金后3天内应向甲方提供责任保证付款凭证。

第十条　知识产权

乙方为推动其展览进行对甲方名称、商标和标识的使用，须事先征得甲方书面同意。如有违反，甲方保留追究乙方侵权责任的权利。

第十一条　保险

1. 乙方应在进场日期之前向保险公司投保展馆建筑物责任险、工作人员责任险及第三者责任险，将甲方列为受益人之一，并向甲方提供保险单复印件。

2. 保险公司的理赔不足以支付甲方所受损失的，甲方有权对乙方进行追偿。

第十二条　违约责任

1. 甲方有下述行为之一的，乙方有权单方面解除本合同，并按照本合同第十二条第4款向甲方主张违约金：

（1）未按本合同的规定向乙方提供租赁场地，经乙方书面催告仍未提供的。

（2）未按本合同第五条第1款提供基本服务，经乙方书面催告仍未提供的。

（3）未按本合同第八条第1款第（5）项维护会展秩序，致使会展因秩序混乱而无法继续进行的。

（4）_____

2. 乙方未按期支付到期租金，应按日向甲方支付逾期付款金额万分之_____的违约金，付至实际付款或解除本合同之日。

3. 乙方有下述行为之一的，甲方有权单方面解除本合同，并按照本合同第十二条第4款向乙方主张违约金：

（1）未按本合同规定支付场地租金、设备租赁、额外服务及超时场地使用等各项应付费用，经甲方催告后_____天内仍未支付的。

（2）国际性会展违反本合同规定，擅自变更展题，经甲方催告后仍未纠正的。

（3）未按第八条第2款第（1）项规定向甲方提供办展所需的相关政府部门的批准文件，经甲方催告后仍未纠正的。

（4）违反本合同规定，擅自使用甲方的名称、商标或标识，经甲方催告后仍未纠正的。

（5）未按本合同第九条第2款支付责任保证金，经甲方催告后仍未纠正的。

（6）_____

4. 本合同第十二条第1款和第3款规定的违约金列明如下：

违约行为发生时间	违约金
租赁期限前_____个月以上	已付租金的_____%
租赁期限前_____个月至_____个月	已付租金的_____%
租赁期限前_____个月至_____个月	已付租金的_____%
租赁期限前_____个月至_____个月	已付租金的_____%
租赁期限前_____个月至租赁期届满	已付租金的_____%

以上违约金不足以赔偿守约方损失的，违约方应就超额部分损失向守约方承担赔偿责任。

5. 守约方根据第十二条第1款和第3款单方面解除本合同，应在违约行为发生后_____天内书面通知违约方，否则视为守约方放弃合同解除权，但不影响守约方向违约方主张违约金和赔偿责任。

6. 甲方违约的，应在收到乙方解除本合同书面通知之日起_____天内返还乙方已付租金，并支付违约金。乙方违约的，甲方应在乙方收到甲方解除本合同书面通知之日起_____天内将已扣除乙方应付违约金后的剩余租金返还乙方。

7. 除本合同第十二条第1款和第3款约定外的其他违约行为造成守约方损失，违约方应当承担赔偿责任。

第十三条　变更与解除

1. 除本合同另有约定外，本合同未经双方协商一致不得变更与解除。

2. 国际性会展变更展题，须取得政府审批机关的批准，并向甲方提供。

3. 双方协商变更或解除本合同的，变更或解除方应提前_____天以书面形式通知相对方，相对方应于收到通知后_____天内以书面形式答复变更或解除方，逾期不答复的，视为同意变更或解除本合同。违反本条规定提出协商变更或解除的，相对方有权拒绝。

第十四条　争议解决

因执行本合同而产生或与本合同有关的争议，双方应通过友好协商解决。协商应于一方向另一方书面提出请求后立即举行。如在提出请求后 30 天内无法通过协商解决，双方可选择下列第_____种方式解决：

（1）向_____仲裁委员会申请仲裁，仲裁裁决为终局裁决并对双方均有约束力。

（2）依法向_____人民法院提起诉讼。

第十五条　不可抗力

1. 本合同履行期间，任何一方发生了无法预见、无法预防、无法避免和无法控制的不可抗力事件，以致不能履行或不能如期履行合同，发生不可抗力事件的一方可以免除履行合同的责任或推迟履行合同。

2. 上款规定的不可抗力事件包括以下范围：

（1）自然原因引起的事件，如地震、洪水、飓风、寒流、火山爆发、大雪、火灾、冰灾、暴风雨等。

（2）社会原因引起的事件，如战争、罢工、政府禁令、封锁等。

（3）_____

3. 发生不可抗力的一方，应于不可抗力发生后_____天内以书面形式通知相对方，通报不可抗力的详尽情况，提交不可抗力影响合同履行程度的官方证明文件。相对方在收到通知后_____天内以书面形式回复不可抗力发生方，逾期不回复的，视为同意不可抗力发生方对合同的处理意见。

4. 在会展尚未开始前发生不可抗力致使本合同无法履行，本合同应当解除，已交付的租金费用应当返还，双方均不承担对方的损失赔偿。

5. 会展进行中发生不可抗力致使本合同无法履行，本合同应当解除，已交付的租金费用应当按_____返还，双方均不承担对方的损失赔偿。

6. 发生不可抗力致使本合同需要迟延履行的，双方应对迟延履行另行协商，签订补充协议。若双方对迟延履行无法达成一致，应按以上两款规定解决。

第十六条　适用法律

本合同的订立、履行、终止及其解释适用中华人民共和国现行法律。

第十七条　附件及效力

双方同意作为合同附件的文件均是本合同重要且不可分割的组成部分，与本合同同时生效并与本合同具有同等法律效力。

第十八条　信息披露

甲方可以网页等形式对外公布本合同约定的展览会名称、馆号和展览日期等相关信息。乙方若调整会展名称、展览日期等内容，应及时书面通知甲方；因乙方未通知甲方致使甲方对外公布的会展名称、展览日期与乙方调整后的不一致，甲方不承担相关责任。

第十九条　保密

双方对基于本合同获取的相对方的办展资料、客户资源等商业信息均有保守秘密的义务。除非相对方书面同意，或法律强制性规定，双方均不得以任何形式对外披露该等信息。

第二十条　通知

本合同规定与本合同有关的所有联络均应按照收件的一方于本合同确定的地址或传真发出。上述联络如直接交付（包括通过邮件递送公司递交），则在交付时视为收讫；如通过传真发出，则在传真发出即时视为收讫，但必须有收件人随后的书面确认为证；如通过预付邮资的挂号邮件寄出，则寄出 7 天后视为收讫。

第二十一条　其他

本合同一式＿＿＿＿＿＿＿＿份，甲乙双方各执＿＿＿＿＿＿＿＿份，具有同等法律效力。

本合同未尽事宜，经双方友好协商，可订立补充条款或协议，作为本合同附件，具有同等法律效力。

甲方（签章）：＿＿＿＿＿＿＿　　　　　　乙方（签章）：＿＿＿＿＿＿＿
＿＿＿＿＿年＿＿＿月＿＿＿日　　　　　　＿＿＿＿＿年＿＿＿月＿＿日

三、参展合同

（一）参展合同的含义

参展合同是参展商和会展举办方就参展事项签订的相关权利义务关系的合同。参展合同包括：①展位位置、面积、价格、付款方式约定；②举办方权利和义务，包括展位分配、日期和地址日期变更的通知、安全等方面的权利和义务；③参展方权利和义务，包括展位使用、搭建、运输等方面的权利和义务；④违约责任规定；⑤知识产权保护规定。

（二）参展合同范例

甲方：＿＿＿＿＿＿＿＿

乙方：＿＿＿＿＿＿＿＿

＿＿＿＿＿＿＿＿博览会将于＿＿＿＿＿年＿＿＿月＿＿＿日至＿＿＿＿年＿＿＿月＿＿＿日在＿＿＿＿举办。甲方为＿＿＿＿＿博览会组织承办方。乙方为＿＿＿＿＿博览会参展方。为了保证会展正常进行，维护双方共同利益及声誉，本着自愿、平等合作、互惠互利的原则，订立本合同，以兹双方共同遵守。

一、展位情况

1. 乙方参展展位位置：＿＿＿＿＿＿＿

2. 乙方参展面积：＿＿＿＿＿＿＿＿m^2

3. 参展场租价格：按光地＿＿＿＿＿＿＿元/m^2计算，总计 RMB ＿＿＿＿＿＿＿元。

二、付款方式

乙方与甲方签署参展合同后 7 个工作日内须支付总费用的 50% 作为场地定金；剩余 50% 的尾款须在＿＿＿＿＿＿＿年＿＿＿＿＿月＿＿＿＿＿日前支付。

具体如下：场地定金为 RMB ＿＿＿＿＿＿＿元，余款为 RMB ＿＿＿＿＿＿＿元。

三、甲方的权利和义务

1. 展位的分配：甲方将依据展品的特性或认为适宜的方式分配展位。在展位开始搭建之前，甲方保留改变展位分配的权利，在特殊情况下，甲方可改变展位，移动展览设施，或关闭展馆的出入口，并可对展位进行结构性调整。对于展位的调整，甲方可自行决定，乙方无权提出索赔的要求。

2. 改变会展日期和地址：秘书处保留因外部因素改变会展日期和地点的权利，日期和地点改变应在一个月之前通知乙方，协议仍然有效。乙方无权要求甲方赔偿其损失。

3. 安全：甲方将对乙方和参观者采取安全预防措施，在存在安全隐患的情况下，甲方保留拒绝任何参观者进入会展或展场的权利。甲方对于会展之前、会展期间和之后展品的丢失或被窃不承担任何责任。甲方对参展商的展品或其他物品的损失或损坏也不承担任何责任。

4. 附加条款：会展承办单位将保留颁布附加条款的权利，以保证展览的有序管理。所有附加条款将是本合同的一部分。

四、乙方的权利和义务

1. 展位的使用：乙方只能展示申报的展品，在会展期间，乙方应委派有能力的人员管理展品。未经甲方的书面同意，乙方不得将展位全部或部分转租或分派给他人，乙方对展厅墙面或其他部位的损坏要负责任，未经甲方同意，乙方不得更改地面、顶棚、展馆柱面或墙面。

2. 展位的搭建与装饰：乙方可根据刊登在《＿＿＿＿＿＿＿＿＿》上的会展日程表进行展位的布置。由于乙方或其分包方的原因使其他参展商或公共财产受到损害，乙方必须做出赔偿，所有参展商必须于指定的时间内进行展位搭建和布置。

3. 展品运输

（1）乙方负责将展品运输至会展举办地点并承担运输费用。

（2）乙方负责安排会展期间的展品仓储。

（3）乙方应在会展承办单位规定的时间内将所有展品撤出展厅，否则由此引起的损失和延误，乙方应向甲方做出赔偿。

4. 责任和风险：在会展期间，为保证甲方和参加展览的各方利益不受到损害，所有因乙方原因造成的甲方及第三方利益受到的损害，由乙方承担全部赔偿责任。

五、违约责任

1. 乙方违约责任及退展申请：由于乙方违约，或提出退展，甲方可依据下列条件允许乙方退展：

（1）乙方必须书面告知甲方其退展申请，若甲方同意乙方退展，要书面通知乙方其决定。

（2）乙方已支付给甲方的任何费用将不退还。

（3）由于乙方未遵守本合同条款的规定，或未在上述规定的期限内支付场租费，甲方将以书面形式通知乙方解除本合同。乙方已支付给甲方的任何费用将不退还。

（4）依据本条款的子条款（3）的规定，甲方行使其权利与乙方解除本合同后，可以转租违约的乙方的展位，如甲方未将乙方展位转租出去，乙方将承担该展位的所有损失。

2. 会展失败：由于下列直接或间接原因，致使会展被取消、暂停或缩短展期，从而给乙方带来损失，甲方将不对乙方承担责任：

（1）不可抗力。

（2）战争行为、军事活动、地方性法规或政府部门的要求。

（3）火灾、水灾、台风、极端的恶劣天气、地震、流行性疾病或这些自然灾害同时发生时。

（4）由于飞行物体或飞机造成的损失。

（5）工人的罢工或停工。

3. 除上述约定以外，任何一方违反本协议的约定，给对方造成损失的，应承担赔偿责任。

六、其他

1. 欲在会展上展出的软件/软件内容均应送甲方审查，包括人体模特及实物在内的参展内容不得出现色情内容，包括裸体画面。甲方有权以正当理由终止和撤销出现以上内容的展品的许可证。甲方将在会展上行使该权利，并不会为由此而产生的后果负责退款或承担其他费用。乙方须同意将不会由于以上行为而对甲方追究任何形式的责任，并同意放弃该许可证发生的所有权利。

2. 会刊名录：甲方享有独家出版和发行参展商名录的权利。其他发行商可以转载该名录作为其出版物的内容之一。会刊是甲方提供给参展商的一项服务，参展商名由甲方确定（参展商须在规定的截止日期之前填写好会刊登记表），甲方不对其间因乙方原因出现的任何错误、遗落或者格式改变等承担责任。若参展商没有在指定日期前填写会刊登记表并返回给甲方，其本合同中涉及的该公司的任何信息将不会出现在会刊上。

3. 防火规则：所有用于搭建展台和展位的材料必须采用耐火材料，并符合地方性防火法规的要求。消防队长将巡视所有展览设施，并有权制止任何潜在的可引起火灾的行为。

4. 噪声控制条款：会展规定的各展位的最大音量为90dB，各展位应将声音控制展台范围之内，尽量不影响其周边展位，若有展位在会展期间音量3次超过90dB，甲方将有权切断该展位的电源，并不会对由此而造成的损失向乙方退还相关款项或承担其他费用。

七、本合同将受中华人民共和国法律支配并按其法律规定进行解释，如发生纠纷，须在甲方所在地的法院依法裁决。

八、本合同一式两份，甲、乙双方各执一份，自双方签字盖章之日生效。

甲方（盖章）：_____   乙方（盖章）：_____

地址：_____   地址：_____

法定代表人（签字）：_____   法定代表人（签字）：_____

四、会展搭建合同

（一）会展搭建合同概述

会展搭建合同是指会展举办方或参展商与搭建公司之间签订的展位搭建方面的合同。合同的标的主要是展位，因此，双方围绕展位设计、搭建的质量要求和责任、工程时间、安全与消防要求、工程费用结算方式、验收和违约责任等方面进行约定。会展搭建合同除了要遵循《民法典》外，还要遵循《建筑工程安全生产管理条例》《建筑安装工人安全操作规程》《中华人民共和国消防法》和其他相关的法规、规范。

（二）会展搭建合同范例

委托单位（以下简称甲方）：_____

施工单位（以下简称乙方）：_____

按照《合同法》及_____市地方有关规定，就甲方委托乙方负责_____会展展台搭建的有关具体事宜，双方经友好协商，达成如下协议。

一、工程概况

1. 工程名称：_____会展展台搭建工程。

2. 布展时间：_____年_____月_____日至_____年_____月_____日。乙方必须于_____年_____月_____日_____时前布展完毕并交付甲方使用。

3. 展览时间：_____年_____月_____日至_____年_____月_____日。

4. 布展地址：_____。

5. 展位规格：9m×9m。

6. 撤展时间：_____年_____月_____日，在该日期的具体撤展时间以甲方通知为准。

7. 施工内容：展览场地的展位设计、制作、搭建，以及会展结束后负责撤展及按会展中心的要求清理展览场地，所有制作、搭建的装饰、材料在撤展后运送至甲方指定的地点。详见附件：展台设计效果图及工程明细表。

8. 承包方式：包工、包料、包质量、包工期。

二、合同款项

金额为_____万元人民币，该价款一次性包死，不因工程量增加等任何因素而调整。该价款包括设计费、制作费、材料费、展场施工管理费、电费、水费、运输费、装卸费、撤展费、人工费、保险费、税费等乙方完成本合同约定工作所需的一切费用，除此之外，甲方无须再向乙方支付其他任何费用。

三、付款方式

1. 第一次，合同签订后甲方即向乙方支付本合同款项总金额的40%，即RMB_____万元（人民币_____万元整）。

2. 第二次，乙方将全部展台搭建施工完毕并经甲方验收合格之日起3日内，甲方向乙方支付本合同款项总金额的20%，即RMB_____万元（人民币_____万元整）。

3. 第三次，会展活动结束乙方按甲方要求将展位撤除并送至甲方指定地点后，甲方向乙方支付本合同款项总金额的40%，即RMB_____万元（人民币_____万元整）。

四、展台的设计

1. 工程的设计图、效果图由乙方提供，并经甲方签字确认后生效，乙方应当按经甲方签字确认的展台设计效果图（附件一）进行施工，未经甲方书面同意，乙方不得擅自改动已经甲方确认生效的展台设计效果图。

2. 乙方须对其设计方案和效果图内容负责，甲方的审核确认并不视为甲方对此承担责任。乙方须保证其设计方案和效果图内容，包括图片、标志、用语等均为合法取得，保证有权使用并有权用于展台制作。乙方的设计不得侵犯他人著作权、肖像权等权利。如侵犯他人权利或违反相关规定而造成处罚或赔偿的，均由乙方承担赔偿责任及处罚。

五、甲方的权利及义务

1. 开工前甲方应对相应图样进行签字确认，如在布展过程中有相应改动，乙方应按甲方要求执行。

2. 布展期间内甲方应积极配合乙方工作，提供所需相关资料。

3. 甲方如要求增加合同以外的工作量，须向乙方支付另外的费用，但乙方应事先向甲方提出报价。

4. 甲方应按合同约定及时支付款项。

5. 会展结束后，乙方撤除展位后所有非租用的展位搭建材料，归甲方所有，甲方保留处置权。

六、乙方的权利及义务

1. 乙方在布展工作前，需向甲方提交施工方案及进度计划，经甲方确认后执行。如甲方提出异议，乙方应按甲方要求执行。但甲方的审核确认并不意味着甲方对此承担责任。

2. 派_____为乙方驻工地代表，负责合同履行。按要求组织施工，保质、保量、按期完成施工任务。解决由乙方负责的各项事宜。该负责人向甲方所做出的任何承诺、保证、函件、签字、确认等均视为乙方的行为，均由乙方承担责任。

3. 由乙方负责采购施工所需的全部材料、设施设备。乙方应保证其采购的产品均为合格产品，并在使用前向甲方提供产品的合格证明。如乙方采购的产品不符合质量要求或规格有差异，由乙方自行承担责任，造成甲方及第三者人身或财产损失的，乙方应承担赔偿责任。

4. 严格执行施工规范、安全操作规程、防火安全规定、环境保护规定。严格按照图样进行施工。

5. 遵守国家或地方政府及有关部门对施工现场管理的规定，做好施工现场保卫和垃圾清除、消纳等工作。

6. 乙方应当保证该工程能够达到工程设计图及效果图的要求。

7. 展台搭建布置完毕后，由甲方对展台工程的外观质量进行验收，该验收并不免除乙方因工程存在内在质量问题或有其他质量瑕疵而应承担的责任。乙方必须对工程质量负责，工程竣工后，凡因工程存在质量问题而使甲方或任何第三方受到损失的，均由乙方承担赔偿责任。

8. 在展台制作、施工过程中和会展期间，乙方必须对展台的安全负责，并应注意与展区内其他施工单位、参展单位搞好配合，凡发生展台倒塌、坠落等安全事故而使甲方或任何第三方的财产或人身受到损害的，均由乙方承担全部责任。

9. 会展结束展台撤除之前，乙方负责对现场的一切设施（包括甲方提供的设备及现场堆放的家具）、工程成品进行保护、保管及维护，如造成损失，由乙方负责。

10. 会展结束后，乙方应按甲方要求的时间将展台撤除，并按甲方要求将撤除后的展台材料免费运送至甲方指定的地点。乙方在撤展过程中应保证甲方财产的安全，如有损坏，应予赔偿。

七、有关安全和防火的约定

1. 乙方在施工期间严格遵守《建筑工程安全生产管理条例》《建筑安装工人安全操作规程》《中华人民共和国消防条例》和其他相关的法规、规范。

2. 乙方负责施工现场及其施工人员的安全，由于乙方在施工生产过程中违反有关安全操作规程、消防条例，导致发生安全或火灾事故及其他责任事故，乙方应承担由此引发的一切经济损失。

八、违约责任

1. 因该工程的特殊性，乙方必须保证该工程能够按时交付使用。如乙方逾期进场布展、竣工或逾期履行其他任何一项义务的，每逾期1h，乙方须承担合同总价款万分之五的违约金，逾期8h，甲方有权解除本合同。

2. 如乙方制作的展台不符合约定或有质量问题，乙方应当负责返工或重作，因此而延误工期的，乙方并应承担延期的违约责任。如拒绝改正、逾期改正或改正一次后仍不符合约定，甲方有权解除本合同。

3. 乙方违反本合同其他约定，经甲方通知其限期改正，期满后仍未改正的，甲方有权解除本合同。

4. 凡因乙方违约导致本合同解除的，乙方除了赔偿因此给甲方造成的全部损失外，还应承担合同总价款30%的违约金，甲方已支付款项应将款项返还给甲方。

九、争议或纠纷处理

本合同在履行过程中如发生争议，由双方当事人协商解决，若协商解决不成，应提交甲方所在地人民法院诉讼解决。

十、对合同未尽事宜，双方可签订补充协议，补充协议与本合同具有同等法律效应。本合同附件作为本合同的必要部分，与本合同具有同等法律效力。

十一、本合同一式四份，甲、乙双方各执两份，合同自双方签字盖章之日起生效。

十二、附件：1. 展台设计效果图。
　　　　　　2. 工程明细表。

甲方（盖章）：　　　　　　　　　　　　乙方（盖章）：

甲方代表（签字）：　　　　　　　　　　乙方代表（签字）：

签约日期：＿＿＿年＿＿＿月＿＿＿日

五、会展合作合同、协议

在会展过程中，存在与赞助方、媒体、其他会展等进行合作的情况。合作方之间就其合作内容进行约定，并签订合同。例如，赞助合作合同、会刊合作合同、展位合作合同、宣传推广合作合同等。下面为一份与媒体进行合作合同的主要条款。

（一）甲方责任与权利

1. 甲方免费为乙方在＿＿＿＿＿＿＿的首页上刊登乙方会展信息，logo（尺寸为＿＿＿＿＿＿＿×＿＿＿＿＿＿＿）由乙方提供，时间从协议生效之日起至会展结束。

2. 甲方免费为乙方在＿＿＿＿＿＿＿的首页上发布文字链接，邀请函及会展报道相关稿件由乙方提供。乙方提供的资料需符合国家有关法律规定，甲方保留编辑修改权。

3. 甲方不得做出任何有损乙方会展形象及经济利益的事，因此造成的一切损失由甲方承担。

（二）乙方责任与权利

1. 乙方在凡是有支持媒体出现的地方，如网站、会刊等进行宣传时，将甲方列为支持媒体，时间从协议生效起到＿＿＿年＿＿＿月＿＿＿日。

2. 乙方在会展官方网站为甲方提供一处logo链接，尺寸为134mm×54mm，提供本届展览会会刊彩色内页一页，尺寸是210mm×285mm，资料由甲方提供。

3. 有关乙方本届会展的任何宣传行为不得违反国家相关政策、法规的规定。

（三）乙方因不可抗力造成会展撤销或者延期未及时通知甲方，此协议自行终止。其他未尽事项双方协商解决。此协议为甲乙双方互换网络宣传推广合作协议，双方同意在协议正常履行的情况下，保留及时更新和变更的权利。

（四）本协议一式两份，盖章有效，甲乙双方各执一份，两份具有同等法律效力。

第三节　会展合同的违约责任

一、违约责任与违约行为

违约责任是违反合同的民事责任的简称，是指合同当事人一方不履行合同义务或履行合同义务不符合合同约定所应承担的民事责任。违约行为是指当事人一方不履行合同义务或者履行合同义务不符合约定条件的行为。这一定义表明：①违约行为的主体是合同当事人。合同具有相对性，违反合同的行为只能是合同当事人的行为。如果由于第三人的行为导致当事人一方违反合同，对于合同对方来说，只能是违反合同的当事人实施了违约行为，第三人的行为不构成违约。②违约行为是一种客观的违反合同的行为。违约行为的认定以当事人的行为是否在客观上与约定的行为或者合同义务相符合为标准，而不管行为人的主观状态如何。③违约行为侵害的客体是合同对方的债权。因违约行为的发生，使债权人的债权无法实现，从而侵害了债权。根据不同的标准，可将违约行为做以下分类：①单方违约与双方违约。双方违约是指双方当事人分别违反了自己的合同义务。②根本违约与非根本违约。以违约行为是否导致另一方订约目的不能实现为标准，违约行为可做此分类。其主要区别在于，根本违约可构成合同法定解除的理由。③不履行、不完全履行与迟延履行。④实际违约与预期违约。

《民法典》第五百七十八条规定，当事人一方明确表示或者以自己的行为表明不履行合同义务的，对方可以在履行期限届满前请求其承担违约责任。第五百七十九条规定，当事人一方未支付价款、报酬、租金、利息，或者不履行其他金钱债务的，对方可以请求其支付。第五百九十二条规定，当事人都违反合同的，应当各自承担相应的责任。第五百八十条规定，当事人一方不履行非金钱债务或者履行非金钱债务不符合约定的，对方可以请求履行，但是有下列情形之一的除外：①法律上或者事实上不能履行；②债务的标的不适于强制履行或者履行费用过高；③债权人在合理期限内未请求履行。有前款规定的除外情形之一，致使不能实现合同目的的，人民法院或者仲裁机构可以根据当事人的请求终止合同权利义务关系，但是不影响违约责任的承担。第五百八十一条规定，当事人一方不履行债务或者履行债务不符合约定，根据债务的性质不得强制履行的，对方可以请求其负担由第三人替代履行的费用。

二、承担违约责任的主要形式

《民法典》第五百七十七条规定，当事人一方不履行合同义务或者履行合同义务不符合约定的，应当承担继续履行、采取补救措施或者赔偿损失等违约责任。

（一）继续履行

继续履行合同是指虽然要对方承担一种违约责任，但是还要实现合同。当事人一方不履行非金钱债务或履行非金钱债务不符合约定的，对方可以要求履行，但特殊情况除外，如法律上或事实上不能履行、债务的标的不适于强制履行或履行费用过高、债权人在合理期限内未要求履行等。

（二）采取补救措施

对于能够采取补救措施的情况，债权人可以要求债务人采取补救措施，但这一方式不影响用其他形式承担违约责任。《民法典》第五百九十一条规定，当事人一方违约后，对方应当采取适当措施防止损失的扩大；没有采取适当措施致使损失扩大的，不得就扩大的损失请求赔偿。当事人因防止损失扩大而支出的合理费用，由违约方负担。

（三）赔偿损失

损失赔偿额应相当于因违约所造成的损失，包括合同履行后可以获得的利益，但不得超过一定限度：违约方订立合同时预见到或应当预见到的违反合同造成的损失。但是经营者对消费者提供商品或服务有欺诈行为的，应当按照《消费者权益保护法》的规定按双倍赔偿损失。《民法典》第五百八十三条规定，当事人一方不履行合同义务或者履行合同义务不符合约定的，在履行义务或者采取补救措施后，对方还有其他损失的，应当赔偿损失。

第五百八十四条规定，当事人一方不履行合同义务或者履行合同义务不符合约定，造成对方损失的，损失赔偿额应当相当于因违约所造成的损失，包括合同履行后可以获得的利益；但是，不得超过违约一方订立合同时预见到或者应当预见到的因违约可能造成的损失。

（四）支付违约金

违约金是指当事人一方不履行合同时，依法律规定或合同约定向对方支付一定数额的金钱。《民法典》第五百八十五条规定，当事人可以约定一方违约时应当根据违约情况向对方支付一定数额的违约金，也可以约定因违约产生的损失赔偿额的计算方法。约定的违约金低于造成的损失的，人民法院或者仲裁机构可以根据当事人的请求予以增加；约定的违约金过分高于造成的损失的，人民法院或者仲裁机构可以根据当事人的请求予以适当减少。当事人就迟延履行约定违约金的，违约方支付违约金后，还应当履行债务。

（五）给付或双倍返还定金

《民法典》第五百八十六条规定，当事人可以约定一方向对方给付定金作为债权的担保。定金合同自实际交付定金时成立。定金的数额由当事人约定；但是，不得超过主合同标的额的20%，超过部分不产生定金的效力。实际交付的定金数额多于或者少于约定数额的，视为变更约定的定金数额。第五百八十七条规定，债务人履行债务的，定金应当抵作价款或者收回。给付定金的一方不履行债务或者履行债务不符合约定，致使不能实现合同目的的，无权请求返还定金；收受定金的一方不履行债务或者履行债务不符合约定，致使不能实现合同目的的，应当双倍返还定金。第五百八十八条规定，当事人既约定违约金，又约定定金的，一方违约时，对方可以选择适用违约金或者定金条款。定金不足以弥补一方违约造成的损失的，对方可以请求赔偿超过定金数额的损失。

三、违约责任的免除

违约责任的免除是指在合同履行过程中，因出现法定的或约定的不可归责于债务人的免责事由而导致合同不能履行、迟延履行，债务人免予承担违约责任。《民法典》中的免责事由可分为两大类，即法定免责事由和约定免责事由。法定免责事由是指由法律直接规定、不需要当事人约定即可援用的免责事由，主要指不可抗力○。在典型合同中也有一些条款可以免除或减轻责任。第八百二十三条规定，承运人应当对运输过程中旅客的伤亡承担赔偿责任；但是，伤亡是旅客自身健康原因造成的或者承运人证明伤亡是旅客故意、重大过失造成的除外。第八百三十二条规定，承运人对运输过程中货物的毁损、灭失承担赔偿责任。但是，承运人证明货物的毁损、灭失是因不可抗力、货物本身的自然性质或者合理损耗以及托运人、收货人的过错造成的，不承担赔偿责任。

约定免责事由是指当事人约定的免责条款。第五百零六条规定，合同中的下列免责条款无效：①造成对方人身损害的；②因故意或者重大过失造成对方财产损失的。

【名词和术语】

合同　要约　承诺　格式条款　标的　有效合同　无效合同　合同履行　合同变更
合同担保　合同终止　合同解除　合同提存　会展合同　参展合同　会展搭建合同　不可抗力

【思考题及案例分析】

一、思考题

1. 简述合同的含义和类型。
2. 合同无效的基本情况有哪几种？
3. 简述要约和承诺。
4. 简述合同效力类型。
5. 合同履行要注意哪些问题？
6. 合同保全要注意哪些问题？
7. 合同转让要注意哪些问题？
8. 违约责任的承担形式有哪些？
9. 简述合同终止的含义和类型。
10. 简述会展合同常见的类型。

二、案例分析

会展合同纠纷

2010年9月20日，某主办单位与某会展中心签订了一份会展物业合同，合同约定该主

○ 不可抗力是指当事人在订立合同时不能预见、对其发生和后果不能避免并不能克服的客观情况。不可抗力的构成要件包括以下四个方面：①不可抗力事件发生在合同订立生效之后。②该事件是当事人双方订立合同时均不能预见的。而依据人们的常识或经验，在订立合同时应当预见到的事件，不构成不可抗力事件。③不可抗力事件的发生是不可避免、不能克服的，如果当事人能够避免事件对合同履行的影响，则当事人就不能以此事件为由要求以不可抗力而免责。④不可抗力事件不是由任何一方的过失行为引起的客观事件。不可抗力的事件范围一般包括以下两大类：一类是自然事件，如火灾、水灾、地震、瘟疫等；另一类是社会事件，如战争、动乱、暴乱、武装冲突、罢工等，以及政府法律、行政行为等。

办单位于 2011 年 5 月 25 日至 2011 年 5 月 29 日租用该会展中心的一至三层展室，并支付 2000 元定金。2011 年 4 月，该会展中心所在城市出现了传染性疫情。5 月下旬，该市人民政府发出公告，要求市民避免大型集会以及人群群集，以免传染、传播。该主办单位于 4 月 22 日提出解除合同，要求返还定金，但遭到拒绝。会展中心拒绝理由为它已为该展会投入一定的经费，因此定金无法返还。双方经调解不成，向法院起诉。

问题：该合同能否解除？定金能否返还？

第九章

会展危机管理策划

第一节　会展危机

一、危机的含义

所谓危机，是指干扰事物自然流程的任何事件，而且相对应的组织和个人如果对其缺乏及时的认识和正确的处理，必将对组织和个人造成一定的危害。荷兰学者罗森塔尔（Rosenthal）指出，危机是对一个社会系统的基本价值和行为准则架构构成严重威胁，并且在时间压力和不确定性极高的情况下必须对其做出关键决策的事件。危机经常与"灾难""紧急情况"或者"突发事件"等联系在一起。

危机与风险紧密相关，但是两者存在一定区别。所谓风险（risk），是指发生对组织不利事件的可能性。风险是对组织实现其目标和战略能力的一种威胁。对风险防范不善，造成的危害达到较大程度时，就会发生危机。因此，风险是危机发生的诱因。但是，并非所有的风险都会引发危机，只有当风险所造成的危害达到一定程度时，风险才会演变为危机。

二、危机的特点

（1）突发性。突发性具有两重含义：①危机是组织遭受外部环境突然出现的变化和内部因素长期积累到一定程度而爆发形成的；②危机爆发的征兆和诱因是人们在感官和知觉上难以企及的。危机从人们能够感觉到爆发所延续的时间很短，但是破坏性很大，使管理者措手不及而蒙受重大损失。危机事件爆发的具体时间、实际规模、具体态势和影响深度是始料未及的。

（2）聚焦性。进入信息时代后，危机的信息传播比危机本身的发展要快得多。信息传播渠道的多样化、时效的高速化、范围的全球化，使组织危机情境迅速公开化，成为公众聚集的中心，成为各种媒体热炒的素材。同时，作为危机的利益相关者，他们不仅关注危机本身的发展，更关注组织对危机的处理态度和所采取的行动。而社会公众有关危机的信息来源是各种形式的媒体，因此，媒体对危机报道的内容和对危机报道的态度影响着公众对危机的看法和态度。

（3）破坏性。破坏性是指危机事件对组织、个人、社会及其资源造成各种各样直接或间接的损害。危机越严重，其破坏性越大。破坏性既可能是物质性的，也可能是心理性的。对于组织来说，破坏的不仅是组织的物质，还可能是组织的社会认可度和声誉。1989年3月24日，美国埃克森公司的一艘巨型油轮在美国与加拿大交界的威廉王子湾附近触礁，原油大量泄出，在海面上形成了一条宽约1000m、长达8000m的黑乎乎的漂油带，导致大量鱼类死亡，水产业蒙受了惨重的损失，生态环境遭到巨大的破坏，引起了环境保护组织和媒体的极大关注。事故发生后，埃克森公司既没向当地政府道歉，也不彻查事故原因，更未采取有效的措施清理漂油带，致使事态恶化，引起当地政府、环保组织、新闻界对其群起而攻之，发起了一场"反埃克森运动"。最后，迫于压力，埃克森公司仅清理油污就付出了几百万美元，加上赔偿、罚款和客户的抵制，总损失达几亿美元。

（4）紧迫性。对组织来说，危机事件一旦爆发，其破坏性的能量就会被迅速释放，并呈快速蔓延之势，如果不能及时控制，危机会急剧恶化。因此，危机一旦发生，就需要组织立即形成有效的决策，避免危机的蔓延。紧迫性需要组织立即采取决策和行动。

（5）双重性。危机在汉语中既意味着"危险"，也意味着机会。对于组织来说，危机可能迫使组织重新思考其战略，调整组织与环境之间的关系。如果处理得当，不仅会使组织体现其社会担当，而且会促进组织进行变革并重新适应环境。

三、会展危机的含义

会展危机是指影响参展商、专业观众、相关媒体等利益相关主体对会展的信心或扰乱会展组织者继续正常经营的非预期性事件。由于会展的特殊性，会展危机除具有上述危机的一般特征外，还具有以下特征：①敏感性强，易受多种因素影响。会展受所涉及题材的市场环境、举办城市的政治环境或其他重大活动等外在诱因的影响，并且，由于会展往往涉及举办方、场馆方、参展商、运输商、搭建商、专业观众、公安、消防、餐饮、媒体等多方主体，是一项较为复杂的系统工程。因此，这一复杂系统的内部因素也可能诱发危机事件。②扩散性强，社会影响面广。③时效性强，回旋余地小。

四、会展危机的分类

根据危机形成的人为涉入程度，会展危机可以分为四类：自然灾害、意外、技术故障和人为破坏。其中，自然灾害和意外属于自然危机，包括地震、海啸等以及展览期间突然出现的外交、政治、文化、宗教等方面的冲突；技术故障和人为破坏则属于人为危机，是指参展人员和观众的人身安全、展览品安全、展览设施安全、展位设计的安全、展览现场促销活动的安全、现场提供食品的安全、展品现场展示的安全、个人物品的防盗、健康问题等方面的危机。

从会展经营与运作的角度来看，会展危机可以分为市场危机、经营危机、财务危机和合作危机四种。

（1）市场危机。这是指那些由市场和社会宏观环境所产生的、对所有办展机构都产生影响的危机。例如战争、自然灾害、瘟疫、经济衰退、通货膨胀、政治法律因素、国际恐怖袭击等。这类危机涉及所有办展机构。

（2）经营危机。这是指因办展机构经营方面的原因而给举办会展带来的危机。例如，会展现场布置不当和设施老化等引起的会展现场火灾和展位坍塌、因通道安排不合理而致人群拥挤并出现事故，因会展定位不当、招展不力、招商不顺、宣传推广效果不佳、人力资源及人员结构不适合、出现新的竞争者而使会展无法继续举办等。

（3）财务危机。这包括办展机构自有资金投入和举债筹措办展资金给财务成果带来的不确定性。

（4）合作危机。这是指办展机构和各合作单位之间、办展机构与展馆之间、办展机构与会展各服务商以及各营销中介之间，在合作条件、合作目标和合作事务各环节上可能出现的不协调、不一致和其他不确定性而对会展产生严重的影响。

其中，市场危机和合作危机主要源于会展外部，经营危机和财务危机主要源于会展内部。

根据危机涉及领域，会展危机可以分为：①医疗保健类，如食物中毒等；②安全事务类，如火灾、盗窃、工程事故等；③政策和法律法规类，如劳动纠纷、合同等；④重大活动变更类，如天气、嘉宾缺席等。

第二节　会展常见安全危机

一、食品安全危机

如今食品已经从人类生存的层面提升到保护人类健康与预防现代疾病的层面。大多数会展都会设立就餐区，安排展览期间的食物供应。尽管如此，会展食品安全仍然存在风险，尤其是会展临时就餐区容易出现问题，如食物加热不均匀、食物没有冷却、交叉感染等。例如，2013 年，多伦多公共卫生局称加拿大国家会展中心（CNE）的"非凡汉堡"摊位售卖有问题的汉堡，已有将近 100 人出现食物中毒症状，后该店被封。由于大型会展也可能是恐怖主义袭击的对象，因此食品安全也可能面临人为污染、投毒的风险。这里所指的污染一般是指以下五种情况之一：生物性、化学性、物理性、核物质、放射性物质。食品安全风险防范尤其要避免食品安全事故的发生。食品安全事故是指食物中毒、食源性疾病、食品污染等源于食品，对人体健康有危害或者可能有危害的事故。

食品安全事故划分为四级，即特别重大食品安全事故、重大食品安全事故、较大食品安全事故和一般食品安全事故。

1. 特别重大食品安全事故（Ⅰ级）

符合下列情形之一的为特别重大食品安全事故（Ⅰ级）：

（1）事故危害范围跨越省级行政辖区，并有进一步扩大趋势的。

（2）超出本省处置范围的。

（3）需要报请国务院或国务院授权部门负责处置的。

2. 重大食品安全事故（Ⅱ级）

符合下列情形之一的为重大食品安全事故（Ⅱ级）：

（1）事故危害严重，影响范围涉及省内两个以上市级行政区域的。

（2）造成伤害人数 100 人以上，并出现死亡病例的。

（3）造成 10 例以上死亡病例的。

（4）学校发生食物中毒事故、造成伤害人数 50 人以上的。

（5）在全国性或地区性重大活动、重要会议造成伤害人数 50 人以上的。

（6）省级政府认定的其他重大食品安全事故。

3. 较大食品安全事故（Ⅲ级）

符合下列情形之一的为较大食品安全事故（Ⅲ级）：

（1）事故影响范围涉及市级行政区域内两个以上县级行政区域，给人民群众饮食安全带来严重危害的。

（2）造成伤害人数 100 人以上或出现死亡病例的。

（3）市级政府认定的其他较大食品安全事故。

4. 一般食品安全事故（Ⅳ级）

符合下列情形之一的为一般食品安全事故（Ⅳ级）：

（1）事故影响范围涉及县级行政区域内两个以上乡镇，给大众饮食安全带来严重危害的。

（2）造成伤害人数 30 人以上、100 人以下、未出现死亡病例的。

（3）县级政府认定的其他一般食品安全事故。

上述有关数量的表述中，"以上"含本数，"以下"不含本数。

防范食品安全风险的一个基本做法是在会展区域设定就餐区，并由举办方指定的餐饮供应商提供食品，由食品监管部门全程监管食品供给过程。但是，对于大型会展来说，由于参展商、专业观众、特殊嘉宾很有可能在展馆以外的地方就餐，因此食品安全不仅考验举办方的能力，而且还考验举办城市的食品安全保障水平。这就需要在会展期间规范市场。例如，在北京奥运会期间，北京工商局共规范了目标市场 688 个，其中撤销、撤除市场 39 个，调整、迁移、转型市场 27 个，升级改造市场 622 个。

大型会展食品安全风险防范首先需要建立一个食品安全监督管理组织体系。例如，北京奥运会的做法是：①设立了食品安全指挥中心，及时发布食品安全风险预警，对突发的食品安全事件进行应急调度处理；卫生监督部门组建了 211 人组成的 40 支奥运突发公共卫生事件的应急小分队，随时待命。②确定食品原材料、食品流通、食品加工和生产供应商、赞助商。例如，北京奥运会所用的食品原辅料只能从 67 家食品供应商中进货，建立了食品安全追溯系统。这一系统在奥运食品供应商、赞助商、定点供应基地和企业及物流配送中心中应用，这个系统下设果蔬、动物、预包装食品和奥运食品四个子系统，覆盖主要食品品种和种植、养殖、生产、加工、物流、配送等环节。哪一个环节出了问题，都能迅速查到。③形成有效的监督系统。例如，北京奥运会期间运用了"食品安全移动实验室"车、无线射频自动识别非接触的监测技术、GPS（全球定位系统）技术等，将进入奥运会宾馆、各体育场馆、运动员村、食品物流配送中心的运输车辆等全部纳入监控。整个食品链都处于安全监测网络体系的严密掌控中。

二、公共卫生事件危机

公共卫生事件是指造成或者可能造成社会公众健康严重损害的重大传染病疫情、群体性不明原因疾病、重大食物和职业中毒以及其他严重影响公众健康的事件。2002 年—2003 年爆发的 SARS、2019 年年末爆发的新型冠状病毒感染肺炎疫情均属于重大公共卫生事件。重大公共卫生事件可能会导致会展活动停办。2020 年 4 月 8 日，国务院下发应对新型冠状病毒感染肺炎疫情联防联控机制关于进一步做好重点场所重点单位重点人群新冠肺炎疫情防控相关工作的通知，明确规定大型聚集性体育活动，如马拉松长跑、聚集性宗教活动、各类展览及会展等暂不开展。2020 年 5 月 8 日，国务院应对新型冠状病毒感染肺炎疫情联防联控机制在《关于做好新冠肺炎疫情常态化防控工作的指导意见》中指出，可举办各类必要的会议、会展活动等。

对大型会展的公共卫生事件风险评估，应重点描述下列内容：①大型会展的特点，如时间、地点、规模、主要活动内容及形式、活动参加人员的数量及其生活居住环境和易感性等特点；②大型会展举办地的各种突发公共卫生事件发生情况，如传染病的种类及流行强度、中毒的类型及发生率、高温中暑或冰冻灾害发生情况等；③大型会展期间可能带来的输入性疾病或其他健康危害；④大型会展期间可能发生的其他突发事件公共卫生风险，如恐怖事件、自然灾害、事故灾难等；⑤现有的卫生保障能力和已采取的措施，如监测能力、救治能力、防控能力、饮食饮水保障水平、人群免疫水平等。在对上述特征及相关信息进行整理的基础上，列举并描述各种潜在的公共卫生风险。

对于大型会展公共卫生风险，可组织专家对风险的发生可能性、后果严重性和脆弱性进行定性或定量分析：①发生可能性分析。对大型会展所造成的传染病、中毒、意外伤害及其他次生、衍生的公共卫生风险，可结合事件背景、各类监测信息、历史事件及其危害等，对风险发生的可能性进行分析。按照发生可能性的大小，风险可分为极低、低、中等、高、极高五个等级，并可根据需要进行赋值（如分别对应 1~5 分）。②后果严重性分析。对大型会展的公共卫生后果严重性分析，可从风险影响的地理范围、波及的人口数、所造成的经济损失、对人群健康影响的严重性、对重要基础设施或生态环境系统的破坏程度、对社会稳定和政府公信力的影响、对公众的心理压力等方面考虑，大型会展还应考虑风险对该活动的顺利举办可能造成的负面影响等。按照其后果严重性的大小，风险可分为极低、低、中等、高、极高五个等级，并可根据需要进行赋值（如分别对应 1~5 分）。③脆弱性分析。对大型会展的脆弱性分析包括风险承受能力和风险控制能力的分析，可从人群易感性、公众心理承受力、公众公共卫生意识和自救互救能力、医疗救援能力、技术储备、卫生资源及其扩充能力、公共卫生基础设施、生活饮用水、食品供应、卫生应急能力等方面考虑。按照脆弱性的大小，风险可分为极低、低、中等、高、极高五个等级，并可根据需要进行赋值（如分别对应 1~5 分）。

例如，2007 年 4 月，北京奥运会重大疫情及公共卫生风险识别与评估完成，确定了 96 项奥运期间可能发生的公共卫生事件，涉及传染病重大疫情、群发性公共卫生事件、食源性疾病、饮用水卫生、放射卫生、环境卫生、病媒生物、高温疾病八个领域。所有奥运签约宾馆饭店和奥运比赛场馆均领取了 2008 年北京奥运会前后的公共卫生安全监测和预警任务。蟑螂、蚊、蝇、鼠和军团菌成为每家奥运相关场馆的监测任务。每家奥运定点场馆须设一名专职疫情报告员。每位工作人员每天须接受健康状况监测，若发现有可疑传染病的早期症状，须及时通过疫情报告员调查核实、登记，并在 2h 内上报所属地段防保科和所在区疾控中心或区卫生监督所。根据海淀区疾控中心要求，从 2007 年 6 月到 2008 年 11 月，辖区内每家奥运签约饭店和奥运比赛场馆内的中央空调冷却水塔、淋浴热水和淋浴喷头，每月都须接受一次军团菌监测，便于及时发现隐患、及时整改。为在奥运服务人群中建立传染病免疫屏障，海淀区疾控中心从 2007 年 6 月起，为辖区内所有奥运签约宾馆饭店内的餐饮、服务人员接种甲肝、乙肝和出血热疫苗。相应酒店和场馆确定了病媒生物监测种类及方法：①蚊监测：灯诱法，每个比赛场馆布灯 4 盏；②蝇监测：诱蝇笼法，每个比赛场馆放置诱蝇笼 4 个；③鼠监测：鼠夹法，每个比赛场馆周边布鼠夹 100 把；④蟑螂监测：粘捕法，每个比赛场馆布粘蟑纸 100 张。

三、消防安全危机

（一）会展火灾危险源

2006 年 4 月 11 日，印度北方邦密拉特市维多利亚公园的电器交易会临近尾声，上千人进入装有空调的展厅躲避炎热天气。但灾难突然降临，一场大火迅速蔓延，吞噬了用作临时展厅的大棚，导致至少100人丧生。火灾是会展风险管理中的重点问题。会展火灾危险源主要包括：

（1）人。展览区内人员主要包括工作人员、参展商、观众；会议区人员主要包括参加会议的人员；注册区或登录大厅人员主要包括工作人员、去展览区的人员、去会议区的人员。上述人员容易因违章吸烟、违章用电、违章作业和表演等引发火灾。维修、搭建与拆卸人员违章作业或疏忽也容易导致火灾。人为纵火、恐怖袭击也可能导致火灾。

（2）物。主要包括：①展厅内的易燃展览物品、电气缆线、宣传材料、展台材料、可燃家具器材、可燃装饰材料等是潜在火灾危险源。展览区人员聚集，如果展位布置不合理，一旦发生火灾，容易导致秩序混乱和践踏事故。②登录大厅主要是人员集聚地和通道，内部可燃物主要为零散摆放的沙发、办公桌椅、宣传材料等。③环境。火灾可能来自会展中心自身建筑，也可能来自相邻建筑或自然界。会展中心用电量极大，常见问题包括：临时用电线路不固定；灯具安装不合理；有的摊位私自乱接电源；特装摊位特殊用电超负荷；电气设备、线路安装不合理或操作不当；电气设备或线路老化等。

从防范时间来看，在会展展台设计上存在的风险多是由于展台设计公司不合格、存在违规行为造成的，需要安全管理部门和消防部门加强对会展展台效果图、结构图的审查，对那些达不到展台设计制作安全标准的公司及时进行清理和整改，这样才能保证展台设计的安全可靠。

在展览厅布置期间，往往木工、电工、焊接、油漆、喷漆、粉刷等多工种交叉作业，这段时间火灾危险性较大。因此，应把展览会的布置阶段作为防火工作的重点，予以高度重视。这主要包括：

（1）在展览会筹备、安装、展出期间的防火安全工作，由主办单位、出租场地单位共同负责，建立防火责任制、岗位责任制、防火组织，统一管理，对重点部位应经常进行检查，落实措施，确保安全。

（2）电路部分必须由有资质的电工进行布线，必须使用国家标准电线及电器开关等，所有电线必须使用防火串线管，采用专业的配电设备，展期内必须配合电工做现场维护。

（3）电锯、电刨等木工机械应设置在室外操作，如必须设在室内，应加强防火工作，及时清理刨花、木屑等废料。冬期施工，要加强用火管理。在进行油漆、喷漆作业时，应保持良好通风，周围不应有明火，严禁与气焊、电焊同时、同地进行操作。各种油漆、稀释剂等易燃危险物品，应储存在展区外安全地点。搬运物品的铲车、电瓶车应经常检查电刷、电路是否接触良好，铲车发动机排气管应装防火罩，用后应停在馆外，汽车一般不准进入馆内。电焊、气焊作业应严格执行防火要求。

（4）展台、展板、展具、模型等展品布置，应采用环形通道，展品摆放的总面积不应超过展览馆面积的1/3，通道宽度应不小于3m。

（5）大型展览厅的展板、图表等长度不应超过20m，高度不应超过3.5m，与后墙的距离不小于60cm，以便维修检查。

（6）展板、展柜、展品摆放地点，不应挡住消火栓和堵塞太平门，以保证火灾时人员安全疏散和灭火的需要。

（7）露天展览应有环形消防车道，尽头式消防车道应设回车道或面积不小于15m×15m

的回车场。消防车道的宽度应不小于3.5m，道路上部如有支搭装饰的广告、凯旋门等，其净高不小于4m。

（8）机械展品，如内燃机车、汽车、拖拉机及各类汽油、柴油发动机等均应在室外展出，油箱内的燃油不应超过一天展出发动时的用量。若在室内展出，不应操作、维修，油箱内不应存油，蓄电池应拆除。

（9）易燃、易爆、腐蚀、剧毒、氧化剂等化学危险物品，不得以实物展出，可用不燃烧物品、非危险物品及模型代替。

（10）展览会销售的物品的储存量不应超过当天的销售量。

（11）展台、展板、图表、电动模型应尽量减少使用木质等可燃材料制作，如使用木质材料应做防火处理。更不应使用石油化工产品板材。

（12）展厅内所有窗帘、装饰性彩带、彩旗等棉织品，均应经过防火处理。

（13）布展时应留有足够宽度的安全通道，且通道要顺直，避免弯曲转折；同一通道不宜出现宽与高的差别，通道应形成双向疏散功能，并尽量环行。在紧急情况下，人们很难在进行正确判断后再选择疏散方向，因此，通道双向疏散和环行非常重要。通道的变化容易造成人员的拥挤或跌倒，宽敞顺直的通道便于人员的疏散和消防车辆的进入。

（14）布置展位不应影响消防设施功能的正常发挥，尤其是安全门、卷帘门、消防箱等安全设施。会展通道与展馆安全门的相对位置应简单明了，安全门、消防器材在紧急情况下能够打开正常使用。《消防法》第二十八条明确规定，任何单位、个人不得损坏或者擅自拆除、停用消防设施、器材，不得埋压、圈占、遮挡消火栓或者占用防火间距，不得占用、堵塞、封闭疏散通道、安全出口、消防车通道。

（15）现场的灯光照明要依据参展商的现场要求，配合参展商对展品、展区所要达到的灯光效果，对易损件要在展场内备份，对高温的灯具必须运离易燃品。

（16）其他质量标准应参考本地室内装饰质量标准。对质量制作的标准应在合同内严格注明，并且注意细节，严格把握材质工艺，以及注意与整体效果的结合。

（二）会展消防报审程序

根据《消防法》和《消防监督检查规定》，办展单位应负责向会展举办城市的公安消防局及会展保卫部门申报展位搭建图样并按审批后的消防安全方案逐条落实。例如，中国对外贸易中心举办会展的消防报审程序如下：

1. 报送的具体程序

（1）没有特装展位的会展，具体示例如表9-1所示。

表9-1 广交会参展商普通展位消防报送程序

报送时间	须报送的资料	报送部门	备注
进场前15个工作日	展位设置图	展场经营部统筹科	审定展位设置图
进场前13个工作日	经统筹科审定的展位设置图、申请报告、消防安全措施	保卫处消防科	初审后签署意见并加盖公章
进场前10个工作日	经保卫处消防科签字盖章的展位设置图、申请报告、书面消防安全措施、展览批文、展览消防管理制度、消防安全检查申报表、主办单位营业执照	广州市公安消防局一楼大厅申报窗口	取得回执，约定消防局派员检查

（2）有特装展位的会展，具体示例如表9-2所示。

表9-2　广交会参展商特装展位消防报送程序

报 送 时 间	须报送的资料	报 送 部 门	备　　注
进场前25个工作日	展位设置图，包括标准展位设置图及特装展位的平面图、立面图、电气图、用电负荷和装修使用材料的文字说明	展场经营部统筹科	审定展位设置图及有关资料
进场前23个工作日	经统筹科审定的标准展位设置图、特装展位设置图及有关资料、申请报告、消防安全措施	保卫处消防科	初审后签署意见并加盖公章
进场前20个工作日	经保卫处消防科签字盖章的标准展位设置图、特装展位设置图及有关资料、申请报告、展览消防管理制度、灭火疏散预案、工商局核发的展销会登记证复印件、主办单位营业执照、消防安全检查申报表	广州市公安消防局一楼大厅申报窗口	一周后到消防局领取《广州市公安消防局建筑工程消防设计审核意见书》，约定消防局派员现场检查

2. 消防局审批程序

各地消防局对相关审批程序都有规定。下面以广州市对中国对外贸易中心举办会展的审批程序为例，说明其基本程序。

（1）在展览会筹展期间派员到现场会同中国对外贸易中心有关部门进行现场检查。

（2）在现场检查后两个工作日内发出《消防安全检查意见书》。无发现违反消防法规的，可如期举办展览会；如发现有违反消防法规的，必须整改，经消防局检查合格后，方可举办展览（销）会。领取《消防安全检查意见书》后，复印一份给展馆保卫处。

（3）特装展位必须在取得《广州市公安消防局建筑工程消防设计审核意见书》后，方可进场装修搭建，并应严格按照批复的要求进行装修。

（4）在正常申报程序内，如未取得《消防安全检查意见书》就举办会展，属违章行为，消防局将按有关规定予以处罚。

（三）会展消防安全应急预案

一般说来，各场馆中心都有会展消防安全应急预案。具体到某一次会展，还需要制定更有针对性的会展消防安全应急预案。应急预案的基本原则是"预防为主、消防结合"，最好确立一个火警处理流程，再通过更详细的措施予以完善。一般的火警处理程序包括以下环节：①预警。可以通过高科技探头自动报警，也可以通过手动报警，还可以通过电话报警。②确认。消防人员立即确认，并报告给安保领导中心和公安消防队。③指挥。包括确定疏散出口和路线、安排疏散人员和物资、核实疏散人员报告、安排伤员救治。④疏散警戒。主要维持公共秩序和保护消防通道畅通。⑤组织赴救和灭火。需要侦察火情，通过灭火器、消火栓等灭火，包括切断火源、关闭相应设备等工作。

应急预案一般包括以下内容：

1. 防火安全责任制

根据"谁主办、谁负责"的原则，会展主办（承办）单位负责人为会展防火责任人。根据国家消防和治安管理的有关法律法规，主（承）办单位在中心举办展览会，须按照相关政府管理部门的要求，完成公安、消防报批；同时，还应与会展中心（展馆场地出租单位）签订《会展消防安全责任书》及《会展消防治安安全责任书》，以界定双方的责任与义务，主办方还应与主承建商、各展位负责人签订《消防安全责任书》，明确消防安全责任；主办单位（含各商会、参展商）的负责人为相对应展区、展位的第一防火责任人，根据"谁主管、谁负责"的原则，各参展单位要切实贯彻落实《消防法》和会展中心消防工作有关管理规定，认真做好安全防火工作，加强对所属人员的安全防火教育。各单位的防火负责人要认真贯彻落实《消防法》，积极开展防火工作，及时消除隐患。会展中心要积极协助主办单位落实防火措施。

2. 消防安全组织机构

在会展工作领导小组中，一般有负责消防工作的领导成员。例如，在 2010 年东盟安全工作领导小组中，广西壮族自治区政法委书记为组长，公安厅厅长为副组长。同时，成立了安全保卫部，一名自治区公安厅副厅长为部长，自治区综治办、公安厅、消防总队、广西武警总队等有关部门负责人为副部长。在领导机构下还需要成立更为具体的组织机构，如消防监控与防护小组、通信联络小组、疏散引导小组、行动灭火小组等。成员由场馆工作人员、主办方工作人员、各展区相应负责人员等构成。

3. 会展期间作业的规定

（1）实行全馆禁烟、严禁明火作业的规定。展馆内（包括展场、摊位、办公室、仓库、走廊通道、天桥、楼（电）梯、卫生间等地场所）一律禁止吸烟，违者将视情节参照《消防法》第六十三条的规定予以处罚。吸烟者可到馆外设置的吸烟点吸烟。展厅内严禁电焊、气焊等明火作业。如有特殊动火要求，必须报公安消防局审批。

（2）保证消防通道畅通无阻。馆内主要通道宽度不小于6m，次通道不小于3m。严禁在黄线内布展，不得将展样品悬挂在消防、配电、空调设施或顶棚上，违者造成设施损坏和不良后果的，除照价赔偿外，还要追究相关的责任。布展、撤展期间，各种装修材料、展样品不得堆放在展厅门口或展馆通道上，以免堵塞消防通道。安全管理人员将对违规摆放的物品进行清理，清理中造成的任何损失和产生的费用由物主承担。

（3）装修、搭建须经消防技术审核。会展主办单位在布展前应携带上级主管部门的批文、消防审核申请报告、布展平面图、特种展位图及消防安全检查申报表等资料，依法向公安消防局申报消防审核。凭审核意见书进馆施工布展。

（4）各类装修用材、用料的有关规定。各参展团搭建摊位所使用的材料必须遵守工程建筑消防技术和防火的以下规定：参展商不得使用未经阻燃处理的材料（如草、竹、藤、纸、树皮、泡沫、芦苇、可燃塑料板、可燃地毯、布料和木板等物品）作为装修和装饰用料；所有装修和装饰材料均应采用不燃或难燃材料；如外地参展人员需在当地预先制作展台、展架的，所使用的不燃材料应有当地公安消防部门检验的合格证（复印件），在进场施工前交送中心工程部备案。

（5）保证消防设施完好和正常运转。《消防法》第十一条规定，任何单位、个人不得损坏或者擅自挪用、拆除、停用消防设施、器材，不得埋压、圈占消火栓，不得占用防火间距，不得堵塞消防通道。会展活动的全过程中，各方应自觉爱护展馆内的各种消防器材和设施，不得占用、堵塞、封闭疏散通道、安全出口、消防车通道。消火栓和灭火器前1.5m的范围内不得摆放任何物品，严禁埋压、圈占、损坏和挪用消防器材。馆内装修构架（含展品、灯箱等）必须与顶棚保持 0.5m 以上的净空，无顶棚的展厅展架高度不得超过 8m，所有摊位及装修不得以任何形式封顶，以保证消防报警系统和自动喷淋灭火系统的功能正常发挥。

（6）电器产品的安装应符合防火安全要求。《消防法》第二十条规定，电器产品、燃气用具的质量必须符合国家标准或者行业标准。电器产品、燃气用具的安装、使用和线路、管路的设计、敷设，必须符合国家有关消防安全技术规定。各参展单位及施工单位进场布展前应将用电负荷报中心工程部审核，施工完毕，经工程部派员检查后方可通电。各摊位安装的电器产品，其电线应使用有公安消防部门检验合格（应有检验证书或标识）的难燃导线并套金属管或难燃管敷设，同时，按用电要求，做好接地体的跨接，不得使用花线、铝芯线等。如各地区没有公安消防部门检验合格的难燃电线，应一律使用公安消防局所检验合格的难燃电线，以保证馆内用电安全。广告牌、灯箱、灯柱内必须留有散热孔，荧光灯镇流器应采用消防验收合格的电子产品。各摊位的筒灯、射灯、石英灯等灯具的安装必须与展品、装饰物等保持 50cm 以上的距离，并应加装接线盒，电线不得外露。展馆各摊位不得使用电水壶、电壶、电炉、电烫斗等大功率电器设备，如确实需要使用，应申请批准后方可使用。大功率的灯具（如碘钨灯 500W 以上）应加装防护罩。为保证展场的安全，以下摊位不得增设照明设备：抽纱摊位；纸、绢、塑料花、玩具的摊位。

（7）严禁携带易燃易爆等化学危险品进入展场。《消防法》第十七条规定，禁止非法携带易燃易爆危险物品进入公共场所或者乘坐公共交通工具。此类展样品只能使用代用品。展览会闭幕后，所有化工展样品应自行带出馆外。施工、机械操作表演确实需要用汽油、天那水（香蕉水）、酒精等易燃液体或明火作业（电焊、气焊）的，事前必须报场馆中心安保部审批，使用时派专人负责，以确保安全。

（8）包装材料应及时清出馆外。展样品的包装箱、纸屑等杂物务必在会展开幕前及时清理出馆外，严禁将其存放在摊位内、柜顶或摊位板壁背后。

（9）认真做好闭馆前的清场工作。清理摊位内的可燃杂物、火种和其他灾害隐患，关闭本摊位的电源等。

4. 消防控制工作与制度

成立消防监控与防护小组，建立 24h 值班制度，确立值班人员操作程序。大型会展场馆配有高科技的消防预警设备，因此一般配有消防控制室。此外，大型会展还会设立消防巡视检查小组。因此，需要形成防火安全检查制度。巡视检查一旦发现问题，需要及时上报和处理。在会展搭建和会展阶段一旦发现隐患，需要提出整改要求。整改完毕需要进行验收，并备案。

5. 专职与义务消防工作人员的培训制度。

除了进行消防知识、灭火和疏散知识的培训以外，还需要通过模拟演练的方式提高工作人员的实际技能。

6. 灭火和疏散预案

事先确定灭火行动成员、安全疏散成员和救护成员，通过培训让他们了解相应处理程序、技能。一旦发生火灾，各成员能够各司其职，确保灭火和疏散工作有序进行。发生火灾以后，现场工作人员可以利用自动报警系统进行报警或立即拨打消防控制室电话，利用就近灭火器材展开扑救。灭火行动小组按火灾处理程序进行火灾扑救，安全疏散小组立即赶赴现场及时、有效地疏散人群。疏散工作包括：①组织打开所有的消防通道。②组织火灾现场人员进行有序疏散；疏散工作人员需要与消防指挥中心及时联系，了解火灾的危险程度和安全出口的方向，及时将人群疏散至安全的地方。③正确、有效地利用疏散设备。

四、治安问题

（一）财物被盗

会展期间是展示产品、参与者随身财物、展馆设施等财物的集聚期，财物被盗的情况时有发生。例如，2007 年 9 月 5 日，长春市公安局刑警支队五大队在长春市会展中心，抓获了一个专门在全国各地会展上盗窃参展物品的犯罪团伙。该团伙由 5 人组成，从 2004 年开始，该团伙就在全国各地的会展上盗窃。在第四届上海国际珠宝展览会上，总重量约2000g、总价值约 69 万美元的小颗粒成品钻石被一个国际盗窃团伙盗走。时隔不久，在中国国际贸易中心举行的第五届全国玩具及儿童用品博览会开展的第二天，就发生了十几家参展商被盗事件。2011 年 9 月，一伙专门流窜在全国各地大型会展场所盗窃财物的不法分子在中国中部投资贸易博览会主场馆盗窃作案 5 起准备逃离时，被警方全部抓获。经审查，他们在开幕当天利用高价购买的"工作证"混入主场馆，两人一组，一人负责掩护，一人趁机盗窃，共作案 5 起，盗窃了游客、记者身上携带的尼康 DIX 相机、尼康 J3X 相机、佳能相机、三星手机等价值 20.1 万元的财物。随着会展不断发展，针对会展的盗窃活动也日益呈现集团化、专业化的趋势，一些奢侈品展、古董展甚至会吸引一些国际专业盗窃团伙。尽管这些展览往往设有高科技的防盗设备和完善的防盗措施，但是仍常有盗窃事件发生，其犯罪手段之高往往令常人难以识别。

（二）"展虫"侵扰

所谓"展虫"，是指那些没有正式资格，借会展时间短及展商众多等特点，向消费者兜售与会展主题无关或假冒伪劣商品的人士。"展虫"喜欢人气旺盛的专业展，他们采用的最为常见的手段包括：①与举办方签了合同、交了展位费，在会展期间出售与会展主题无关的产品（往往也是低劣的）；②以观众名义混入，在展场中寻机插空摆摊，经常会占用无人使用的空展位；③在展馆附近甚至入口处低价出卖会展类似商品、假冒伪劣商品。专业展上有"展虫"，既损害会展形象、影响会展秩序，又会招致正规展商投诉、退展。因此，净化会展现场，需要举办方切实担负起维护会展良好秩序和形象的重任；对于违反参展规定进行拼展、倒卖展位、乱摆乱卖、展品与展位确认书上的展品名称明显不符的，要立即予以清理和查封；对于在展位以外的流动商贩和展位外的占道经营者，要没收参会证件并将其驱逐出场馆；对于在展区内兜售假冒伪劣商品及涉嫌侵犯知识产权的行为，要立即联络工商、质检、知识产权等执法部门进行依法查处。

（三）非法倒票

将门票、参展商证、观众证等证件回收，再高价或降价出售的事件在会展中常有发生。许多不法商贩、扒手、推销者等威胁到会展安全的人员往往通过非法倒票手段进入会展，给会展安全带来隐患。

（四）群体性治安

随着我国会展和群体性活动的不断发展，安全事故、治安和刑事案件时有发生，有的甚至酿成群体性事件，给人民群众的生命、财产安全以及社会治安秩序和公共安全带来较为严重的危害。针对这种现实情况，2007 年，国务院第 190 次常务会议通过了《大型群众性活动安全管理条例》（简称《条例》）。按照《条例》，大型群众性活动的预计参加人数在 1000 人以上 5000 人以下的，由活动所在地县级人民政府公安机关实施安全许可；预计参加人数在 5000 人以上的，由活动所在地设区的市级人民政府公安机关或者直辖市人民政府公安机关实施安全许可；跨省、自治区、直辖市举办大型群众性活动的，由国务院公安部门实施安全许可。承办者应当在活动举办日的 20 日前提出安全许可申请，申请时，应当提交下列材料：

（1）承办者合法成立的证明以及安全责任人的身份证明。

（2）大型群众性活动方案及其说明，两个或者两个以上承办者共同承办大型群众性活动的，还应当提交联合承办的协议。

（3）大型群众性活动安全工作方案。

（4）活动场所管理者同意提供活动场所的证明。

在会展期间，需要成立安保组织，实行以下管理办法：

（1）全体参与会展人员须高度重视安全工作，自觉遵守大会各项规定，共同维护大会秩序。不参与邪教组织等非法活动，提高警惕预防各类事故发生。

（2）加强会展的证件管理。参展、观展及工作人员须将会展证件挂在胸前，服从和配合安保人员检查。不准将证件转借他人和带无证人员进馆，违者按有关规定予以处罚。

（3）做好安全防盗工作，妥善保管好参展样品和个人随身物品。每天闭馆前，将贵重展品存放在展柜或保险柜内，也可采取其他有效保护措施。任何单位和个人不得将展样品摆出展位外。开、闭展时要清点好数目，如有丢失要及时报告会展安保组。陈列的刀具、枪支等展样品，要有专人看护，妥善保管，上下班要清点数目，防止被盗。剧毒品、易燃易爆和放射性等展样品，只能使用仿制代用品，严禁携带实物进入展馆。

（4）完善展馆监控系统，及时对系统进行升级，确保场馆内监控无死角，为整个会展期间的人身安全和物品安全做出保障。

（5）会展期间展品只准进，不准出，如果需要运出展品，须经主场服务商同意，并开出馆证明。

（6）凭证运输参展样品。运送参展样品的汽车，按指定地点临时停放，凭有效证件，经保卫人员查验后放行。进入馆区的汽车须服从交通管理人员的指挥，按规定路线行驶。

（7）在布展、预展期间，主办方应对展台进行清查，对未报到的展商展台进行功能变更或封闭，确保在开展之前没有"展虫"伺机混入现场。

（8）加大会展现场巡查力度，对游击兜售的"展虫"劝离现场或采取其他措施。

（9）配合警察安保工作。一般来说，大型会展公安部门都会有一名领导专门带队到现场检查指导安全保卫准备工作，并在会展期间派员支援安保工作。例如，在"义博会"期间，义乌警方主要领导多次带领分管领导和治安、交警、消防等部门负责人深入展馆、会场勘察地形、道路状况，并多次召开由相关部门参加的安全保卫工作部署协调会议，对安保工作进行强调。集体审定了治安大队牵头制定的安全保卫方案，注重重点节点的安全保卫工作，严格活动区域的巡逻防控和安检等工作。为防止大型活动举办期间出现各类重大治安事件或群体性上访事件，义乌警方以社会治安整治为抓手，努力消除各种安全隐患，确保社会稳定：对全市不稳定因素和重点群体、重点对象进行梳理排查，严格管控措施，及时掌控动态，严防借机滋事；高度重视大案要案、暴力犯罪和群众反映较为强烈的"两抢"等案件的侦办工作，全力做到快速出击、快侦快破，并成立了"反扒队"，对公交车、公交站点及展馆内多发的"扒窃""拎包"案件实施专门打击；深入开展了枪支、管制刀具、危化物品的安全检查，对从业人员开展安全教育；对全市宾馆、娱乐场所、人员密集的公共场所进行治安、消防治理，对存有安全隐患的单位，责令限期整改或停业整顿，并指定专人跟踪落实；交警大队全警上路，积极落实整治机动车违法乱停乱放、城区禁止电动三轮车通行、城区禁货限行制度执行等措施，努力疏导、缓解城区交通拥堵压力，并积极开展交通安全法规宣传，倡导绿色出行，确保城区道路交通的安全和畅通。

（五）倒塌、踩踏问题

展台、活动舞台倒塌是会展举办过程中需要特别关注的问题。随着搭建行业竞争日益激烈，搭建费用不断压价，一些公司基于成本考虑，出现结构加工偷工减料、外包施加队伍无资质等行为，增加了展台倒塌的风险。参展商、举办方也存在安全意识不强、监督管理不到位等问题。为此需要：①避免重设计、轻安全的思想，平衡设计和安全预算，避免设计预算压缩搭建预算的情况发生。②从成立时间、资质、注册资金、规模、声誉、稳定性等多方考虑搭建商资质，并以搭建行业平均价格为参考选择合适的搭建商。③既要重视结构安全的设计，也要重视搭建过程的现场监管。明确从设计到搭建过程的各方责任，设计必须结构合理、安全牢固、符合安全指标；对跨度较大的空中造型必须严格审核，钢结构焊接要符合标准；对构件的设计必须符合展场搬运、搭建及公路运输的指标要求，对特大型构件的搭建及运输要充分论证；对悬空造型必须牢固稳定，防止坠落砸伤展馆内人员。④要有相关问题处理预案。

踩踏是指在某一事件或某个活动过程中，因聚集在某处的人群过度拥挤，致使一部分甚至多数人因行走或站立不稳而跌倒未能及时爬起，被人踩在脚下或压在身下，短时间内无法及时控制、制止的混乱场面。一般来说，在那些空间有限、人群又相对集中的场所，如球场、商场、狭窄的街道、室内通道或楼梯、影院、酒吧、夜总会、彩票销售点、超载的车辆、航行中的轮船等，都隐藏着潜在的危险，当身处这样的环境中时，一定要提高安全防范意识。在拥挤行进的人群中，如果前面有人摔倒，而后面不知情的人继续前行的话，那么人群中极易出现像"多米诺骨牌"一样连锁倒地的拥挤踩踏现象。一般来讲，当人群因恐慌、愤怒、兴奋而情绪激动、失去理智时，发生踩踏事故的危险性就会增加。因此，人多的时候不拥挤、不起哄、不制造紧张或恐慌气氛，对于避免踩踏事故的发生相当重要。在会展期间，展馆工作人员需要做到：①及时疏导人群，重点关注的区域包括进出口、舞台区、签售区、表演区等；②做好安全检查，包括消防、展台稳固、灯牌灯箱稳固、展架展板牢固性、地板承重性等；③确保过道、桥梁、逃生口的通畅，在这些区域不得放置任何物品，及时清理杂物。

第三节 会展危机预防

危机预防有四种应对措施（PETA 方法），即阻止（prevent）、回避（evade）、转移（transfer）和接受（accept）。

一、会展危机阻止

会展危机阻止是指在危机评估与预警的基础之上，通过制定事先防范措施以及根据措施要求采取事先防止行动，阻止危机的发生。在危机评估的基础上，可以通过建立指标性预警系统来识别危机的风险程度。指标性预警系统是指将判断危机是否发生的信息转化成一系列较容易识别的指标，并根据指标的变化程度来进行危机预警的系统。这一系统要由专业评估人员通过数据化处理与分析的方式做出判断。预警还可通过现代化的安防预警设备进行。随着会展的不断发展，针对会展的安防设备不断完善。这些设备包括闭路电视、监视器、门路控制、保险设备、摄像设备、电子防盗装置、报警装置和系统、无线报警设备、通信控制、计算机安全管理、探测器、传感器、安全反光和警示产品等。在奥运会、世博会这样的大型会展中，甚至会出动预警机。这些预警设备的使用在食品安全、公共卫生安全、消防安全、公共治安等预防方面发挥了重要作用。

通过危机预警可以及时、有效地发现危机源，并通过有效措施立即阻止危机的发生或蔓延。通过事先制定危机防范措施，并将这些措施作为一种参展、搭建要求传递给会展各参与方，有助于事先防止危机的发生，尤其是人为危机的发生。作为举办方来说，需要在会展过程中成立安保组织，并通过各种安保行动来预防危机的发生。人群高度聚集的会展，必然存在各种风险的可能，但是通过有效的会展危机阻止策略可以将这种风险控制在可控的范围。因此，会展危机阻止是会展预防的一种基本常规策略。

二、会展危机回避

会展危机回避是指在会展危机发生前就主动地远离危机而避免危机带来更大损失的一种危机预防策略。危机回避策略尤其适用于因自然灾害、重大疫情、政治事件而引发的危机情境。因为这些事件引发的危机往往超出了举办方的控制能力，难以通过危机阻止、危机转移策略予以规避。回避可以发生在项目立项阶段、会展举办之前，也可以发生在会展举办过程中。具体实施有两种方式：一是先期回避；二是中途放弃。例如，在2003年春天，"非典"疫情席卷全国，各地98个大型会展全部取消。这种情况就属于先期回避。一般说来，在参展合同中，举办方对因为不可抗力而导致会展不能如期举办的情况有相应的免责条款。同样是在2003年"非典"疫情期间，上海国际汽车展因疫情严重被迫提前3天闭幕。这种情况就属于中途放弃。中途放弃的成本较高，并可能引发各种纠纷。又如，为了规避各种风险，2020年6月15日至24日，第127届广交会在网上举办，为期10天。

三、会展危机转移

会展危机转移包括保险转移与非保险转移。

（一）会展危机的保险转移

1. 会展保险的含义

会展保险可以看作一种风险转移机制，通过这一机制，众多的经济单位结合在一起，建立保险基金，共同应对不幸事故。面临风险的会展主体，通过参加保险，将风险转移给保险公司，以财务上确定的小额支出代替经济生活中的不确定性。

世博会举办国通过制定有着"世博宪法"之称的《一般规则》和《特殊规则》，就世博会相关的保险以及运行规则做出具体规定。《一般规则》是由举办国根据《国际展览公约》，结合本国世博会情况制定的，但要经过国际展览局（Bureau of International Expositions，BIE）的审批。《特殊规则》是在《一般规则》的基础上就一些特殊事项做出的补充规定，同样需要 BIE 审批。根据《特殊规则》的规定，世博会保险可大致分为任意保险和强制保险两大类。

（1）任意保险。任意保险基本上为通常使用的一些险种，大致有机动车险、航空意外险、机器险、动产综合保险、货运险、盗抢险、玻璃破损险、保证险、信用保险、意外伤害险及雇主责任险。任意保险主要由参展方根据需求自行投保。此外，参展方还可以在强制保险的基础上附加其他任意保险。

（2）强制保险。强制保险可分为根据举办国相关法规要求必须投保的法定强制保险和《一般规则》要求投保的世博强制保险。在 2005 年日本爱知世博会上，法定强制保险主要包括工伤保险、雇用保险（相当于我国的失业保险）和机动车交通事故强制责任险。工伤保险和雇用保险均属社会保险范畴，分别根据日本的《工伤保险法》和《雇用保险法》执行，由世博会的参展方为其在日本雇用的员工投保。机动车交通事故强制责任险则是参展方根据日本的《机动车损失赔偿保障法》的规定为其在日本使用的车辆投保。《一般规则》规定的世博会强制保险主要有四个方面的内容：①赔偿责任保险；②建筑物、设备装置、商品及其他动产的财产保险；③展品、艺术品的动产综合保险；④建筑、安装工程保险。

一般来说，会展保险需要在投保人、承保范围、保险标的、承保金额、保险期限、保险责任、赔偿责任等方面进行详细的约定，通过签署保险合同来约定投保人和保险人双方之间的权利和义务。因此，从法律的角度来看，保险是指合同双方当事人约定，一方向他方交付保费，他方承诺于特定事故发生后承担经济补偿责任的一种合同。

2. 会展保险的险种

（1）展品保险。2011 年 5 月 8 日，北京故宫博物院与香港两依藏博物馆共同举办"交融——两依藏珍选粹展"的 9 件展品失窃，震惊全国。好在香港两依藏博物馆在展前对失窃藏品投了保。在这个例子中，就是对展品进行了保险。

展品不同于普通财产。有的展品是珍品或孤品，价值连城；有的展品的价值有时效性，在会展期间的价值与会展结束后的价值不同。因此，展品保险需要适应不同展品的个性化保险需求。表9-3 是 2005 年日本爱知世博会期间的展品、艺术品的动产综合保险的内容。该保险的标的物为世博会场内参展方和举办方各自所有管理的展品和非展品的艺术品（每件价值在 100 万日元以上的艺术品），但不包括动植物和在会场内进行现场演示用的机器、道具、装置、原材料和因演示所产生的其他物品。这部分物品由参展方自行投保。关于赔偿限额，艺术品以外的展品的赔偿限额为重置价格；艺术品为客观评估价格，通常，艺术品的评估价格在投保时由投保人和保险公司协商而定。动产综合保险的保险期间为保险标的在会场内从运输工具上卸货开始到装货到运输工具上为止的时间。

表 9-3　展品、艺术品的动产综合保险的内容

投 保 人	参展方、经营业主等
保险标的	在会场内，参展方和举办方分别保管的展品及每件价值超过 100 万日元的艺术品（动物、鱼类贝类、植物，会场内用于演示的机器、道具、装置、原材料和现场演示产生的衍生物除外）
保险金额	展品：标的的重置价值 艺术品：以客观估价为标准，与保险人协商而定
保险期限	保险标的在会场内从运输工具上卸货开始，到装货到运输工具上为止
保险责任	除下述"除外责任"外，对所有因意外事故引起的保险标的的损失进行赔偿
除外责任	投保人、被保险人或其法定代理人的故意过失或者重大过失 欺诈及抢夺引发的损失、遗失或遗忘引发的损失 保险标的瑕疵、自然消耗、磨损、恶化、使用引起的品质或功能减弱，或者温度、湿度、气压的变化或性质引发的受潮、发霉、变质、变色、生锈、腐蚀、干裂、弯曲及其他类似原因引发的损失 并非以外来事故为直接起因的保险标的因电力事故或机械事故导致的损失，但由此引发的火灾或破裂、爆炸不在此限等

（2）意外伤害保险。意外伤害保险是以意外伤害而致身故或残疾为给付保险金条件的人身保险。会展过程中的意外伤害的投保对象包括演职人员、工作人员、观众等。例如，第六届东亚运动会为国际友人、官员、运动员、技术官员、嘉宾以及记者、媒体承保了"大家庭成员意外伤害保险"；为组委会所有工作人员承保了"雇主责任保险"；为开、闭幕式演职人员承保了"演职人员意外伤害保险"；为观看比赛的观众承保了"观众意外伤害保险"；为参加运动会的所有人员承保了"公众责任保险"。

（3）会展建筑、设备安装与拆卸工程保险。该保险的标的物为参展方和举办方在会展会场内的建筑工地各自所有管理的工程主体和工程用材料、设备安装与拆卸工程。赔偿限额为工程结束后工程主体的报价。保险期间为工程开始日起到工程交付日止，如工程无须交付，则保险结束时间为完工日。表 9-4 是爱知世博会建筑物、设备装置、商品及其他动产的财产保险的详细内容。该保险的标的物主要是在世博会会场内的参展方及举办方各自所有、所管理的建筑物、设备装置、商品及其他动产，但不包括动植物。赔偿限额为保险标的在会场内的重置价格。如果保险标的物为建筑物和设备装置，保险期间为从保险标的物交工开始到从会场拆除为止；如果标的物是参展方从举办方处租借的建筑，则保险期结束的时间为建筑物返还举办方的时间；当保险标的物为商品等动产时，保险期间为该标的物在会场内从运输工具上卸货开始到搬出会场装货到运输工具上为止。保费由标的物的所有管理人支付。但如果是举办方修建的供参展方使用的建筑和设备装置，参展方使用部分的相应保费由其支付给举办方指定的保险公司。

表 9-4　建筑物、设备装置、商品及其他动产的财产保险的详细内容

投 保 人	正式参展方
保险标的	世博会会场内的建筑物、设备装置、商品及其他动产
承保金额	保险标的物的重置价格
保险期限	建筑物及设备装置的保险期限自交工开始至从会场拆除为止，商品及其他动产的保险期限为保险标的物在会场内从运输工具上卸货开始到搬出会场装货到运输工具上为止

（续）

投 保 人	正式参展方
保险责任	火灾、雷击、破裂或爆炸、风灾、冰雹或雪灾 飞行器的坠落，车辆的飞入（被保险人或车辆使用人所有或驾驶的车辆引起的损失除外），起重机的倒塌、建筑物外部物体的坠落、飞入、撞击或倒塌 由供排水设备产生的事故 骚乱和类似的集体行动或劳动争议所引发的暴力行为或破坏行为 因为台风、暴风雨等产生的洪水、融雪洪水、涨潮、泥石流等引发的水灾
除外责任	投保人、被保险人或其法定代理人的故意过失或者重大过失 发生属于赔偿责任的事故而导致保险标的物遗失或被盗 由于电力事故引发的炭化或熔融（火灾引发的除外） 战争、外国的武力侵犯、革命、夺取政权、内战、武装镇压等 核燃料物或由核燃料污染物的放射性、爆炸性及其他有害特性所引发的事故 官方的扣押、没收或损坏等（必要的消防措施除外） 地震或火山喷发和由此引发的海啸 发酵和自然发热引起的损失 机器的运转部分或运转部分运转中引发的分解飞散的损失 龟裂、变形及其他类似的损失 保费接收前发生的事故等

（4）运输保险。货物运输保险（简称货运险）是针对流通中的商品而提供的一种货物险保障。开办这种货运险，是为了使运输中的货物在水路、铁路、公路和联合运输过程中，因遭受保险责任范围内的自然灾害或意外事故所造成的损失能够得到经济补偿，并加强货物运输的安全防损工作，以利于商品的生产和商品的流通。展品运输属于货物运输的特殊形式，在保险上适用于货物运输险。

1）海洋货物运输保险。海上货物运输的损失又称海损，是指货物在海运过程中由于海上风险而造成的损失。海损也包括在与海运相连的陆运和内河运输过程中的货物损失。

海损按损失的程度可以分成全部损失和部分损失。①全部损失。全部损失又称全损，是指被保险货物全部遭受损失，有实际全损和推定全损之分。实际全损是指货物全部灭失或全部变质而不再有任何商业价值。推定全损是指货物遭受风险后受损，尽管未达到实际全损的程度，但实际全损已不可避免，或者为避免实际全损所支付的费用和继续将货物运抵目的地的费用之和超过了保险价值。推定全损需经保险人核查后认定。②部分损失。不属于实际全损和推定全损的损失，为部分损失。

按照造成损失的原因，海损可分为共同海损和单独海损。①共同海损。在海洋运输途中，船舶、货物或其他财产遭遇共同危险，为了解除共同危险，有意采取合理的救难措施所直接造成的特殊牺牲和支付的特殊费用，称为共同海损。在船舶发生共同海损后，凡属共同海损范围内的牺牲和费用，均可通过共同海损清算，由有关获救受益方（即船方、货方和运费收入方）根据获救价值按比例分摊，然后再向各自的保险人索赔。共同海损分摊涉及的因素比较复杂，一般均由专门的海损理算机构进行理算。②单独海损。不具有共同海损性质，也未达到全损程度的损失，称为单独海损。该损失仅涉及船舶或货物所有人单方面的利益损失。

在我国，以中国人民保险公司为例。该公司根据我国实际情况并参照国际保险业惯例，制定了海运方式的货物（含展品）的运输保险条款及附加险条款，将海运保险分为基本险、附加险和专门险，其中附加险只有在投保基本险的基础上才能加保。

① 基本险。基本险分为三种，分别是平安险、水渍险和一切险。平安险的英文意思为"单独海损不赔"。其责任范围主要包括：a. 被保险货物在运输途中由于恶劣气候、雷电、海啸、地震、洪水等自然灾害造成的整批货物的全部损失或推定全损；b. 由于运输工具遭受搁浅、触礁、沉没、互撞、与流冰或其他物体碰撞以及失火、爆炸等意外事故造成货物的全部或部分损失；c. 在运输工具已经发生搁浅、触礁、沉没、焚毁等意外事故的情况下，货物在此前后又在海上遭受恶劣气候、雷电、海啸等自然灾害所造成的部分损失；d. 在装卸或转运时由于一件或数件整件货物落海造成的全部或部分损失；e. 被保险人对遭受承保责任内危险的货物采取抢救、防止或减少货损的措施而支付的合理费用，但以不超过该批被救货物的保险金额为限；f. 运输工具遭遇海难后，在避难港由于卸货所引起的损失以及在中途港、避难港由于卸货、存仓以及运送货物所产生的特别费用；g. 共同海损的牺牲、分摊和救助费用；h. 运输合同中订有"船舶互撞责任"条款，根据该条款规定应由货方偿还船方的损失。水渍险的责任范围除了包括上列"平安险"的各项责任外，还负责被保险货物在运输过程中由于恶劣气候、雷电、海啸、地震、洪水等自然灾害所造成的部分损失。一切险的责任范围除包括上列水渍险的所有责任外，还包括货物在运输过程中，因一般外来风险所造成保险货物的损失，如被窃、雨淋、渗漏、碰损、破碎、串味、受潮受热、钩损等。不论全损或部分损失，除对某些运输途耗的货物，经保险公司与被保险人双方约定在保险单上载明的免赔率外，保险公司都给予赔偿。

② 附加险。附加险包括一般附加险和特殊附加险（特殊外来风险），其中一般附加险和一切险一致。特殊附加险承保由于特殊外来风险所造成的损失，包括战争险、罢工险、拒收险和进口关税险及展品到香港和澳门存仓火险等。

③ 专门险。例如海运冷藏货物（含展品）保险，包括冷藏险（水渍险加冷藏设施故障造成的展品全部腐败损失）和冷藏一切险（冷藏险加一般外来原因造成的展品全部腐败损失）。

2）陆上货物运输保险。陆上货物运输保险的责任起讫采用"仓至仓"责任条款。陆上货物运输保险的索赔时效为两年，从被保险货物在最后目的地车站全部卸离车辆后开始计算。陆上货物运输保险主要有以下两种险种：

① 陆运险。陆运险的责任范围为：a. 保险人负责赔偿被保险货物在运输途中遭受暴风、雷电、洪水、地震等自然灾害或由于运输工具遭受碰撞倾覆、出轨或在驳运过程中因驳运工具遭受搁浅、触礁、沉没、碰撞，或由于遭受隧道坍塌、崖崩或失火、爆炸等意外事故造成的全部损失或部分损失；b. 被保险人对遭受承保责任内危险的货物采取抢救、防止或减少货损的措施而支付的合理费用，但以不超过该被救货物的保险金额为限。

② 陆运一切险。陆运一切险的责任范围为除了陆运险的责任外，保险人还负责被保险货物在运输途中由于外来原因所致的全部损失或部分损失。

3）航空货物运输保险。航空货物运输保险是指以航空运输过程中的各类货物为保险标的，当投保了航空货物保险的货物在运输途中因保险责任造成货物损失时，由保险公司提供经济补偿的一种保险业务。例如，在我国境内，保险标的物的范围为：①凡在我国境内经航空运输的货物均可为本保险的标的。②下列货物非经投保人与保险人特别约定，并在保险单（凭证）上载明，不在保险标的范围以内：金银、珠宝、钻石、玉器、首饰、古币、古玩、古书、古画、邮票、艺术品、稀有金属等珍贵财物。③下列货物不在航空保险标的范围以内：蔬菜、水果、活牲畜、禽鱼类和其他动物。航空货物运输保险的保险责任是自保险货物经承运人收讫并签发保险单（凭证）时起，至该保险单（凭证）上的目的地的收货人在当地的第一个仓库或储存处所时终止。但保险货物运抵目的地后，如果收货人未及时提货，则保险责任的终止期最多延长至以收货人接到《到货通知单》以后的 15 天为限（以邮戳日期为准）。

由于下列保险事故造成保险货物的损失，保险人应该负航空货物保险赔偿责任：①火灾、爆炸、雷电、冰雹、暴风、暴雨、洪水、海啸、地陷、崖崩；②因飞机遭受碰撞、倾覆、坠落、失踪（在三个月以上）、在危难中发生卸载以及遭受恶劣气候或其他危难事故发生抛弃行为所造成的损失；③因受震动、碰撞或压力而造成破碎、弯曲、凹瘪、折断、开裂的损失；④因包装破裂致使货物散失的损失；⑤凡属液体、半流体或者需要用液体保藏的保险货物，在运输途中因受震动、碰撞或压力致使所装容器（包括封口）损坏发生渗漏而造成的损失，或用液体保藏的货物因液体渗漏而致保藏货物腐烂的损失；⑥遭受盗窃或者提货不着的损失；⑦在装货、卸货时和港内地面运输过程中，因遭受不可抗力的意外事故及雨淋所造成的损失；⑧在发生航空运输保险责任范围内的灾害事故时，因施救或保护保险货物而支付的直接合理费用，但最高以不超过保险货物的保险金额为限。

选择展品运输保险险别应考虑以下因素：

第一，展品的性质和特点。例如，价值较高的展品应该投保水渍险或一切险，而价值较低的展品或配件可投保平安险。如果展品因特殊天然属性有特殊要求，如玻璃制品要防破碎，茶叶烟草须防潮，某些化学制品须防火，液态展品要防渗漏、防挥发，金属制品要防锈损，调味品和食品要防串味，鲜活展品要防腐烂等，则在投保时可考虑以一个基本险加一个一般附加险或保一切险及考虑专门险——海运冷藏货物（含展品）保险。

展品是供展示的样品。如果展品的展示功能丧失，即使其使用功能完好，对于参展企业也意味着展品的全损，保险公司必须全赔展品价值还要连带赔偿参展企业展览会的损失。这一点一定要在保单上予以书面注明并规定合理的赔偿金额。例如，浙江永康一企业赴德国法兰克福参展，展品是金属制品，投保一切险。由于海运途中的野蛮装卸而导致金属表面油漆刮落，该展品彻底丧失了展示价值。但保险公司以其使用功能并未丧失（展览后可削价售卖给观众），且托运人事先没有特别说明是展品为由对保额以外的赔付一概不予理会。结果是该企业由于展品的展示价值丧失造成展览会订单颗粒无收，又得不到合理的赔偿，损失惨重。

第二，展览会对展品的时间要求。展览会要求展品在开幕式前一定要在展台里摆放布置好，否则等观众进场了参展企业还在布置展台，将造成恶劣的影响。因此，一般展览会要求展品必须在开幕式前 3~5 天运到场馆，这样参展企业就有较充裕的时间来布展，一旦发现展品有损失，还有紧急调运（利用空运从参展企业仓库临时发运展品）的周旋余地。但展品海运时间长，有时突发事件极可能导致展品不能在开幕式前运抵场馆，这样参展企业就存在很大的风险。为了规避风险，参展企业极有必要在二种基本险任选一种的前提下再加保一种特殊险——交货不到险。该险负责在规定时间内，不能将货物（展品）交到收货人（参展企业场馆展台）造成的损失。这种损失不是指展品受损，而是指展品完好，但没有按时交给收货人产生的损失。对于一般进出口商品，如专门用于特定节日的用品，如果在节日前不能运到，价格损失很大。对于展品而言，不能在开幕式前运抵而发生的风险赔偿非常必要。

第三，巡回展对展品的要求。巡回展是一种特殊形式的展览方式：流动性地在几个国家出展，且均有开幕式时间要求。这种形式的展览展品承受的风险最大，往往存在转运，特别是各国海关关税的征收方式不同，通关展品检验要求也各异。近年来国内参展企业遇到过向国外会展主办方交纳了巨额参展费，但因关税和展品检验等出了问题，导致展品进不了会展所在地而发生损失。为了避免此类不幸事件，广大参展企业可参考在投保一切险的基础上加保两个附加险——进口关税险和拒收险。①进口关税险。这个险别的设置，是因为有些国家规定，不论进口货物（展品）有无损失，都要照章缴纳进口关税。如果展品发生全损或者丢失，根据一切险条款，参展企业展品的损失可从保险公司得到补偿；但所纳关税属于间接损失，是一切险的除外责任，得不到补偿。参展企业为取得这种在一切险责任以外的保障，可向保险公司另投保进口关税险。②拒收险。发生拒收的原因很多，如：出口国和进口国的卫生标准的区别或出口国的检验手段、使用的试验材料与进口国不同，出口国认为展品符合卫生标准，而进口国当局认为展品不合格，不准进口；展览贸易成交时，主办方已取得进口国的许可证，而当展品到达时，进口国当局发布临时命令禁止进口等。在这些情况下，展品往往被没收或销毁，有的被转运到其他地方或运回原地。这些原因属于政府行为，是一切险的除外责任，因此必须额外加保。

上述两个附加险能为参展企业挽回损失，但保险成本较高。如果国内参展企业和国外展览举办方关系较好，则完全可以委托举办方找寻可靠和有效的报关代理行全面了解有关展览所在国的海关关税和展品检验政策及其变化趋势；也可委托我国驻展览地所在国的大使馆商务参赞处事先询问清楚，这些参赞处有义务也会积极提供可靠的情报。如果国内参展商能得到有效的帮助，就完全有可能省下这类附加保险的高额费用。

第四，运输路线对展品的要求。参展企业需要预先询问运输公司的具体路线是直达展览所在地还是要转运。此外，参展企业还需要根据路线评估对其展品产生的可能影响。例如，船经过赤道地区就容易受热，而需转运则意味着展品的多次装卸和更长时间的海洋运输时间，这些都将会增加展品受损的可能。投保时要根据具体路线的实际情况选择相应的险别。展品无论是直达还是转运，在实际海运中有一种附加险，也要引起广大国内参展企业的注意，即舱面险。海洋运输展品在正常情况下应装在船舱内，只有在这种情况下，船方才能签发清洁提单。根据海运习惯，如果货物（展品）装在甲板上，船方对货物不负任何责任，同时在遇到共同海损时，也不能得到补偿。因此，船方应取得货方同意，才能将货物装在甲板上，如货主同意装在甲板上，等于放弃了货物的安全，属于被保险人的过失或故意行为，是一切险的除外责任。

第五，展览举办地的政治和经济形势变化。例如，展览举办地的政治和经济局势突发变化，有可能造成诸如港口罢工、海关故意刁难展品不放行、会展取消、展览所在地场馆或代理拒收展品，严重的甚至爆发战争等。这时，参展企业就要考虑相关的特殊风险。参展企业可投保一种基本险外加特殊险，如战争险和罢工险及交货不到险。

（5）活动取消或延迟保险。活动取消或延迟保险的保障范围为单个或者一系列活动，常见的如大型会议、展览会、商品交易会、音乐会、娱乐演出或体育比赛等。实际上，在欧美国家提供的活动取消范围有时还包括婚礼或公司宴会。

（二）会展危机的非保险转移

非保险转移可以转移某些不可保的潜在损失，如物价上涨、法规变化、设计变更等引起的损失。常见的情况有以下几种：

（1）主办方通过会展合同将责任和风险转移给对方当事人，如承包商、参展商等。

（2）会展承包商进行合同转让或工程分包，进一步转移会展风险。

（3）第三方担保。担保方所承担的风险仅限于合同责任，即由于委托方不履行或不适当履行会展合同以及违约所产生的责任。非保险风险转移的实施方式主要有免责约定和保证合同。

1）免责约定。会展免责约定是指会展合同的一方通过合同条款，将会展合同中发生的对他人人身伤害和财产损失的责任转移给另一方承担。合同中的"免责条件"和"其他约定事项"往往可能会涉及免责条款，需要格外注意。

2）保证合同。保证合同是指由保证人对被保证人因其行为不忠实或不履行某种明确的义务而导致权利人的损失予以赔偿的一种书面合同。如展览会服务商承诺在展期提供某基本服务却未能在规定的时间提供，展台搭建商未能按期完成搭建任务而给参展商或举办方带来损失，则可以通过保证合同或条款来规定其赔偿责任。

四、会展危机接受

一部分会展危机的风险是无法阻止、回避和转移的，因此需要会展主体将风险留给自己承担。对于会展举办方来说，尽管一部分会展存在风险，但是由于存在巨大的经济利润或社会效益，因此需要举办方将风险承担下来。如果意识到会展风险的存在，没有处理风险的措施与行动，那么这种会展危机风险的承担方式属于消极承担；相反，则属于积极承担。会展主体可以通过预先提取一部分基金来弥补风险所致损失，采取定期摊付、长期积累的方式在组织内部建立起风险损失基金，用以补偿这些风险所带来的损失。主要有以下四种损失支付形式：

（1）将风险损失摊销计入成本。组织将损失计入当期损益，摊入经营成本。这种方法主要适用于那些损失概率较高但损失程度较小的风险。组织可以通过风险识别，将这些风险损失直接打进预算。

（2）建立和使用内部风险损失基金。组织可以以年为单位，每年将损失计入营业费用，这种形式适用于发生频率较高、损失金额较小的风险损失，如会展现场的饮食出现问题；组织也可以将损失在一个以上的会计年度进行分摊，这种形式适用于发生频率较低、损失金额较大的风险损失。

（3）组织或经营专业自保公司。它是会展举办方或公司自己设立的保险公司，旨在对本企业、附属企业以及其他企业的风险进行保险或再保险安排。

（4）借款。一旦风险事故发生，举办方或会展企业可以通过应急贷款协议获得应急资金。

在受到重大疫期、灾害等事件影响的情况下，智慧会展可以弥补实体会展不能如期举行的部分损失。具体包括：①线上虚拟展会。当危机发生后，同时拥有虚拟展的实体展更具有竞争优势，因为虚拟展会可以替代实体展不能如期举行的部分遗憾。②在线会议。目前许多企业已经开发了在线会议、在线课堂平台。举办方也可以与相关企业共同开放更具针对性的在线会议平台。③会展综合体可以利用 AI 合成主播提供无间断活动主持服务。④在线交易和在线体验。⑤会展系统平台。其功能是将分散的会展产业链上下游各环节进行在线集成和分发，为会展业上下游企业进行赋能。

在重大疫情得到有效控制，并且是在政策允许的情况下，要注意通过常态化控制手段防范风险。例如，2020 年 7 月，国务院出台了《关于展览活动新冠肺炎疫情常态化防控工作的指导意见》，提出要严格落实展览活动举办地防控责任，要压实压紧展览活动举办单位、场所单位等疫情防控责任。对于举办单位，常态化防控要注意如下事项：①提前通知相关人员参加展览活动的安全防护要求及健康查验程序，做好注册人员健康状况信息核验和登记，对展览活动参与人员实施健康排查，确保人员信息可追溯。②按防控要求合理规划展览活动人员活动路线，提出流量管控方案。根据场地规模控制入馆人员数量，实行预约分流、分批错时入馆等管控措施，引导参展观展人员保持合理间距。③合理规划场地分区及展位布局，通道宽度和展位间距要符合防控要求。加强现场人流管控，引导人员有序观展、有序进出。④加强防疫物资保障，展前做好口罩、消毒用品等必要的防疫物资储备。⑤对所有展览活动参与人员实施健康排查，并做好疫情防控宣传和培训工作。⑥一旦发现疑似病例，须第一时间启动应急处置预案并组织实施。⑦主动配合展览活动举办地相关管理部门，认真落实各项疫情防控要求。对于展会场所，常态化防控需要注意：①根据展览活动的规模情况，展览场所应划定明确的功能分区，如落客区、测温区、安检区、登录区、展览展示区等，做好观展线路的指引，有效控制人流和人员活动间距。②展览场所单位应配备必要的门禁、安检、测温设备，设置临时隔离区，并配备适量应急防疫物资。③应建立现场工作人员健康档案，做好日常健康监测。工作人员须戴口罩，人员入场须进行体温检测。④展览场所单位在展览活动举办前，应对展览场所和设备，特别是空调、通风系统进行全面检查、清洁消杀。在展览活动布展、开展和撤展期间，应加强展馆通风换气，每日定时高频做好公共区域、高频接触点位的清洁消毒，并在相关区域更新公示消毒情况。⑤场所单位要协助展览活动举办单位做好展览活动参与人员的健康排查、安全检查、秩序维护、现场巡视、流量管控、应急处置等现场疫情防控工作。⑥通过海报、广播、短信、电子屏、宣传视频等形式加强疫情防控知识宣传，倡导良好卫生习惯，增强健康防护意识，营造文明参展参观良好氛围。对于服务供应商和参展商，常态化防控要注意：①预先做好本单位工作人员健康排查，按要求向展览活动举办单位如实报备。②负责做好本单位展位和服务区域的日常消毒、人员防护工作。③如本单位工作人员出现发热、咳嗽等疑似症状，主动自我隔离并及时告知展览活动举办单位，配合做好早期排查等工作。对于餐饮单位和场所，要注意：①餐饮服务商必须具备法定经营资质，做好服务人员的卫生防护，严格按照国家食品安全相关法律、法规和相关防控措施的规定开展工作。②设立专用就餐区，间隔安全距离取餐用餐。③加强就餐区卫生管理，定时做好防疫消毒工作。对于垃圾处理，要注意：①加强垃圾密闭化、分类化管理，及时收集并清运，做到日产日清。②展览场所内应设置"废弃口罩垃圾桶"并做好标识。安排专人每日及时收集、集中消毒，并按有毒有害垃圾进行处置。

第四节　会展危机处理

一、应急预案

2003 年，我国开始着手建立国家应急管理体系。《中华人民共和国突发事件应对法》（简称《突发事件应对法》）由中华人民共和国第十届全国人民代表大会常务委员会第二十九次会议于 2007 年 8 月 30 日通过，自 2007 年 11 月 1 日起施行。国家建立统一领导、综合协调、分类管理、分级负责、属地管理为主的应急管理体制。该法规定，国务院在总理领导下研究、决定和部署特别重大突发事件的应对工作；根据实际需要，设立国家突发事件应急指挥机构，负责突发事件应对工作；必要时，国务院可以派出工作组指导有关工作。县级以上地方各级人民政府设立由本级人民政府主要负责人、相关部门负责人、驻当地中国人民解放军和中国人民武装警察部队有关负责人组成的突发事件应急指挥机构，统一领导、协调本级人民政府各有关部门和下级人民政府开展突发事件应对工作；根据实际需要，设立相关类别突发事件应急指挥机构，组织、协调、指挥突发事件应对工作。根据《突发事件应对法》第十七条，国家建立健全突发事件应急预案体系。国务院制定国家突发事件总体应急预案，组织制定国家突发事件专项应急预案；国务院有关部门根据各自的职责和国务院相关应急预案，制定国家突发事件部门应急预案。地方各级人民政府和县级以上地方各级人民政府有关部门根据有关法律、法规、规章、上级人民政府及其有关部门的应急预案以及本地区的实际情况，制定相应的突发事件应急预案。

事实上，2005 年，《国家突发公共事件总体应急预案》已经制定，于 2006 年 1 月 8 日发布并实施。《国家突发公共事件应急预案》体系包括：

（1）突发公共事件总体应急预案。总体应急预案是全国应急预案体系的总纲，是国务院应对特别重大突发公共事件的规范性文件。

（2）突发公共事件专项应急预案。专项应急预案主要是国务院及其有关部门为应对某一类型或某几种类型突发公共事件而制定的应急预案。

（3）突发公共事件部门应急预案。部门应急预案是国务院有关部门根据总体应急预案、专项应急预案和部门职责为应对突发公共事件制定的预案。

（4）突发公共事件地方应急预案。具体包括：省级人民政府的突发公共事件总体应急预案、专项应急预案和部门应急预案；各市（地）、县（市）人民政府及其基层政权组织的突发公共事件应急预案。上述预案在省级人民政府的领导下，按照分类管理、分级负责的原则，由地方人民政府及其有关部门分别制定。

（5）企事业单位根据有关法律法规制定的应急预案。

（6）举办大型会展和文化体育等重大活动，主办单位应当制定应急预案。

应急预案的本质可归结为：

（1）一种体制设计。一个完善的应急预案首先是一种体制设计，解决应急管理主体的问题，通常包括指挥主体、协调主体、行动主体。通过事先规定各主体的权责，以确保一旦事件发生，各主体立即各司其职，按照权责采取行动。

（2）一种机制设计。应急预案解决的是应急响应程序的问题，包括预防和准备机制、监测和预警机制、救援和处置机制等。在我国，根据预测分析结果，对可能发生和可以预警的突发公共事件进行预警。预警级别依据突发公共事件可能造成的危害程度、紧急程度和发展势态，一般划分为四级：Ⅰ级（特别严重）、Ⅱ级（严重）、Ⅲ级（较重）和Ⅳ级（一般），依次用红色、橙色、黄色和蓝色表示。应急处置一般包括信息报告、先期处置、应急响应和应急取消的程序。例如，根据国家突发公共事件总体应急预案的规定，其应急处置流程要求规定如下：

1）信息报告。特别重大或者重大突发公共事件发生后，各地区、各部门要立即报告，最迟不得超过4h，同时通报有关地区和部门。在应急处置过程中，要及时续报有关情况。

2）先期处置。突发公共事件发生后，事发地的省级人民政府或者国务院有关部门在报告特别重大、重大突发公共事件信息的同时，要根据职责和规定的权限启动相关应急预案，及时、有效地进行处置，控制事态。

3）应急响应。对于先期处置未能有效控制事态的特别重大突发公共事件，要及时启动相关预案，由国务院相关应急指挥机构或国务院工作组统一指挥或指导有关地区、部门开展处置工作。

4）应急取消。特别重大突发公共事件应急处置工作结束，或者相关危险因素消除后，现场应急指挥机构予以撤销。预案机制设计还需要格外注意恢复与重建事项的安排，包括善后处置、调查与评估和恢复重建。

（3）一种法制设计。应急预案对应急响应主体之间的权责关系、应急响应程序、应急保障等进行明确的法律界定。

根据国家法律，要求大型会展和文化体育等重大活动，主办单位应当制定应急预案。应急预案的编写除了要适用《突发事件应对法》外，还要适用《国家安全生产事故灾难应急预案》《国家突发公共事件总体应急预案》以及省一级和市一级的《突发公共事件总体应急预案》要求。

二、应急救援

（一）应急救援组织体系

一旦会展事故发生，需要立即启动现场应急救援组织体系，如图9-1所示。对于会展活动引发的特大、重大公共事件，应急救援不仅仅涉及会展举办方、场馆方，而且还涉及政府和社会救援组织，并需要各部门的协调和密切配合。当紧急情况发生时成立应急救援指挥中心，该中心的主体是现场应急救援领导小组，还包括上级主管单位及总指挥。一切指令通过指挥中心各主体进行横向协调后发出，指挥会展现场内救援组织和社会救援组织的工作。会展场地提供方、消防部门、公安与武警、安保部门、医疗机构等在指挥中心的指令下按救援计划各司其职，是救援的主要力量。对于特大型公共危机事件，甚至涉及军队以及政府其他部门的支持。

例如：①气象部门要负责气象保障，为事故现场提供风向、风速、温度、气压、湿度、雨量等气象因素，预测火势蔓延的方向、速度和范围，有毒气体扩散的方向和范围以及空气污染潜能预报等。②环保部门要负责及时测定危险物质的成分及可能影响区域的浓度；对可能存在较长时间环境影响的区域发出警告并定期定点进行监测控制；事故得到控制后，指导现场遗留危险物质的消除和治理，控制其对周边环境进一步污染，负责事故现场危险物质的处置。③安全生产监督管理部门负责组织重大危险源的普查，为应急救援提供详细情况；组织供应必要的个人防护用品、用具以及协助提供必要救援抢险的物质、材料，以及调集有关设备、器材、人员等；组织专家为应急救援的具体实施制定方案；组织事故后现场的保护和事故调查救援工作。④卫生部门负责制定重大危险目标存在的物质对人体伤害的抢救预案，负责组织医务人员和药品抢救受伤人员，指导现场救护工作，负责储备重点急救药物。

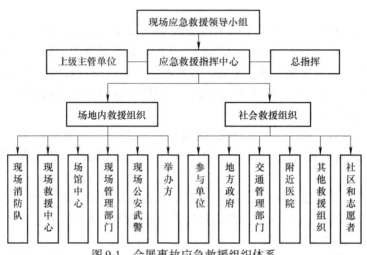

图 9-1　会展事故应急救援组织体系

此外，中央机构编制委员会办公室（简称中央编办）于 2005 年 2 月 3 日下达了《关于民政部紧急救援促进中心机构编制的批复》（中央编办复字〔2005〕15 号），同意成立民政部紧急救援促进中心（简称"中心"），挂靠民政部，为自收自支的社会公益性事业单位。经历汶川地震、玉树地震等突发灾害，以应急救援为宗旨的志愿者和非政府组织，已成为一支不可忽视的力量。我国政府也正在通过培训制度、资格认证、装备建设、资金支持、应急合作机制等方面，逐步实现对民间救援组织的规范化管理。

西方国家救援组织非常发达。例如，德国的应急救援队伍主要由消防中心、联邦技术救援署（THW）以及各类社会组织，如红十字会、马耳他骑士战地服务中心等组成。消防中心主要负责日常综合性突发事件应对与处置，THW 提供专业技术支持性救援，社会组织是重要的后备力量。THW 是德国应急救援队伍体系中主要的专业力量，是由联邦内政部垂直管理的机构，在全国拥有 8 个跨州协会、668 个地方技术救援协会，共分为基础设施、供电、定位、爆破、搭桥等 13 种类别的专业救援队伍。社会组织是应急救援中重要的参与力量，有 50 多万名志愿者参与德国各类应急救援社会组织，主要包括德国红十字会（TRK）、马耳他骑士战地服务中心、工人撒玛利亚联盟（ASB）、德国水上救援协会（DLRG）、圣约翰救护机构等。⊖

（二）应急救援的流程

应急救援工作要有序进行，需要有一个完善的救援流程。在发达国家，应急救援实行模块化、标准化管理，除了在救援装备等硬件设施上按照统一标准进行模块化配置之外，在应急救援的接警响应、指挥决策和救援操作等程序方面同样遵循标准化的原则与步骤。无论是

⊖　陈偲．德国应急救援队伍建设 ［N］．学习时报，2016-01-14.

指挥人员还是救援队员，都使用相同的灾情地图、统计表，以及其他标识与术语，用以描述灾情、汇报工作和下达命令，以便于相互沟通。

以德国为例，其救援过程一般分为以下几个阶段：

（1）接警响应阶段。消防队的接警调度中心在接到突发事件报告以后，根据报警与救援指挥程序，立即安排救援力量到达现场抢险救人。战术指挥部可以包含若干个技术救援分指挥，每个技术救援分指挥领导着若干个救援分队，每个救援分队又由多个救援小组构成。视灾情需要，接警调度中心会派出不同规模与层次的消防队伍，或者通知当地技术救援协会以及其他志愿者组织增援。

（2）指挥决策阶段。行政指挥部与战术指挥部在整个应急救援过程中，一般按照六个环节进行指挥决策：①分析场景灾情，确认受灾情况；②提出不同的解决方案建议，列出决策选项清单；③根据现有评价标准衡量每个方案的优劣，进行风险分析；④选出最优化的决策方案；⑤执行决策方案，并在执行过程中充分考虑执行的行为主体、决策内容、执行方式，以及救援的时间、地点与合作伙伴；⑥反馈决策实施结果，进行检验评估。

（3）救援操作阶段。德国制定并颁发了多项有关应急救援操作程序方面的制度规定，如《报警与救援指挥程序》《操作规程100》《消防操作规程100》《THW操作规程1-100》和《THW操作规程1-101》等。以《操作规程100》为例，在应急救援过程中要遵循"领导程序"，即在接受救援任务以后要依次经历确定灾情、做出规划和下达命令三个步骤。首先是进行调查，确定灾情。只有对事件进行全面、及时的调查，才能正确分析险情。其次是做出规划，包括判断和决定。在对危险的原因、种类、数量、严重性、迫切性等进行判断的基础之上，做出救援决定。最后是下达命令，安排下级救援人员实施应急救援"战术任务"，并告诉他们所有已发现的危险，以及有关联络人。

图9-2描述了一个突发公共事件发生后应急救援的流程。[⊖]应急救援中心在接到报警以后，应立即上报组委会安保领导小组，安保领导小组根据警情判断危机级别，并上报上级主管部门。对于特大、重大危机，地方政府还需要进一步上报给中央政府。在这一过程中，警情和响应级别判断非常重要。如果事件不足以启动应急救援体系的最低响应级别，通知应急机构后和其他有关部门关闭响应。

应急响应级别确定后，相应的应急救援指挥中心按所确定的响应级别启动应急程序，包括中心人员到位、信息网络开通、应急资源到位、现场指挥到位。应急启动后立即将各种关于救援行动的指令发出，救援行动包括人员救助、工程抢险、警戒与交管、医疗救护、人群疏散、环境保护、现场监测和专家支持。目前国务院和地方政府已经建立了危机处理的相应专家库，可以从专家库中选择专家。专家组为救援决策提供建议和技术支持。当事态仍无法得到有效控制时，向上级救援机构请求实施扩大应急响应。救援行动完成后，进入应急恢复阶段，包括现场清理、人员清点和撤离、警戒解除、善后处理和事故调查。事实上，应急恢复的部分工作可以提前。例如，现场清理有可能和现场救援工作同时进行。在现场清理和现场救援时，可能需要防疫和对相关人员及其家属进行心理疏导。调查工作也往往在应急启动时就开始着手准备。当然，在救援阶段，救援本身是所有工作中最为重要的。

⊖　杨顺勇，王晶. 会展风险管理［M］. 北京：化学工业出版社，2013.

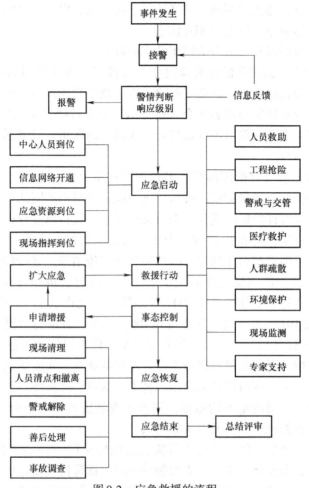

图9-2 应急救援的流程

由于涉及各部门之间的工作，因此事先确定各部门的工作指南或操作程序非常重要。工作指南或操作一般与危机事件自身的等级相关。表9-5列出了各部门在不同的紧急情况下采取的相应的救援计划。[⊖]

表9-5 会展现场救援计划表

参 与 机 构	行动计划说明
现场组织管理部门	方案1：向救援指挥中心发出求救警报；通知事故场地救援信息；关闭受影响的场地和道路；发布"紧急通知" 方案2：通知会展现场救援中心及消防部门在预先确定的能迅速抵达现场的等待位置准备；提供会展性质、展品明细、场内人数、困难的特性、安全通道、所属参展公司、场内危险品数及位置等信息 方案3：通知会展现场救援指挥中心及消防部门按照可能发生的事故状况做好准备；提供会展性质、展品明细、场内人数、困难的特性、安全通道、所属参展公司、场内危险品数及位置等信息

⊖ 杨顺勇，王晶. 会展风险管理［M］. 北京：化学工业出版社，2013.

（续）

参 与 机 构	行动计划说明
救援指挥中心	拉响紧急出动应急救援警报；通知有关部门、总指挥到场；成立有明显标志的现场指挥所；如有需要，通知社会互助单位；通报政府及上级机关；通知事故现场救援事项，对上级单位报告事件处置情况等
消防部门	建立易于辨别的临时消防指挥所，通知社区消防集合点，消防指挥官由总指挥官授权，统一指挥现场消防
公安、保安部门	在进出道路上为应急车辆开辟无障碍交通通道；建立伤员鉴别分类区的救护车通道；实施现场准许许可，监护救出人员，疏导正常交通离开或绕过失事现场；封锁现场，新闻记者、观光者、旁观者及纪念品搜寻者禁入；保护现场数据、物件，隔离危险品；保护人员不受二次伤害
会展场地方	建立能对现场运作、安全运作、医疗运作、人员疏散和场地修复运作有决策权的移动现场指挥所；检查行动清单确保救援工作进展；协助公安部门、消防部门熟悉情况；提供饮食、设备等各项服务；向公共信息机构提供最初的概况，并与当事活动公司公共信息官员进行协调；发布信息及声明；经总指挥、现场指挥官、消防指挥官、公安指挥官、医疗指挥官等人员的一致同意，会展场地现场指挥员将应急工作的结果通知所有参加互助救援的组织
医疗服务	组织伤员鉴别分类及对伤亡人员的处理，并将他们运离现场 与交通运输官员协调，用可以得到的运输方式将伤亡者派送到医院 准确记录伤亡人员名单，包括姓名和最终送往地点 与会展举办方协调将未受伤人员转移到指定的停留区域，对非卧床及未受伤的人员进行医疗估计；协同公安人员组织停放死亡者的设施
举办方代表	提供参与人员、工作人员、危险品的情况，协同医疗人员安排未受伤者到指定地点；指派接待员做好登记及福利、服务等工作；安排未受伤人员所需的医疗服务（若需要）、食品供应、衣物、电话等；专家为有关人员提供安抚和帮助；向健康及福利机构、海关、移民局、邮政局及环保等机构发布事故通知；高级官员负责与家属及亲友的沟通；拟定官方新闻发布会；得到事故调查机构的批准后，负责处理现场
政府上级部门	主要包括相关协调部门、政府事故调查部门、健康及福利部门、邮政局、海关、移民局、交通管理机构、军队（如果需要）、环保部门
信息发布机构	新闻记者有指定的集结处，只允许持有效证件的新闻记者、非武装的报道员及摄影师进入指定的新闻记者停留区或被运送到事故现场；信息发布人员由会展举办方和场地方指定；全部救援工作完成之前，禁止记者或其他人员进入安全线以内

当事件等级为"紧急救援"时，采取方案1；当事件等级为"全面应急"时，采取方案2；当事件等级为"原地待命"时，采用方案3。

三、媒体沟通

（一）媒体在会展危机中的作用

1. 媒体在会展危机事件中的积极作用

（1）帮助传播信息，避免谣言并终止谣言的流传。

（2）通过媒体展示会展举办方在危机处理中的责任与担当，通过媒体的报道来维护和恢复会展及其举办方的良好形象。

（3）争取社会各界和危机利益相关者的理解与支持。

（4）帮助危机预警、反应和恢复。

（5）利用媒体与客户或利益相关者进行沟通。

2. 媒体在会展危机事件中的消极作用

（1）可能成为危机的制造者。媒体的一些放大性报道可能会引发会展信誉危机，进而引发投资者、参展商、专业观众进入会展。

（2）可能使危机进一步恶化。媒体可能不明真相，传播不利于会展危机处理的负面信息，进一步引发混乱，推动会展危机的进一步恶化。

（3）干扰会展危机处理。媒体的报道可能会误导会展危机处理的方向，干扰会展危机处理决策层的正常处理程序。

（二）黄色危机、橙色危机和红色危机

对于会展举办方来说，一旦会展产生危机，首先需要弄清危机产生的原因及危机的程度。从危机信息所呈现的特点看，危机一般可分为黄色危机、橙色危机和红色危机。黄色危机的影响力很小，影响的范围比较小，可迅速解决；橙色危机一般有一定的影响，需动用一定的资源解决；红色危机的影响力很大，受关注度高，需动用大量资源解决。

1. 常见的黄色危机和解决办法

（1）常见的黄色危机。

1）个别影响力较小的媒体发出的对会展不利的负面文章，目的一般是增加媒体的影响力，或以负面新闻要挟会展举办方向媒体投入资源。

2）某些参展商在会展中对会展价格、服务不满，向相关部门进行投诉。

3）会展内部管理不完善而产生的个别问题。

（2）解决办法。

1）直接与当事人或媒体对话，了解对方对事件的态度和意图，积极提出解决办法。

2）动用相关资源，解决问题。

3）在最短的时间内处理危机并消除影响。

2. 常见的橙色危机和解决办法

（1）常见的橙色危机。

1）大量的客户投诉，且投诉问题的性质比较严重。

2）媒体关注度较高，有一定范围的负面报道。

3）出现较严重的负面事件，不利于会展维持正常秩序和进一步举办。

（2）解决办法。对橙色危机的处理方式和对红色危机的处理方式基本一样，有两点区别：①处理橙色危机一般不需要动用政府部门、新闻单位或行业协会的高层关系；②要力求在很短的时间内控制局面，以免转化为红色危机。

3. 常见的红色危机和解决办法

（1）常见的红色危机。

1）出现严重的危机事件，尤其是出现安全事故。

2）出现影响会展生存与发展的事件及报道。

3）会展出现经营危机并被媒体放大，引发会展整体性危机。

（2）解决办法。一般来说，一旦产生红色危机，需要按以下程序进行处理：

1）成立危机控制或指挥中心。指挥中心需要明确事实真相，并召开紧急会议，确定公关危机应急处理策略。常见的策略是正面向公众澄清事实和做侧面宣传。前者适用于事实清楚、原因明确的危机情境；后者适用于事实不清、原因不明的危机情境。

2）与媒体合作，扭转舆论导向。首先，立即同刊登该新闻的所有网站取得联系，向其说明事情真相。其次，动用公关手段，促使有关网站撤掉所转载新闻。如果事态严重，要寻求新闻管理部门的支持：①向各大媒体澄清事实、表明态度，防止媒体可能存在的"恶炒"；②针对第二天平面媒体可能出现的报道，起草新闻通稿于当天向全国一些主要媒体发出；③准备质量承诺宣言和获得国家相关认证的证书以支持对外宣传工作；④针对全国主要媒体做一个紧急广告投放计划；⑤设立媒体的活动区域，对于重大或特大公共安全事故，需要划定媒体可以进入的区域和限定媒体不能进入的区域。当然这样做的目的不是封锁消息，而是出于安全等方面的考虑，对媒体的活动范围进行适当的控制，并争取媒体的理解。

3）寻求官方和权威部门的舆论支持。对于大型会展来说，其举办方往往有政府相关部门。因此，需要与这些部门以及公安、消防、海关、工商、行业协会等部门紧急沟通，说明情况、澄清事实，寻找法律条文、行业标准及技术数据的支持。事实上，如果是重大与特大公共安全事故，政府相关部门可能会接管相关事件的处理。

4）与参展商、赞助商、专业观众等进行沟通，消除他们的恐慌心理和对会展的不信任感；与会展组织内部人员进行沟通，以明确其职责及统一口径。

5）危机公关总结及后续工作。需要总结危机处理过程中的优势和不足，调整下一阶段的危机防范和传播策略。危机消除后可借事造势，宣传会展的社会责任和服务意识。

（三）进行媒体管理的注意事项

（1）不要与媒体发生冲突。与媒体发生冲突可能会引发媒体行业的不满，进而引发媒体联合起来的对抗性行为。

（2）不要随意责怪其他组织和个人。尽管在危机处理的同时存在相关调查，但是也不能因此随意指责其他组织与个人，否则不仅会给人以推卸责任的印象，而且会妨碍危机的控制、消除以及相关救援工作。

（3）要有责任心和同情心。对危机受害者及其家属要有足够的责任心和同情心，不要表现出冷漠与不关心。

（4）选择好新闻发言人，准备好新闻发布会和专访活动。

（四）新闻发言人与记者沟通的注意事项

1. 判断记者及其问题的类型，做出相应回应

（1）"百事通"型记者喜欢罗列各种名称、事实与数据，显示自己对此事的了解程度。对于这类记者，多谈其无法了解到的远景、发展趋势或即将采取的措施等，或提供一些新的事实和数字。

（2）"旁敲侧击"型记者喜欢用提示性的或假设性的言辞来转移话题，让发言人顺着他的思路走。使用"桥梁法"与这类记者周旋，始终坚持原定的主题及相关的核心信息，避免回答任何假设性的问题。所谓"桥梁法"，是指发言人运用合适的过渡性言辞达到与记者

沟通的目的。常见的三种情况如下：

1）如果对记者提问中传递的信息不持异议，可以说："是的【表态】，但是除了您说的情况【桥梁语】，还有……【转移到核心信息上来】。"

2）如果完全不能接受记者提问中传递的信息，可以说："不，情况并不是您说的那样，请允许我解释一下……【转移到核心信息上来】。"

3）如果对记者所提的问题没有明确答案，可以说："关于这一点，我还没有得到更多的信息。不过我所了解的情况是……【转移到核心信息上来】。"

（3）"机关枪"型记者喜欢一次性提出若干问题。对于这类记者，可以选择其中一个比较容易的问题回答，回答完毕后告诉他："其他问题我们可以会后沟通，现在我想把时间留给其他记者。"

（4）"偷换概念"型记者喜欢按自己的意图转述发言人的回答，继而提出进一步的质疑。对于这类记者，发言人应当表明自己的态度："不，这不是我所说的意思。我是说……"

（5）"飞镖投手"型记者往往会突然抛出"敏感"问题，并且夹杂一些言辞激烈的、事先准备好的评论。对于这类记者，发言人要泰然处之，不要与其争论或急于为自己辩解，可以说："您这样看这个问题，我感到很遗憾，不过我所了解的实际情况是……"

（6）"迫不及待"型记者喜欢插话，打断发言人的回答或发表评论（比如，"您没有正面回答我的问题"），或立即抛出下一个问题。适时打断该记者的话，注意语气仍然保持平静，可以说："请您耐心听完我的回答，我认为这一点很重要。"

2. 要注意原则

（1）不要攻击竞争对手。

（2）要注意发言授权，不要超越授权范围发言。

（3）不要对不同媒体进行公开比较或贬低其他媒体。

（4）未经客户、合作伙伴同意，不要发布相关信息。

（5）要客观公正，不要掺入个人情感。

（五）接受记者专访注意事项

常见的记者专访形式包括电话采访、面对面采访、电台采访和电视采访。

对于面对面的采访可以：①事先了解该记者的相关档案材料；②可以问记者就此问题采访过哪些人，还打算采访哪些人，做到心中有数；③确定记者是否要录音，如果是，要假定你说的每一句话都会被录下来；④如果你希望审阅记者的采访稿，则向他明确提出来。

对于电话采访，可以：①记下记者的姓名与联系方式；②问清楚记者准备何时、以何种方式运用电话采访中得到的信息；③问清楚记者是否要录音；④遇到名称、术语，要告诉记者怎么写；⑤一般来说，尽量缩短电话采访的时间，只谈总体性的框架，不要深入细节。

对于电台采访，需要尽可能用简洁明了、通俗易懂的语言和平常的声调讲话，减少口头禅，不要翻动文字资料，尽量把一些要点、数字等做成卡片。

对于电视采访，注意：①在回答问题时要有停顿，而且做到在合适的地方停顿，以便主持人发问或插入广告；②尽量放慢速度；③语调要有变化；④眼神的活动要自然，要看记者或主持人；⑤耳机与麦克风要事先调好，防止说话时突然脱落；⑥在录播中，如果对自己的回答不满意，立即要求重录，如果出现了口误，要及时纠正；⑦注意每一个眼神、每一个动作、每一个细节；⑧在有人员伤亡的情况下，要严肃、认真，体现出同情心。

在专访中要注意：①如果记者所提问题带有诱导性，你可以让他把问题提得更明确一些；②不要对记者提供的新信息表态；③不要回答与事先确定的采访主题无关的问题；④不要接受记者当场递交的任何东西；⑤不要与记者发生争执；⑥如果你已经回答完毕，记者仍然把话筒对着你，这时候不要重复回答，更不要添加回答；⑦不要按照记者的要求指名道姓地评论他人；⑧坚持所谓的"底线法则"，就是受访者向记者阐明所发布信息的性质，要求记者在采用这些信息时遵循相应的法则，尤其是要明确哪些是可发表的，哪些是不能发表的。

【名词和术语】

会展危机　风险　食品安全事故　公共卫生事件　消防安全　展虫　会展危机预防安全承诺书　安全指南　应急通道　会展保险　应急预案　先期处置　信息报告　应急响应应急取消　现场救援　黄色危机　橙色危机　红色危机　新闻发言人

【思考题及案例分析】

一、思考题

1. 简述会展危机的特点与类型。
2. 简述食品安全事故级别及防范措施。
3. 如何对公共卫生事件进行评估？
4. 消防安全危机应急预案的基本内容是什么？
5. 简述会展危机预防的 PETA 策略。
6. 简述我国应急预案的体系构成。
7. 简述应急救援组织体系和流程。
8. 简述会展危机媒体沟通的要点。

二、案例分析

案例一　张助理该怎么办？

某会展在展台搭建过程中，主办单位的张助理在检查巡视中发现，有一位参展商将产品宣传的电视机屏幕面向走道，但未占用走道；另有一位参展商的展台有 50% 是封闭的；还有一位参展商的展台搭建高度超出规格，但据他说已事先申报获批准；另有一位参展商拟在展出期间搞活动，故安装了音响设备。此外，张助理还发现少数参展单位的所有电线接线板和其他一些电气设备为"三无"产品。

问题：根据案例内容，按照展览设计、搭建的有关规定和要求，张助理应如何处理这些问题（至少提出 5 条处理意见）？

案例二　第 113 届广交会特装展位用电安全责任承诺书

为配合做好第 113 届中国进出口商品交易会（以下简称广交会）特装展位用电安全管

理工作，明确责任，规范管理，确保安全，为宾客营造安全的洽谈环境，根据广交会安全管理需要，本单位（　　　　　　　　　　）作为第113届广交会（　　　　　　　　　）（展位号）特装展位的使用单位，偕同该特装展位布展施工单位（　　　　　　）特向广交会承办单位中国对外贸易中心（集团）承诺：

（1）严格遵守第113届广交会《参展手册》中的展馆防火规定和展馆用电安全规定，对筹撤展及展出期间因违章电气施工或违章用电引起的一切后果，承担第一责任，并愿意接受中国对外贸易中心（集团）依据双方签订合同中的违约条款做出的违约责任追究。

（2）指定专人负责本单位在广交会期间的用电安全管理，做好筹撤展及展出期间现场值班维护，随时消除安全隐患，确保展馆安全。

（3）自觉接受广交会有关部门的监督管理，切实落实安全保障措施和整改措施。

（4）自觉明确电气施工方与用电方的安全责任，建立并落实内部安全责任制。

本承诺书一式三份，中国对外贸易中心（集团）、特装展位使用单位及特装展位布展施工单位各一份，自签字递交之日起生效。本承诺书是第113届《广交会特装用电申报表》的必要附件。

承诺单位（展位使用单位）：　　　　　　　承诺单位（特装展位布展施工单位）：
　　（公章）　　　　　　　　　　　　　　　　（公章）
法定代表人或安全负责人（签名）：　　　　法定代表人或安全负责人（签名）：
该展位用电安全责任人：　　　　　　　　　该展位用电安全负责人：
联系电话：　　　　　　　　　　　　　　　　联系电话：
日期：　　　　　　　　　　　　　　　　　　日期：

问题：会展风险非保险转移的实施方式有哪些？本案例主要属于哪一种方式？这一方式还适用于会展活动中的哪些领域？请举例说明。

案例三　上海车展某组展公司应急预案

一、会展应急保障部

应急安保小组、现场医疗小组、消防小组、高层处理组

二、会展筹备前期的突发风险状况

1. 参展商突然撤展

联系参展商，尽量说服参展商不要退出；若无法协商，通过合同要求参展商支付60%的退展费。

（1）将该区域的展位重新设计，在搭建展位前敲定。

（2）尽快招有意向参加的参展商。

2. 展位没有搭好

查看推迟原因：

（1）若是施工方的原因，要求施工方加班。

（2）若是承办方主观因素，如展位装修材料没到齐而影响进度，就要付施工方加班费加快进度。

3. 运输的展品没有到达

联系物流公司，查运输单和存库单。

（1）若是遗留在仓库内，尽快从仓库调运出来。

（2）若是没有入库，查货物入库前的动向，寻找责任方。

（3）若展品无法及时到达，要求参展商准备新展品。

4. 展具不全

在尽量不超过预算的情况下，先看看有没有可以代替的剩余展具；若没有能代替的，在预算范围内尽快购买缺少的展具。

5. 展具、展品被破坏

看破坏程度，按折旧费计入成本，及时通知展览小组。若破坏程度不明显，且没有安全隐患的，继续使用；若破坏严重，调用可替换的展品，同时要求保险赔偿。

6. 展台搭建施工过程中人员受伤

查看伤势，尽快治疗，寻找责任方。

三、展中存在风险处置

1. 火灾事故应急预案　风险指数：★★

（1）报警程序

1）根据火势灵活处理。如火势较大，需要报警，则立即就近用电话报告消防中心（电话119）；如火势较小，则根据现场情况，利用现有的消防器材及时扑灭。

2）迅速向会展应急保障部报告。

（2）组织实施

1）事故发生后应立即疏散人群，并向上级报告。

2）要迅速组织人员有序逃生，防止发生踩踏等事故。原则是"先救人，后救物"。

3）开通备用安全通道，组织人员撤至安全地带，调查是否有人困在火场。

4）消防车到来之前，所有工作人员均有义务参加扑救；消防车到后，要听从消防人员的指挥，做好配合工作。

（3）注意事项

1）发生火灾事故，首要的是保护人员安全。扑救要在确保人员不受伤害的前提下进行。

2）火灾第一发现人应将火灾发生的准确位置和火灾情况告知监控值班室，如是电源引起，应立即切断电源，电话报告应急保障部。

3）发现火灾后应掌握的原则是"边救火，边向上级报告"。

4）人员在逃生时，应组织其有秩序地撤离。

5）展会应急保障部应维持现场秩序，防止有人乘机捣乱和展品受到损失。

6）各部门的所有人员都必须支持、配合救援工作，并提供一切便利条件。

2. 疾病事故应急预案　风险指数：★★★★

视当时的现场情况灵活处理，及时与会展应急保障部现场医疗小组取得联系，听从医务人员的安排。如病情严重需立即送往医院，则应做到以下几点：

（1）以最快的速度将人员送往医院，情况紧急时经请示拨打急救中心电话"120"请求救助。

（2）立即组织工作人员组成陪护人员队伍进行陪护，稳定患者的情绪。

（3）应急小组组长就事态发展情况，迅速与当事者家属取得联系。

（4）要采取迅速果断的措施，把影响降到最小。

（5）组织安保、展览部等各方面的工作人员，在最短时间内恢复展览的正常秩序。

3. 争议升级暴力事件应急预案　风险指数：★★★

（1）执勤人员、工作人员立即劝解，劝解无效可采取强制手段，将争执双方带离现场，移交会展现场公安执勤点处理。

（2）迅速报告应急小组，保护在场的人员及展品安全。

（3）在事情得到解决之前要将当事者双方稳在现场，防其事后逃跑，并保护好现场。

（4）受伤人员及时送往医院或医务室。

（5）组织安保、公安等各方面的工作人员，在最短时间内恢复展览的正常秩序。

4. 发生偷盗事件预案　风险指数：★★

（1）第一个接到报警的工作人员及时与安保人员取得联系，由安保人员带领受害者到会展现场公安执勤点报警备案。

（2）调出闭路电视的图像资料，积极配合警方的案件侦破工作。

（3）财产损失严重时，配合警方对出馆人员进行一一核查，争取在最短时间内挽回损失。

5. 展位安全事件预案　风险指数：★

（1）参展时发生展台坍塌事件，第一时间与应急小组取得联系，疏散人员。若有人员受伤，立刻送往医院。

（2）及时清理展位，找到责任方，处理赔偿事项。

6. 人流量事件预案　风险指数：★★★★

（1）分普通观众日和特殊观众日，错开普通人流高峰。

（2）若部分展位人流量过大，可以安排礼仪公关人员进行引导，平衡展位参观人流。

（3）若整体人流量过大，可进行有效监控，避免发生纠纷。

（4）若人流量过小，及时去场外发传单，吸引更多路人进来参观。

7. 供电保障预案　风险指数：★

（1）包括展会期间的日常供电保障和临时供电保障，由供电公司负责组织实施，其他部门协助开展工作。

（2）发生个别停电现象，查看线路，及时恢复供电。

（3）发生全部停电，检查原因，以最快速度恢复供电。

8. 设备维护预案　风险指数：★★

（1）用计算机进行展示的参展商遇到计算机病毒而影响展览的，找计算机维护人员立刻进行维修。

（2）相关展览设备，如投影仪等出现故障，及时进行维修。

9. 经费保障预案　风险指数：★★★

由会展主办方设立会展应急预备款，保障会展突发公共事件应急处置所需经费。

（资料来源：http://www.docin.com/p-719218630.html。）

问题：请评价和完善该预案。

案例四　第三届中国进出口博览会展览责任险方案

方案 A：保险适用面积为 $200m^2$ 以下（含 $200m^2$）。保障额度为：场地责任为 100 万元，雇员责任累计 400 万元，第三者人员责任累计 400 万元，总赔偿限额 900 万元，保险费 500 元。

方案 B：保险适用面积为 $200\sim400m^2$（含 $400m^2$）。保障额度为：场地责任为 200 万元，雇员责任累计 500 万元，第三者人员责任累计 500 万元，总赔偿限额 1200 万元，保险费 800 元。

方案 C：保险适用面积为 $400m^2$ 以上。保障额度为：场地责任为 300 万元，雇员责任累计 600 万元，第三者人员责任累计 600 万元，总赔偿限额 1500 万元，保险费 1000 元。

保险责任描述：三种方案中，雇员责任及第三者人员责任部分每人每次赔偿限额均为 200 万元。在保险期间内，由于被保险人或其雇请人员在展览场所进行展出工作、装卸展品、运转机器以及过失行为造成下列损失和费用，依照中华人民共和国法律，应由被保险人承担的经济赔偿责任，保险人按照本合同的约定负责赔偿。具体包括：①展览场所的建筑物、各种固定设备及地面、地基的损失；②雇请工作人员的人身损害，所引起的抚恤金、医疗费和其他有关费用；③第三者的人身损害，所引起的抚恤金、医疗费和其他有关费用；④保险事故发生后，被保险人因保险事故而被提起仲裁或者诉讼的，对应由被保险人支付的仲裁或诉讼费用以及事先经保险人书面同意支付的其他必要的、合理的费用，保险人按照本合同的约定也负责赔偿。

问题： 结合案例谈谈你对会展保险责任的认识。

参 考 文 献

[1] 郭英之，王云龙. 会展概论 [M]. 北京：旅游教育出版社，2009.

[2] 刘大可，王起静. 会展活动概论 [M]. 北京：清华大学出版社，2004.

[3] 施谊，张义，王真. 展览管理实务 [M]. 北京：化学工业出版社，2008.

[4] 许传宏. 会展策划 [M]. 上海：复旦大学出版社，2010.

[5] 中国就业培训技术指导中心. 会展策划师 [M]. 北京：中国劳动社会保障出版社，2009.

[6] 刘嘉龙. 会展策划与管理 [M]. 北京：中国旅游出版社，2011.

[7] 朱沁夫，雷春. 会展策划与管理 [M]. 哈尔滨：哈尔滨工程大学出版社，2012.

[8] 朱瑞波，常慧娟. 会展策划与设计 [M]. 长沙：湖南大学出版社，2012.

[9] 陈鲁梅. 会展策划与管理 [M]. 北京：化学工业出版社，2009.

[10] 程爱学，徐文锋. 会展全程策划宝典 [M]. 北京：北京大学出版社，2008.

[11] 谭红翔. 会展策划实务 [M]. 北京：对外经济贸易大学出版社，2007.

[12] 黄彬. 展览策划与组织 [M]. 杭州：浙江大学出版社，2013.

[13] 王保伦. 会展经营与管理 [M]. 北京：北京大学出版社，2006.

[14] 王春雷. 参展实务 [M]. 北京：高等教育出版社，2010.

[15] 王春雷，王晶，等. 国际城市会展业理论与实践 [M]. 北京：中国旅游出版社，2014.

[16] 王彦华. 现代会展展示工程 [M]. 北京：中国商务出版社，2015.

[17] 丁烨. 企业参展原理 [M]. 天津：南开大学出版社，2009.

[18] 张正义，贺佳雨. 我国会展业利益相关者界定与分类研究 [J]. 企业研究，2010 (12)：91-92.

[19] 丁萍萍. 会展实务 [M]. 北京：高等教育出版社，2009.

[20] 华谦生. 会展策划 [M]. 2 版. 杭州：浙江大学出版社，2014.

[21] 包小忠. 会展营销 [M]. 广州：中山大学出版社，2012.

[22] 白文刚. 中国古代政治传播研究 [M]. 北京：中国社会科学出版社，2014.

[23] 徐汉文，袁玉玲. 市场营销策划 [M]. 北京：清华大学出版社，2011.

[24] 于翠华. 推销技术 [M]. 北京：清华大学出版社，2011.

[25] 刘世忠. 品牌策划实务 [M]. 上海：复旦大学出版社，2007.

[26] 刘松萍，李晓莉. 会展营销与策划 [M]. 北京：首都经济贸易大学出版社，2011.

[27] 胡以萍. 展示陈列与视觉设计 [M]. 北京：清华大学出版社，2012.

[28] 何本方，岳庆平. 中国宫廷知识词典 [M]. 北京：中国国际广播出版社，1990.

[29] 黄建成. 空间展示设计 [M]. 北京：北京大学出版社，2013.

[30] 谭欣. 展示设计 [M]. 北京：人民美术出版社，2010.

[31] 杨顺勇，王晶. 会展风险管理 [M]. 2 版. 北京：化学工业出版社，2013.

[32] 张洪涛，郑功成. 保险学 [M]. 3 版. 北京：中国人民大学出版社，2008.

[33] 曲振涛，王福友. 经济法 [M]. 6 版. 北京：高等教育出版社，2017.

[34] 王利明，房绍坤. 合同法 [M]. 4 版. 北京：中国人民大学出版社，2013.

[35] 崔建远. 合同法 [M]. 2 版. 北京：北京大学出版社，2013.

[36] 李永军. 合同法 [M]. 3 版. 北京：法律出版社，2010.

[37] 陈燕. 会展法律法规 [M]. 北京：中国财政经济出版社，2008.

[38] 李剑泉，季永青. 会展政策与法规 [M]. 2 版. 大连：东北财经大学出版社，2012.

［39］李勇军，周惠萍．公共政策［M］．杭州：浙江大学出版社，2013．

［40］李勇军．政府主导型会展及其市场化研究［M］．天津：南开大学出版社，2016．

［41］卢小金．参展商实务［M］．2版．大连：东北财经大学出版社，2013．

［42］莫志明．会展项目策划与管理［M］．北京：机械工业出版社，2011．

［43］莫志明．参展管理实务［M］．北京：机械工业出版社，2011．

［44］马勇．会展管理概论［M］．武汉：华中科技大学出版社，2019．

［45］马骐．会展策划与管理［M］．北京：清华大学出版社，2011．

［46］王方华，过聚荣．中国会展经济发展报告：2010［M］．北京：社会科学文献出版社，2010．

［47］过聚荣．中国会展经济发展报告：2013［M］．北京：社会科学文献出版社，2013．

［48］郑军健．中国—东盟博览会发展报告：2010 第七卷［M］．桂林：广西师范大学出版社，2011．

［49］郑建瑜．会展经营策划师［M］．北京：中国劳动社会保障出版社，2006．

［50］阎蓓，贺学良．会展策划［M］．北京：高等教育出版社，2005．

［51］马勇，夏桂年．展览原理［M］．重庆：重庆大学出版社，2013．

［52］剧宇宏．我国会展业可持续发展研究［M］．北京：中国法制出版社，2014．

［53］蒂德，贝赞特．创新管理：技术革命、市场变革和组织变革的整合［M］．陈劲，译．北京：中国人民大学出版社，2012．

［54］康纳顿．社会如何记忆［M］．纳日碧力戈，译．上海：上海人民出版社，2000．

［55］科泽．仪式、政治与权力［M］．王海洲，译．南京：江苏人民出版社，2015．

［56］塔西佗．阿古利可拉传：日耳曼尼亚志［M］．马雍，译．北京：商务印书馆，1959．

［57］韦伯．新教伦理与资本主义精神［M］．于晓，陈维纲，等译．北京：生活·读书·新知三联书店，1987．

［58］STEVENS R P．展会的组织管理和营销［M］．孙小珂，陈崴，金鑫，译．沈阳：辽宁科学技术出版社，2007．

［59］FRIEDMANN S A．商品参展技巧［M］．王小文，译．上海：上海财经大学出版社，2001．

［60］阿诺德．展会形象策划专家［M］．周新，等译．北京：中国水利水电出版社，2004．

［61］塞尔．策划人：商业活动策划与整合营销传播 第2版［M］．李红怡，译．北京：中国人民大学出版社，2005．

［62］纳德勒 L，纳德勒 N．成功的会议管理：从策划到评估［M］．刘祥亚，周晶，译．北京：机械工业出版社，2003．

［63］艾伦．活动策划全攻略［M］．卢涤非，译．北京：旅游教育出版社，2010．

［64］英尼斯．室内照明设计［M］．张宪，译．武汉：华中科技大学出版社，2014．

［65］邹建华．外交部发言人揭秘［M］．北京：世界知识出版社，2005．

［66］姚安．博物馆12讲［M］．北京：科学出版社，2010．

［67］李文华．室内照明设计［M］．2版．北京：中国水利水电出版社，2012．

［68］李健华，于鹏．室内照明设计［M］．北京：中国建材工业出版社，2010．

［69］叶经文．色彩构成［M］．北京：清华大学出版社，2010．

［70］陈俊良．传播媒体策略［M］．北京：北京大学出版社，2010．

［71］邹建华．如何面对媒体：政府和企业新闻发言人实用手册［M］．上海：复旦大学出版社，2006．

［72］王婷．面对媒体的策略：新闻发言人媒介素养实务［M］．北京：中国传媒大学出版社，2011．

［73］侯书生，孙思．公共危机管理与公共关系维护［M］．北京：红旗出版社，2013．

［74］张苗，白云．国际货物运输与保险［M］．北京：清华大学出版社，2010．

［75］陈新农. 会展品牌识别标志的法律保护［J］. 中国会展，2007（21）：58-59.

［76］陈欢. 会展活动策划模式的发展趋势［J］. 新闻界，2007（5）：102-103.

［77］戴光全，保继刚. 西方事件及事件旅游研究的概念、内容、方法与启发：下［J］. 旅游学刊，2003，18（6）：111-119.

［78］李勇军. 展会组织网络：基于两种基本组织网络的治理分析［J］. 华东经济管理，2012，26（9）：112-114.

［79］刘秋芷. 会展标识权侵权表现与法律保护探析［J］. 广西民族大学学报（哲学社会科学版），2014（4）：160-163.

［80］李勇军，刘海燕，黄柏青. 会展产业价值链及其产业融合研究［J］. 商业研究，2016（1）：10-15.

［81］李勇军，黄柏青. 审美经济时代创意文化产业融合及其价值来源［J］. 广东行政学院学报，2015（6）：81-88.

［82］李勇军. 我国政府主导型展会的演进和模式转变［J］. 西部论坛，2017，27（6）：75-81.

［83］罗秋菊，童娟娟. 上海世博会对游客的国家形象认知效果研究：基于议程设置视角［J］. 旅游学刊，2014，29（6）：46-55.

［84］钟向阳，王海军，皮泽红. 广交会区域经济影响研究成果出炉［N］. 中国工业报，2009-10-15（3）.

［85］王起静. 大型活动对旅游目的地形象影响研究［J］. 特区经济，2013（10）：93-94.

［86］张晓明，周贵根. 基于会展产业生态化的组展商与参展商的演化博弈分析［J］. 东岳论丛，2018，39（10）：70-78.

［87］日本东京海上日动火灾保险株式会社上海分公司. 大型国际活动保险研究［EB/OL］.［2006-07-03］. http：//www. circ. gov. cn/web/site0/tab5267/info261593. htm.

［88］ALI-KINGHT J, ROBERTSON M, FYALL A. International perspectives of festivals and event：paradigms of analysis［M］. London：Elsvier，2008.

［89］ALLEN J. Event planning ethics and etiquette：a principled approach to the business of special event planning［M］. Mississauga：John Wiley & Sons Canada Limited，2003.

［90］BOEHME A J. Planning successful meetings and events［M］. New York：AMACOM，1998.

［91］BOWDIN G, ALLEN J, O'TOOLE W, et al. Event management［M］. Oxford：Butterworth-Heinemann，2011.

［92］BRIDGET V. Exhibit design：high impact solutions［M］. New York：Collins，2006.

［93］CARROLL A B. Business and society：ethicsl and stakehloder management［M］. Cincinnati：South Western College Publishing，1997.

［94］DAVIDSON R, ROGERS T. Marketing destinations and venues for conferences, conventions and business event［M］. Oxford：Butterworth-Heinemann，2008.

［95］FRANCIS D, BESSANT J. Targeting innovation and implication for capability development［J］. Technovation，2005，25（3）：171-183.

［96］HENDERSON K A, BIALESCHKI M D. Evaluating leisure services：making enlightened decisions［M］. State College，PA：Venture Pub，2005.

［97］GETZ D. Event management and event tourism［M］. New York：Cognizant Communication Corporation，1997.

［98］MITCH A, AGLE B R, WOOD D. Toword theory of stakeholder identification and salience：defining the principle of whom and what really counts［J］. Academy of Management Review，1997，22（4）：44-56.

［99］RUTH S. Trade show and event marketing：plan, promote and profit［M］. Sydney：South-Western，2005.